한 번에 합격하는
한자자격시험 2급

(사)한자교육진흥회 주관
한국한자실력평가원 시행

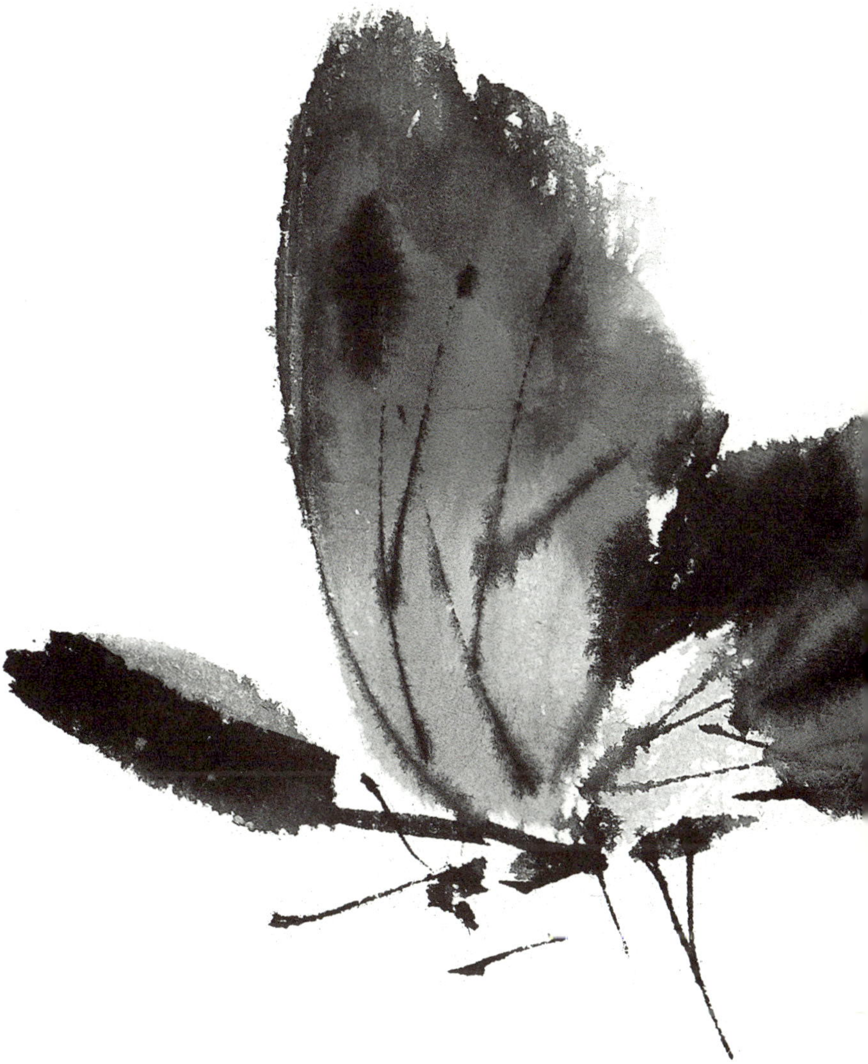

한 번에 합격하는
한자자격시험 2급

김시현 지음 | (사)한자교육진흥회 감수

최근 한자 학습에 대한 열기가 부쩍 높아졌습니다. 그동안 우리말을 되살린다는 명분으로 한글 전용이 수도 없이 논의되었으며 이것이 실제 교육현장에 적용되어 소위 '한글 전용 세대'가 등장하기도 하였습니다. 그러나 지난 수십 년간의 논쟁에도 불구하고 한자에 대한 학습 열기가 식기는커녕, 점점 높아져만 가고 있는 것은 왜일까요? 물론 21세기에 중국이 새로운 열강으로 등장하는 등 국제 정세와의 관계를 무시할 수 없겠지만, 가장 중요한 것은 우리말이 한자와 떼려야 뗄 수 없는 사이이기 때문일 것입니다.

〈우리말 큰사전〉(한글학회 편)에 따르면 표제어 45만 자 중 52.1%가 한자어라고 합니다. 실로 엄청난 숫자가 아닐 수 없습니다. 이것은 한글이 등장하기 전까지 3,600여 년간 한자를 문자로서 사용해왔기 때문이며, 한자를 주요 문자로 사용해온 동아시아 전반의 문화적 특징에서 기인한 것입니다. 즉, 한자는 동아시아가 공유하는 문화기반이며, 우리 전통 문화의 일부인 것입니다.

한자를 모르면 우리말 구사력이 현저히 낮아질 수밖에 없습니다. 한자어인 '양식'을 예로 들어봅시다. 한글로만 썼을 경우 문맥을 파악하지 않으면 糧食(먹을거리)인지 樣式(일정한 형식)인지 또는 洋食(서양식 음식)인지 알 수가 없습니다. 그러나 한자로 쓰면 바로 이해할 수 있으니 어휘 이해의 효율성 또한 높아집니다. 이런 이유로 대부분의 대학과 기업체, 그리고 일부 공공기관들이 선발기준 중 하나로 한자실력을 보는 것입니다.

한자자격시험은 이러한 한자실력을 검증하는 하나의 도구입니다. 일정급수를 얻으면 유효기간이 평생 동안 유지되기 때문에 일단은 시험을 통과하는 것이 중요하다고 생각할지도 모르겠습니다. 그러나 한자실력을 진정 자신의 자산으로 삼기 위해서는 급수 시험에만 연연하지 말고 공부를 계속해가는 것이 무엇보다도 중요합니다. 이 책은 한자자격시험을 준비하는 여러분을 위해 최적화된 학습방향을 제시하고자 만들어졌습니다. 이 책이 여러분의 한자실력을 증진하는 데 큰 도움이 될 수 있으리라 생각합니다.

김시현

차례

한자자격시험 안내

1. 급수별 선정한자 일람표 8

2. 2급 선정한자 풀이
1단원 62
2단원 179

3. 기타 출제유형 익히기
필수 한자성어 230
반의어 · 유의어 238
약자 250
직업분야별 실용한자어 254

4. 실전대비 예상 · 기출문제
한자자격시험 예상문제(1~3회) 294
한자자격시험 기출문제(1~2회) 306
정답 314
답안지 317

한자자격시험 안내

1. 국가공인 한자자격시험이란

- 한자자격시험은 국가에서 공인한 시험(신규공인: 2004. 1, 재공인: 2006. 2)입니다.
- 자격종목 및 등급: 한자실력급수(사범, 1급, 2급, 3급)
  ※교양한자급수: 준3급, 4급, 준4급, 5급, 준5급, 6급, 7급, 8급
- 국가공인 한자자격 취득자는 법률에 의거, 여타의 국가공인 자격증과 똑같은 대우를 받습니다.
- 국가공인 한자자격을 취득한 초·중·고등학생은 교육인적자원부(현 교육과학기술부) 훈령 제719호에 의거, 학교생활기록부 자격증 및 인증취득상황란에 등재됩니다.

2. 한자자격시험의 특징

한자사용능력을 종합적으로 평가합니다.

한자평가원에서 시행하는 한자자격시험은 단순히 한자를 많이 암기하는 능력을 평가하는 시험이 아닙니다. 한자에 대한 이해, 실생활에서의 한자 활용능력, 어휘력, 교과서 한자어 인지도 등을 종합적으로 평가하며 이 과정을 통해 자연스럽게 언어능력 및 문장 구성능력이 향상될 수 있습니다.

사고력과 어휘력을 향상시킵니다.

한자자격시험은 사고능력을 향상시킬 수 있도록 구성되어 있습니다. 한자자격시험 대비 교재를 공부하는 과정을 통해 자연스럽게 사고력과 어휘력의 향상이 이루어질 수 있습니다.

학업성적 향상에 기여합니다.

초·중등학교 교과서에 자주 나오는 한자어를 평가하고 있으므로, 시험대비 과정을 통해 자연스럽게 교과서에 나오는 어려운 어휘에 대한 이해력을 높여 학교에서의 학업능력을 향상시킵니다.

교과학습능력을 신장시킵니다.

한자자격시험은 각 학교급별 수준에 맞는 내용으로 급수별 평가를 시행하고 있습니다. 각 급수의 수준을 초등학교 1학년부터 고등학교 3학년, 대학, 일반 등으로 나누어 제시하고 있으며, 다시 해당 교과서에 자주 등장하는 단어(한자어)를 분석하여 한자 공부를 할 수 있도록 하고 있습니다. 이를 바탕으로 학습자는 자신이 공부해야 할 급수를 선택할 수 있고, 또 학습과정을 통해 해당 교과서에 나오는 한자어를 공부하게 됩니다. 이는 교과서 단어에 대한 뜻을 정확히 이해하고 해석하는데 도움을 주어 결과적으로 교과 학습 성취도를 높이는 데 도움이 됩니다.

(1) 한자자격시험
- 주관: 사단법인 한자교육진흥회(社團法人 漢字敎育振興會)
- 시행: 한국한자실력평가원(韓國漢字實力評價院)

(2) 한자자격시험 일정
- 연 4회
- 매 2월, 5월, 8월, 11월 시행(사정에 따라 변경될 수 있음)
- 응시자격: 제한 없음

(3) 한자자격시험 준비물 및 입실 시간
- 접수 준비물: 기본인적사항, 반명함판 사진(3cm×4cm) 2매, 응시원서, 응시료
- 시험 준비물
  ① 수험표
  ② 신분증(학생증, 주민등록증, 운전면허증, 여권-초등학생과 미취학 아동은 건강보험증 또는 주민등록등본)
  ③ 컴퓨터용 사인펜
  ④ 검정색 필기구(연필 사용 불가)
  ⑤ 수정 테이프(수정액 사용 불가)
- 고사장 입실시간: 시험 시작 20분 전까지

(4) 한자자격시험 급수별 출제범위

급수		사범	1급	2급	3급	준3급	4급	준4급	5급	준5급	6급	7급	8급
평가한자수	계	5,000자	3,500자	2,300자	1,800자	1,350자	900자	700자	450자	250자	170자	120자	50자
	선정한자	5,000자	3,500자	2,300자	1,300자	1,000자	700자	500자	300자	150자	70자	50자	30자
	교과서 실용 한자어	고전 및 한시	500단어 (이상)	500단어 (이상)	500자 (436단어) (이상)	350자 (305단어) (이상)	200자 (156단어) (이상)	200자 (139단어) (이상)	150자 (117단어) (이상)	100자 (62단어) (이상)	100자 (62단어) (이상)	70자 (43단어) (이상)	20자 (13단어) (이상)

- 한자자격시험은 사범~8급까지 총 12개 급수로 구성되어 있습니다.
- 국가공인급수는 사범~3급까지, 민간자격법에 의한 교양한자급수는 준3급~8급까지입니다.

(5) 급수별 출제 문항 수 및 출제기준

구분			사범	1급	2급	3급	준3급	4급	준4급	5급	준5급	6급	7급	8급 (첫걸음)
출제기준		문항수 합계	200	150	100	100	100	100	100	100	100	80	50	50
	주관식	문항수	150	100	70	70	70	70	70	70	70	50	20	20
		비율(%)	75% 이상	65% 이상	70% 이상	70% 이상	70% 이상	70% 이상	70% 이상	70% 이상	70% 이상	60% 이상	40% 이상	40% 이상
		한자쓰기 (비율%)	25	25	25	20	20	20	20	20	20	10	-	-
	객관식	문항수	50	50	30	30	30	30	30	30	30	30	30	30
문항별 배점			2	2	2	2	1	1	1	1	1	1.25	2	2
만점 (환산점수: 100점 만점)			400 (100)	300 (100)	200 (100)	200 (100)	100	100	100	100	100	100	100	100

(6) 급수별 합격기준

구분	사범	1급	2급	3급	준3급	4급	준4급	5급	준5급	6급	7급	8급 (첫걸음)
합격 기준 (문항수 기준)	80% 이상	70% 이상	70% 이상	70% 이상	70% 이상	70% 이상	70% 이상	70% 이상	70% 이상	70% 이상	70% 이상	70% 이상

(7) 급수별 시험시간, 출제유형별 비율(%)

구분			사범	1급	2급	3급	준3급	4급	준4급	5급	준5급	6급	7급	8급 (첫걸음)
시험시간			120분	80분	60분	60분	60분	60분	60분	60분	60분	60분	60분	60분
출제기준	급수별 선정한자	훈음	25	15	15	15	15	15	15	15	15	20	25	25
		독음	35	15	15	15	15	15	15	15	15	20	25	25
		쓰기	25	20	20	20	20	20	20	20	20	10	-	-
		기타	15	15	15	15	15	15	15	15	15	15	15	15
		소계	100	65	65	65	65	65	65	65	65	65	65	65
	교과서 실용한자어	독음	-	10	10	15	15	15	15	15	15	15	15	15
		용어뜻	-	10	10	10	10	10	10	10	10	10	10	10
		쓰기	-	5	5	0	0	0	0	0	0	0	0	0
		기타	-	10	10	10	10	10	10	10	10	10	10	10
		소계	-	35	35	35	35	35	35	35	35	35	35	35
합계			100	100	100	100	100	100	100	100	100	100	100	100

(8) 국가공인 한자자격 취득자 우대

- 자격기본법 제27조에 의거 국가자격 취득자와 동등한 대우 및 혜택
- 직업교육훈련기관에서 입학 전형자료로 활용
- 직업능력의 우월성 인정으로 취업 시 우대
- 공공기관과 기업체 채용, 보수, 승진과정에서 우대하며 전문대학, 대학교 입학 시 가산점 인정(※우대 반영비율 및 세부사항은 기업체 및 대학 입시 요강에 따름)
- 초·중·고등학생은 교육인적자원부(현 교육과학기술부) 훈령 제719호에 따라 학교생활기록부 자격증 및 인증취득상황란에 등재
- 대상 급수 : 사범, 1급, 2급, 3급

3. 이 책의 특징

이 책은 국가공인 한자자격시험 관리 운영기관인 '(사)한자교육진흥회'가 주관하고, '한국한자실력평가원'에서 시행하는 국가공인 2급 한자자격시험 대비 수험서입니다.

- 이 책은 한자자격시험의 평가 기준과 평가의도를 정확히 반영하고 있습니다.
- 이 책은 (사)한자교육진흥회의 평가 기준에 따라 2~8급 선정한자 2,300자와 직업군별 실용한자어 200단어, 필수한자 등을 단원별로 구성하여 학습 효율을 높일 수 있도록 하였습니다. 특히 2급 선정한자 1,000자는 기출문제를 면밀히 분석하여 자주 출제되는 700자와 출제빈도가 낮은 300자를 따로 외울 수 있도록 구성하여 학습의 효율성을 높였습니다.
- 지금까지 여타 '한자검정'은 한자의 글자수 암기능력만을 측정하여 자격을 부여하고 있습니다. 반면 한자자격시험은 한자인지 학습은 물론, 직업군별로 자주 쓰이는 '실용한자어'에 대한 학습 등을 통해 일반적인 시사용어에 대한 이해를 높이고 직업별 업무수행능력을 향상시켜 줍니다. 이 책은 이러한 평가 방향과 내용을 정확히 분석하여 학습 효과는 물론이고, 최고의 한자자격시험 적중률을 자랑합니다.

4. 이 책의 구성

- 책의 앞부분에 급수별 선정한자 목록을 수록하였습니다. 2급 선정한자 2,300자는 3급까지의 하위급수 한자에 2급 고유한자 1,000자가 더해진 것입니다. 국가공인 한자자격시험 2급에서는 2급의 고유한자 1,000자의 출제 빈도가 매우 높기 때문에 이 글자들을 집중적으로 학습할 수 있도록 구성하였습니다.
- **2급 선정한자 1,000자는 출제빈도를 철저히 분석하여 빈도수가 높은 700자와 낮은 300자를 분류, 1단원과 2단원으로 나누어 학습효율을 높였습니다.** 선정한자 2단원 300자는 회당 출제 문항수가 대략 8문항 이하이고, 주로 읽기 위주로 출제되므로 중요도가 높은 700자를 우선적으로 학습할 수 있습니다.
- 각 단원은 다시 '2급 선정한자 풀이', '필수 한자성어'와 '유의어·반의어', '약자', '직업분야별 실용한자어', '실전대비 예상·기출문제'로 구성하여 중층적·단계적 학습이 가능하도록 하였습니다.

1. 급수별 선정한자 일람표

- 8급 선정한자
- 7급 선정한자
- 6급 선정한자
- 준5급 선정한자
- 5급 선정한자
- 준4급 선정한자
- 4급 선정한자
- 3급 선정한자
- 2급 선정한자

급수별 선정한자 일람표

8급 선정한자

九	아홉 구
口	입 구
女	계집 녀
六	여섯 륙
母	어머니 모
木	나무 목
門	문 문
白	흰 백
父	아버지 부, 남자미칭 보
四	넉 사
山	메 산
三	석 삼
上	위 상
小	작을 소
水	물 수
十	열 십
五	다섯 오
王	임금 왕
月	달 월
二	두 이
人	사람 인
日	날 일
一	한 일
子	아들 자
中	가운데 중
七	일곱 칠
土	흙 토
八	여덟 팔
下	아래 하
火	불 화

7급 선정한자

江	강 강
工	장인 공
金	쇠 금, 성 김
男	사내 남
力	힘 력
立	설 립
目	눈 목
百	일백 백
生	날 생
石	돌 석
手	손 수
心	마음 심
入	들 입
自	스스로 자
足	발 족

급수별 선정한자 일람표

川	내 천		靑	푸를 청
千	일천 천		寸	마디 촌
天	하늘 천		向	향할 향
出	날 출			
兄	맏 형			

준5급 선정한자

6급 선정한자

南	남녘 남
內	안 내, 여관(女官) 나
年	해 년
東	동녘 동
同	한가지, 같을 동
名	이름 명
文	글월 문
方	모, 방향 방
夫	지아비, 남편 부
北	북녘 북, 달아날 배
西	서녘 서
夕	저녁 석
少	적을 소
外	바깥 외
正	바를 정
弟	아우 제
主	주인 주

歌	노래 가
家	집 가
間	사이 간
車	수레 거, 수레 차
巾	수건 건
古	옛 고
空	빌 공
敎	가르칠 교
校	학교 교
國	나라 국
軍	군사 군
今	이제 금
記	기록할 기
氣	기운 기
己	몸 기
農	농사 농
答	대답, 답할 답
代	대신할 대
大	큰 대

급수별 선정한자 일람표

道	길 도		時	때 시
洞	골 동, 꿰뚫을 통		市	저자, 시장 시
登	오를 등		食	밥 식, 먹이 사
來	올 래		植	심을 식
老	늙을 로		室	집 실
里	마을 리		安	편안할 안
林	수풀 림		羊	양 양
馬	말 마		語	말씀 어
萬	일만 만		午	낮 오
末	끝 말		玉	구슬 옥
每	매양 매		牛	소 우
面	낯 면		右	오른 우
問	물을 문		位	자리 위
物	물건, 만물 물		有	있을 유
民	백성 민		育	기를 육
本	근본 본		邑	고을 읍
不	아니 불, 아니 부		衣	옷 의
分	나눌 분, 푼 푼		耳	귀 이
士	선비 사		字	글자 자
事	일 사		長	긴 장
色	빛 색		場	마당 장
先	먼저 선		電	번개 전
姓	성씨 성		前	앞 전
世	세상 세		全	온전할, 전체 전
所	바, 곳 소		祖	할아비, 조상 조

급수별 선정한자 일람표

左	왼 좌
住	살 주
地	땅 지
草	풀 초
平	평평할 평
學	배울 학
韓	나라이름 한
漢	한수, 한나라 한
合	합할 합, 홉 홉
海	바다 해
孝	효도 효
休	쉴 휴

5급 선정한자

各	각각 각
感	느낄 감
强	강할 강
開	열 개
去	갈 거
犬	개 견
見	볼 견, 뵐 현
京	서울 경
計	셀 계
界	지경, 경계 계

苦	괴로울, 쓸 고
高	높을 고
功	공(들일) 공
共	함께 공
科	과목 과
果	과실, 과일 과
光	빛 광
交	사귈 교
郡	고을 군
近	가까울 근
根	뿌리 근
急	급할 급
多	많을 다
短	짧을 단
當	마땅할 당
堂	집 당
對	대답할, 대할 대
圖	그림 도
度	법도 도, 헤아릴 탁
刀	칼 도
讀	읽을 독, 구절 두
冬	겨울 동
童	아이 동
頭	머리 두
等	무리 등

급수별 선정한자 일람표

樂	즐거울 락, 풍류 악, 좋아할 요	死	죽을 사
禮	예도, 예절 례	書	글 서
路	길 로	席	자리 석
綠	푸를 록	線	줄, 실 선
理	다스릴, 이치 리	省	살필 성, 덜 생
李	오얏 리	性	성품 성
利	이로울 리	成	이룰 성
命	목숨 명	消	사라질 소
明	밝을 명	速	빠를 속
毛	털 모	孫	손자 손
無	없을 무	樹	나무 수
聞	들을 문	首	머리 수
米	쌀 미	習	익힐 습
美	아름다울 미	勝	이길 승
朴	순박할, 성씨 박	詩	글 시
反	돌이킬, 반대 반	示	보일 시
半	절반 반	始	처음, 시작 시
發	필, 일어날 발	式	법 식
放	놓을 방	神	귀신 신
番	차례 번	身	몸 신
別	다를, 나눌 별	信	믿을 신
病	병 병	新	새로울 신
步	걸음 보	失	잃을 실
服	옷 복	愛	사랑 애
部	거느릴, 나눌 부	野	들 야

급수별 선정한자 일람표

夜	밤 야		作	지을 작
藥	약 약		章	글 장
弱	약할 약		在	있을 재
陽	볕 양		才	재주 재
洋	큰 바다 양		田	밭 전
魚	물고기 어		題	제목 제
言	말씀 언		第	차례 제
業	일 업		朝	아침 조
永	길 영		族	겨레 족
英	꽃부리 영		晝	낮 주
勇	날쌜, 용기 용		竹	대 죽
用	쓸 용		重	무거울 중
友	벗 우		直	곧을 직
運	움직일, 옮길 운		窓	창문 창
遠	멀 원		淸	맑을 청
原	들, 언덕, 근본 원		體	몸 체
元	으뜸 원		村	마을 촌
油	기름 유		秋	가을 추
肉	고기 육		春	봄 춘
銀	은 은		親	친할 친
飮	마실 음		太	클 태
音	소리 음		通	통할 통
意	뜻 의		貝	조개 패
者	놈, 사람 자		便	편할 편, 똥오줌 변
昨	어제 작		表	겉 표

급수별 선정한자 일람표

品	물건 품		客	손님 객
風	바람 풍		決	결단할 결
夏	여름 하		結	맺을 결
行	다닐 행		輕	가벼울 경
幸	다행 행		敬	공경할 경
血	피 혈		季	철, 계절 계
形	모양 형		固	굳을 고
號	이름, 차례 호		考	상고할, 생각 고
花	꽃 화		告	알릴 고, 뵙고 청할 곡
話	말씀 화		曲	굽을 곡
和	화할, 화목할 화		公	공변될, 귀할 공
活	살 활		課	매길, 공부할 과
黃	누를 황		過	지날 과
會	모일 회		關	관계할, 빗장 관
後	뒤 후		觀	볼 관

준4급 선정한자

			廣	넓을 광
價	값 가		橋	다리 교
加	더할 가		求	구할 구
可	옳을 가		君	임금 군
角	뿔 각		貴	귀할 귀
甘	달 감		極	다할 극
改	고칠 개		給	줄 급
個	낱 개		期	기약할, 때 기
			技	재주 기
			基	터 기

급수별 선정한자 일람표

吉	길할, 좋을 길		妹	아랫누이 매
念	생각 념		賣	팔 매
能	능할 능		武	굳셀, 무력 무
談	말씀 담		味	맛 미
待	기다릴 대		未	아닐 미
德	덕, 큰 덕		法	법 법
都	도읍 도		兵	군사 병
島	섬 도		報	갚을, 알릴 보
到	이를 도		福	복 복
動	움직일 동		奉	받들 봉
落	떨어질 락		富	부자 부
冷	찰 랭		備	갖출 비
兩	두 량		比	견줄, 비교 비
良	어질 량		貧	가난할 빈
量	헤아릴 량		氷	얼음 빙
歷	지낼 력		仕	벼슬할 사
領	옷깃, 다스릴 령		思	생각 사
令	하여금, 명령할 령		師	스승 사
例	법식, 전례 례		史	역사 사
勞	수고로울 로		使	하여금, 부릴 사
料	헤아릴 료		産	낳을 산
流	흐를 류		算	셈 산
亡	망할 망		賞	상줄 상
望	바랄 망		相	서로 상
買	살 매		商	장사 상

급수별 선정한자 일람표

常	항상 상
序	차례 서
船	배 선
仙	신선 선
善	착할 선
雪	눈 설
說	말씀 설, 달랠 세, 기쁠 열
星	별 성
城	재, 성씨 성
誠	정성 성
洗	씻을 세
歲	해 세
送	보낼 송
數	셈 수, 자주 삭, 빽빽할 촉
守	지킬 수
宿	잠잘 숙, 별자리 수
順	순할 순
視	볼 시
試	시험 시
識	알 식, 기록할 지
臣	신하 신
實	열매 실
氏	성씨 씨, 나라이름 지
兒	아이 아
惡	악할 악, 미워할 오

案	책상, 생각 안
暗	어두울 암
約	맺을 약
養	기를 양
漁	고기 잡을 어
億	억 억
如	같을 여
餘	남을 여
然	그럴 연
熱	더울 열
葉	잎 엽, 땅이름 섭
屋	집 옥
溫	따뜻할 온
完	완전할 완
要	구할, 중요 요
雨	비 우
雲	구름 운
園	동산 원
願	원할 원
由	말미암을 유
義	옳을 의
醫	의원 의
以	써 이
因	인할 인
姉	맏누이 자

급수별 선정한자 일람표

再	두, 다시 재		注	물 댈 주
材	재목, 재료 재		止	그칠 지
財	재물 재		志	뜻 지
爭	다툴 쟁		知	알 지
低	낮을 저		至	이를 지
貯	쌓을 저		紙	종이 지
的	과녁 적		支	지탱할 지
赤	붉을 적		進	나아갈 진
典	법, 책 전		眞	참 진
戰	싸움 전		質	바탕 질
傳	전할 전		集	모일 집
展	펼 전		次	버금 차
店	가게 점		參	참여할 참, 석 삼(三)
庭	뜰 정		責	꾸짖을 책
情	뜻 정		鐵	쇠 철
定	정할 정		初	처음 초
調	고를 조		祝	빌 축
助	도울 조		充	채울 충
鳥	새 조		忠	충성 충
早	이를 조		致	이를 치
存	있을 존		他	다를 타
卒	군사, 마칠 졸		打	칠 타
終	마칠 종		宅	집 택, 집 댁
種	씨 종		統	거느릴, 다스릴 통
罪	허물, 죄 죄		特	특별할 특

급수별 선정한자 일람표

敗	패할, 질 패
必	반드시 필
河	물 하
寒	찰 한
害	해칠, 해로울 해
香	향기 향
許	허락할 허
現	나타날 현
好	좋을 호
湖	호수 호
畵	그림 화, 그을 획
化	될, 변화할 화
患	근심 환
回	돌 회
效	본받을, 효력 효
訓	가르칠 훈
凶	흉할 흉
黑	검을 흑

4급 선정한자

街	거리 가
假	거짓 가
佳	아름다울 가
干	방패 간
看	볼 간
減	덜 감
甲	껍질, 갑옷 갑
擧	들 거
巨	클 거
建	세울 건
乾	하늘 건, 마를 건(간)
更	다시 갱, 고칠 경
慶	경사 경
競	다툴 경
耕	밭갈 경
景	볕 경
經	지날, 글, 경선 경
庚	천간, 별 경
溪	시내 계
癸	천간 계
故	연고, 원인 고
谷	골 곡
骨	뼈 골
官	벼슬 관
救	구원할, 도울 구
究	궁구할, 연구 구
句	글귀, 말 구
舊	옛 구
久	오랠 구

급수별 선정한자 일람표

弓	활 궁		倫	인륜, 윤리 륜
權	권세 권		律	법 률
均	고를 균		滿	찰 만
禁	금할 금		忘	잊을 망
及	미칠 급		妙	묘할 묘
其	그 기		卯	토끼 묘
起	일어날 기		務	힘쓸 무
乃	이에 내		尾	꼬리 미
怒	성낼 노		密	빽빽할, 몰래 밀
端	바를, 끝 단		飯	밥 반
丹	붉을 단, 꽃이름 란		防	막을 방
單	홑, 홀로 단		房	방 방
達	통달할, 도달할 달		訪	찾을 방
徒	무리 도		拜	절 배
獨	홀로 독		伐	칠 벌
斗	말 두		變	변할 변
得	얻을 득		丙	남녘 병
燈	등잔 등		保	지킬, 보호할 보
旅	나그네 려		復	돌아올 복, 다시 부
連	이을 련		否	아닐 부, 막힐 비
練	익힐 련		婦	지어미, 며느리, 부인 부
烈	매울, 뜨거울 렬		佛	부처 불
列	벌릴 렬		悲	슬플 비
論	논할, 말씀 론		非	아닐 비
陸	뭍, 땅 륙		鼻	코 비

급수별 선정한자 일람표

巳	뱀, 지지 사		純	순수할 순
謝	사례할 사		戌	개, 지지 술
私	사사로울 사		拾	주울 습, 열 십(十)
絲	실 사		承	이을 승
寺	절 사, 관청 시		是	옳을 시
舍	집 사		辛	매울 신
散	흩어질 산		申	펼, 지지 신
想	생각 상		眼	눈 안
選	가릴, 뽑을 선		若	같을 약, 절 야
鮮	고울 선		與	더불, 줄 여
舌	혀 설		逆	거스를 역
聖	성스러울, 성인 성		硏	갈, 연구 연
盛	성할 성		榮	영화 영
聲	소리 성		藝	재주 예
細	가늘 세		誤	그릇될, 그르칠 오
勢	권세, 세력 세		往	갈 왕
稅	세금 세		浴	목욕할 욕
笑	웃음 소		容	얼굴 용
續	이을 속		遇	만날 우
俗	풍속 속		雄	수컷 웅
松	소나무 송		危	위태할 위
收	거둘 수		偉	클, 위대할 위
修	닦을 수		爲	할 위
受	받을 수		遺	남길 유
授	줄 수		酉	닭, 지지 유

급수별 선정한자 일람표

恩	은혜 은		兆	조 조
乙	새 을		造	지을 조
陰	그늘 음		尊	높을, 존경할 존
應	응할 응		坐	앉을 좌
依	의지할 의		走	달릴 주
異	다를 이		朱	붉을 주
移	옮길 이		衆	무리 중
益	더할 익		增	더할 증
引	끌 인		持	가질 지
印	도장 인		指	손가락 지
寅	범 인		辰	별 진, 때 신
認	알 인		着	붙을 착
壬	천간, 북방, 클 임		察	살필 찰
將	장수 장		唱	부를, 노래 창
適	맞을, 적당 적		冊	책 책
敵	원수 적		處	곳, 살 처
節	마디 절		聽	들을 청
接	이을, 가까이 할 접		請	청할 청
停	머무를 정		最	가장 최
井	우물 정		蟲	벌레 충
精	정기, 가릴 정		取	가질, 취할 취
政	정사, 정치 정		治	다스릴 치
除	덜, 제외할 제		齒	이 치
祭	제사 제		則	법칙 칙, 곧 즉
製	지을 제		針	바늘 침

급수별 선정한자 일람표

快	쾌할 쾌
脫	벗을 탈
探	찾을 탐
退	물러날 퇴
波	물결 파
判	판단할 판
片	조각 편
布	펄 포(보)
暴	사나울 포(폭), 드러낼 폭
筆	붓 필
限	한정, 끝 한
解	풀 해
鄕	시골, 마을 향
協	도울 협
惠	은혜 혜
呼	부를 호
戶	지게문, 집 호
婚	혼인할 혼
貨	재화, 재물 화
興	일어날 흥
希	바랄 희

3급 선정한자

暇	겨를, 틈 가
架	시렁, 선반 가
覺	깨달을 각
脚	다리 각
刻	새길 각
姦	간사할 간
刊	책 펴낼, 새길 간
渴	목마를 갈
敢	감히, 용감 감
監	볼 감
鋼	강철 강
降	내릴 강, 항복할 항
講	익힐 강
康	편안할 강
介	끼일 개
皆	다 개
距	떨어질 거
拒	막을 거
居	살 거
健	건강할 건
件	사건, 조건 건
傑	뛰어날, 사람이름 걸
檢	검사할 검
儉	검소할 검
劍	칼 검
格	격식 격

급수별 선정한자 일람표

激	부딪칠 격		坤	땅 곤
堅	굳을 견		恭	공손 공
潔	깨끗할 결		孔	구멍 공
缺	이지러질 결		貢	바칠 공
兼	겸할 겸		供	이바지할 공
鏡	거울 경		攻	칠 공
警	경계할 경		冠	갓 관
硬	굳을 경		貫	꿸 관
傾	기울 경		管	대롱 관
驚	놀랄 경		慣	버릇 관
境	지경 경		較	견줄 교
戒	경계할 계		具	갖출 구
械	기계 계		球	공 구
鷄	닭 계		區	나눌 구
係	맬 계		構	얽을, 지을 구
契	맺을 계		苟	진실로 구
階	섬돌 계		局	판 국
系	이어맬 계		群	무리 군
繼	이을 계		窮	다할 궁
庫	곳집 고		宮	집 궁
姑	시어미 고		勸	권할 권
孤	외로울 고		券	문서 권
稿	원고, 볏집 고		拳	주먹 권
穀	곡식 곡		卷	책 권
困	곤할 곤		歸	돌아갈 귀

급수별 선정한자 일람표

規	법 규
菌	버섯 균
克	이길 극
斤	도끼, 근 근
勤	부지런할 근
謹	삼갈 근
級	등급 급
畿	경기, 왕터 기
器	그릇 기
旗	기 기
奇	기이할 기
企	꾀할, 바랄 기
幾	몇 기
機	베틀, 기계 기
紀	벼리, 다스릴 기
寄	부칠 기
祈	빌 기
欺	속일 기
旣	이미 기
暖	따뜻할 난
難	어려울 난
納	들일 납
娘	아가씨, 각시 낭
耐	견딜 내
奴	종 노

努	힘쓸 노
腦	뇌, 골 뇌
茶	차 차, 차 다
斷	끊을 단
但	다만 단
團	둥글, 모일 단
壇	제단 단
段	층계, 조각 단
淡	맑을 담
擔	멜 담
畓	논 답
黨	무리 당
帶	띠 대
隊	무리 대
貸	빌릴 대
倒	넘어질 도
逃	달아날 도
盜	도둑 도
導	인도할 도
督	감독할 독
毒	독 독
豚	돼지 돈
突	갑자기 돌
銅	구리 동
豆	콩 두

급수별 선정한자 일람표

羅	벌릴, 비단 라		履	밟을, 신 리
卵	알 란		梨	배 리
亂	어지러울 란		吏	아전, 관리 리
覽	볼 람		臨	임할 림
浪	물결 랑		麻	삼 마
郞	사내 랑		莫	없을 막
略	간략할 략		晩	늦을 만
凉	서늘할 량		妄	망령될 망
糧	양식 량		忙	바쁠 망
慮	생각 려		梅	매화 매
戀	사모할 련		麥	보리 맥
蓮	연꽃 련		孟	맏 맹
聯	잇닿을 련		盟	맹세 맹
嶺	고개 령		盲	소경 맹
露	이슬 로		免	면할 면
錄	기록할 록		眠	잠잘 면
鹿	사슴 록		勉	힘쓸 면
了	마칠 료		銘	새길 명
龍	용 룡		鳴	울 명
留	머무를 류		募	모을 모
類	무리, 분류 류		模	법, 본뜰 모
柳	버들 류		慕	사모할 모
輪	바퀴 륜		某	아무 모
栗	밤 률		暮	저물 모
離	떠날 리		牧	칠 목

급수별 선정한자 일람표

睦	화목할 목
墓	무덤 묘
茂	무성할 무
貿	무역할 무
戊	천간 무
舞	춤출 무
墨	먹 묵
勿	말 물
敏	재빠를 민
博	넓을 박
薄	엷을 박
班	나눌 반
返	돌아올 반
般	일반, 돌 반
髮	터럭 발
芳	꽃다울 방
邦	나라이름 방
妨	해로울 방
倍	갑절 배
背	등 배
輩	무리 배
杯	잔 배
配	짝 배
繁	번성할 번
罰	벌할 벌

凡	무릇 범
犯	범할 범
範	법 범
壁	벽 벽
邊	가 변
辯	말 잘할 변
補	기울, 도울 보
普	넓을 보
寶	보배 보
譜	족보 보
複	겹칠 복, 거듭 부
腹	배 복
伏	엎드릴 복
卜	점 복
逢	만날 봉
峰	봉우리 봉
府	관청, 고을 부
扶	도울 부
浮	뜰 부
副	버금 부
付	부칠 부
負	질 부
粉	가루 분
奔	달릴, 바쁠 분
紛	어지러울 분

급수별 선정한자 일람표

拂	떨 불		床	평상 상
朋	벗 붕		像	형상 상
飛	날 비		索	찾을 색
批	비평할 비		署	관청 서
肥	살찔 비		暑	더울 서
秘	숨길 비		庶	여러 서
費	쓸 비		恕	용서할 서
司	맡을 사		惜	아낄 석
社	모일 사		昔	옛 석
捨	버릴 사		宣	베풀 선
寫	베낄 사		設	베풀 설
詐	속일 사		涉	건널 섭
射	쏠 사		蔬	나물 소
斯	이 사		掃	쓸 소
祀	제사 사		素	흴, 본디 소
査	조사할 사		束	묶을 속
殺	죽일 살		損	덜 손
償	갚을 상		頌	기릴 송
狀	모양 상, 문서 장		訟	송사할 송
祥	상서로울 상		刷	인쇄할 쇄
傷	상할 상		囚	가둘 수
霜	서리 상		愁	근심 수
尙	오히려, 높을 상		誰	누구 수
喪	초상, 잃을 상		須	모름지기 수
象	코끼리 상		壽	목숨 수

급수별 선정한자 일람표

輸	보낼 수
雖	비록 수
秀	빼어날 수
淑	맑을 숙
叔	아재비 숙
熟	익을 숙
巡	순행할 순
旬	열흘 순
術	재주 술
述	지을 술
崇	높일 숭
乘	탈 승
施	베풀 시
息	숨쉴 식
深	깊을 심
甚	심할 심
我	나 아
雅	바를, 맑을 아
亞	버금 아
餓	주릴 아
岸	언덕 안
顔	얼굴 안
巖	바위 암
央	가운데 앙
仰	우러를 앙
涯	물가 애
哀	슬플 애
額	이마 액
也	어조사 야
揚	떨칠 양
樣	모양 양
讓	사양할 양
壤	흙 양
於	어조사 어
憶	생각할 억
嚴	엄할 엄
余	나 여
汝	너 여
亦	또 역
役	부릴 역
驛	역마 역
域	지경, 구역 역
延	끌, 늘릴 연
鉛	납 연
沿	물 따라 내려갈 연
煙	연기 연
緣	인연 연
宴	잔치 연
演	펼, 멀리 흐를 연
悅	기쁠 열

급수별 선정한자 일람표

炎	불꽃 염		云	이를 운
營	경영할 영		援	구원할 원
迎	맞이할 영		源	근원 원
映	비칠 영		圓	둥글 원
泳	헤엄칠 영		怨	원망할 원
銳	날카로울 예		員	인원 원
烏	까마귀 오		院	집 원
悟	깨달을 오		圍	둘레, 쌀 위
吾	나 오		委	맡길 위
瓦	기와 와		胃	밥통 위
臥	누울 와		威	위엄 위
曰	가로 왈		衛	지킬 위
謠	노래 요		猶	같을, 오히려 유
辱	욕될 욕		裕	넉넉할 유
慾	욕심 욕		遊	놀 유
欲	하고자 할 욕		悠	멀 유
憂	근심 우		維	벼리, 맬 유
羽	깃 우		柔	부드러울 유
優	넉넉할 우		儒	선비 유
尤	더욱 우		幼	어릴 유
又	또 우		唯	오직, 허락할 유
愚	어리석을 우		乳	젖 유
于	어조사 우		吟	읊을 음
郵	우편 우		泣	울 읍
宇	집 우		儀	거동 의

급수별 선정한자 일람표

宜	마땅 의
矣	어조사 의
議	의논할 의
疑	의심 의
而	말이을 이
易	쉬울 이, 바꿀 역
已	이미 이
仁	어질 인
忍	참을 인
姻	혼인할 인
逸	편안할 일
任	맡길 임
姿	맵시 자
慈	사랑 자
資	재물 자
殘	남을 잔
雜	섞일 잡
奬	권면할 장
裝	꾸밀 장
障	막을 장
張	베풀 장
壯	씩씩할 장
丈	어른 장
腸	창자 장
帳	휘장 장

栽	심을 재
哉	어조사 재
災	재앙 재
抵	거스를 저
著	나타날, 지을 저
底	밑 저
績	길쌈, 공 적
賊	도둑 적
籍	문서 적
積	쌓을 적, 저금할 자
轉	구를 전
錢	돈 전
專	오로지 전
絶	끊을 절
切	끊을 절, 온통 체
點	점 점
占	점칠 점
整	가지런할 정
靜	고요할 정
貞	곧을 정
淨	깨끗할 정
訂	바로잡을 정
丁	장정, 천간 정
頂	정수리 정
亭	정자 정

급수별 선정한자 일람표

廷	조정 정	舟	배 주
征	칠, 갈 정	酒	술 주
齊	가지런할 제	宙	집 주
濟	건널 제	準	법도 준
提	끌 제	俊	준걸 준
堤	둑 제	卽	곧 즉
制	마를, 법도 제	曾	일찍 증
諸	모든 제	證	증거 증
際	사이, 때 제	症	증세 증
帝	임금 제	枝	가지 지
照	비칠 조	之	갈 지
操	잡을 조	誌	기록할 지
條	조목, 가지 조	只	다만 지
弔	조상할 조	池	못 지
租	조세 조	智	지혜 지
潮	조수 조	職	벼슬, 직분 직
組	짤 조	織	짤 직
宗	마루 종	陳	늘어놓을 진
鐘	쇠북 종	盡	다할 진
從	좇을 종	珍	보배 진
座	자리 좌	鎭	진압할 진
州	고을 주	陣	진칠 진
株	그루 주	姪	조카 질
柱	기둥 주	秩	차례 질
周	두루 주	執	잡을 집

급수별 선정한자 일람표

且	또 차		總	거느릴, 다 총
借	빌릴 차		聰	귀 밝을 총
差	어긋날 차		推	가릴 추
此	이 차		追	쫓을 추
贊	도울 찬		丑	소 축
倉	곳집 창		築	쌓을 축
創	비롯할, 비로소 창		就	나아갈 취
昌	창성할 창		吹	불 취
菜	나물 채		側	곁 측
債	빚(질) 채		測	헤아릴 측
採	캘 채		層	층 층
策	꾀 책		値	값, 만날 치
妻	아내 처		置	둘 치
拓	넓힐, 개척 척		恥	부끄러울 치
尺	자 척		浸	적실 침
踐	밟을 천		侵	침노할 침
泉	샘 천		稱	일컬을 칭
淺	얕을 천		妥	평온할 타
賤	천할 천		卓	높을 탁
哲	밝을 철		濯	씻을 탁
妾	첩 첩		炭	숯 탄
晴	갤, 날갤 청		歎	탄식할 탄
超	넘을 초		彈	탄알 탄
招	부를 초		塔	탑 탑
礎	주춧돌 초		態	모양 태

급수별 선정한자 일람표

泰	클 태		皮	가죽 피
擇	가릴 택		被	입을 피
澤	못 택		彼	저 피
討	칠 토		疲	피곤할 피
吐	토할 토		避	피할 피
痛	아플 통		匹	짝 필
投	던질 투		何	어찌 하
鬪	싸울 투		賀	하례할 하
破	깨뜨릴 파		閑	한가할, 문지방 한
派	물갈래, 파벌 파		恨	한할 한
板	널빤지 판		咸	다 함
版	판목 판		抗	겨룰 항
販	팔 판		項	목 항
篇	책 편		航	배 항
評	평론할 평		港	항구 항
閉	닫을 폐		恒	항상 항
肺	허파 폐		亥	돼지 해
浦	물가 포		享	누릴 향
包	쌀 포		響	소리 향
抱	안을 포		虛	빌 허
捕	잡을 포		憲	법 헌
胞	태보 포		驗	시험 험
爆	터질 폭		險	험할 험
票	표, 쪽지 표		革	가죽 혁
豊	풍년 풍		賢	어질 현

급수별 선정한자 일람표

絃	줄 현
刑	형벌 형
亨	형통할 형
虎	범 호
乎	어조사 호
或	혹 혹
混	섞을 혼
昏	저물 혼
紅	붉을 홍
弘	클 홍
華	빛날 화
確	굳을 확
環	고리 환
歡	기쁠 환
丸	알 환
皇	임금 황
悔	뉘우칠 회
劃	그을 획
候	기후 후
厚	두터울 후
揮	휘두를 휘
胸	가슴 흉
吸	숨들이실, 마실 흡
喜	기쁠 희

2급 선정한자

[1단원 : 우선한자]

却	물리칠 각
閣	집, 누각, 다락 각
肝	간 간
諫	간할 간
簡	대쪽, 간소할 간
懇	정성, 간절할 간
幹	줄기 간
葛	칡 갈
鑑	거울 감
憾	한할 감
剛	굳셀 강
綱	벼리 강
槪	대개 개
蓋	덮을 개
慨	슬퍼할 개
坑	구덩이 갱
據	의거할, 잡을 거
乞	빌, 구걸 걸
揭	높이 들 게
憩	쉴 게
隔	막힐 격
擊	칠 격

급수별 선정한자 일람표

牽	끌 견		郭	성곽 곽
遣	보낼 견		寬	너그러울 관
絹	비단 견		館	집, 객사 관
肩	어깨 견		狂	미칠 광
訣	이별할, 비결 결		鑛	쇳돌, 쇳덩어리 광
謙	겸손할 겸		掛	걸 괘
竟	마침내, 마칠 경		卦	점괘 괘
卿	벼슬 경		怪	기이할 괴
炅	빛날 경		傀	꼭두각시 괴
頃	이랑, 잠깐 경		壞	무너질 괴
徑	지름길 경		愧	부끄러울 괴
桂	계수나무 계		塊	흙덩이, 덩어리 괴
繫	얽어맬 계		僑	객지에 살 교
啓	열 계		巧	공교할 교
顧	돌아볼 고		狡	교활할 교
枯	마를 고		郊	들 교
鼓	북 고		絞	목맬 교
雇	품팔이 고		矯	바로잡을 교
哭	울 곡		膠	아교 교
恐	두려울 공		鷗	갈매기 구
菓	과자, 과실 과		狗	개 구
瓜	오이 과		龜	거북 귀(구), 터질 균, 땅이름 구
誇	자랑할 과		懼	두려울 구
寡	적을 과		驅	몰 구
戈	창 과		購	살 구

급수별 선정한자 일람표

丘	언덕 구	汽	물 끓는 김 기
拘	잡을 구	棄	버릴 기
歐	토할 구	豈	어찌 기, 화락할 개
俱	함께 구	飢	주릴 기
菊	국화 국	緊	굳게 얽을 긴
窟	굴 굴	那	어찌 나
屈	굽힐 굴	諾	허락할 낙
圈	둘레, 쌀 권	奈	어찌 내, 어찌 나
厥	그 궐	寧	편안할 녕
闕	집 궐	濃	짙을 농
軌	굴대 궤	惱	괴로워할 뇌
鬼	귀신 귀	尿	오줌 뇨
叫	부르짖을 규	尼	여승 니
糾	살필 규	泥	진흙 니
閨	안방 규	匿	숨을 닉
劇	심할 극	鍛	단련할 단
僅	겨우 근	檀	박달나무 단
槿	무궁화 근	旦	아침 단
筋	힘줄 근	潭	못 담
琴	거문고 금	膽	쓸개 담
錦	비단 금	踏	밟을 답
禽	새 금	唐	당나라 당
肯	즐길 긍	糖	엿 당, 달 탕
忌	꺼릴 기	臺	대 대
騎	말 탈 기	戴	일 대

급수별 선정한자 일람표

垈	터 대
渡	건널 도
途	길 도
挑	돋울 도
跳	뛸 도
塗	바를, 진흙 도
稻	벼 도
桃	복숭아 도
禱	빌 도
悼	슬퍼할 도
陶	질그릇 도
篤	도타울 독
敦	도타울 돈
棟	마룻대 동
凍	얼 동
桐	오동나무 동
屯	모일 둔, 어려울 준
鈍	무딜 둔
藤	등나무 등
謄	베낄 등
騰	오를 등
洛	강이름 락
絡	맥락, 얽힐, 이을 락
欄	난간 란
蘭	난초 란

爛	빛날 란
濫	넘칠 람
藍	쪽 람
朗	밝을 랑
廊	행랑 랑
拉	꺾을, 끌고 갈 랍
掠	노략질할 략
梁	들보 량
諒	살필, 믿을 량
麗	고울 려
勵	힘쓸 려
曆	책력 력
鍊	단련, 쇠 불릴 련
煉	달굴 련
憐	불쌍할 련
劣	못할 렬
裂	찢을 렬
廉	청렴할 렴
獵	사냥할 렵
齡	나이 령
零	떨어질 령
靈	신령 령
虜	사로잡을 로
爐	화로 로
祿	녹, 복 록

급수별 선정한자 일람표

籠	새장 롱		蠻	오랑캐 만
弄	희롱 롱		娩	해산할 만
雷	우레 뢰		網	그물 망
賴	힘입을, 믿을 뢰		茫	망망할, 아득할 망
僚	동료 료		罔	없을 망
療	병 고칠 료		枚	낱, 줄기 매
淚	눈물 루		埋	묻을 매
樓	다락 루		媒	중매 매
漏	샐 루		脈	맥 맥
累	여러 루		猛	사나울 맹
屢	자주 루		綿	솜 면
謬	그릇될 류		滅	멸망할 멸
率	비율 률, 거느릴 솔		蔑	업신여길 멸
隆	높을 륭		冥	어두울 명
陵	언덕 릉		謀	꾀할 모
裏	속 리		貌	모양 모
隣	이웃 린		侮	업신여길 모
磨	갈 마		矛	창 모
魔	마귀 마		沐	목욕할 목
摩	문지를 마		沒	빠질 몰
漠	사막 막		夢	꿈 몽
幕	장막, 군막 막		蒙	어릴 몽
慢	거만할, 게으를 만		廟	사당 묘
灣	물굽이 만		苗	싹 묘
漫	물 질펀할 만		霧	안개 무

급수별 선정한자 일람표

默	묵묵할 묵		柏	잣나무 백
紊	어지러울 문		飜	뒤칠 번
眉	눈썹 미		煩	번거로울 번
迷	미혹할 미		閥	문벌 벌
微	작을 미		汎	뜰 범
憫	불쌍히 여길 민		碧	푸를 벽
蜜	꿀 밀		僻	후미질 벽
泊	배 댈 박		辨	분별할, 나눌 변
拍	칠 박		竝	나란히 할 병
舶	큰 배 박		屛	병풍 병
迫	핍박할 박		覆	덮을 부, 뒤집힐 복
叛	배반할 반		縫	꿰맬 봉
盤	소반 반		俸	녹, 봉급 봉
搬	운반할 반		蜂	벌 봉
伴	짝 반		封	봉할 봉
拔	뺄 발		鳳	봉황새 봉
傍	곁 방		賦	구실 부
紡	길쌈 방		赴	다다를 부
倣	본받을 방		簿	문서 부
俳	광대 배		符	부신 부
排	물리칠 배		附	붙을 부
賠	배상할 배		膚	살갗 부
培	북돋을 배		腐	썩을 부
魄	넋 백		奮	떨칠 분
伯	맏 백		墳	무덤 분

급수별 선정한자 일람표

憤	분할 분		酸	실 산
弗	아니 불		傘	우산 산
崩	무너질 붕		蔘	(인)삼 삼
婢	계집종 비		森	빽빽할 삼
卑	낮을 비		插	꽂을 삽
匪	도둑 비		嘗	맛볼 상
碑	비석 비		桑	뽕나무 상
妃	왕비, 짝 비		箱	상자 상
賓	손님 빈		詳	자세할 상
頻	자주 빈		裳	치마 상
聘	부를 빙		塞	변방 새, 막을 색
邪	간사할 사		誓	맹세할 서
似	같을 사		瑞	상서로울 서
詞	말 사		緖	실마리 서
辭	말씀 사		敍	차례, 펼 서
飼	먹일 사		徐	천천히 서
沙	모래 사		析	가를 석
蛇	뱀 사		碩	클 석
唆	부추길 사		釋	풀 석
斜	비낄 사		禪	고요할 선
祠	사당 사		旋	돌 선
赦	용서할 사		纖	가늘 섬
賜	줄 사		攝	끌어 잡을 섭
削	깎을 삭		貰	세낼 세
朔	초하루 삭		蘇	깨어날 소

급수별 선정한자 일람표

昭	밝을 소		瞬	눈 깜짝할 순
召	부를 소		循	돌 순
燒	불사를 소		殉	따라 죽을 순
騷	시끄러울 소		盾	방패 순
紹	이을 소		舜	순임금 순
疏	트일, 성길 소		脣	입술 순
訴	하소연할, 소송 소		襲	엄습할 습
屬	무리, 붙일 속		濕	젖을 습
粟	조 속		升	되 승
遜	겸손할 손		昇	오를 승
誦	욀 송		僧	중 승
鎖	쇠사슬, 잠글 쇄		侍	모실 시
衰	쇠약할 쇠		屍	주검 시
需	구할, 쓰일 수		矢	화살 시
殊	다를 수		飾	꾸밀 식
垂	드리울 수		殖	번식할 식
隨	따를 수		愼	삼갈 신
洙	물이름 수		晨	새벽 신
遂	이룰, 드디어 수		腎	콩팥 신
帥	장수 수		紳	큰 띠 신
睡	졸 수		伸	펼 신
獸	짐승 수		審	살필 심
搜	찾을 수		尋	찾을 심
孰	누구 숙		雙	쌍 쌍
肅	엄숙할 숙		芽	싹(틀) 아

급수별 선정한자 일람표

牙	어금니 아
阿	언덕 아
握	잡을 악
岳	큰 산 악
雁	기러기 안
晏	늦을 안
按	살필 안
鞍	안장 안
謁	뵐, 아뢸 알
癌	암 암
押	누를 압
壓	누를 압
殃	재앙 앙
礙	막을 애
厄	재앙 액
液	진액 액
耶	어조사 야
惹	이끌 야
躍	뛸 약
楊	버들 양
孃	아가씨 양
御	어거할 어
抑	누를 억
焉	어조사 언
予	나, 줄 여
輿	수레 여
譯	번역할 역
疫	염병 역
硯	벼루 연
燃	불탈 연
軟	연할 연
燕	제비 연
閱	볼, 검열할 열
染	물들일 염
鹽	소금 염
厭	싫을, 싫어할 염
影	그림자 영
詠	읊을 영
譽	기릴 예
預	미리, 맡길 예
豫	미리 예
傲	거만할 오
汚	더러울 오
梧	오동나무 오
娛	즐거워할, 즐길 오
嗚	탄식할 오
獄	옥(살이) 옥
翁	늙은이 옹
緩	느릴 완
歪	비뚤 외, 비뚤 왜

급수별 선정한자 일람표

畏	두려울 외		惟	생각할 유
遙	멀, 거닐 요		尹	다스릴 윤
曜	빛날 요		閏	윤달 윤
妖	요망할 요		潤	윤택할 윤
堯	요임금 요		融	녹을, 화할 융
腰	허리 요		隱	숨을 은
搖	흔들 요		淫	음란할 음
鎔	(쇠)녹일 용		凝	엉길 응
庸	떳떳할 용		貳	두 이
傭	품팔이 용		伊	저 이
偶	짝, 우연 우		夷	클, 오랑캐 이
禹	하우씨 우		翼	날개 익
韻	운, 운치 운		刃	칼날 인
鬱	답답할 울		壹	한 일
苑	나라동산 원		姙	아이 밸 임
越	넘을 월		賃	품팔이 임
僞	거짓 위		諮	물을 자
尉	벼슬이름 위		恣	방자할 자
緯	씨줄 위		雌	암컷 자
違	어긋날 위		玆	이 자
慰	위로할 위		磁	자석 자
謂	이를 위		紫	자주빛 자
幽	그윽할 유		刺	찌를 자
誘	꾈 유		酌	따를, 술잔 작
愈	더욱, 나을 유		爵	벼슬 작

급수별 선정한자 일람표

蠶	누에 잠		程	길, 법 정
潛	잠길 잠		偵	정탐할 정
暫	잠깐 잠		穽	함정 정
藏	감출 장		劑	약 지을 제
粧	단장할 장		釣	낚시 조
墻	담 장		措	둘 조
掌	손바닥 장		燥	마를 조
臟	오장 장		彫	새길 조
葬	장사지낼 장		拙	못날 졸
莊	장엄할 장		縱	세로 종
載	실을 재		佐	도울 좌
裁	옷 마를 재		珠	구슬 주
宰	재상 재		駐	머무를 주
寂	고요할 적		洲	물가 주
摘	딸, 따올 적		鑄	부어 만들 주
滴	물방울 적		奏	아뢸 주
跡	발자취 적		週	주일, 돌 주
蹟	사적, 자취 적		遵	좇을 준
笛	피리 적		仲	버금 중
殿	대궐, 큰집 전		憎	미워할 증
折	꺾을 절		贈	줄 증
竊	훔칠 절		蒸	찔 증
漸	점차 점		遲	더딜 지
蝶	나비 접		旨	뜻 지
艇	거룻배 정		脂	비계 지

급수별 선정한자 일람표

津	나루 진		斥	물리칠 척
振	떨칠 진		遷	옮길 천
震	우레, 벼락 진		薦	천거할 천
診	진찰할 진		撤	거둘 철
塵	티끌 진		徹	통할 철
疾	병 질		添	더할 첨
輯	모을 집		尖	뾰족할 첨
徵	부를 징		諜	염탐할 첩
懲	징계할 징		廳	청사 청
遮	막을 차		遞	갈마들 체
錯	섞일 착		滯	막힐 체
捉	잡을 착		締	맺을 체
讚	기릴 찬		逮	미칠 체
刹	절 찰		替	바꿀 체
札	편지, 패 찰		肖	닮을 초, 꺼질 소
斬	벨 참		哨	망볼 초
慙	부끄러워할 참		抄	베낄, 노략질할 초
慘	참혹할 참		焦	탈 초
彰	빛날 창		觸	닿을 촉
滄	큰 바다 창		促	재촉할 촉
蒼	푸를 창		燭	촛불 촉
暢	화창할 창		寵	사랑 총
彩	채색 채		銃	총 총
悽	슬플 처		催	재촉할 최
戚	겨레 척		趨	달릴 추

급수별 선정한자 일람표

抽	뽑을 추		奪	빼앗을 탈
醜	추할 추		貪	탐할 탐
軸	굴대 축		湯	끓을 탕
畜	기를 축		怠	게으를 태
蓄	모을, 저축할 축		胎	아이 밸 태
縮	줄일 축		殆	위태할 태
逐	쫓을 축		颱	태풍 태
蹴	찰 축		兎	토끼 토
衷	정성 충		透	통할 투
衝	찌를, 부딪칠 충		播	뿌릴 파
臭	냄새 취		頗	자못 파
炊	불땔 취		把	잡을 파
醉	술 취할 취		罷	파할, 마칠 파
趣	취미 취		霸	으뜸 패
稚	어릴 치		遍	두루 편
漆	옻칠할 칠		編	엮을 편
枕	베개 침		偏	치우칠 편
沈	잠길 침, 성씨 심		坪	들, 평수 평
寢	잠잘 침		蔽	덮을 폐
墮	떨어질 타		幣	폐백 폐
托	맡길, 밀 탁		廢	폐할, 버릴 폐
託	부탁할 탁		弊	해질 폐
琢	쪼을 탁		砲	대포 포
濁	흐릴 탁		抛	던질 포
誕	낳을 탄		怖	두려울 포

급수별 선정한자 일람표

飽	배부를 포		顯	나타날 현
幅	폭 폭		懸	매달 현
漂	뜰 표		弦	활시위 현
豹	표범 표		穴	구멍 혈
標	표할 표		嫌	싫어할 혐
楓	단풍나무 풍		峽	골짜기 협
畢	마칠 필		脅	위협할, 갈빗대 협
荷	연꽃, 짐 하		螢	반딧불 형
虐	사나울 학		衡	저울 형, 가로 횡
鶴	학 학		型	틀, 본보기 형
旱	가물 한		兮	어조사 혜
汗	땀 한		慧	지혜 혜
翰	글, 날개 한		毫	가는 털 호
割	벨 할		浩	넓을 호
含	머금을 함		護	보호할 호
陷	빠질 함		互	서로 호
艦	싸움배 함		胡	오랑캐 호
巷	거리 항		豪	호걸 호
奚	어찌 해		酷	독할 혹
該	그, 갖출 해		惑	미혹할 혹
核	씨 핵		魂	넋 혼
獻	드릴 헌		忽	갑자기 홀
軒	처마, 수레 헌		鴻	기러기 홍
玄	검을 현		洪	넓을 홍
縣	고을 현		靴	가죽신 화

급수별 선정한자 일람표

禾	벼 화
禍	재앙 화
穫	거둘 확
擴	넓힐 확
還	돌아올 환
換	바꿀 환
幻	허깨비 환
滑	미끄러울 활, 어지러울 골
荒	거칠 황
凰	봉황새 황
況	하물며 황
廻	돌아올 회
灰	재 회
懷	품을 회
獲	사로잡을 획
橫	가로 횡
曉	새벽 효
喉	목구멍 후
侯	제후 후
勳	공 훈
毁	헐 훼
輝	빛날 휘
携	끌 휴
痕	흉터 흔
稀	드물 희
熙	빛날 희
噫	탄식할 희, 하품 애
戲	희롱할 희

[2단원 : 인명 및 지명, 기타]

賈	성씨 가, 장사 고
嘉	아름다울 가
伽	절 가
珏	쌍옥 각
奸	범할, 간사할 간
鉀	갑옷 갑
岬	산허리 갑
腔	빈 속 강
姜	성씨 강
岡	언덕 강
疆	지경 강
凱	개선할, 즐길 개
箇	낱 개
鍵	열쇠 건
劫	위협할 겁
瓊	붉은 옥 경
璟	옥빛 경
屆	이를, 극진할 계
膏	기름 고
款	정성, 조목 관

급수별 선정한자 일람표

邱	땅이름, 언덕 구		塘	못 당
灸	뜸 구		袋	자루 대
鳩	비둘기 구		燾	비출, 덮을 도
玖	옥돌 구		萄	포도 도
仇	원수 구		頓	조아릴 돈
鞠	기를 국		杜	막을 두
掘	팔 굴		裸	벌거벗을 라
倦	게으를 권		剌	어그러질 랄
奎	별이름 규		萊	명아주 래
珪	서옥 규		亮	밝을 량
揆	헤아릴 규		廬	오두막집 려
圭	홀 규		呂	음률, 등뼈 려
瑾	구슬 근		侶	짝 려
兢	삼갈 긍		玲	옥소리 령
矜	자랑할 긍		隷	종 례
岐	갈림길 기		蘆	갈대 로
麒	기린 기		魯	노나라 로
耆	늙을 기		盧	목로, 검을 로
棋	바둑 기		賂	뇌물 줄 뢰
琪	옥 기		劉	죽일, 성씨 류
琦	옥이름 기		粒	낟알 립
騏	준마 기		痲	저릴, 홍역 마
溺	빠질 닉		寞	고요할 막
撻	매질할 달		膜	흘떼기, 막 막
毯	담요 담		瞞	속일 만

급수별 선정한자 일람표

한자	뜻과 음	한자	뜻과 음
昧	어두울 매	弁	고깔 변
寐	잠잘 매	卞	성 변
覓	찾을 멱	炳	불꽃 병
謨	꾀 모	幷	아우를 병
茅	띠 모	柄	자루 병
帽	모자 모	秉	잡을 병
冒	무릅쓸 모	輔	도울 보
牡	수컷 모	甫	클 보
耗	줄 모	釜	가마 부
牟	클, 소 우는 소리 모	訃	부고 부
毋	말 무	賻	부의 부
巫	무당 무	剖	쪼갤 부
汶	물이름 문	盆	동이 분
旻	가을 하늘 민	噴	뿜을 분
悶	민망할 민	毘	도울 비
閔	성씨, 근심할 민	匕	비수 비
珉	옥돌 민	彬	빛날 빈
玟	옥돌, 옥무늬 민	奢	사치할 사
旼	온화할 민	徙	옮길 사
旁	두루, 곁 방	撒	뿌릴 살
肪	비계 방	逝	갈 서
龐	클 방, 찰 롱	舒	펼 서
謗	헐뜯을 방	錫	주석 석
裵	성씨 배	奭	클 석, 붉을 혁
帛	비단 백	繕	기울 선

급수별 선정한자 일람표

膳	반찬 선		斡	돌 알
薛	성 설		庵	암자 암
閃	번쩍할 섬		隘	좁을 애
燮	불꽃 섭		禦	막을 어
晟	밝을 성		彦	선비 언
沼	늪 소		淵	못 연
巢	새집 소		捐	버릴 연
宋	송나라 송		姸	예쁠 연
碎	부술 쇄		衍	퍼질 연
銖	무게이름 수		燁	빛날 엽
羞	부끄러울 수		瑩	귀막이 옥, 밝을 영
隋	수나라 수, 떨어질 타		伍	대오 오
戍	수자리 수		吳	성씨 오
粹	순수할 수		沃	기름질 옥
淳	순박할 순		鈺	단단한 쇠 옥
珣	옥그릇 순		擁	안을 옹
筍	죽순 순		汪	넓을 왕
荀	풀이름 순		旺	성할 왕
柴	섶 시		倭	왜나라 왜
尸	시동, 주검 시		耀	빛날 요
媤	시집 시		姚	예쁠 요
弑	죽일 시		夭	일찍 죽을, 요망할 요
湜	맑을 식		踊	뛸 용
迅	빠를 신		溶	질펀히 흐를, 녹일 용
娠	아이 밸 신		瑢	패옥소리 용

급수별 선정한자 일람표

佑	도울 우	疵	흠 자
祐	복 우	雀	참새 작
寓	붙어살 우	樟	녹나무 장
煜	불꽃 빛날 욱	璋	반쪽 홀 장
旭	해뜰 욱	蔣	성씨 장
蔚	고을이름 울, 성할 위	匠	장인 장
媛	미인 원	杖	지팡이 장
袁	성 원	箸	젓가락 저
韋	가죽, 막을 위	迹	자취 적
渭	물이름 위	顚	넘어질 전
喩	깨우칠 유	楨	광나무, 근본 정
踰	넘을 유	旌	기 정
楡	느릅나무 유	鄭	나라이름 정
兪	성씨, 그러할 유	晶	맑을 정
胤	맏아들, 이을 윤	汀	물가 정
鈗	병기, 총 윤	町	밭두둑 정
允	진실로 윤	呈	보일, 드릴 정
垠	언덕 은	鼎	솥 정
殷	은나라 은	珽	옥홀 정
姨	이모 이	趙	나라이름 조
怡	화할, 기쁠 이	曹	무리, 성씨 조
翌	다음날 익	爪	손톱 조
鎰	스물넉 냥 일	綜	모을 종
炙	고기 구울 자	琮	옥홀 종
滋	불을 자	註	주낼 주

급수별 선정한자 일람표

埈	가파를 준		崔	높을, 성씨 최
峻	높을 준		沖	깊을 충
駿	준마 준		惻	슬퍼할 측
祉	복 지		雉	꿩 치
肢	사지 지		侈	사치할 치
芝	지초 지		勅	칙서 칙
址	터 지		鐸	방울 탁
稙	올벼 직		眈	노려볼 탐
秦	진나라 진		兌	기쁠, 괘이름 태
窒	막을 질		台	별 태, 나 이, 대 대
叉	깍지 낄 차		巴	땅이름 파
餐	먹을 찬		坡	언덕 파
燦	빛날 찬		阪	언덕 판
璨	옥 빛날 찬		鞭	채찍 편
昶	밝을, 해 길 창		扁	현판 편
蔡	성씨, 풀떨기 채		哺	먹일 포
埰	채밭 채		鋪	펼, 점방 포
采	나물, 캘 채		葡	포도 포
隻	외짝, 하나 척		杓	자루 표
澈	물 맑을 철		弼	도울 필
喆	밝을 철		泌	스며 흐를 필, 샘물 흐를 비
秒	초 초		乏	다할 핍
楚	초나라 초		瑕	티, 흠 하
蜀	나라이름 촉		轄	다스릴, 비녀장 할
叢	떨기 총		函	함 함

급수별 선정한자 일람표

亢	목, 별이름 항
杏	은행, 살구 행
赫	붉을, 빛날 혁
峴	고개 현
炫	빛날 현
鉉	솥귀 현
狹	좁을 협
炯	빛날 형
邢	성씨, 나라이름 형
晧	밝을 호
祜	복 호
昊	하늘 호
壕	해자, 도랑 호
鎬	호경, 빛날 호
皓	흴 호
桓	굳셀 환
煥	빛날 환
晃	밝을 황
賄	뇌물 회
淮	물이름 회
后	왕후 후
熏	연기 낄 훈
薰	향풀, 향내 훈
烋	아름다울 휴, 기세 대단할 효
欽	공경할 흠
欠	하품 흠
禧	복 희
姬	아씨 희
嬉	즐길 희
犧	희생 희

뜻과 음이 여럿인 한자

[8급]

父	아버지 부, 남자미칭 보

[7급]

金	쇠 금, 성 김

[6급]

內	안 내, 여관(女官) 나
北	북녘 북, 달아날 배

[준5급]

車	수레 거, 수레 차
洞	골 동, 꿰뚫을 통
不	아니 불, 아니 부
分	나눌 분, 푼 푼
食	밥 식, 먹을 식
合	합할 합, 홉 홉

급수별 선정한자 일람표

[5급]

見	볼 견, 뵐 현
度	법도 도, 헤아릴 탁
讀	읽을 독, 구절 두
樂	즐거울 락, 풍류 악, 좋아할 요
省	살필 성, 덜 생
便	편할 편, 똥오줌 변

[준4급]

告	알릴 고, 뵙고 청할 곡
說	말씀 설, 달랠 세, 기쁠 열
數	셈 수, 자주 삭, 빽빽할 촉
宿	잠잘 숙, 별자리 수
識	알 식, 기록할 지
氏	성씨 씨, 나라이름 지
惡	악할 악, 미워할 오
葉	잎 엽, 땅이름 섭
參	참여할 참, 석 삼(三)
宅	집 택, 집 댁
畵	그림 화, 그을 획

[4급]

乾	하늘 건, 마를 간(건)
更	다시 갱, 고칠 경
丹	붉을 단, 꽃이름 란
復	돌아올 복, 다시 부
否	아닐 부, 막힐 비
寺	절 사, 관청 시
拾	주울 습, 열 십(十)
若	같을(만약) 약, 절 야
辰	별 진, 때 신
則	법칙 칙, 곧 즉
布	펼 포, 펼 보(속음)
暴	사나울 포, 드러낼 폭, 사나울 폭

[3급]

降	내릴 강, 항복할 항
茶	차 차, 차 다
複	겹칠 복, 거듭 부
易	쉬울 이, 바꿀 역
積	쌓을 적, 저금할 자
切	끊을 절, 온통 체

[2급]

賈	성씨 가, 장사 고
龜	거북 귀(구), 터질 균, 땅이름 구
豈	어찌 기, 화락할 개
奈	어찌 내, 어찌 나
屯	모일 둔, 어려울 준
率	비율 률, 거느릴 솔

급수별 선정한자 일람표

龐	클 방, 찰 롱	沈	잠길 침, 성씨 심
覆	덮을 부, 뒤집힐 복	台	별 태, 나 이, 대 대
塞	변방 새, 막을 색	泌	스며 흐를 필, 샘물 흐를 비
奭	클 석, 붉을 혁	滑	미끄러울 활, 어지러울 골
隋	수나라 수, 떨어질 타	衡	저울 형, 가로 횡
蔚	성할 위, 고을이름 울	烋	아름다울 휴, 기세 대단할 효
歪	비뚤 왜, 비뚤 외	噫	탄식할 희, 하품 애
肖	닮을 초, 꺼질 소		

* **속음**: 원음이 변하여 널리 통용되어지는 음

2급 선정한자 풀이

- 1단원(우선한자 700자)
- 2단원(인명 및 지명, 기타 차우선한자 300자)

2급 선정한자 풀이 [1단원]

却
물리칠, 막을 **각**
- 부 卩 획 7
- 去(갈 거)와 몸이 구부러진 모양을 나타내는 卩(병부 절)이 합쳐진 글자로, 몸을 구부리고 도망가게 한다는 데서 물리친다는 뜻이다.

却下(각하) : 민사 소송법에서 상소가 형식적인 요건을 갖추지 못한 경우, 부적법하다고 보고 내용에 대한 판단 없이 소송을 종료하는 일
冷却(냉각) : 식어서 차게 됨
*下 아래 하 *冷 찰 랭

閣
집, 누각, 선반 **각**
- 부 門 획 14
- 門(문 문)과 各(각각 각)이 합쳐진 글자로, 여러 사람이 각각 드나드는 문이 있는 집, 즉 누각을 의미한다.

閣下(각하) : 신분이 높은 사람을 높여 이르는 말
樓閣(누각) : 사방을 바라볼 수 있도록 문과 벽이 없이 높이 지은 집
*下 아래 하 *樓 다락 누

肝
간, 마음 **간**
- 부 肉 획 7
- 月(肉, 몸 육)과 干(방패 간)이 합쳐진 글자로, 몸에 들어오는 독을 분해하고 막아주는 부분이 간이라는 뜻이다.

肝癌(간암) : 간장에 생기는 암
肝腸(간장) : 간과 창자 또는 초조한 마음을 이르는 말
*癌 암 암 *腸 창자 장

諫
간할, 충고할 **간**
- 부 言 획 16
- 言(말씀 언)과 柬(분별할 간)이 합쳐진 글자로, 어른께 간할 때는 경거망동하지 않고 말을 분별하여 조심스럽게 해야 한다는 데서 간하다는 뜻이 되었다.

諫言(간언) : 웃어른이나 임금에게 옳지 못하거나 잘못된 일을 고치도록 하는 말
諫爭(간쟁) : 간하여 다툼
*言 말씀 언 *爭 다툴 쟁

簡
대쪽, 편지, 간략할 **간**
- 부 竹 획 18
- 竹(대 죽)과 間(사이 간)이 합쳐진 글자로, 대나무 사이에 간략하게 쓴 편지라는 의미이다. 대쪽, 간략하다, 편지라는 뜻이 있다.

簡單(간단) : 까다롭지 않고 단순함
簡素(간소) : 간단하고 수수함
*單 홑 단 *素 흴 소

懇
정성, 간절할 **간**
- 부 心 획 18
- 豤(정성스러울 간)과 心(마음 심)이 합쳐진 글자로, '정성스러운 마음'이라는 뜻이며 여기서 정성, 혹은 간절하다는 의미가 파생되었다.

懇求(간구) : 간절히 바람
懇談會(간담회) : 정답게 서로 이야기를 나누는 모임, 대화 모임
*求 구할 구 *談 말씀 담 *會 모일 회

선정한자 풀이 [1단원]

幹 줄기, 바탕 간
부 干 획 13
원래 글자는 榦이었다. 간(倝)과 木(나무 목)이 합쳐진 글자로, 해 뜨는 이른 새벽에 집안으로 비쳐 들어오는 햇볕을 막아주는 부분이 나무의 줄기라는 의미이다.

根幹(근간) : 뿌리와 줄기, 사물의 바탕이나 중심이 되는 중요한 것
基幹(기간) : 어떤 분야에서 가장 으뜸이 되거나 중심이 되는 부분
幹部(간부) : 기관이나 조직체 따위의 중심이 되는 자리에서 책임을 맡거나 지도하는 사람
*根 뿌리 근 *基 터 기 *部 나눌 부

葛 칡, 덩굴 갈
부 艸 획 13
⺾(풀 초)와 曷(어찌 갈)이 합쳐진 글자이다. 풀은 보통 위로 자라는데, 이를 어기고 가로로 자라는 풀이 바로 칡이라는 뜻이다.

葛藤(갈등) : 개인이나 집단 사이에 목표나 이해관계가 달라 서로 적대시하거나 불화를 일으키는 상태
葛布(갈포) : 칡 섬유로 짠 베
*藤 등나무 등 *布 베 포

鑑 거울, 살필 감
부 金 획 22
金(쇠 금)과 監(볼 감)이 합쳐진 글자로, 쇠를 깨끗하게 갈고 닦아 자기의 얼굴을 볼 수 있도록 거울을 만들었다는 의미이다.

圖鑑(도감) : 그림이나 사진을 모아 실물 대신 볼 수 있도록 엮은 책
鑑定(감정) : 사물의 진위와 좋고 나쁨을 감별하여 결정함
*圖 그림 도 *定 정할 정

憾 한할, 유감, 근심할 감
부 心 획 16
忄(마음 심)과 感(느낄 감)이 합쳐진 글자로, 感은 무엇이든 다(咸, 다 함) 대하면 마음(心)이 동한다는 뜻이다. 여기에 忄변이 붙어 다른 마음(忄)으로 느낌, 즉 유감의 뜻이 되었다.

憾情(감정) : 원망하거나 성내는 마음
遺憾(유감) : 마음에 차지 아니하여 섭섭하거나 불만스럽게 남아있는 느낌
*情 뜻 정 *遺 남길 유

剛 굳셀 강
부 刀 획 10
岡(산등성이 강)과 刂(칼 도)가 합쳐진 글자로, 산등성이의 바위도 자를만한 칼이니 굳세다는 의미이다.

剛柔(강유) : 단단함과 부드러움
*柔 부드러울 유

綱 다스릴, 벼리, 대강 강
부 糸 획 14
糸(실 사)와 岡(산등성이 강)이 합쳐진 글자로, 큰 실로 그물 주위를 꿰어 산등성이처럼 두른 벼리를 뜻하는 글자이다.

綱領(강령) : 일의 으뜸이 되는 줄거리
三綱(삼강) : 유교의 도덕에서 기본이 되는 세 가지 강령
*領 옷깃 령 *三 석 삼

선정한자 풀이 [1단원]

概 대개, 일체 **개**
부 木 획 15
木(나무 목)과 旣(이미 기)가 합쳐진 글자로, 말이나 되에 곡식을 이미 가득 담고 그 위를 밀어서 고르게 하니 대개 평평하다는 뜻이다.

概念(개념) : 어떤 사물에 대한 대강의 뜻이나 대강의 내용, 어떤 사물 현상에 대한 일반적인 지식
*念 생각할 념

蓋 덮을, 대개 **개**
부 艹 획 14
艹(풀 초)와 去(갈 거)와 皿(그릇 명)이 합쳐진 글자로, 풀을 그릇에 담아갈 때는 덮어서 가라는 뜻이다. 덮지 않으면 먼지가 들어갈 수도 있고 풀이 날아 가 버릴 수도 있기 때문이다.

蓋然(개연) : 확실하지 못하나 그럴 것 같이 추측됨
*然 그러할 연

慨 슬퍼할, 개탄할 **개**
부 心 획 14
忄(마음 심)과 旣(이미 기)가 합쳐진 글자로, 이미 잘못된 일을 마음속에서 슬퍼하고 분개한다는 뜻이다.

慨歎(개탄) : 분하거나 못마땅하게 여겨 한탄함
〈유의어〉歎息(탄식)
憤慨(분개) : 몹시 분하게 여김
*歎 탄식할 탄 *憤 분할 분

坑 구덩이, 빠질 **갱**
부 土 획 7
土(흙 토)와 亢(목구멍 항)이 합쳐진 글자로, 사람의 목구멍처럼 길게 움푹 패인 땅이 구덩이라는 뜻이다.

坑道(갱도) : 광산에서 갱 안에 뚫어 놓은 길 또는 큰 굴을 뚫을 때에 먼저 뚫고 들어가는 작은 굴길
坑木(갱목) : 철로를 놓을 때에 밑에 파묻어 철로를 고정시키는 나무, 갱도 버팀목
*道 길 도 *木 나무 목

據 잡을, 의지할, 의거할 **거**
부 手 획 16
扌(손 수)와 豦(원숭이 거)가 합쳐진 글자로, 원숭이가 나무를 오를 때는 손에 의지한다는 뜻이다.

根據(근거) : 근본이 되는 거점
依據(의거) : 어떤 사실이나 원리 따위에 근거함
*根 뿌리 근 *依 의지할 의

乞 빌, 거지 **걸**
부 乙 획 3
人(사람 인)과 乙(새 을)이 합쳐진 글자로, 사람이 새처럼 몸을 굽혀 빈다는 뜻이다.

求乞(구걸) : 돈이나 곡식, 물건 따위를 거저 달라고 빎
乞人(걸인) : 거지
*求 구할 구 *人 사람 인

선정한자 풀이 [1단원]

揭 높이 들, 걸 **게**
- 부 手 획 12
- 扌(손 수)와 曷(어길 갈)이 합쳐진 글자로, 밑으로 떨어지는 것을 어겨 손으로 들어 올린다는 데서 높이 든다는 뜻이다.

揭揚(게양) : 기 따위를 높이 닮
揭載(게재) : 글이나 그림 따위를 신문이나 잡지 따위에 실음
*揚 날릴 양 *載 실을 재

憩 쉴 **게**
- 부 心 획 16
- 舌(혀 설)과 息(숨쉴 식)이 합쳐진 글자로, 혀가 보이도록 입을 크게 벌리고 숨을 쉬며 쉰다는 뜻이다.

小憩(소게) : 잠깐 쉼
休憩(휴게) : 휴식, 어떤 일을 하다가 잠깐 동안 쉼
*小 작을 소 *休 쉴 휴

隔 막힐, 멀 **격**
- 부 阝 획 13
- 阝(언덕 부)와 鬲(솥 격)이 합쳐진 글자이다. 鬲은 세 발 달린 솥을 의미하는데, 상부와 하부가 서로 분리되어 별개로 된 솥의 모양처럼 언덕을 막아서 별개로 만든 것을 뜻한다.

隔年(격년) : 한 해씩 거름
隔意(격의) : 서로 터놓지 않는 속마음
*年 해 년 *意 뜻 의

擊 칠, 공격할 **격**
- 부 手 획 17
- 車(수레 차)와 凵(입벌릴 감)과 殳(칠 수)와 手(손 수)가 합쳐진 글자로, 군사(車)는 한 손(手)에 밥그릇(凵)을 들고도 다른 한 손에는 창(殳)을 들고 있어야 한다는 뜻이다.

擊退(격퇴) : 적을 쳐서 물리침
攻擊(공격) : 나아가 적을 침
*退 물러날 퇴 *攻 칠 공

牽 끌, 거리낄 **견**
- 부 牛 획 11
- 玄(검을 현)과 冖(덮을 멱)과 牛(소 우)가 어우러진 글자로, 소의 고삐를 줄로 묶어 끌어 당긴다는 뜻이다.

牽引(견인) : 끌어서 당김
牽制(견제) : 일정한 작용을 가함으로써 상대편이 지나치게 세력을 펴거나 자유롭게 행동하지 못하게 억누름
*引 끌 인 *制 마를 제

遣 보낼, 쫓을 **견**
- 부 辵 획 14
- 𠳋(작은 덩어리 견)과 辶(갈 착)이 합쳐진 글자로, 흙덩이로 만든 무덤에 부장품을 넣어 보낸다는 뜻이다.

派遣(파견) : 일정한 임무를 주어 사람을 보냄
*派 물갈래 파

선정한자 풀이 [1단원]

絹 비단, 견직물 **견**
- 부 糸 획 13
- 糸(실 사)와 口(입 구)와 月(肉, 몸 육)이 합쳐진 글자로, 몸(누에) 중에서도 입을 통해 뽑아낸 실이 비단이라는 뜻이다.

絹織(견직) : 비단
*織 짤 직

肩 어깨, 견딜 **견**
- 부 肉 획 8
- 戶(지게문 호)와 月(肉, 몸 육)이 합쳐진 글자로, 몸 중에서 문(戶)처럼 벌어진 부분이 어깨라는 뜻이다.

肩臂(견비) : 어깨와 팔
肩章(견장) : 군인 등이 제복의 어깨에 붙여 직위나 계급을 밝히는 표
*臂 팔 비 *章 글 장

訣 이별할, 비결 **결**
- 부 言 획 11
- 言(말씀 언)과 夬(결단할 쾌)가 합쳐진 글자이다. 말로 나누어질 것을 결단한다는 데서 이별한다는 뜻이 되었다.

秘訣(비결) : 세상에 알려져 있지 않은 자기만의 뛰어난 방법
永訣(영결) : 사람이 죽어 상대와 영원히 헤어짐
*秘 숨길 비 *永 길 영

謙 겸손할, 사양할 **겸**
- 부 言 획 17
- 言(말씀 언)과 兼(겸할 겸)이 합쳐진 글자로, 사양하는 말을 겸하여 여러 번 한다는 데서 겸손하다는 뜻이 되었다.

謙遜(겸손) : 남을 존중하고 자기를 내세우지 않음
謙讓(겸양) : 겸손한 태도로 남에게 양보하거나 사양함
*遜 겸손할 손 *讓 사양할 양

竟 마침내, 다할 **경**
- 부 立 획 11
- 音(소리 음)과 儿(어진 사람 인)이 합쳐진 글자로, 좋은 음악이 일단락되었으니 마치다는 뜻이다.

畢竟(필경) : 끝에 가서는
竟夜(경야) : 밤새도록
*畢 마칠 필 *夜 밤 야

卿 벼슬, 밝힐 **경**
- 부 卩 획 12
- 卯(무성할 묘) 사이에 皀(낟알 합)을 넣은 글자로, 무성하게 많은 낟알을 다루니, 높은 지위에 있는 벼슬을 의미한다.

卿宰(경재) : 재상
公卿(공경) : 三公(삼공)과 九卿(구경)
*宰 재상 재 *公 공변될 공

선정한자 풀이 [1단원]

炅 빛날, 열 **경**
- 부 火 획 8
- 日(해 일)과 火(불 화)가 합쳐진 글자로, 하늘에서는 해가, 땅에서는 불이 빛난다는 뜻이다.

炅然(경연) : 빛나는 모양
*然 그러할 연

頃 잠깐, 아마, 이랑 **경**
- 부 頁 획 11
- 匕(비수 비)와 頁(머리 혈)이 합쳐진 글자로, 비수를 머리에 들이대니 머리(頁)가 한쪽으로 기울어진다는 뜻이다. 나아가 머리가 기울어지는 것을 잠깐 사이라는 데서 잠깐이라는 뜻도 있다.

頃刻(경각) : 아주 짧은 시간
頃年(경년) : 요 몇 해 사이
*刻 새길 각 *年 해 년

徑 지름길, 쉬울, 건널 **경**
- 부 彳 획 10
- 彳(걸을 척)과 巠(물줄기 경)이 합쳐진 글자로, 물은 지름길로 가는 성질이 있다는 뜻이다.

徑間(경간) : 다리, 건물, 전주 따위의 기둥과 기둥 사이
*間 사이 간

桂 계수나무 **계**
- 부 木 획 10
- 木(나무 목)과 圭(서옥 규)가 합쳐진 글자로, 서옥처럼 아름답고 귀한 나무가 계수나무라는 뜻이다.

桂冠(계관) : 월계관
桂林(계림) : 월계나무 숲, 아름다운 숲
*冠 갓 관 *林 수풀 림

繫 맬, 이을 **계**
- 부 糸 획 19
- 車(수레 거)에는 군사, 凵(입벌릴 감)에는 그릇, 殳(칠 수)에는 창의 뜻이 있고 아래에는 糸(실 사)가 합쳐져 있다. 즉, 군사는 밥그릇을 들었을 때도 창을 실로 맨 듯 들어야 한다는 뜻이다.

繫留(계류) : 1. 어떤 사건이 해결되지 않고 걸려 있음
          2. 일정한 곳을 벗어나지 못하도록 붙잡아 매어 놓음
連繫性(연계성) : 어떤 것이 다른 것과 관계를 맺고 있는 성질
*留 머무를 류 *連 잇닿을 련 *性 성품 성

啓 열, 일깨울 **계**
- 부 口 획 11
- 戶(집 호)와 攵(칠 복)과 口(입 구, 사람을 뜻함)가 합쳐진 글자로, 내 집에 있는 사람, 즉 자식들을 쳐서 깨우쳐야 한다는 뜻이다(깨달음을 주는 것은 어둠을 열어주는 것과 같다).

啓蒙(계몽) : 지식수준이 낮거나 인습에 젖은 사람을 가르쳐서 깨우침
啓示(계시) : 깨우쳐 보여줌
*蒙 어릴 몽 *示 보일 시

선정한자 풀이 [1단원]

顧 돌아볼, 생각할 고
부 頁 획 21
雇(품살 고·뻐꾹새 호)가 합쳐진 글자로, 뻐꾹새(雇)가 남의 새둥지에 알을 낳아 놓고 잘 자라는지 머리(頁)로 뒤돌아본다는 뜻이다.

顧問(고문) : 1. 의견을 물음
　　　　　　2. 어떤 분야에 대하여 전문적인 지식과 풍부한 경험을 가지고 자문에 응하여 의견을 제시하고 조언을 하는 직책
回顧(회고) : 1. 뒤를 돌아다 봄
　　　　　　2. 지나간 일을 돌이켜 생각함
＊問 물을 문 ＊回 돌 회

枯 마를, 죽을 고
부 木 획 9
木(나무 목)과 古(옛 고)가 합쳐진 글자로, 오래된(古) 나무는 곁가지나 나무 껍질이 말라있다는 데서 비롯되었다.

枯渴(고갈) : 물이 말라서 없어짐
枯木(고목) : 말라서 죽어버린 나무
＊渴 목마를 갈 ＊木 나무 목

鼓 북 고
부 鼓 획 13
壴(악기 세울 주)와 攴(두드릴 복)이 합쳐진 글자로, 악기를 세워 나무채로 두드려서 소리를 내는 악기, 즉 북을 뜻하는 글자이다.

鼓笛隊(고적대) : 피리와 북으로 짜여진 의식 및 행진용 음악대
鼓吹(고취) : 힘을 내도록 격려하여 용기를 북돋움
＊笛 피리 적 ＊隊 무리 대 ＊吹 불 취

雇 품팔이, 값을 고
부 隹 획 12
戶(지게문 호)와 隹(새 추)가 합쳐진 글자로, 문(戶) 앞에서 우는 철새(隹)처럼 임시로 부리는 사람이라는 데서 품사다(품팔다)는 뜻이 되었다.

雇工(고공) : 품팔이, 머슴
雇用(고용) : 삯을 주고 사람을 부림
雇傭(고용) : 삯을 받고 남의 일을 해 줌
＊工 장인 공 ＊用 쓸 용 ＊傭 품팔이 용

哭 울 곡
부 口 획 10
口(입 구) 2개와 犬(개 견)이 합쳐진 글자로, 개가 입으로 멍멍하며 짖는다는 의미이며, 짐승이 소리 내는 것을 운다고 한다는 뜻이다.

哭聲(곡성) : 곡소리
痛哭(통곡) : 소리를 높여 슬피 욺
＊聲 소리 성 ＊痛 아플 통

恐 두려울, 염려할 공
부 心 획 10
巩(품을 공)과 心(마음 심)이 합쳐진 글자로, 겁을 안은(巩) 마음(心)이니 두려워한다는 뜻이다.

恐怖(공포) : 두렵고 무서움
＊怖 두려워할 포

선정한자 풀이 [1단원]

菓 과자, 과실 **과**
부 艹 획 12
艹(풀 초)와 果(과자 과)가 합쳐진 글자로, 果(과자 과)와 같은 의미로 쓰인다.

菓子(과자) : 밀가루, 쌀가루에 설탕과 우유를 섞어 만든 기호식품
茶菓(다과) : 차와 과자
*子 아들 자 *茶 차 다

瓜 오이 **과**
부 瓜 획 5
덩굴에 매달린 오이의 모양을 본뜬 글자이다.

瓜年(과년) : 결혼하기에 적당한 여자의 나이
瓜期(과기) : 벼슬의 임기가 끝나는 시기를 이르던 말
*年 해 년 *期 기약할 기

誇 자랑할 **과**
부 言 획 13
言(말씀 언)과 夸(아첨할 과)가 합쳐진 글자로, 사실보다 더 크게 과장해 말한다는 데서 자랑한다는 뜻이 되었다.

誇示(과시) : 자랑하여 보임
誇張(과장) : 사실보다 지나치게 불려서 나타냄
*示 보일 시 *張 베풀 장

寡 적을, 나, 과부 **과**
부 宀 획 14
宀(집 면)과 頒(나눌 반)이 합쳐진 글자로, 무엇이나 다 나눠준 집에는 물건이 적다는 뜻이다.

寡聞(과문) : 보고 들은 것이 적음
寡人(과인) : 임금이 자기를 낮추어 이르는 말
*聞 들을 문 *人 사람 인

戈 창, 전쟁 **과**
부 戈 획 4
弋(주살 익)과 丿(삐침 별)이 합쳐진 글자로, 옛날 군사들이 쓰던 날이 옆에 달린 창을 본뜬 글자이다.

干戈(간과) : 전쟁에 쓰는 병기, 전쟁 또는 병란
兵戈(병과) : 싸움에 쓰는 창, 무기, 전쟁
*干 방패 간 *兵 군사 병

郭 성곽, 둘레 **곽**
부 邑 획 11
享(누릴 향)과 阝(邑, 고을 읍)이 합쳐진 글자로, 마을이 평화를 누리려면 주위에 성곽이 있어야 한다는 뜻이다.

城郭(성곽) : 내성과 외성을 통틀어 이르는 말
郭外(곽외) : 성곽 밖
*城 성 성 *外 밖 외

선정한자 풀이 [1단원]

寬
너그러울 관

부 宀 획 15

宀(집 면)과 卝(어린아이 머리 모양)과 見(볼 견)과 丶(점 주)가 어우러진 글자이다. 아이의 관점에서 집을 보면 상당히 넓을 것이다. 따라서 '너그러운'이라는 뜻이 있다.

寬容(관용) : 남의 잘못을 너그럽게 받아들이거나 용서함
寬大(관대) : 너그러움

＊容 얼굴 용 ＊大 큰 대

館
집, 객사 관

부 食 획 17

食(밥 식)과 官(벼슬 관)이 합쳐진 글자로, 벼슬하는 관리들이 밥을 먹을 수 있도록 지은 집이라는 데서 큰 건물이나 공공건물을 뜻한다.

館舍(관사) : 외국 사신을 머물러 묵게 하는 집
〈유의어〉客舍(객사)

＊舍 집 사

狂
미칠, 어리석을 광

부 犬 획 7

犭(개 견)과 王(임금 왕)이 합쳐진 글자로, 개가 이성을 잃고 미쳐 날뛴다는 데서 미친다는 뜻이 되었다.

狂犬(광견) : 미친 개
狂亂(광란) : 미친 듯이 어지럽게 날뜀

＊犬 개 견 ＊亂 어지러울 란

鑛
쇳돌, 광물 광

부 金 획 23

金(쇠 금)과 廣(넓을 광)이 합쳐진 글자로, 쇠가 널리 섞여 있는 광석을 의미한다.

鑛山(광산) : 광석을 캐내는 곳
炭鑛(탄광) : 석탄을 캐내는 광산

＊山 메 산 ＊炭 숯 탄

掛
걸 괘

부 手 획 11

扌(손 수)와 卦(점괘 괘)가 합쳐진 글자로, 점괘를 글로 써서 손으로 벽에 건다는 뜻이다.

掛念(괘념) : 마음에 두고 걱정하거나 잊지 않음
掛圖(괘도) : 벽에 걸어놓고 보는 학습용 그림이나 지도, 걸그림

＊念 생각할 념 ＊圖 그림 도

卦
점괘 괘

부 卜 획 8

圭(서옥 규)와 卜(점 복)이 합쳐진 글자로, 점하는 부호(圭)로 쓰는 주역의 괘를 의미한다.

占卦(점괘) : 점을 쳐서 나오는 길흉을 판단하는 괘

＊占 점칠 점

선정한자 풀이 [1단원]

怪 괴이할, 기이할, 도깨비 괴
부 心 획 8
忄(마음 심)과 圣(힘쓸 골)이 합쳐진 글자로, 힘써 해도 마음먹은 대로 되지 않으니 괴이하다는 뜻이다.

怪奇(괴기) : 괴상하고 기이함, 허황하여 믿을 수가 없음
怪漢(괴한) : 거동이나 차림새가 수상한 사내
*奇 기이할 기 *漢 한수 한

傀 허수아비, 꼭두각시 괴
부 人 획 12
亻(사람 인)과 鬼(귀신 귀)가 합쳐진 글자로, 귀신에 홀린 사람처럼 넋을 잃고 남의 흉내만 내는 것이 꼭두각시라는 뜻이다.

傀儡(괴뢰) : 꼭두각시
*儡 꼭두각시 뢰

壞 무너질, 파괴할 괴
부 土 획 19
土(흙 토)와 裏(품을 회)가 합쳐진 글자로, 흙을 품에 안으면 부서진다는 의미이다.

壞滅(괴멸) : 조직이나 체계 따위가 모조리 파괴되어 멸망함
崩壞(붕괴) : 무너지고 깨어짐
*滅 멸할 멸 *崩 무너질 붕

愧 부끄러워할, 창피 줄 괴
부 心 획 13
忄(마음 심)과 鬼(귀신 귀)가 합쳐진 글자로, 마음속에서 귀신을 두려워하는 것은 부끄러운 일을 저질렀기 때문이라는 의미이다.

自愧(자괴) : 스스로 부끄러워함
愧笑(괴소) : 부끄럽게 여겨 웃음
*自 스스로 자 *笑 웃을 소

塊 덩어리, 흙덩이 괴
부 土 획 13
土(흙 토)와 鬼(귀신 귀)가 합쳐진 글자로, 귀신을 싫어하듯 땅 다스리는 일을 싫어하니 흙이 굳어 덩어리가 된다는 뜻이다.

金塊(금괴) : 금덩이
地塊(지괴) : 땅덩어리
*金 쇠 금 *地 땅 지

僑 높을, 객지에 살 교
부 人 획 14
亻(사람 인)과 喬(높을 교)가 합쳐진 글자로, 다른 곳으로 높이 날아 떠나는 사람이니 외국에 살거나 객지에 산다는 뜻이다.

僑胞(교포) : 다른 나라에 살고 있는 동포
僑民(교민) : 외국에 나가 살고 있는 자기 나라의 사람
*胞 태보 포 *民 백성 민

선정한자 풀이 [1단원]

巧 교묘할, 공교할, 기교 **교**
부 工 획 5
工(장인 공)과 丂(巧의 옛 자)가 합쳐진 글자로, 교묘하게 만들었다는 데서 교묘하다, 공교하다는 뜻이다.

巧妙(교묘) : 솜씨나 재치가 있고 약삭빠름
精巧(정교) : 세세한 부분까지 정밀하게 잘되어 있음
*妙 묘할 묘 *精 정기 정

狡 교활할, 사나울, 빠를 **교**
부 犬 획 9
犭(개 견)과 交(사귈 교)가 합쳐진 글자로, 개 같은 본능에 인간의 지혜가 합쳐지면(交) 간교하고 교활하다는 뜻이다.

狡智(교지) : 교활한 재주와 꾀
*智 지혜 지

郊 들, 교외 **교**
부 邑 획 9
交(사귈 교)와 阝(邑, 고을 읍)이 합쳐진 글자이다. 읍에서 쉽게 왕래(交)할 수 있는 곳, 즉 들을 뜻한다.

郊外(교외) : 도시의 주변 지역
近郊(근교) : 도시의 가까운 변두리에 있는 마을이나 들
*外 밖 외 *近 가까울 근

絞 목맬 **교**
부 糸 획 12
糸(실 사)와 交(사귈 교)가 합쳐진 글자이다. 실끼리 사귀게 한다는 것은 실끼리 연결해 준다는 의미이니, 맨다는 뜻이 되고 나아가 목매다는 뜻이 되었다.

絞首(교수) : 목을 매어 죽임
絞殺(교살) : 목을 졸라 죽임
*首 머리 수 *殺 죽일 살

矯 바로잡을, 교정할 **교**
부 矢 획 17
矢(화살 시)와 喬(높을, 굽어 자랄 교)가 합쳐진 글자로, 화살은 굽으면(喬) 바로 가지 못하므로 반드시 바로잡아야만 된다는 뜻이다.

矯正(교정) : 틀어지거나 잘못된 것을 바로 잡음
*正 바를 정

膠 아교, 끈끈할 **교**
부 肉 획 15
月(肉, 몸 육)과 翏(날 류)이 합쳐진 글자이다. 새 날개(羽)가 몸털에 붙어서 일체가 되듯, 동물의 뼈로 만들어 붙이는 데 사용되는 고운 풀이라는 의미에서 아교를 뜻한다.

膠着(교착) : 어떤 상태가 굳어 조금도 변동이나 진전이 없이 머묾
阿膠(아교) : 짐승의 가죽, 힘줄, 뼈 따위를 진하게 고아서 굳힌 끈끈한 것, 주로 풀로 씀
*着 붙을 착 *阿 언덕 아

선정한자 풀이 [1단원]

鷗 갈매기 구
- 부 鳥 획 22
- 區(구역 구)와 鳥(새 조)가 합쳐진 글자로, 떼를 지어서 날다가 땅으로 앉으면 한 구역(區)을 차지하는 새가 갈매기라는 뜻이다.

白鷗(백구) : 갈매기
*白 흰 백

狗 개 구
- 부 犬 획 8
- 犭(개 견)과 句(구부러질 구)가 합쳐진 글자로, 몸을 구부리고 짖는 비교적 작은 개를 뜻한다.

黃狗(황구) : 털빛이 누런 개
羊頭狗肉(양두구육) : '양의 머리를 걸어 놓고 개고기를 판다'는 뜻으로, 겉보기만 그럴듯하게 보이고 속은 변변하지 아니함을 이름
*黃 누를 황 *羊 양 양 *頭 머리 두 *肉 고기 육

龜 거북 귀(구)
- 부 龜 획 16
- 거북이의 모양을 본뜬 글자이다. '거북'이란 뜻 이외에도 터지다 또는 땅이름이란 의미가 있다. 따라서 '터질 균', '땅이름 구'로도 읽힌다.

龜鑑(귀감) : 사물의 본보기
龜裂(균열) : 거북의 등딱지 모양으로 갈라짐
龜兔說話(구토설화) : 토끼전의 근원설화
*鑑 거울 감 *裂 찢을 렬 *兔 토끼 토 *說 말씀 설
*話 말할 화

懼 두려울, 조심할 구
- 부 心 획 21
- 忄(마음 심)과 目(눈 목)과 隹(새 추)가 합쳐진 글자로, 새가 두 눈을 크게 뜨고 주위를 살피는 것은 마음이 두렵기 때문이란 뜻이다.

疑懼(의구) : 의심하여 두려워함
*疑 의심할 의

驅 몰, 쫓아 보낼 구
- 부 馬 획 21
- 馬(말 마)와 區(구역 구)가 합쳐진 글자로, 마을 구역 밖으로 몰고 간다는 뜻이다.

驅使(구사) : 말이나 수사법, 기교, 수단 따위를 능숙하게 마음대로 부려 씀
驅除(구제) : 해충 등을 모아내어 없앰
*使 하여금 사 *除 제외할 제

購 살, 구할 구
- 부 貝 획 17
- 貝(조개, 돈 패)와 冓(짤 구)가 합쳐진 글자로, 물건이 쌓일 정도로(冓) 돈을 주고 사 모은다는 데서 사다는 뜻이 되었다.

購買(구매) : 물건 따위를 삼
購入(구입) : 물건을 사들임
*買 살 매 *入 들 입

2급 선정한자 풀이 73

선정한자 풀이 [1단원]

丘 언덕, 무덤 구
부 一 획 5
땅 위에 흙더미가 수북이 쌓인 모양을 본뜬 글자이다.

比丘(비구) : 출가하여 구족계를 받은 남자 중
丘陵(구릉) : 비탈지고 조금 높은 곳, 언덕
段丘(단구) : 강물이나 바닷물의 침식, 지반의 융기, 흙모래 자갈의 퇴적에 의하여 하안과 해안을 따라 생긴 계단 모양의 지형
*比 견줄 비 *陵 큰 언덕 릉 *段 계단 단

拘 잡을, 거리낄 구
부 手 획 8
扌(손 수)와 句(말 구)가 합쳐진 글자로, 말을 잘못하면 손을 묶어간다는 뜻이다.

拘束(구속) : 행동이나 의사의 자유를 제한하거나 속박함
拘禁(구금) : 피고인 또는 피의자를 구치소나 교도소 따위에 가두어 신체의 자유를 구속하는 강제처분
*束 묶을 속 *禁 금할 금

歐 토할, 노래할 구
부 欠 획 15
區(구역 구)와 欠(하품 흠)이 합쳐진 글자로, 해로운 것을 구분하여 입 벌려(欠) 토한다는 뜻이다.

西歐(서구) : 서구라파, '서유럽'의 음역
*西 서녘 서

俱 함께, 갖출 구
부 人 획 10
亻(사람 인)과 具(갖출 구)가 합쳐진 글자로, 사람이 다 갖추고 살 때는 다른 사람과 함께 살 때라는 뜻이다.

俱存(구존) : 부모가 모두 살아 계심
俱現(구현) : 어떤 사실을 뚜렷한 모양으로 나타냄
*存 있을 존 *現 나타날 현

菊 국화 국
부 艸 획 12
艹(풀 초)와 勹(쌀 포)와 米(쌀 미)가 합쳐진 글자로, 손으로 싸서 보니 쌀알갱이와 같은 꽃잎을 가진 풀이 국화란 뜻이다.

菊花(국화) : 국화과의 다년초, 관상용으로 널리 가꾸며 품종이 많고 꽃의 빛깔이나 모양이 다양함
小菊(소국) : 꽃송이가 작은 국화
*花 꽃 화 *小 작을 소

窟 굴 굴
부 穴 획 13
穴(구멍 혈)과 屈(굽을 굴)이 합쳐진 글자로, 굽혀서 들어가는 구멍(穴)이 굴이라는 뜻이다.

洞窟(동굴) : 안이 텅 빈 넓고 깊은 큰 굴
*洞 골 동

선정한자 풀이 [1단원]

屈 굽을, 굽힐, 강할 굴
부 尸 획 8
尸(몸 시)에 出(날 출)이 합쳐진 글자로, 굴 속에서 빠져 나갈 때는 몸을 굽혀야 한다는 뜻이다.

屈伏(굴복) : 머리를 숙이고 꿇어 엎드림
屈折(굴절) : 휘어서 꺾임
*伏 엎드릴 복 *折 꺾을 절

圈 둘레, 우리 권
부 囗 획 11
囗(에워쌀 위)와 卷(말 권)이 합쳐진 글자로, 말아서 겹겹으로 된 둘레나 짐승을 몰아넣고 에워싼 우리를 뜻한다.

圈內(권내) : 일정한 범위나 테두리의 안
經濟圈(경제권) : 국내외적으로 여러 가지 경제 활동이 뚜렷하게 교류되고 있는 일정한 범위 안의 지역
*內 안 내 *經 날 경 *濟 건널 제

厥 그, 팔 궐
부 厂 획 12
厂(언덕 엄)과 欮(숨가쁠 궐)이 합쳐진 글자이다. 언덕 밑에서 숨이 차도록 그 땅을 판다는 뜻에서 '그', '그것'이란 뜻이 되었다.

厥女(궐녀) : 그 여자
厥明(궐명) : 다음 날
*女 여자 녀 *明 밝을 명

闕 집, 대궐 궐
부 門 획 18
門(문 문)과 欮(숨가쁠 궐)이 합쳐진 글자로, 아래에서 위층으로 숨가쁘게 올라가는 큰 집이란 뜻이다. 이러한 큰 집은 곧 대궐을 의미한다.

宮闕(궁궐) : 임금이 거처하는 집
闕文(궐문) : 문장 가운데 빠진 글자나 글귀
*宮 집 궁 *文 글월 문

軌 궤도, 수레바퀴, 굴대 궤
부 車 획 9
車(수레 거)와 九(아홉 구)가 합쳐진 글자로, 수레가 일정하게 반복하여(九) 지나가는 길이 궤도라는 뜻이다.

軌道(궤도) : 수레가 지나간 바큇자국이 난 길
*道 길 도

鬼 귀신 귀
부 鬼 획 10
머리가 크고 둥근 모양으로 죽은 사람, 즉 귀신을 본떠 만든 글자이다.

鬼哭聲(귀곡성) : 귀신의 울음소리
鬼神(귀신) : 사람이 죽은 뒤에 남는다는 넋
*哭 울 곡 *聲 소리 성 *神 귀신 신

선정한자 풀이 [1단원]

叫 부르짖을, 울, 외침 규
- 부 口 획 5
- 口(입 구)와 덩굴이 얽힌 모양인 丩(얽을 구)가 합쳐진 글자이다. 입에서 나오는 소리가 덩굴처럼 멀리 뻗어 나갈 수 있도록 외치다라는 뜻에서 부르짖다는 의미가 되었다.

絶叫(절규) : 있는 힘을 다하여 절절하고 애타게 부르짖음
*絶 끊을 절

糾 얽힐, 바로잡을, 살필 규
- 부 糸 획 8
- 糸(실 사)와 덩굴이 얽힌 모양인 丩(얽을 구)가 합쳐진 글자로, 실은 자칫 잘못하면 쉽게 얽히기 때문에 항상 조심해야 한다는 의미이다.

糾明(규명) : 어떤 사실을 자세히 따져서 바로 밝힘
糾彈(규탄) : 잘못이나 옳지 못한 일을 잡아내어 따지고 나무람
*明 밝을 명 *彈 탄알 탄

閨 각시, 안방 규
- 부 門 획 14
- 門(문 문)과 圭(서옥 규)가 합쳐진 글자로, 문 안에 있는 서옥처럼 아름다운 여자가 각시라는 뜻이다.

閨房(규방) : 부녀자가 거처하는 방, 안방
閨秀(규수) : 남의 집 처녀
*房 방 방 *秀 빼어날 수

劇 심할, 연극 극
- 부 刀 획 15
- 虍(범 호)와 豕(돼지 시)와 刂(칼 도)가 합쳐진 글자로, 범이나 멧돼지를 잡기 위해 사람이 칼을 들고 격렬하게 싸운다는 데서 심하다는 뜻이 되고 나아가 연극이란 뜻이 되었다.

劇團(극단) : 연극의 상연을 목적으로 결성된 단체
演劇(연극) : 작가의 개입 없이 등장인물들의 대화 형식으로 이루어진 예술 작품
*團 둥글 단 *演 펼 연

僅 겨우, 적을 근
- 부 人 획 13
- 亻(사람 인)과 堇(진흙 근)이 합쳐진 글자로, 진흙이 많은 곳은 살기 어려우니 겨우 살아간다는 뜻이다.

僅僅(근근) : 어렵사리 겨우
僅少(근소) : 아주 적음
*少 적을 소

槿 무궁화 근
- 부 木 획 15
- 木(나무 목)과 堇(진흙 근)이 합쳐진 글자로, 진흙이 끈적끈적하듯 끈질기게 꽃이 피는 나무가 무궁화 나무라는 뜻이다.

槿域(근역) : 우리나라를 이르는 말
槿花(근화) : 무궁화
*域 지경 역 *花 꽃 화

선정한자 풀이 [1단원]

筋 힘줄 근
부 竹 획 12
竹(대 죽)과 月(肉, 몸 육)과 力(힘 력)이 합쳐진 글자로, 몸에 힘을 주면 대나무처럼 단단해진다는 데서 '힘주다'라는 뜻이 되었다.

筋力(근력) : 일을 능히 해내는 힘, 근육의 힘
*力 힘 력

琴 거문고, 현악기 금
부 玉 획 12
珏(쌍옥 각)과 今(이제 금)이 합쳐진 글자로, 지금 옥구슬이 부딪치는 것처럼 아름다운 소리를 내는 악기가 거문고라는 뜻이다.

心琴(심금) : 외부의 자극에 따라 미묘하게 움직이는 마음
*心 마음 심

禽 새, 날짐승, 잡을 금
부 内 획 13
今(이제 금)과 凶(흉할 흉)과 内(짐승발자국 유)가 합쳐진 글자이다. 今은 굽은 뿔을, 凶은 뿔 사이에 움푹 패인 모양을, 内는 네발짐승을 나타내는데, 나중에 새를 의미하게 되었다.

家禽(가금) : 집에서 기르는 닭, 오리 등의 날짐승
禽獸(금수) : 날짐승과 길짐승
*家 집 가 *獸 짐승 수

錦 비단 금
부 金 획 16
金(쇠 금)과 帛(비단 백)이 합쳐진 글자로, 금처럼 아름답고 빛나는 값비싼 비단이라는 뜻이다.

錦上添花(금상첨화) : 비단 위에 꽃을 더한다는 뜻으로, 좋은 일에 또 좋은 일이 더하여짐을 이르는 말
*上 위 상 *添 더할 첨 *花 꽃 화

肯 긍정할, 즐길 긍
부 肉 획 8
止(멈출 지)와 月(肉, 몸 육)이 합쳐진 글자로, 본래는 뼈에 붙어있는 고기를 나타낸 것이다. 고기 먹기를 즐긴다는 의미에서 즐기다는 뜻이 되었다.

肯定(긍정) : 그러하다고 생각하여 옳다고 인정함
首肯(수긍) : 옳다고 인정함
*定 정할 정 *首 머리 수

忌 꺼릴, 삼가할 기
부 心 획 7
己(몸 기)와 心(마음 심)이 합쳐진 글자로, 다른 사람을 꺼리는 것이 자신의 본심이라는 뜻이다.

忌避(기피) : 꺼리거나 싫어하여 피함
*避 피할 피

선정한자 풀이 [1단원]

騎 말탈 기
부 馬 획 18
馬(말 마)와 奇(기이할 기)가 합쳐진 글자로, 계급이 높은 특별한(奇) 사람들만이 말을 탈 수 있었다는 데서 말 타다는 뜻이 되었다.

騎兵(기병) : 말을 타고 싸우는 병사
騎手(기수) : 경마에서 말을 타는 사람
*兵 군사 병 *手 손 수

汽 증기, 물끓을 기
부 水 획 7
氵(물 수)와 气(기운 기)가 합쳐진 글자이다. 물이 끓으면 뜨거운 기운이 되어 올라오는 것이니, 증기를 의미한다.

汽笛(기적) : 기차나 배 따위에서 증기를 내뿜는 힘으로 경적 소리를 내는 장치 또는 그 소리
汽車(기차) : 기관차에 객차나 화물차를 연결하여 궤도 위를 운행하는 차량
*笛 피리 적 *車 수레 차

棄 버릴, 잃을 기
부 木 획 12
亡(없을 망)의 변형자와 오물 치우는 기구의 모양과 木(나무 목)이 합쳐진 글자이다. 나무(木)로 만든 오물을 치우는 기구이니, 무엇을 없애(亡)버리는 것을 뜻한다.

棄權(기권) : 참가할 수 있는 권리를 스스로 포기하고 행사하지 아니함
拋棄(포기) : 하려던 일을 도중에 그만 두어 버림
*權 권세 권 *拋 던질 포

豈 어찌 기, 화락할 개
부 豆 획 10
山(메 산)과 豆(콩 두)가 합쳐진 글자로, '산에 콩을 어찌 올려놓을 수 있겠는가' 라는 의미이다.

豈敢(기감) : 어찌 감히
*敢 감히 감

飢 주릴, 흉년 기
부 食 획 11 동 饑
食(밥 식)과 几(안석 궤)가 합쳐진 글자로, 밥을 못 먹어 안석에 기대어 있다는 데서 굶주리다라는 뜻이 되었다.

飢餓(기아) : 굶주림
虛飢(허기) : 배가 몹시 고픔
*餓 주릴 아 *虛 빌 허

緊 긴장할, 요긴할 긴
부 糸 획 14
臣(신하 신)과 又(또 우)와 糸(실 사)가 합쳐진 글자로, 신하를 다스리려면 실을 반복해 다룰 때처럼 항상 긴장해야 한다는 의미이다. 나아가 긴요하다 또는 긴박하다는 뜻도 있다.

緊張(긴장) : 마음을 조이고 정신을 바짝 차림
緊急(긴급) : 긴요하고 급함
*張 베풀 장 *急 급할 급

선정한자 풀이 [1단원]

那 어찌, 무엇 나
부 邑 획 7
ㄗ(약할 염)과 阝(邑, 고을 읍)이 합쳐진 글자로, 고을의 힘이 약해지면 어쩌나 하고 걱정한다는 데서 '어찌' 라는 뜻이 되었다.

刹那(찰나) : 어떤 일이 일어나는 바로 그때, 매우 짧은 시간
*刹 절 찰

諾 허락할, 대답할 낙
부 言 획 16
言(말씀 언)과 若(같을 약)이 합쳐진 글자로, 말을 들어보니 내 생각과 같다는 이야기이고 내 생각과 같으니 허락해 준다는 뜻이다.

承諾(승낙) : 청하는 일을 하도록 들어줌 〈유의어〉許諾(허락)
受諾(수락) : 요구를 받아들임
*承 이을 승 *受 받을 수

奈 어찌 내 어찌 나
부 大 획 8
大(큰 대)와 示(보일 시)가 합쳐진 글자로, 크게(大) 보이니 '어찌 속일까' 라는 뜻이다.

奈何(내하) : 어떻게, 어찌하여
*何 어찌 하

寧 편안할, 차라리 녕
부 宀 획 14
宀(집 면)과 心(마음 심)과 皿(그릇 명)과 丁(무성할 정)이 합쳐진 글자로, 집안의 그릇에 음식물이 많이(무성하게) 있으니 마음이 편하다는 뜻이다.

安寧(안녕) : 아무 탈 없이 편안함
壽福康寧(수복강녕) : 오래 살고 복을 누리며 건강하고 평안함
*安 편안할 안 *壽 목숨 수 *福 복 복 *康 편안할 강

濃 짙을 농
부 水 획 16
氵(물 수)와 農(농사 농)이 합쳐진 글자로, 농사 지으면서 흘리는 땀방울이 가치 있고 농도가 짙다는 뜻이다.

濃度(농도) : 용액 따위의 진함과 묽음의 정도
濃縮(농축) : 액체를 진하게 또는 바짝 졸임
*度 법도 도 *縮 줄일 축

惱 괴로워할 뇌
부 心 획 12
忄(마음 심)과 甾(머리 뇌)가 합쳐진 글자로, 마음과 머리로 괴로워하고 있다는 의미이다.

苦惱(고뇌) : 괴로워하고 번뇌함
煩惱(번뇌) : 마음이 시달려서 괴로움
*苦 쓸 고 *煩 괴로워할 번

선정한자 풀이 [1단원]

尿
부 尸 획 7
尸(주검 시)와 水(물 수)가 합쳐진 글자로, 입으로 마신 물이 죽은 물로 변해 나오는 것이 오줌이라는 뜻이다.
오줌 뇨

糖尿(당뇨) : 당분이 많이 섞여 나오는 오줌
尿道(요도) : 오줌을 방광으로부터 몸 밖으로 내보내기 위한 관
*糖 엿 당 *道 길 도

尼
부 尸 획 5
尸(주검 시)와 匕(비수 비)가 합쳐진 글자로, 자기의 욕망을 죽이고 비수로 머리카락을 자른 여자가 여승이라는 뜻이다.
여승, 화할 니

比丘尼(비구니) : 출가하여 구족계를 받은 여자 중
尼僧(이승) : 여승
*比 견줄 비 *丘 언덕 구 *僧 중 승

泥
부 水 획 8
氵(물 수)와 尼(여승 니, 그칠 닉)이 합쳐진 글자로, 흐르지 않고 고인 물에 가라앉은 진흙을 뜻한다.
진흙, 수렁 니

泥田鬪狗(이전투구) : 흙에서 싸우는 개라는 뜻으로, 자신의 이익을 위해 볼썽사납게 싸우는 것을 이름
泥土(이토) : 진흙
*田 밭 전 *鬪 싸움 투 *狗 개 구 *土 흙 토

匿
부 匚 획 11
匚(감출 혜)와 若(만약 약)이 합쳐진 글자로, 만에 하나 들킬까봐 숨긴다는 뜻이다.
숨을, 덮어둘 닉

匿名(익명) : 이름을 숨김
隱匿(은닉) : 남의 물건이나 범죄인을 감춤
*名 이름 명 *隱 숨길 은

鍛
부 金 획 17
金(쇠 금)과 段(두드릴 단)이 합쳐진 글자로, 쇠를 달구어서 두드려 늘린다는 데서 쇠 불리다라는 뜻이 되었다.
단련할, 쇠 불릴 단

鍛鍊(단련) : 1. 쇠붙이를 불에 달군 후 두드려서 단단하게 함
2. 몸과 마음을 굳세게 함
*鍊 불릴 련

檀
부 木 획 17
木(나무 목)과 亶(클 단)이 합쳐진 글자로, 크고 단단한 나무가 박달나무라는 뜻이다.
박달나무, 향나무 단

檀君(단군) : 고조선을 세웠다는 환웅과 웅녀의 아들
檀紀(단기) : 檀君紀元(단군기원)의 줄임말
*君 임금 군 *紀 벼리 기

선정한자 풀이 [1단원]

旦
아침, 일찍 단
부 日 획 5
日(해 일)과 一(한 일)이 합쳐진 글자로, 지평선 위로 해가 뜨는 때가 아침이라는 뜻이다.

元旦(원단) : 설날 아침
旦暮(단모) : 해 뜰 무렵과 해질 무렵
*元 으뜸 원 *暮 저물 모

潭
못, 깊을 담
부 水 획 15
氵(물 수)와 襾(덮을 아)와 早(일찍 조)가 합쳐진 글자로, 내 논밭을 물로 덮으려면 미리부터 못을 파야 한다는 뜻이다.

白鹿潭(백록담) : 제주도 한라산 봉우리에 있는 火口湖(화구호)
*白 흰 백 *鹿 사슴 록

膽
쓸개, 씻을 담
부 肉 획 17
月(肉, 몸 육)과 詹(충족할 첨)이 합쳐진 글자로, 간장에서 분비되는 쓸개즙을 충분히 저장하는 곳이 쓸개라는 뜻이다.

肝膽(간담) : 1. 간과 쓸개
         2. 속마음
膽力(담력) : 겁이 없고 용감한 기운
*肝 간 간 *力 힘 력

踏
밟을 답
부 足 획 15
足(발 족)과 沓(거듭 답)이 합쳐진 글자로, 발로 거듭 밟는다는 뜻이다.

高踏(고답) : 속세에 초연하며 현실과 동떨어진 것을 고상하게 여김
踏步(답보) : 제자리걸음
*高 높을 고 *步 걸을 보

唐
당나라, 황당할 당
부 口 획 10
庚(굳셀 경)과 口(입 구)가 합쳐진 글자로, 입으로만 강한 척하는 사람을 보니 황당하다, 당황스럽다는 뜻이다.

荒唐(황당) : 현실성이 없고 거짓됨
*荒 거칠 황

糖
달, 엿 당 사탕 탕
부 米 획 16
米(쌀 미)와 唐(당황할 당)이 합쳐진 글자로, 쌀을 삭혀 엿을 만들어 입으로 맛보면 당황스러울 정도로 달다는 뜻이다.

糖分(당분) : 사탕기
*分 나눌 분

선정한자 풀이 [1단원]

臺 대 대
부 至 획 14
高(높을 고)의 변형과 至(이를 지)가 합쳐진 글자로, 멀리 바라볼 수 있도록 높이 쌓아놓고 머무르는 곳이 돈대 혹은 높은 집(큰 집)이라는 뜻이다.

燈臺(등대) : 바닷가나 섬 같은 곳에 탑 모양으로 높이 세워 밤에 다니는 배에 목표, 발신, 위험한 곳 따위를 알려 주려고 불을 켜 비추는 시설
築臺(축대) : 높이 쌓아 올린 대나 터
*燈 등잔 등 *築 쌓을 축

戴 일, 받들 대
부 戈 획 18
𢦒(실을 재)의 변형과 共(함께 공)이 합쳐진 글자로, 무엇을 싣고 두 손을 같이 잡는 것은 머리 위에 이는 것이라는 뜻이다. 나아가 높여 모신다는 의미도 되었다.

推戴(추대) : 윗사람으로 떠받듦
男負女戴(남부여대) : '남자는 지고 여자는 인다'는 뜻으로 가난한 사람들이나 전쟁 중에 살 곳을 찾아 이리저리 떠돌아다님을 이르는 말
*推 가릴 추 *男 사내 남 *負 질 부 *女 여자 녀

垈 터 대
부 土 획 8
代(대신할 대)와 土(흙 토)가 합쳐진 글자로, 땅 위에 집을 짓고 대대로(代) 사는 곳이 집터라는 뜻이다.

垈地(대지) : 집터로서의 땅
*地 땅 지

渡 건널, 나루 도
부 水 획 12
氵(물 수)와 度(법도 도)가 합쳐진 글자로, 물의 깊이를 헤아려(度)가면서 건넌다는 뜻이다.

渡美(도미) : 미국으로 건너감
渡河(도하) : 강이나 내를 건너감
*美 아름다울 미 *河 강이름 하

途 길, 도중 도
부 辶 획 11
余(남을 여)와 辶(갈 착)이 합쳐진 글자로, 갈 길이 아직 남았다는 데서 가는 길이라는 뜻이 되었다. 가는 도중이라는 의미도 있다.

途中(도중) : 1. 길 위
            2. 어떤 일이 진행되는 과정
征途(정도) : 1. 정벌하러 가는 길
            2. 여행하는 길
*中 가운데 중 *征 칠 정

挑 돋을, 뽑을 도
부 手 획 9
扌(손 수)와 兆(조짐 조)가 합쳐진 글자로, 손으로 집적거리며 어떤 조짐을 보여 상대방의 화를 돋운다는 뜻이다.

挑戰(도전) : 1. 정면으로 맞서 싸움을 걺
            2. 어려운 일이나 기록경신 등에 맞섬
挑發(도발) : 남을 집적거려 일이 일어나게 함
*戰 싸울 전 *發 필 발

선정한자 풀이 [1단원]

跳 뛸, 건널 도
부 足 획 13
足(발 족)과 兆(조짐 조)가 합쳐진 글자이다. 발로 굴러 뛰어오를 조짐이 보인다고 하여 뛰다라는 뜻이 되었다.

跳躍(도약) : 1. 몸을 위로 솟구쳐 뛰는 일
2. 더 높은 단계로 발전하는 것
跳舞(도무) : 뛰면서 춤을 춤
*躍 뛸 약 *舞 춤출 무

塗 바를, 진흙 도
부 土 획 13
涂(도랑 도)와 土(흙 토)가 합쳐진 글자로, 흙에 도랑물을 섞어서 벽에 바른다는 데서 바르다 혹은 진흙이라는 뜻이 되었다.

塗炭(도탄) : 몹시 곤궁하여 고통스러운 지경
*炭 숯 탄

稻 벼 도
부 禾 획 15
禾(벼 화)와 舀(절구 요)가 합쳐진 글자로, 절구에 넣어 찧어 먹는 벼를 의미한다.

稻作(도작) : 벼를 심고 가꾸어 거두는 일, 벼농사
稻熱病(도열병) : 벼 품종에 많이 생기는 병의 하나
*作 지을 작 *熱 더울 열 *病 병 병

桃 복숭아 도
부 木 획 10
木(나무 목)과 兆(조짐 조)가 합쳐진 글자로, 나쁜 조짐이 있을 때 귀신을 쫓을 수 있다고 생각한 나무가 복숭아라는 뜻이다.

桃花(도화) : 복숭아 꽃
武陵桃源(무릉도원) : 1. 신선이 살았다는 전설적인 중국의 명승지
2. 세상과 따로 떨어진 별천지
*花 꽃 화 *武 무력 무 *陵 언덕 릉 *源 근원 원

禱 빌 도
부 示 획 19
示(보일 시)와 壽(목숨 수)가 합쳐진 글자로, 수명이 길도록 신(示)에게 빈다는 뜻이다.

祈禱(기도) : 절대적 존재에게 빎
祝禱(축도) : 축복 기도
*祈 빌 기 *祝 빌 축

悼 슬퍼할 도
부 心 획 11
忄(마음 심)과 卓(높을 탁)이 합쳐진 글자로, 슬픔을 접하면 감정이 높아지게 된다는 뜻이다.

哀悼(애도) : 사람의 죽음을 슬퍼함
追悼(추도) : 죽은 사람을 생각하며 슬퍼함
*哀 슬플 애 *追 쫓을 추

선정한자 풀이 [1단원]

陶 질그릇, 가르칠 **도**
부 阝 획 11
阝(언덕 부)와 匋(질그릇 도)가 합쳐진 글자이다. 본래 匋는 질그릇인데 후에 阝를 덧붙여 언덕에서 흙을 파서 질그릇을 만들었다는 뜻이 되었다.

陶工(도공) : 옹기 만드는 일을 업으로 하는 사람
陶器(도기) : 진흙을 원료로 하여 빚은 후 낮은 온도로 구운 도자기
*工 장인 공 *器 그릇 기

篤 도타울, 병 위중할 **독**
부 竹 획 16
竹(대 죽)과 馬(말 마)가 합쳐진 글자로, 죽마(竹馬)를 타고 놀던 친구끼리 인정이 두텁다는 뜻이다.

篤實(독실) : 열성 있고 성실함
篤志(독지) : 도탑고 친절한 마음
*實 열매 실 *志 뜻 지

敦 도타울 **돈**
부 攴 획 12
享(제사지낼 향)과 攵(칠 복)이 합쳐진 글자로, 성심껏 지휘하여(攵) 제사 지낸다는 뜻이며 그 정성이 두텁다는 뜻이다.

敦篤(돈독) : 인정이 두터움
敦實(돈실) : 인정이 많고 성실함
*篤 도타울 독 *實 열매 실

棟 마룻대, 주석 **동**
부 木 획 12
木(나무 목)과 東(동녘 동)이 합쳐진 글자로, 남향집의 기둥 위에서 東西(동서)로 연결하는 대들보가 마룻대라는 뜻이다.

棟梁(동량) : 기둥과 들보를 아울러 이르는 말
病棟(병동) : 병원 안의 건물 한 채 한 채를 이르는 말
*梁 들보 량 *病 병 병

桐 오동나무, 거문고 **동**
부 木 획 10
木(나무 목)과 同(같을 동)이 합쳐진 글자로, 내가 태어날 때 같이(同) 심어져서 나와 함께 시집가는 나무가 오동나무라는 뜻이다.

桐子(동자) : 오동나무의 열매
碧梧桐(벽오동) : 벽오동과의 낙엽 활엽 교목
*子 아들 자 *碧 푸를 벽 *梧 벽오동나무 오

凍 얼, 추울, 얼음 **동**
부 冫 획 10
冫(얼음 빙)과 東(동녘 동)이 합쳐진 글자로, 해가 나무에 가려져(木+日) 추워서 언다는 뜻이다.

凍傷(동상) : 추위 때문에 살갗이 얼어서 조직이 상하는 일
解凍(해동) : 얼었던 것이 녹아서 풀림
*傷 상처 상 *解 풀 해

선정한자 풀이 [1단원]

屯 모일 둔, 어려울 준
부 屮 획 4
屮(싹날 철)과 一(삐침 별)이 합쳐진 글자로, 싹이 나서 묶여있는 모양을 나타내었다. 싹이 난 풀이 모여있다는 뜻이다.

屯田(둔전) : 변경이나 군사 요지에 주둔한 군대의 군량을 마련하기 위하여 설치한 토지
駐屯(주둔) : 군대가 임무 수행을 위하여 일정한 곳에 집단적으로 얼마간 머무르는 일
*田 밭 전 *駐 머무를 주

鈍 무딜, 둔할 둔
부 金 획 12
金(쇠 금)과 屯(모일 둔)이 합쳐진 글자로, 날카롭던 쇠 칼날이 새싹처럼(屯) 약하게 무뎌졌다는 뜻이다.

鈍角(둔각) : 90도보다 크고 180도보다 작은 각
鈍才(둔재) : 둔한 재주 또는 재주가 둔한 사람
*角 뿔 각 *才 재주 재

藤 등나무 등
부 艹 획 19
艹(풀 초)와 滕(물 솟을 등)이 합쳐진 글자로, 물이 솟아오르듯이 넝쿨이 위로 오르는 나무가 등나무라는 뜻이다.

葛藤(갈등) : 칡과 등나무가 얽힌 것 같이 개인이나 집단 사이에 목표나 이해관계가 달라 서로 충돌하거나 불화를 일으키는 상태
*葛 칡 갈

謄 베낄 등
부 言 획 17
滕(물 솟을 등)의 획줄과 言(말씀 언)이 어우러진 글자로, 말(言)을 종이 위에 올린다는 것이니 베끼다는 뜻이다.

謄寫(등사) : 원본에서 베껴 옮김
謄本(등본) : 원본의 내용을 전부 베낌 또는 그런 서류
*寫 베낄 사 *本 근본 본

騰 오를 등
부 馬 획 20
滕(물 솟을 등)의 획줄과 馬(말 마)가 합쳐진 글자로, 말이 마치 물이 솟아오르듯 뛰어오른다는 뜻이다.

急騰(급등) : 물가나 시세 따위가 갑자기 오름
騰落(등락) : 물가 따위가 오르고 내림
*急 급할 급 *落 떨어질 락

洛 물, 강이름 락
부 水 획 9
氵(물 수)와 各(각각 각)이 합쳐진 글자이다. 본래는 여러 지류에서 각각 흘러 들어오는 강물의 이름을 뜻하였으나 나중에는 '물'이라는 뜻으로 널리 사용하게 되었다.

洛東江(낙동강) : 강원도 함백산에서 시작하여 남해로 흐르는 강
*東 동녘 동 *江 강 강

선정한자 풀이 [1단원]

絡 맥락, 얽힐, 이을 **락**
- 부 糸 획 12
- 糸(실 사)와 各(각각 각)이 합쳐진 글자로, 따로 떨어져 있는 실을 이어야 한다는 의미이다.

連絡(연락) : 어떤 사실을 상대편에게 알림
脈絡(맥락) : 1. 혈관이 서로 연락되어 있는 계통
2. 사물 따위가 서로 이어져 있는 관계
*連 잇닿을 련 *脈 맥 맥

欄 난간, 우리 **란**
- 부 木 획 21
- 木(나무 목)과 闌(가로막을 란)이 합쳐진 글자로, 사람이 떨어지지 않도록 나무를 이용해 가로로 길게 걸쳐 막은 난간을 뜻한다.

欄干(난간) : 층계, 다리, 마루 따위의 가장자리에 일정한 높이로 막아 세우는 구조물
空欄(공란) : 책, 서류, 공책 따위의 지면에 글자 없이 비워 둔 칸이나 줄, 빈칸
*干 방패 간 *空 빌 공

蘭 난초 **란**
- 부 艸 획 21
- 艹(풀 초)와 門(문 문)과 柬(분별할 간)이 합쳐진 글자로, 풀 중에서도 다른 풀과는 분별이 되며 문 안에서 기르는 특별한 풀이 난초라는 뜻이다.

風蘭(풍란) : 난초과의 상록 여러해살이 풀
蘭草(난초) : 산에 저절로 나기도 하고, 관상용으로 심기도 하는 풀의 한 가지
*風 바람 풍 *草 풀 초

爛 빛날, 많을 **란**
- 부 火 획 21
- 火(불 화)와 闌(가로막을 란)이 합쳐진 글자로, 가로막은 난간 위에 켜놓은 불빛이 멀리서 보아도 밝다는 뜻이다.

爛商(난상) : 충분히 의논함
*商 장사 상

濫 넘칠, 함부로 할 **람**
- 부 水 획 17
- 氵(물 수)와 監(볼 감)이 합쳐진 글자로, 둑에 갇혀있던 물이 볼 수 있을 만큼 되었다는 데서 곧 '넘치다'는 뜻이 되었다.

汎濫(범람) : 1. 큰 물이 흘러넘침
2. 바람직하지 못한 것들이 마구 쏟아져 돌아다님
*汎 넘칠 범

藍 쪽, 누더기 **람**
- 부 艸 획 18
- 艹(풀 초)와 監(볼 감)이 합쳐진 글자로, 볼 수 있도록 물색을 들일 때 쓰는 풀, 즉 염색을 할 때 사용하는 쪽(풀의 이름)을 의미한다.

藍色(남색) : 푸른색과 자주색의 중간색
靑出於藍(청출어람) : '쪽 풀에서 뽑아낸 푸른 물감이 쪽빛보다 더 푸르다'는 뜻으로, 스승보다 제자가 더 뛰어남을 이름
*色 빛 색 *靑 푸를 청 *出 날 출 *於 어조사 어

선정한자 풀이 [1단원]

朗 밝을, 유쾌할 **랑**
부 月 획 11
良(좋을 량)과 月(달 월)이 합쳐진 글자로, 달이 좋아 보일 때는 크게 떠서 밝게 비칠 때라는 뜻이다.

朗報(낭보) : 기쁜 소식
明朗(명랑) : 밝고 환함, 유쾌하고 활발함
*報 갚을 보 *明 밝을 명

廊 행랑, 복도 **랑**
부 广 획 13
广(집 엄)과 郞(사내 랑)이 합쳐진 글자이다. 집 마루의 동서에 위치한 곳으로 남자가 거처하는 장소가 행랑이라는 뜻이다.

舍廊(사랑) : 집의 안채와 떨어져 있으며 바깥 주인이 거처하면서 손님을 접대하는 곳
行廊(행랑) : 대문간에 붙어 있는 방
*舍 집 사 *行 갈 행

拉 꺾을, 끌고 갈 **랍**
부 手 획 8
扌(손 수)와 立(설 립)이 합쳐진 글자로, 서 있는 사람을 손으로 끌고 간다는 뜻이다.

被拉(피랍) : 납치를 당함
*被 입을 피

掠 노략질할, 빼앗을 **략**
부 手 획 11
扌(손 수)와 京(서울 경)이 합쳐진 글자이다. 서울 사람의 손은 생산하는 것이 아니고 시골에서 농사지은 곡식들을 착취만 하는 것이라 하여 남의 물건을 뺏는다는 뜻이 되었다.

侵掠(침략) : 남의 나라를 불법으로 쳐들어가서 약탈함
掠奪(약탈) : 폭력을 써서 남의 것을 억지로 빼앗음
*侵 침노할 침 *奪 빼앗을 탈

梁 들보, 다리 **량**
부 木 획 11 (=樑)
沜(氵+刃)과 木(나무 목)이 합쳐진 글자이다. 물(氵) 위에 있는 나무(木)로 만든(刃) 다리나 다리처럼 걸치는 대들보를 의미한다.

棟梁(동량) : 기둥과 들보, 동량지재
梁上君子(양상군자) : 도둑
*棟 마룻대 동 *上 위 상 *君 임금 군 *子 아들 자

諒 살필, 믿을 **량**
부 言 획 15
言(말씀 언)과 京(서울 경)이 합쳐진 글자이다. 京에는 밝다 또는 크다는 뜻이 있는데 생각이 큰 사람의 말은 믿을만 하다는 의미이다.

諒察(양찰) : 다른 사람의 사정 따위를 잘 헤아려 살핌
諒解(양해) : 남의 사정을 잘 헤아려 너그러이 받아들임
*察 살필 찰 *解 풀 해

선정한자 풀이 [1단원]

麗 고울, 빛날 려
부 鹿 획 19
丽(붙을 려)와 鹿(사슴 록)이 합쳐진 글자이다. 사슴들이 나란히 붙어 걸어가는 모습이 아름답다는 데서 곱다는 뜻이 되었다.

華麗(화려) : 빛나고 아름다움
秀麗(수려) : 빼어나게 아름다움
*華 빛날 화 *秀 빼어날 수

勵 힘쓸, 권할 려
부 力 획 17
厲(권할 려)와 力(힘 력)이 합쳐진 글자로, 힘써 일하도록 권한다는 데서 힘쓰다는 뜻이 되었다.

激勵(격려) : 용기나 의욕이 솟아나도록 북돋워 줌
勉勵(면려) : 힘써 함, 힘쓰게 함
*激 부딪칠 격 *勉 힘쓸 면

曆 책력, 세월 력
부 日 획 16
厤(셀 력) 밑에 日(날 일)이 합쳐진 글자로, 날짜가 가는 것을 세어서 만든 것이 책력이라는 뜻이다.

陰曆(음력) : 달이 지구를 한 바퀴 도는 시간을 기준으로 만든 역법
太陽曆(태양력) : 지구가 태양의 둘레를 한 바퀴 도는 데 걸리는 시간을 1년으로 정한 역법, 계절이 바뀌는 주기를 근거로 하여 만든 것
*陰 그늘 음 *太 큰 태 *陽 볕 양

鍊 단련할, 쇠 불릴 련
부 金 획 17
金(쇠 금)과 柬(분별할 간)이 합쳐진 글자로, 좋은 쇠를 가려내어 불에 단련시킨다는 뜻이다.

鍛鍊(단련) : 1. 몸과 마음을 굳세게 함
           2. 쇠붙이를 불에 달군 후 두드려서 단단하게 함
鍊熟(연숙) : 단련되어 익숙함
*鍛 쇠 불릴 단 *熟 익을 숙

煉 달굴, 구울 련

부 火 획 13
火(불 화)와 柬(분별할 간)이 합쳐진 글자로, 좋은 쇠를 가려내어 불에 달군다는 뜻이다.

煉炭(연탄) : 가루 석탄에 흙을 넣어서 만든 연료
煉乳(연유) : 달여서 진하게 만든 우유
*炭 숯 탄 *乳 젖 유

憐 불쌍할, 사랑할 련
부 心 획 15
忄(마음 심)과 米(쌀 미)와 舛(어수선할 천)이 합쳐진 글자로, 쌀이 없어 백성들이 어수선하게 지내는 것을 보고 불쌍히 여긴다는 뜻이다.

相憐(상련) : 서로 가엾게 여겨 동정함
哀憐(애련) : 애처롭고 가엾게 여김
*相 서로 상 *哀 슬플 애

선정한자 풀이 [1단원]

劣 못할, 적을 **렬**
부 力 획 6
少(적을 소)와 力(힘 력)이 합쳐진 글자로, 상대방보다 힘이 적을 때 느끼는 마음이 열등감이라는 뜻이다. 나아가 못하다는 뜻도 있다.

劣等感(열등감) : 자기를 남보다 못하거나 가치가 없는 것으로 낮추어 생각하는 감정
優劣(우열) : 나음과 못함
*等 무리 등 *感 느낄 감 *優 넉넉할 우

裂 찢을, 터질 **렬**
부 衣 획 12
列(벌일 렬)과 衣(옷 의)가 합쳐진 글자로, 옷이 벌어진 것이니, 즉 찢어졌다는 뜻이다.

分裂(분열) : 찢어져 나누어짐
破裂(파열) : 깨어지거나 갈라져 터짐
*分 나눌 분 *破 깨뜨릴 파

廉 청렴할, 쌀 **렴**
부 广 획 13
广(집 엄)과 兼(겸할 겸)이 합쳐진 글자로, 벼슬하는 사람이 집에서 농사까지 겸한다는 의미에서 청렴하다는 뜻이 되었다.

廉恥(염치) : 체면을 차릴 줄 알며 부끄러움을 아는 마음
淸廉(청렴) : 마음이 고결하고 재물 욕심이 없음
*恥 부끄러울 치 *淸 맑을 청

獵 사냥할, 잡을 **렵**
부 犬 획 18
犭(개 견)과 巤(쥐털 렵)이 합쳐진 글자로, 개를 데리고 털난(巤) 짐승을 잡는 것이 사냥이라는 뜻이다.

獵奇(엽기) : 비정상적이고 괴한 일이나 사물에 흥미를 느끼고 찾아다님
*奇 기이할 기

 나이 **령**
부 齒 획 20
齒(이 치)와 令(하여금 령)이 합쳐진 글자로, 이로 표시되는 나이를 뜻한다.

高齡(고령) : 많은 나이
年齡(연령) : 나이
*高 높을 고 *年 해 년

 떨어질, 시들 **령**
부 雨 획 13
雨(비 우)와 令(명령 령)이 합쳐진 글자로, 명령은 비처럼 위에서 아래로 떨어진다는 뜻이다.

零落(영락) : 1. 초목의 잎이 시들어 떨어짐
2. 세력이나 살림이 줄어들어 보잘것없이 됨
零細(영세) : 아주 적음
*落 떨어질 락 *細 가늘 세

선정한자 풀이 [1단원]

靈
신령, 신통할 **령**
부 雨 획 24
靈(비올 령)과 巫(무당 무)가 합쳐진 글자로, 비가 오게 해달라고 무당이 신령에게 빈다는 뜻이다.

靈驗(영험) : 사람의 기원대로 되는 신기한 경험
靈魂(영혼) : 죽은 사람의 넋
*驗 시험 험 *魂 넋 혼

虜
사로잡을 **로**
부 虍 획 12
虎(범 호)의 획줄과 毌(꿸 관)과 力(힘 력)이 합쳐진 글자로, 범을 힘으로 꿰어 잡는다는 데서 사로잡다는 뜻이 되었다.

虜獲(노획) : 적군을 산 채로 잡거나 목을 베어 죽임
捕虜(포로) : 사로잡은 적
*獲 얻을 획 *捕 사로잡을 포

爐
화로 **로**
부 火 획 20
火(불 화)와 盧(밥그릇 로)가 합쳐진 글자로, 불씨를 담는 그릇이 화로라는 뜻이다.

火爐(화로) : 숯불을 담아놓은 그릇
*火 불 화

祿
복, 녹, 작위 **록**
부 示 획 13
示(보일 시)와 彔(곡식 록)이 합쳐진 글자로, 신(示)이 내려주는 곡식이라는 데서 복, 록이라는 의미가 되었다.

國祿(국록) : 나라에서 주는 녹봉
祿俸(녹봉) : 벼슬아치에게 일 년 또는 계절 단위로 나누어 주던 금품을 통틀어 이르는 말
*國 나라 국 *俸 녹 봉

籠
새장, 바구니 **롱(농)**
부 竹 획 22
竹(대 죽)과 龍(용 룡)이 합쳐진 글자로, 대나뭇결이 마치 용의 비늘처럼 생긴 대바구니를 뜻한다.

籠城(농성) : 어떤 목적을 위하여 한 자리를 떠나지 않고 시위함
鳥籠(조롱) : 새장
*城 성 성 *鳥 새 조

弄
희롱할, 업신여길 **롱**
부 廾 획 7
玉(구슬 옥)과 廾(두 손 바칠 공)이 합쳐진 글자로, 두 손으로 구슬을 가지고 놀거나 즐긴다는 뜻이다.

弄談(농담) : 실없이 놀리거나 장난으로 하는 말
戲弄(희롱) : 말이나 행동으로 실없이 놀림
*談 말씀 담 *戲 놀 희

선정한자 풀이 [1단원]

雷 우레 뢰
- 부 雨 획 13
- 雨(비 우)와 田(밭 전)이 합쳐진 글자로, 비올 때 밭에서 우렛소리가 크게 들린다는 뜻이다.

雷聲(뇌성) : 천둥소리
地雷(지뢰) : 땅속에 묻어 두고, 그 위를 사람이나 차량 등이 지나가면 폭발하도록 만든 폭약
*聲 소리 성 *地 땅 지

賴 힘입을, 의지할, 믿을 뢰
- 부 貝 획 16
- 束(묶을 속)과 刀(칼 도)와 貝(조개 패)가 합쳐진 글자로, 칼과 돈을 묶어다 주면서 의뢰한다는 뜻이다.

信賴(신뢰) : 굳게 믿고 의지함
依賴(의뢰) : 남에게 부탁함
*信 믿을 신 *依 의지할 의

僚 동료, 벼슬아치 료
- 부 人 획 14
- 亻(사람 인)과 尞(밝을 료)가 합쳐진 글자로, 밝은 관청에서 함께 일하는 사람이 동료라는 뜻이다.

官僚(관료) : 직업적인 관리 또는 그들의 집단, 특히 정치에 영향력이 있는 고급 관리를 이름
同僚(동료) : 같은 직장이나 같은 부문에서 함께 일하는 사람
*官 벼슬 관 *同 한가지 동

療 병 고칠, 앓을 료
- 부 疒 획 17
- 疒(병들 녁)과 尞(밝을 료)가 합쳐진 글자로, 의사가 병을 밝힌다는 것은 병을 고친다는 뜻이다.

療法(요법) : 병을 고치는 방법
診療(진료) : 의사가 환자를 진찰하고 치료하는 일
*法 법 법 *診 진찰할 진

淚 눈물 루
- 부 水 획 11
- 氵(물 수)와 戾(어그러질 려)가 합쳐진 글자로, 체내에서 수분이 위로 거슬러 올라가 눈으로 나오는 것이 눈물이라는 뜻이다.

落淚(낙루) : 눈물을 흘림
*落 떨어질 락

樓 다락 루
- 부 木 획 15
- 木(나무 목)과 머리를 틀어 올린 여인의 모양인 婁(여러 루)가 합쳐진 글자로, 높은 곳에 장식을 하며 지은 집이 누각이라는 뜻이다.

樓閣(누각) : 사방을 바라볼 수 있도록 문과 벽이 없이 다락처럼 높이 지은 집
*閣 집 각

선정한자 풀이 [1단원]

漏 샐, 구멍 루
부 水 획 14
氵(물 수)와 尸(집 호)의 획줄과 雨(비 우)가 합쳐진 글자로, 집안에 비가 샌다는 뜻이다.

漏落(누락) : 기입되어야 할 것이 기록에서 빠짐
漏電(누전) : 절연이 불완전하여 전류의 일부가 전선 밖으로 새어 나가는 일
*漏 샐 루 *電 번개 전

累 쌓을, 여러, 묶을 루
부 糸 획 11
田(밭 전)과 糸(실 사)가 합쳐진 글자로, 밭 사이의 이랑이 실처럼 가늘게 겹쳐져 있다는 데서 여럿이라는 뜻이 되었다.

累代(누대) : 여러 대
累次(누차) : 여러 차례
*代 대신할 대 *次 버금 차

屢 자주, 여러 루
부 尸 획 14
尸(집 호)와 婁(여러 루)가 합쳐진 글자로, 집에 여러 사람이 자주 드나든다는 뜻이다.

屢回(누회) : 여러 번
*回 돌 회

謬 그릇될, 어긋날 류
부 言 획 18
言(말씀 언)과 翏(높이 날 료)가 합쳐진 글자로, 말(言)이 사실을 떠나서 높이 나는(翏) 것은 그릇된 것이라는 뜻이다.

誤謬(오류) : 그릇되어 이치에 맞지 않는 일
謬見(유견) : 잘못된 견해
*誤 그릇될 오 *見 볼 견

 비율 률 거느릴 솔
부 玄 획 11
玄(검을 현)과 氺(물 수)와 一(한 일)이 합쳐진 글자이다. 머리(亠) 아래 작은 (幺) 것이 양쪽으로 달려있으며 숫자 열(十)을 '거느리고' 있다는 뜻이다.

比率(비율) : 다른 수나 양에 대한 어떤 수나 양의 비
統率(통솔) : 무리를 거느려 다스림
*比 견줄 비 *統 거느릴 통

隆 높을, 성할 륭
부 阝 획 12
阝(언덕 부)와 夂(천천히 걸을 쇠)와 一(한 일)과 生(날 생)이 합쳐진 글자로, 언덕을 천천히 평탄하게(一) 걸으면 높이 솟은 언덕이 나온다는 의미이다.

隆盛(융성) : 기운차게 일어나거나 대단히 번성함
隆崇(융숭) : 매우 두텁게 여기거나 정성스레 대접함
*盛 성할 성 *崇 높을 숭

선정한자 풀이 [1단원]

陵
언덕, 업신여길 릉
- 부 阝 획 11
- 阝(언덕 부)와 夌(높을 릉)이 합쳐진 글자로, 높게 만든 언덕, 즉 임금의 무덤을 뜻한다.

丘陵(구릉) : 언덕
陵蔑(능멸) : 업신여기어 깔봄
*丘 언덕 구 *蔑 업신여길 멸

裏
속, 안 리
- 부 衣 획 13
- 衣(옷 의)와 里(마을 리)가 합쳐진 글자로, 衣자 속에 里자가 들어 있으니 속을 뜻한다.

裏面(이면) : 겉으로 나타나거나 눈에 보이지 않는 부분
表裏(표리) : 물체의 겉과 속
*面 낯 면 *表 겉 표

隣
이웃, 도울 린
- 부 阝 획 15
- 阝(언덕 부)와 米(쌀 미)와 舛(어수선할 천)이 합쳐진 글자로, 마을 안에서 서로 쌀을 주고 받으며 왔다갔다하는 이웃을 의미한다.

近隣(근린) : 가까운 이웃
隣接(인접) : 이웃해 있음
*近 가까울 근 *接 이을 접

磨
갈 마
- 부 石 획 16
- 麻(삼 마)와 石(돌 석)이 합쳐진 글자로, 거칠거칠한 삼에 연마제를 묻혀서 돌로 간다는 뜻이다.

硏磨(연마) : 갈고 닦음
琢磨(탁마) : 1. 옥이나 돌 따위를 쪼고 갊
         2. 학문이나 덕행 따위를 닦음
*硏 갈 연 *琢 쫄 탁

魔
마귀 마
- 부 鬼 획 21
- 麻(삼 마)와 鬼(귀신 귀)가 합쳐진 글자로, 사람의 마음을 흐트러진 삼대처럼 혼란스럽게 만드는 귀신이 마귀라는 뜻이다.

魔女(마녀) : 1. 유럽 등지의 민간 전설에 나오는 요녀
         2. 성질이 악한 여자
魔性(마성) : 사람을 속이거나 현혹하는 악마와 같은 성질
*女 여자 녀 *性 성품 성

摩
문지를 마
- 부 手 획 15
- 麻(삼 마)와 手(손 수)가 합쳐진 글자로, 삼나무를 손으로 만지며 손질한다는 데서 문지르다는 뜻이 되었다.

按摩(안마) : 손으로 몸을 두드리거나 주물러서 피의 순환을 돕는 일
*按 만질 안

선정한자 풀이 [1단원]

漠 사막, 아득할 **막**
부 水 획 14
氵(물 수)와 莫(없을 막)이 합쳐진 글자로, 물이 없는 사막을 뜻하는 글자이다. 사막은 허허벌판처럼 넓고 아득하다는 데서 아득하다는 뜻도 있다.

沙漠(사막) : 강수량이 적고 식물이 거의 자라지 않으며 인간의 활동도 제약되는 지역
漠然(막연) : 아득함
*沙 모래 사 *然 그러할 연

幕 장막, 덮을 **막**
부 巾 획 14
莫(없을 막)과 巾(수건 건)이 합쳐진 글자로, 햇빛을 없게 하는(가리는) 천이 장막이라는 뜻이다.

幕(막) : 나누어진 내용의 큰 단락
帳幕(장막) : 1. 볕 또는 비바람을 피할 수 있도록 둘러치는 막
2. 어떤 사실을 보이지 않게 가리는 사물을 이르는 말
*帳 휘장 장

慢 거만할, 게으를 **만**
부 心 획 14
忄(마음 심)과 曼(길게 끌 만)이 합쳐진 글자이다. 마음이 게을러서 길게 늘어진다는 데서 게으르다 또는 거만하다는 뜻이 되었다.

怠慢(태만) : 게으르고 느림
傲慢(오만) : 태도나 행동이 건방지거나 거만함
*怠 게으를 태 *傲 거만할 오

灣 물굽이 **만**
부 水 획 25
氵(물 수)와 彎(굽을 만)이 합쳐진 글자로, 활이 굽은 것처럼 물이 굽어 흐르는 곳이 물굽이라는 뜻이다.

灣(만) : 바다가 육지 속으로 파고 들어와 있는 곳
港灣(항만) : 배가 머무르고 승객을 태우거나 화물 등을 부릴 수 있도록 시설을 한 수역
*港 항구 항

漫 물 질펀할, 흩어질 **만**
부 水 획 14
氵(물 수)와 曼(길게 끌 만)이 합쳐진 글자로, 물이 기다랗게 흐르는 것은 질펀하게 흐르는 것과 같다는 뜻이다.

放漫(방만) : 야무지지 못하고 엉성함
散漫(산만) : 정신이 흩어져 어수선함
*放 놓을 방 *散 흩을 산

蠻 오랑캐, 권력 행할 **만**
부 虫 획 25
糸(실 사)와 言(말씀 언)과 虫(벌레 충)이 어우러진 글자로, 말을 엉킨 실처럼 무질서하게 하고 행동을 벌레처럼 미개하게 하는 사람이 오랑캐라는 뜻이다.

野蠻(야만) : 1. 미개하여 문화 수준이 낮음
2. 교양이 없고 무례함
蠻行(만행) : 야만스러운 행위
*野 들 야 *行 갈 행

선정한자 풀이 [1단원]

娩
해산할, 순박할 만
부 女 획 10
女(여자 녀)와 免(면할 면)이 합쳐진 글자이다. 여자가 아기를 배고 열 달이나 고생하던 큰 짐을 벗어 면하는 것이 해산이라는 뜻이다.

分娩(분만) : 아이를 낳음
*分 나눌 분

網
그물 망
부 糸 획 14
糸(실 사)와 罓(그물 망)과 亡(망할 망)이 합쳐진 글자로, 실로 만든 그물을 의미한다. 亡은 발음요소로 쓰였다.

漁網(어망) : 물고기를 잡는 데 쓰는 그물
*漁 고기 잡을 어

茫
아득할, 망망할 망
부 艸 획 10
艹(풀 초)와 氵(물 수)와 亡(망할 망)이 합쳐진 글자로, 풀이 펼쳐진 초원이나 바다를 보면 한없이 크고 넓다는 데서 아득하다는 뜻이 되었다. 亡은 음을 나타내는 글자이다.

茫茫(망망) : 1. 넓고 멀어 아득함
        2. 흐릿하고 막연함
茫然(망연) : 1. 아득함
        2. 멍함
*然 그러할 연

罔
없을, 그물 망
부 网 획 8
网(그물 망)과 亡(없을 망)이 합쳐진 글자로, 수많은 고기를 그물로 잡아 없앤다는 뜻이다.

罔極(망극) : 1. 임금이나 어버이의 은혜가 너무 커서 갚을 길이 없음
        2. 그지없이 큰 슬픔
罔測(망측) : 1. 정상적인 상태에서 벗어나 어이가 없음
        2. 차마 볼 수가 없음
*極 다할 극 *測 헤아릴 측

枚
낱, 줄기 매
부 木 획 8
木(나무 목)과 攵(칠 복)이 합쳐진 글자로, 매(攵)로 쓸만한 나뭇가지, 즉 줄기를 뜻한다. 하나하나 센다는 데서 낱이라는 뜻이 되었다.

枚數(매수) : 종이나 유리처럼 장으로 셀 수 있는 물건의 수효
*數 셀 수

埋
묻을 매
부 土 획 10
土(흙 토)와 田(밭 전)과 土(흙 토)가 합쳐진 글자로, 밭에 씨를 뿌리고 흙으로 묻는다는 뜻이다.

埋沒(매몰) : 파묻음, 파묻힘
*沒 빠질 몰

선정한자 풀이 [1단원]

媒 중매, 어두울 **매**
- 부 女　획 12
- 女(여자 녀)와 某(아무 모)가 합쳐진 글자로, 어떤(某) 여자를 어떤 남자에게 결혼시킨다는 데서 중매한다는 뜻이 되었다.

仲媒(중매) : 결혼이 이루어지도록 중간에서 소개하는 일
*仲 버금 중

脈 맥, 줄기 **맥**
- 부 肉　획 10
- 月(肉, 몸 육)과 派(물갈래 파)가 합쳐진 글자로, 피가 몇 갈래로 나뉘어져 흐르고 있는 것이 맥이라는 뜻이다.

人脈(인맥) : 정계, 재계, 학계 따위에서 형성된 사람들의 유대 관계
*人 사람 인

猛 사나울, 성낼 **맹**
- 부 犬　획 11
- 犭(큰 개 견)과 孟(맏 맹)이 합쳐진 글자로, 짐승(犭) 중에서는 우두머리되는 짐승이 가장 사납다는 뜻이다.

猛獸(맹수) : 주로 육식을 하는 사자나 범 따위의 사나운 짐승
勇猛(용맹) : 용감하고 사나움
*獸 짐승 수 *勇 날쌜 용

綿 솜, 이어질 **면**
- 부 糸　획 14
- 糸(실 사)와 白(흰 백)과 巾(수건 건)이 합쳐진 글자로, 실을 뽑아 흰색 천을 짤 수 있는 것이 솜이라는 의미이다.

綿密(면밀) : 자세하여 빈틈이 없음
綿織(면직) : 목화솜을 주원료로 하여 짠 직물
*密 빽빽할 밀 *織 짤 직

滅 멸망할, 없어질 **멸**
- 부 水　획 13
- 氵(물 수)와 威(불 꺼질 멸)이 합쳐진 글자로, 물로 불을 끄듯 없어진다는 뜻이다.

滅亡(멸망) : 망하여 없어짐
*亡 망할 망

蔑 업신여길 **멸**
- 부 艸　획 15
- 艹(풀 초)와 罒(目의 변형)과 戍(지킬 수)가 합쳐진 글자이다. 눈에 풀이 덮여서 지켜봐도 상대자가 없는 것처럼 보이니 상대방을 업신여긴다는 뜻이다.

輕蔑(경멸) : 깔보아 업신여김
蔑視(멸시) : 업신여기거나 하찮게 여겨 깔봄
*輕 가벼울 경 *視 볼 시

선정한자 풀이 [1단원]

冥 어두울, 저승 명
부 冖 획 10
冖(덮을 멱)과 日(해 일)과 六(여섯 륙)이 합쳐진 글자로, 태양이 음수(六)에 걸려서 덮여있으니 어둡다는 뜻이다.

冥福(명복) : 죽은 뒤 저승에서 받는 복
冥府(명부) : 사람이 죽은 뒤에 간다는 영혼의 세계
*福 복 복 *府 마을 부

謀 꾀할, 도모할 모
부 言 획 16
言(말씀 언)과 某(아무 모)가 합쳐진 글자로, 누군가에게 소곤소곤 말하여 어떤 일을 꾀한다는 의미이다.

謀陷(모함) : 꾀를 써 남을 어려운 처지에 빠뜨림
謀議(모의) : 어떤 일을 꾀하고 의논함
*陷 빠질 함 *議 의논할 의

貌 모양 모
부 豸 획 14
豸(벌레 치)와 皃(모양 모)가 합쳐진 글자로, 벌레의 생김새를 뜻하니 모양이라는 뜻이다.

貌樣(모양) : 겉으로 나타나는 생김새나 모습
容貌(용모) : 사람의 얼굴 모양
*樣 모양 양 *容 얼굴 용

侮 업신여길 모
부 人 획 9
亻(사람 인)과 每(매양 매)가 합쳐진 글자로, 사람을 매일 학대한다는 데서 업신여기다는 뜻이 되었다.

侮辱(모욕) : 깔보고 욕되게 함
受侮(수모) : 모욕을 받음, 창피 당함
*辱 욕되게 할 욕 *受 받을 수

矛 창 모
부 矛 획 5
전차에 세운 장식용 긴 창의 모양을 본뜬 글자이다.

矛盾(모순) : 어떤 사실의 앞뒤 또는 두 사실이 이치상 어긋나 서로 맞지 않음을 일컬음
戈矛(과모) : 창
*盾 방패 순 *戈 창 과

沐 목욕할, 다스릴 목
부 水 획 7
氵(물 수)와 木(나무 목)이 합쳐진 글자로, 물을 나무로 만든 통에 받아서 머리를 감는다, 목욕한다는 뜻이다.

沐浴(목욕) : 머리를 감으며 온몸을 씻는 일
沐間(목간) : 1. '목욕간'의 준말
          2. 목욕
*浴 목욕할 욕 *間 사이 간

2급 선정한자 풀이 97

선정한자 풀이 [1단원]

沒 빠질, 빼앗을, 없을 **몰**
부 水 획 7
氵(물 수)와 殳(빠질 몰)이 합쳐진 글자로, 물 속에 빠져서 손으로 무엇을 찾는 것이다. 氵를 덧붙여서 의미를 더욱 확실하게 표시하였다.

日沒(일몰) : 해가 지는 일
陷沒(함몰) : 1. 물 속이나 땅 속에 빠짐
2. 재난을 당하여 멸망함
沒收(몰수) : 범죄 행위에 제공한 물건이나 범죄 행위의 결과로 얻은 물건 따위를 국가가 강제로 빼앗는 일
*日 해 일 *陷 빠질 함 *收 거둘 수

夢 꿈 **몽**
부 夕 획 14
苜(눈 어두울 몽)과 夕(저녁 석)이 합쳐진 글자로, 저녁에 눈을 감고 잘 때 환상으로 보이는 꿈을 뜻한다.

吉夢(길몽) : 좋은 징조의 꿈
解夢(해몽) : 꿈에 나타난 일을 풀어서 좋고 나쁨을 판단함
*吉 길할 길 *解 풀 해

蒙 입을, 어릴, 숨길 **몽**
부 艹 획 14
艹(풀 초)와 冡(덮을 몽)이 합쳐진 글자로, 풀로 덮으니 어둡다는 의미이다.

啓蒙(계몽) : 지식수준이 낮거나 인습에 젖은 사람을 가르쳐서 깨우침
*啓 열 계

廟 사당 **묘**
부 广 획 15
广(집 엄)과 朝(아침 조)가 합쳐진 글자로, 아침마다 살피러 가봐야 하는 집이 사당이라는 뜻이다.

宗廟(종묘) : 조선 시대에 역대 임금과 왕비의 위패를 모시던 왕실의 사당
廟堂(묘당) : 1. 조선 시대에 있었던 행정부의 최고 기관인 의정부를 달리 이르는 말
2. 종묘와 명당
*宗 마루 종 *堂 집 당

苗 싹 **묘**
부 艹 획 9
艹(풀 초)와 田(밭 전)이 합쳐진 글자로, 밭에서 돋아나는 곡식의 싹 또는 그 모종을 뜻한다.

苗木(묘목) : 옮겨 심는 어린 나무
*木 나무 목

霧 안개 **무**
부 雨 획 19
雨(비 우)와 務(힘쓸 무)가 합쳐진 글자로, 비가 힘차게 내리면 안개도 자욱해진다는 의미이다.

霧散(무산) : 안개가 걷히듯 흩어져 사라짐
雲霧(운무) : 구름과 안개
*散 흩을 산 *雲 구름 운

선정한자 풀이 [1단원]

黙 묵묵할, 잠잠할 묵
부 黑 획 16
黑(검을 흑)과 犬(개 견)이 합쳐진 글자로, 깜깜한 밤에 사람의 통행이 없으니 개도 잠잠하다는 뜻이다.

黙認(묵인) : 말 없는 가운데 승인함
沈黙(침묵) : 아무 말도 없이 잠잠히 있음 또는 그런 상태
*認 알 인 *沈 가라앉을 침

紊 어지러울, 얽힐 문
부 糸 획 10
文(무늬 문)에 糸(실 사)가 받쳐진 글자로, 여러 색이 뒤섞인 실로 무늬를 놓고 보니 어지럽다는 뜻이다.

紊亂(문란) : 도덕, 질서, 규범 따위가 어지러움
*亂 어지러울 란

眉 눈썹 미
부 目 획 9
巴(꼬리 파)와 目(눈 목)이 합쳐진 글자로, 눈 위에 짐승 꼬리처럼 붙은 것이 눈썹이라는 뜻이다.

眉間(미간) : 양 미간
白眉(백미) : 원뜻은 '흰 눈썹'으로, 여럿 가운데에서 가장 뛰어난 사람이나 훌륭한 물건을 이르는 말
*間 사이 간 *白 흰 백

迷 길 잃을, 미혹할, 희미할 미
부 辶 획 10
米(쌀 미)와 辶(갈 착)이 합쳐진 글자이다. 여기서 米는 팔방을 뜻하며 길이 팔방으로 뚫린 곳에서 갈 길을 몰라 헤맨다는 뜻이다.

迷信(미신) : 아무런 과학적·합리적인 근거도 없는 것을 맹목적으로 믿음
昏迷(혼미) : 1. 의식이 흐림
          2. 어리석고 미련하며 사리에 어두움
*信 믿을 신 *昏 저물 혼

微 작을, 숨을, 몰래 미
부 彳 획 13
彳(조금 걸을 척)과 岂(어찌 기)의 변형자와 攵(칠 복)이 합쳐진 글자로, 어찌 매를 칠 수 있을까 할 만큼 극히 작은 것을 의미한다.

微細(미세) : 분간하기 어려울 정도로 아주 작음
微視(미시) : 작게 보임 또는 작게 봄
*細 가늘 세 *視 볼 시

憫 불쌍히 여길 민
부 心 획 15
忄(마음 심)과 閔(위문할 민)이 합쳐진 글자로, 불쌍하다는 생각이 들어 위문하는 것을 의미한다.

憐憫(연민) : 불쌍하고 가련하게 여김
*憐 불쌍히 여길 련

선정한자 풀이 [1단원]

蜜 꿀 밀
부 虫 획 14
宀(집 면)과 必(반드시 필)과 虫(벌레 충)이 합쳐진 글자이다. 虫은 蜂(벌 봉)의 약자로 쓰였으며 벌집(宀) 속에는 반드시(必) 꿀이 있다는 의미이다.

蜜語(밀어) : 남녀 사이의 달콤하고 정다운 이야기
蜜月(밀월) : '꿀같이 달콤한 달'이라는 뜻으로, 결혼 직후의 즐겁고 달콤한 시기나 친밀한 관계를 이르는 말
*語 말씀 어 *月 달 월

泊 머무를, 배 댈 박
부 水 획 8
氵(물 수)와 白(흰 백)이 합쳐진 글자로, 배를 대고 날이 밝을(白) 때까지 기다린다는 의미이다.

船泊(선박) : 배가 닻을 내리고 머무름
*船 배 선

拍 칠, 박자 박
부 手 획 8
扌(손 수)와 白(흰 백)이 합쳐진 글자로, 맨(白)손으로 가볍게 친다는 뜻이다.

拍手(박수) : 두 손뼉을 마주침
拍子(박자) : 음악적 시간을 구성하는 기본적 단위
*手 손 수 *子 아들 자

舶 큰 배 박
부 舟 획 11
舟(배 주)와 白(흰 백)이 합쳐진 글자로, 흰 돛을 달고 있는 큰배를 뜻한다.

船舶(선박) : 배의 총칭
*船 배 선

迫 닥칠, 핍박할 박
부 辵 획 9
白(흰 백)과 辶(갈 착)이 합쳐진 글자로, 좋지 않은 일이 명백하게 닥쳐온다는 데서 핍박하다는 뜻이 되었다.

迫害(박해) : 못살게 굴어서 해롭게 함
壓迫(압박) : 강한 힘으로 내리 누름
*害 해로울 해 *壓 누를 압

叛 배반할, 달아날 반
부 又 획 9
半(반 반)과 反(반대할 반)이 합쳐진 글자로, 반으로 나누어 서로 반대하며 싸운다는 데서 배반하다는 뜻이 되었다.

叛逆(반역) : 나라와 겨레를 배반함
背叛(배반) : 믿음과 의리를 저버리고 돌아섬
*逆 거스를 역 *背 등 배

선정한자 풀이 [1단원]

盤 쟁반, 소반, 돌릴 **반**
부 皿 획 15
般(옮길 반)과 皿(그릇 명)이 합쳐진 글자로, 물건을 옮기는 쟁반을 의미한다.

基盤(기반) : 기초가 되는 바탕
小盤(소반) : 자그마한 밥상
*基 터 기 *小 작을 소

搬 운반할, 옮길 **반**
부 手 획 13
扌(손 수)와 般(옮길 반)이 합쳐진 글자로, 손(扌)으로 돛대(殳)를 큰 배로 옮긴다는 뜻이다.

運搬(운반) : 물건 따위를 옮겨 나름
搬入(반입) : 운반하여 들여옴
*運 운반할 운 *入 들 입

伴 짝, 따를 **반**
부 人 획 7
亻(사람 인)과 半(반 반)이 합쳐진 글자이다. 반쪽(半) 사람(亻)이라는 것은 다른 반쪽과 합해서 한 '짝'이 되어 서로 의지해야 비로소 완전한 사람이 될 수 있다는 뜻이다.

同伴(동반) : 함께 감
*同 한가지 동

拔 뽑을, 뺄, 빼어날 **발**
부 手 획 8
扌(손 수)와 犮(잡을 발)이 합쳐진 글자로, 여럿 중에서 무엇을 손으로 집어내는 것, 즉 빼내는 것을 뜻한다.

選拔(선발) : 많은 가운데서 골라 뽑음
奇拔(기발) : 유달리 재치있고 뛰어남
*選 가릴 선 *奇 기이할 기

傍 곁 **방**
부 人 획 12
亻(사람 인)과 旁(사귈 방)이 합쳐진 글자로, 사귀는 사람이 항상 곁에 있다는 뜻이다.

傍觀(방관) : 어떤 일에 직접 나서서 관여하지 않고 곁에서 보기만 함
傍聽(방청) : 정식 성원이 아니거나 직접적인 관계가 없는 사람이 회의, 토론, 연설, 공판, 공개 방송 등에 참석하여 들음
*觀 볼 관 *聽 들을 청

紡 길쌈할, 실뽑을 **방**
부 糸 획 10
糸(실 사)와 方(방향 방)이 합쳐진 글자로, 실을 여러 방향으로 놓으며 베를 짜는 것이 길쌈이라는 의미이다.

紡絲(방사) : 섬유를 만들 수 있는 고분자 물질을 녹여서 가는 구멍을 통하여 실을 뽑아내는 일
紡織(방직) : 실을 뽑아서 천을 짬
*絲 실 사 *織 짤 직

선정한자 풀이 [1단원]

倣 본받을, 본뜰 **방**
- 부 人 획 10
- イ(사람 인)과 放(놓을 방)이 합쳐진 글자로, 사람이 사방으로 방랑하다 보면 본받을 일을 많이 보게 된다는 뜻이다.

模倣(모방) : 흉내 냄
倣似(방사) : 아주 비슷함
*模 법 모 *似 같을 사

俳 광대, 장난 **배**
- 부 人 획 10
- イ(사람 인)과 非(아닐 비)가 합쳐진 글자로, 보통의 인간이 할 수 없는 희한한 행동을 많이 하는 것이 배우라는 뜻이다.

俳優(배우) : 영화나 연극 등에서 극중의 인물로 분하여 연기하는 사람
*優 넉넉할 우

排 물리칠, 배제할 **배**
- 부 手 획 11
- 扌(손 수)와 非(아닐 비)가 합쳐진 글자로, 옳지 아니한 일을 하라고 하면 밀쳐내야 한다는 뜻이다.

排擊(배격) : 싫어하여 물리침
排斥(배척) : 따돌리거나 거부하여 밀어내침
*擊 칠 격 *斥 물리칠 척

賠 배상할 **배**
- 부 貝 획 15
- 貝(조개 패)와 咅(곱절 배)가 합쳐진 글자로, 남에게 피해를 주었으면 곱절로 물어주어야 한다는 뜻이다.

賠償(배상) : 남의 권리를 침해한 사람이 그 손해를 물어주는 일
*償 갚을 상

培 북돋울, 담 **배**
- 부 土 획 11
- 土(흙 토)와 咅(곱절 배)가 합쳐진 글자로, 식물의 뿌리 부분에 흙을 곱절로 북돋워 준다는 뜻이다.

培養(배양) : 식물, 인격, 미생물 등을 가꾸어 기름
栽培(재배) : 식물을 심어 가꿈
*養 기를 양 *栽 심을 재

魄 넋, 몸 **백**
- 부 鬼 획 15
- 白(흰 백)과 鬼(귀신 귀)가 합쳐진 글자로, 어두운 밤에 하얀 소복을 입고 나타나는 귀신은 사람의 넋이라는 뜻이다.

氣魄(기백) : 씩씩하고 굳센 기상과 진취적인 정신
魂魄(혼백) : 넋
*氣 기운 기 *魂 넋 혼

선정한자 풀이 [1단원]

伯 맏, 우두머리 **백**
부 人 획 7
亻(사람 인)과 白(흰 백)이 합쳐진 글자로, 형제 중에서 머리가 가장 먼저 흰색으로 변하는 것이 맏이라는 뜻이다.

伯父(백부) : 큰아버지
畵伯(화백) : 화가를 높여 이르는 말
*父 아비 부 *畵 그림 화

柏 잣나무 **백**
부 木 획 9
木(나무 목)과 白(흰 백)이 합쳐진 글자로, 柏은 陰木(음목)이며 白은 서쪽을 뜻하는 색깔이다. 따라서 서쪽 같은 음지에서도 잘 자라는 나무가 잣나무라는 뜻이다.

松柏(송백) : 소나무와 잣나무
冬柏(동백) : 동백나무의 열매
*松 소나무 송 *冬 겨울 동

飜 바뀔, 뒤칠, 나부낄 **번**
부 飛 획 21
番(바뀔 번)과 飛(날 비)가 합쳐진 글자로, 철새가 무리지어 날아갈 때 계절이 바뀐다는 뜻이다.

飜覆(번복) : 뒤집음
飜譯(번역) : 어떤 언어로 된 글을 다른 언어의 글로 옮김
*覆 뒤집을 복 *譯 번역할 역

煩 번거로울, 괴로울 **번**
부 火 획 13
火(불 화)와 頁(머리 혈)이 합쳐진 글자로, 머리에 화가 치밀어 마음이 번거롭다는 뜻이다.

煩惱(번뇌) : 마음이 시달려서 괴로움
*惱 괴로워할 뇌

閥 문벌, 공훈 **벌**
부 門 획 14
門(문 문)과 伐(칠 벌)이 합쳐진 글자로, 적을 쳐서 공을 세운 훌륭한 문벌을 뜻한다.

族閥(족벌) : 큰 세력을 가진 가문의 일족
財閥(재벌) : 재계에서 여러 개의 기업을 거느리며 재력과 거대 자본을 가지고 있는 기업가의 무리
*族 겨레 족 *財 재물 재

汎 뜰, 넘칠, 넓을 **범**
부 水 획 6
氵(물 수)와 凡(무릇 범)이 합쳐진 글자로, 물 위에 대체로 뜬다는 뜻이다.

汎濫(범람) : 물이 차서 넘쳐흐름
汎國民的(범국민적) : 널리 국민 전체에 관계되는 것
*濫 넘칠 람 *國 나라 국 *民 백성 민 *的 과녁 적

선정한자 풀이 [1단원]

碧 푸를 벽
- 부 石 획 14
- 玉(옥 옥)과 白(흰 백)과 石(돌 석)이 어우러진 글자로, 옥돌이 희면서도 푸른기가 있다는 데서 푸르다는 뜻이 되었다.

桑田碧海(상전벽해) : 뽕나무 밭이 변하여 푸른 바다가 된다는 뜻으로, 세상일의 변천이 심함을 이르는 말
碧眼(벽안) : 1. 눈동자가 파란 눈
          2. 서양사람
*桑 뽕나무 상 *田 밭 전 *海 바다 해 *眼 눈 안

僻 후미질, 치우칠 벽
- 부 人 획 15
- 亻(사람 인)과 辟(피할 벽)이 합쳐진 글자로, 사람이 피해 있기 좋은 곳은 후미진 곳이라는 뜻이다.

窮僻(궁벽) : 구석지고 으슥함
僻地(벽지) : 외따로 뚝 떨어져 있는 궁벽한 땅
*窮 다할 궁 *地 땅 지

辨 나눌, 분별할, 가릴 변
- 부 辛 획 16
- 辛(매울 신)과 刂(칼 도)가 어우러진 글자로, 두 명이 대립해 송사를 벌일 때 칼로 베듯 정확히 시비를 분별하여 나눈다는 뜻이다.

辨別(변별) : 사물의 옳고 그름이나 좋고 나쁨을 가림
辨明(변명) : 남이 납득할 수 있도록 설명함
*別 나눌 별 *明 밝을 명

竝 나란히 할, 견줄 병
- 부 立 획 10
- 立(설 립)이 두 개 있으니 두 사람이 나란히 있다는 뜻이다.

竝列(병렬) : 나란히 늘어섬
竝書(병서) : 가로로 나란히 쓰는 일
*列 벌릴 렬 *書 글 서

屛 병풍, 물리칠 병
- 부 尸 획 11
- 尸(戶의 획줄)와 幷(합할 병)이 합쳐진 글자로, 문(戶)에서 들어오는 바람을 여러 쪽으로 막는 것이 병풍이라는 뜻이다.

屛風(병풍) : 바람을 막거나 무엇을 가리거나 또는 장식용으로 방안에 치는 물건
*風 바람 풍

覆 덮을 부 뒤집힐 복
- 부 襾 획 18
- 襾(덮을 아)와 復(다시 부)가 합쳐진 글자로, 위를 덮고 다시 아래를 엎어서 덮는다는 뜻이다.

覆蓋(복개) : 덮개를 덮음
飜覆(번복) : 뒤집음
*蓋 덮을 개 *飜 바뀔 번

선정한자 풀이 [1단원]

縫
부 糸 획 17
糸(실 사)와 逢(만날 봉)이 합쳐진 글자로, 실로 만나게 하는 것이 꿰매는 것이라는 의미이다.
꿰맬 **봉**

裁縫(재봉) : 옷감 따위를 잘라서 재봉틀로 하는 바느질
縫合(봉합) : 수술을 하려고 절단한 자리나 외상으로 갈라진 자리를 꿰매어 붙이는 일
*裁 마를 재 *合 합할 합

俸
부 人 획 10
亻(사람 인)과 奉(받들 봉)이 합쳐진 글자로, 사람이 나라를 받들어 일하고 받는 급료를 뜻한다.
녹, 봉급 **봉**

俸給(봉급) : 어떤 직장에서 계속적으로 일하는 사람이 일의 대가로 정기적으로 받는 일정한 보수
初俸(초봉) : 첫 봉급
*給 줄 급 *初 처음 초

蜂
부 虫 획 13
虫(벌레 충)과 夆(만날 봉)이 합쳐진 글자로, 높은 곳에 집을 짓고 서로 만나서 사는 벌레가 벌이라는 뜻이다.
벌 **봉**

蜂起(봉기) : 많은 사람이 한꺼번에 들고 일어남
養蜂(양봉) : 꿀을 얻기 위하여 벌을 기름
*起 일어날 기 *養 기를 양

封
부 寸 획 9
土(흙 토)와 寸(법도 촌)이 합쳐진 글자로, 나라 땅을 법도에 맞게 다스리게 한다는 데서 제후로 봉한다는 뜻이 되었다.
봉할, 북돋을 **봉**

同封(동봉) : 같이 넣어 함께 봉함
封建(봉건) : 중세 유럽에서 영주가 家臣(가신)에게 봉토를 주고, 그 대신에 군역의 의무를 부과하는 주종 관계를 기본으로 한 통치제도
*同 한가지 동 *建 세울 건

鳳
부 鳥 획 14
凡(무릇 범)과 鳥(새 조)가 합쳐진 글자로, 무릇 모든 새 중에서 가장 으뜸인 새가 봉황새라는 뜻이다.
봉황새 **봉**

鳳仙花(봉선화) : 봉선화과의 한해살이 풀
鳳凰(봉황) : 예로부터 중국의 전설에 나오는 상서로움을 상징하는 상상의 새
*同 한가지 동 *仙 신선 선 *花 꽃 화 *凰 봉황새 황

賦
부 貝 획 14
貝(조개 패)와 武(무력 무)가 합쳐진 글자로, 무력으로 재물을 거두는 것, 즉 국가가 백성에게 세금을 부과하는 것을 뜻한다.
부과할, 구실, 세금거둘 **부**

賦課(부과) : 세금이나 부담금 따위를 매기어 부담하게 함
賦與(부여) : 나누어 줌
*課 매길 과 *與 줄 여

선정한자 풀이 [1단원]

赴 다다를, 알릴 부
부 走 획 9
走(달릴 주)와 卜(점 복)이 합쳐진 글자로, 점친 방향대로 달려가서 다다른다는 뜻이다.

赴任(부임) : 임명이나 발령을 받아 근무할 곳으로 감
*任 맡길 임

簿 문서, 장부 부
부 竹 획 19
竹(대 죽)과 溥(넓을 보)가 합쳐진 글자로, 넓은 대쪽에 많은 글을 써서 장부로 이용했다는 뜻이다.

帳簿(장부) : 물건의 출납이나 돈의 수입과 지출 계산 등을 적어 두는 책
*帳 휘장 장

符 부적, 부신, 들어맞을 부
부 竹 획 11
竹(대 죽)과 付(줄 부)가 합쳐진 글자로, 대나무에 글씨를 써주어 부신으로 삼았다는 뜻이다.
*부신 : 글자를 기록한 후 두 개로 나눠져 증거로 삼던 물건

符號(부호) : 일정한 뜻을 나타내기 위하여 따로 정하여 쓰는 기호
相符(상부) : 서로 들어맞음
*號 부를 호 *相 서로 상

附 붙을, 의지할 부
부 阝 획 8
阝(언덕 부)와 付(붙을 부)가 합쳐진 글자로, 언덕은 산에 '붙어' 있는 것이란 뜻이다.

附錄(부록) : 신문, 잡지 따위의 본지에 덧붙인 지면이나 따로 내는 책자
附屬(부속) : 주된 사물이나 기관에 딸려서 붙음
*錄 기록할 록 *屬 붙을 속

膚 살갗, 얕을 부
부 肉 획 15
盧(밥그릇 로)와 月(肉, 몸 육)이 합쳐진 글자로, 밥을 밥그릇이 싸고 있듯이 사람의 육체를 감싸고 있는 겉면은 살갗이라는 뜻이다.

皮膚(피부) : 척추동물의 몸을 싸고 있는 조직
切膚(절부) : 살을 에는 듯이 사무침
*皮 가죽 피 *切 끊을 절

腐 썩을 부
부 肉 획 14
府(곳집 부)와 肉(고기 육)이 합쳐진 글자로, 곳집에 고기를 넣어두면 썩는다는 뜻이다.

腐敗(부패) : 정치, 사상, 의식 따위가 타락함
*敗 패할 패

선정한자 풀이 [1단원]

奮
부 大 **획** 16
奞(날개칠 순)과 田(밭 전)이 합쳐진 글자로, 사람이 가면 밭에 있던 새가 날개를 크게 펼쳐서 나는 것처럼 전력을 다해서 떨쳐나는 것을 의미한다.

떨칠, 힘쓸 **분**

奮發(분발) : 마음과 힘을 다하여 떨쳐 일어남
興奮(흥분) : 어떤 자극을 받아 감정이 북받쳐 일어남
*發 필 발 *興 일 흥

墳
부 土 **획** 15
土(흙 토)와 賁(클 분)이 합쳐진 글자로, 흙을 크게 모아서 꾸민 무덤을 뜻한다.

무덤, 언덕, 둑 **분**

古墳(고분) : 고대에 만들어진 무덤
墳墓(분묘) : 무덤
*古 옛 고 *墓 무덤 묘

憤
부 心 **획** 15
忄(마음 심)과 賁(클 분)이 합쳐진 글자로, 분하다는 뜻이 있다.

분할, 흥분할 **분**

公憤(공분) : 대중의 분노, 公的(공적)인 일로 느끼는 분노
憤敗(분패) : 경기 따위에서 이길 수 있었던 것을 분하게 짐
*公 공변될 공 *憤 분할 분

弗
부 弓 **획** 5
弓(활 궁)에 비뚤어진 화살 두 개가 걸친 모양이다. 비뚤어진 화살로는 활을 쏠 수 없다는 데서 부정의 의미로 아니다라는 뜻이 되었다. 자형이 $와 비슷해서 달러의 뜻으로도 쓴다.

아닐, 버릴 **불**

弗素(불소) : 화학에서 할로겐 원소의 하나로 자극적인 냄새가 나는 연한 황록색의 기체
*素 흴 소

崩
부 山 **획** 11
山(메 산)과 朋(떼 붕)이 합쳐진 글자로, 새떼가 나는 것처럼 산이 공중에서 무너진다는 뜻이다.

무너질, 죽을 **붕**

崩壞(붕괴) : 무너지고 깨어짐
崩御(붕어) : 임금이 세상을 떠남
*壞 무너질 괴 *御 어거할 어

婢
부 女 **획** 11
女(여자 녀)와 卑(낮을 비)가 합쳐진 글자로, 신분이 낮은 여자인 계집종을 뜻한다.

계집종, 첩 **비**

奴婢(노비) : 사내종과 계집종 〈유의어〉婢僕(비복)
奴婢案(노비안) : 고려와 조선시대 때 만들던 노비의 호적
*奴 종 노 *案 책상 안

선정한자 풀이 [1단원]

卑 낮을, 천할 비
- 부 十 획 8
- 손잡이가 있는 둥근 술통에 손을 대고 있는 모양을 본뜬 글자이다. 술바가지로 술을 직접 퍼내는 사람은 신분이 낮은 사람이라는 뜻이다.

卑俗(비속) : 격이 낮고 속됨
卑下(비하) : 자기 자신을 낮춤
*俗 풍속 속　*下 아래 하

匪 도둑, 아닐 비
- 부 匚 획 10
- 匚(상자 방)과 非(아닐 비)가 합쳐진 글자로, 옳지 아니한 마음을 담고 있는 사람, 즉 도둑을 뜻한다.

匪賊(비적) : 떼를 지어 돌아다니며 재물을 빼앗는 도둑
*賊 도둑 적

碑 비석 비
- 부 石 획 13
- 石(돌 석)과 卑(낮을 비)가 합쳐진 글자로, 높은 사람의 사적을 낮은 돌에 새겨 세워서 영원히 전하는 비석을 뜻한다.

墓碑(묘비) : 무덤 앞에 세우는 비석
碑銘(비명) : 비석에 새긴 글
*墓 무덤 묘　*銘 새길 명

妃 왕비, 짝 비
- 부 女 획 6
- 女(여자 녀)와 己(자기 기)가 합쳐진 글자로, 자기의 아내를 의미했으나 후에 임금의 아내인 왕비를 뜻하게 되었다.

王妃(왕비) : 임금의 아내
楊貴妃(양귀비) : 양귀비과의 이년초
*王 임금 왕　*楊 버들 양　*貴 귀할 귀

賓 손님, 공경할 빈
- 부 貝 획 14
- 宀(집 면)과 丏(맞을 면)과 貝(재물 패)가 합쳐진 글자로, 집에 손님이 오면 재물을 아끼지 않고 정중하게 맞이하여 대접한다는 데서 손님이라는 뜻이 되었다.

賓客(빈객) : 귀한 손님
來賓(내빈) : 모임에 공식적으로 초대를 받고 온 사람, 초대 손님
*客 손 객　*來 올 래

頻 자주 빈
- 부 頁 획 16
- 步(걸음 보)와 頁(머리 혈)이 합쳐진 글자로, 걷는 일이나 머리를 굴리는 일은 자주 있는 일이라는 뜻이다.

頻度(빈도) : 어떤 일이 되풀이 되어 일어나는 정도
頻數(빈삭) : 일이 매우 잦음
*度 법도 도　*數 자주 삭, 셀 수

선정한자 풀이 [1단원]

聘 부를, 장가갈 **빙**
부 耳 획 13
耳(귀 이)와 甹(끌 병)이 합쳐진 글자로, 귀로 좋은 의견을 듣고 마음이 끌려 찾아 뵙는다는 데서 부르다는 뜻이 되었다.

聘母(빙모) : 장모
招聘(초빙) : 예를 갖추어 불러 맞아들임
*母 어미 모 *招 부를 초

邪 간사할, 희롱할 **사**
부 邑 획 7
牙(대장기 아)와 阝(고을 읍)이 합쳐진 글자이다. 牙는 천자의 旗(기)인데 지방읍(阝)에서 牙기를 들고 중앙정부에 반란을 꾀하는 것은 간사한 행위라는 뜻이다.

邪惡(사악) : 간사하고 악함
*惡 악할 악

似 비슷할, 같을, 닮을 **사**
부 人 획 7
亻(사람 인)과 以(써 이)가 합쳐진 글자로, 남(亻)을 써(以) 일을 시키더라도 외면으로는 내가 한 것과 같다는 뜻이다.

似而非(사이비) : 겉으로는 비슷하나 속은 완전히 다름
*而 말이을 이 *非 아닐 비

詞 말, 문장 **사**
부 言 획 12
言(말씀 언)과 司(맡을 사)가 합쳐진 글자로, 맡은 일에 대하여 의견을 말로 표현한다는 데서 말이라는 뜻이 되었다.

品詞(품사) : 단어를 기능, 형태, 의미에 따라 나눈 갈래
詞林(사림) : 1. 시문을 모아 엮은 책
            2. 시인이나 문인늘의 사회
*品 물건 품 *林 수풀 림

辭 말씀, 글, 문구 **사**
부 辛 획 19
䇂(다스릴 란)과 辛(매울 신)이 합쳐진 글자로, 옥에 갇힌 죄인을 다스리기 위하여 매섭게 하는 말이라는 데서 비롯되었다.

辭說(사설) : 늘어놓는 말이나 이야기
辭讓(사양) : 겸손하여 받지 아니하거나 응하지 아니함
*說 말씀 설 *讓 사양할 양

飼 먹일, 먹이 기를 **사**
부 食 획 14
食(먹을 식)과 司(맡을 사)가 합쳐진 글자로, 가축을 맡아서 먹여 기른다는 뜻이다.

飼料(사료) : 가축에게 주는 먹이
飼育(사육) : 가축이나 짐승을 먹여 기름
*料 헤아릴 료 *育 기를 육

선정한자 풀이 [1단원]

沙 모래 사
부 水 획 7
氵(물 수)와 少(적을 소)가 합쳐진 글자로, 물 속에 가라앉은 작은 모래라는 뜻이다.

沙漠(사막) : 강수량이 적고 식물이 거의 자라지 않으며 인간의 활동도 제약되는 지역

＊漠 사막 막

蛇 뱀 사
부 虫 획 11
虫(벌레 충)과 它(뱀 사)가 합쳐진 글자이다. 它자는 본래 뱀을 뜻하나 虫(벌레 충)자를 덧붙여 뜻을 분명하게 만들었다.

蛇足(사족) : 쓸데없는 군짓을 하여 도리어 잘못되게 함을 이르는 말
毒蛇(독사) : 이빨에 독액 분비선을 갖는 뱀의 총칭

＊足 발 족 ＊毒 독 독

唆 부추길 사
부 口 획 10
口(입 구)와 夋(갈 준)이 합쳐진 글자로, 어려운 길을 가는 사람에게 말로 그 일을 잘 해내도록 부추긴다는 뜻이다.

敎唆(교사) : 남을 부추겨 못된 일을 하게 함
示唆(시사) : 미리 암시하여 알려줌

＊敎 가르칠 교 ＊示 보일 시

斜 기울, 비낄 사
부 斗 획 11
余(남을 여)와 斗(말 두)가 합쳐진 글자로, 말에 곡물이 남으면 기울여서 쏟아낸다는 뜻이다.

傾斜(경사) : 기울기
斜陽(사양) : 1. 석양
　　　　　　 2. 새로운 것에 밀려 점점 몰락해 감

＊傾 기울 경 ＊陽 볕 양

祠 사당 사
부 示 획 10
示(보일 시)와 司(맡을 사)가 합쳐진 글자로, 신(示)을 모셔놓고 제사일을 맡아하는 곳이 사당이라는 뜻이다.

祠堂(사당) : 조상의 神主(신주)를 모셔 놓은 집

＊堂 집 당

赦 용서할 사
부 赤 획 11
赤(붉을 적)과 攵(칠 복)이 합쳐진 글자이다. 쳐서 형벌로 다스려야 할 죄인을 명부에 붉은색으로 표시해 놓고 놓아 주는 것, 즉 용서하는 것을 의미한다.

赦免(사면) : 죄를 용서하여 형벌을 면제함
赦罪(사죄) : 죄를 용서하여 죄인을 석방함

＊免 면할 면 ＊罪 허물 죄

선정한자 풀이 [1단원]

賜 줄, 하사할 사
부 貝 획 15
貝(조개 패)와 易(쉬울 이)가 합쳐진 글자로, 윗사람이 쉽게 물건을 아래 사람에게 주는 것을 뜻한다.

賜藥(사약) : 왕족이나 사대부가 죽을 죄를 범하였을 때 임금이 독약을 내리는 것 또는 그 독약

*藥 약 약

削 깎을, 잴, 헤아릴 삭
부 刀 획 9
肖(작을 소)와 刂(칼 도)가 합쳐진 글자로, 작게 만들기 위해 칼로 깎는다는 뜻이다.

削減(삭감) : 깎아서 줄임
削除(삭제) : 지워버림

*減 덜 감 *除 제외할 제

朔 초하루, 처음 삭
부 月 획 10
屰(거스를 역)과 月(달 월)이 합쳐진 글자로, 한 달을 거슬러 가면 초하루가 나온다는 뜻이다.

朔望月(삭망월) : 달의 모양이 변하여 다시 같은 모양이 될 때까지 걸리는 시간
朔風(삭풍) : 북풍

*望 바랄 망 *月 달 월 *風 바람 풍

酸 초, 실 산
부 酉 획 14
酉(술 유)와 夋(갈 준)이 합쳐진 글자로, 탁주(酉)가 점점 오래 가면 시어져서 초가 된다는 뜻이다.

酸性(산성) : 수용액에서 이온화할 때 수산 이온의 농도보다 수소 이온의 농도가 더 큰 물질의 성질
酸化(산화) : 1. 어떤 원자, 분자 이온 등이 전자를 잃는 일
2. 어떤 물질이 산소와 결합하거나 수소를 잃는 일

*性 성품 성 *化 될 화

우산 산
부 人 획 12
여러 사람이 큰 우산을 쓰고 있는 모습을 나타낸 글자이다.

傘下(산하) : 어떤 조직체나 세력의 관할 아래
雨傘(우산) : 머리 위에 받쳐서 비를 가리는 물건

*下 아래 하 *雨 비 우

蔘 삼 삼
부 艸 획 15
艹(풀 초)와 參(석 삼)이 합쳐진 글자로, 병든 세 사람의 목숨을 구할 수 있는 풀이라는 뜻이다.

人蔘(인삼) : 두릅나무과의 여러해살이 풀

*人 사람 인

선정한자 풀이 [1단원]

森 빽빽할, 심을 삼
- 부 木 획 12
- 나무가 빽빽하게 들어찬 모양을 나타내는 글자이다.

森林(삼림) : 나무가 많이 우거진 곳
森嚴(삼엄) : 분위기가 무서우리만치 엄숙함
*林 수풀 림 *嚴 엄할 엄

插 꽂을, 끼울 삽
- 부 手 획 12
- 扌(손 수)와 臿(가래 삽)이 합쳐진 글자로, 손으로 가래삽을 들고 땅에 꽂는다는 뜻이다.

插畵(삽화) : 내용을 보충하거나 기사의 이해를 돕기 위하여 넣는 그림
插入(삽입) : 틈이나 구멍 사이에 다른 물체를 끼워 넣음
*畵 그림 화 *入 들 입

嘗 맛볼, 일찍 상
- 부 口 획 14
- 尙(높을 상)과 旨(맛 지)가 합쳐진 글자로, 음식을 높이 들고 맛본다는 의미이다.

嘗試(상시) : 시험 삼아봄
*試 시험할 시

桑 뽕나무 상
- 부 木 획 10
- 又(손 우) 3개와 木(나무 목)이 합쳐진 글자로, 손 크기만큼이나 큼직한 잎사귀가 열리는 나무가 뽕나무라는 뜻이다.

桑田(상전) : 뽕밭
桑蟲(상충) : 뽕나무 벌레
*田 밭 전 *蟲 벌레 충

箱 상자, 곳집 상
- 부 竹 획 15
- 竹(대 죽)과 相(서로 상)이 합쳐진 글자로, 대(竹)를 서로(相) 엮어서 만든 상자를 뜻한다.

箱子(상자) : 물건을 넣어 두기 위하여 만든 네모난 그릇
*子 아들 자

詳 자세할, 속일 상
- 부 言 획 13
- 言(말씀 언)과 羊(양 양)이 합쳐진 글자이다. 말을 양처럼 부드럽고 순하게 한다는 의미로 부드러운 태도로 자세하게 하는 말이라는 뜻이다.

詳述(상술) : 자세하게 진술함
昭詳(소상) : 분명하고 상세함
*述 지을 술 *昭 밝을 소

선정한자 풀이 [1단원]

裳 치마 상
부 衣 획 14
尙(높을 상)과 衣(옷 의)가 합쳐진 글자로, 웃옷 아래 입는 옷이 치마라는 뜻이다.

衣裳(의상) : 겉에 입는 옷
綠衣紅裳(녹의홍상) : 연두저고리에 다홍치마라는 뜻으로 곱게 차려입은 젊은 아가씨의 복색을 의미함
*衣 옷 의 *綠 푸를 록 *紅 붉을 홍

塞 변방 새 막을 색
부 土 획 13
寒(틈 하)와 土(흙 토)가 합쳐진 글자로, 흙을 쌓아서 집의 틈을 막는다는 뜻이다.

要塞(요새) : 군사적으로 중요한 곳에 튼튼하게 만들어 놓은 방어시설
塞翁之馬(새옹지마) : 인생의 길흉화복은 항상 바뀌기 때문에 미리 헤아릴 수가 없다는 뜻
*要 구할 요 *翁 늙은이 옹 *之 갈 지 *馬 말 마

誓 맹세할, 서약할 서
부 言 획 14
折(꺾을 절)과 言(말씀 언)이 합쳐진 글자로, 말을 꺾어서 간단하게 맹세한다는 뜻이다.

盟誓(맹서) : '맹세'의 원말
誓約(서약) : 맹세하고 약속함
*盟 맹세할 맹 *約 맺을 약

瑞 상서로울 서
부 玉 획 13
玉(구슬 옥)과 耑(시초 단)이 합쳐진 글자로, 옥이 나기 시작했으니 상서로운 일이라는 뜻이다.

祥瑞(상서) : 복되고 길한 일이 일어날 조짐
瑞氣(서기) : 상서로운 기운
*祥 상서로울 상 *氣 기운 기

緖 실마리, 찾을 서
부 糸 획 15
糸(실 사)와 者(놈 자)가 합쳐진 글자로, 바느질을 하려는 사람은 실마리를 찾아야 실을 바늘에 꿸 수 있다는 의미이다.

端緖(단서) : 어떤 문제를 해결하는 방향으로 이끌어 가는 일의 첫 부분
情緖(정서) : 사람의 마음에 일어나는 여러 가지 감정
*端 바를 단 *情 뜻 정

敍 펼, 차례, 베풀 서
부 攴 획 11
余(남을 여)와 攴(칠 복)이 합쳐진 글자로, 남는 것을 잘 쳐서 베푸는 것을 의미한다.

敍述(서술) : 사건이나 생각 따위를 차례대로 말하거나 적음
自敍傳(자서전) : 작자 자신의 일생을 소재로 스스로 짓거나, 남에게 구술하여 쓰게 한 전기
*述 지을 술 *自 스스로 자 *傳 전할 전

2급 선정한자 풀이 113

선정한자 풀이 [1단원]

徐 천천히, 평온할, 모두 **서**
- 부 彳 획 10
- 彳(조금 걸을 척)과 余(남을 여)가 합쳐진 글자로, 여유(余)있게 조금씩 천천히 가는 것이라는 뜻이다.

徐行(서행) : 사람이나 차가 천천히 감
緩徐(완서) : 느리고 천천함
*行 갈 행 *緩 느릴 완

析 가를, 쪼갤 **석**
- 부 木 획 8
- 木(나무 목)과 斤(도끼 근)이 합쳐진 글자이다. 나무를 도끼로 가른다는 뜻이며 쪼갠다는 의미도 있다.

解析(해석) : 사물을 상세히 풀어서 理論的(이론적)으로 설명함
分析(분석) : 복합된 사물을 그 요소나 성질에 따라서 가르는 일
*解 풀 해 *分 나눌 분

碩 클, 충실할 **석**
- 부 石 획 14
- 石(돌 석)과 頁(머리 혈)이 합쳐진 글자로, 머리가 큰 돌처럼 크다는 뜻이다.

碩士(석사) : 학위의 한 가지
碩學(석학) : 학식이 많고 깊은 사람
*士 선비 사 *學 배울 학

釋 풀, 놓을 **석**
- 부 釆 획 20
- 釆(분별할 변)과 睪(엿볼 역)이 합쳐진 글자로, 엿봐(睪)서 분별하여 풀어놓는다는 뜻이다.

解釋(해석) : 문장이나 사물 따위로 표현된 내용을 이해하고 설명함
釋放(석방) : 법에 의하여 구속하였던 사람을 풀어 자유롭게 하는 일
*解 풀 해 *放 놓을 방

禪 참선, 고요할 **선**
- 부 示 획 17
- 示(보일 시)와 單(홀로 단)이 합쳐진 글자로, 제단(示) 앞에 홀로 앉아 참선한다는 뜻이다.

禪讓(선양) : 임금의 자리를 물려줌
參禪(참선) : 선도를 배워 닦거나 스스로 선법을 닦아 구함
*讓 사양할 양 *參 참여할 참

旋 돌, 주선할 **선**
- 부 方 획 11
- 㫃(깃발 언)과 疋(발 소)가 합쳐진 글자로, 깃발을 들고 발로 돌아다닌다는 뜻이다.

旋回(선회) : 둘레를 빙글빙글 돎
*回 돌 회

선정한자 풀이 [1단원]

纖 가늘 섬
- 부 糸 획 23
- 糸(실 사)와 韱(가늘, 부추 섬)이 합쳐진 글자로, 실이 가늘다는 의미이다.

纖維(섬유) : 생물체의 몸을 이루는 가늘고 긴 실 모양의 물질
纖細(섬세) : 곱고 가늘거나 여리고도 날카로움
*維 맬 유 *細 가늘 세

攝 끌어 잡을 섭
- 부 手 획 21
- 扌(손 수)와 聶(소곤거릴 섭)이 합쳐진 글자로, 여러 귀(聶)를 한 손으로 끌어 잡고 말해주는 것이라는 데서 끌어 잡는다는 뜻이 되었다.

攝取(섭취) : 양분을 빨아들임
包攝(포섭) : 상대편을 자기편으로 감싸 끌어들임
*取 취할 취 *包 쌀 포

貰 세낼 세
- 부 貝 획 12
- 世(세대 세)와 貝(조개 패)가 합쳐진 글자이다. 世는 시간이고 貝는 재물이니 재물을 빌려주고 시간대로 값을 받는 것이 세내는 것이라는 뜻이다.

專貰(전세) : 계약에 의하여 일정 기간 동안 그 사람에게만 빌려주어 다른 사람의 사용을 금하는 일
貰入者(세입자) : 세를 든 사람
*專 오로지 전 *入 들 입 *者 놈 자

蘇 소생할, 쉴, 깨어날 소
- 부 艸 획 20
- 艹(풀 초)와 魚(물고기 어)와 禾(벼 화)가 합쳐진 글자로, 겨울에 얼어 있던 풀과 물고기와 벼가 빨리 봄이 되어 깨어나기를 바라는 의미로 깨어나다, 되살아나다는 뜻이 되었다.

蘇生(소생) : 다시 살아남
蘇息(소식) : 숨을 돌이킴
*生 날 생 *息 숨쉴 식

昭 밝을, 환할 소
- 부 日 획 9
- 日(해 일)과 召(부를 소)가 합쳐진 글자로, 해만큼 빛을 발할 수 있는 것을 불러오니 주위가 밝다는 뜻이다.

昭明(소명) : 밝고 영리함
昭光(소광) : 밝게 반짝이는 빛
*明 밝을 명 *光 빛 광

召 부를, 청할 소
- 부 口 획 5
- 刀(칼 도)와 口(입 구)가 합쳐진 글자로, 칼처럼 위엄있는 말로 부른다는 뜻이다.

召命(소명) : 1. 임금이 신하를 부르는 명령
2. 사람이 하나님의 일을 하도록 하나님의 부르심을 받는 일
*命 목숨 명

2급 선정한자 풀이

선정한자 풀이 [1단원]

燒 불사를, 불 땔 소
- 부 火 획 16
- 火(불 화)와 堯(높을 요)가 합쳐진 글자로, 불길이 높이 오른다는 데서 불사르다는 뜻이 되었다.

燒却(소각) : 태워버림
*却 물리칠 각

騷 시끄러울, 근심 소
- 부 馬 획 20
- 馬(말 마)와 蚤(벼룩 조)가 합쳐진 글자로, 말이 벼룩처럼 날뛰어서 소란스럽다는 뜻이다.

騷亂(소란) : 시끄럽고 어수선함
*亂 어지러울 란

紹 이을, 소개할 소
- 부 糸 획 11
- 糸(실 사)와 召(부를 소)가 합쳐진 글자로, 실을 불러 연결시키는 것이니 잇는다는 뜻이다.

紹介(소개) : 두 사람 사이에 서서 양편의 일이 어울리게 주선함
*介 끼일 개

疏 트일, 소통할 소
- 부 疋 획 11 동 疎
- 疋(발 소)와 流(흐를 류)의 획줄이 합쳐진 글자로, 물 흐르듯이 발로 걸어갈 수 있는 곳은 트인 곳이라는 의미이다.

疏外(소외) : 어떤 무리에서 싫어하여 따돌리거나 멀리함
疏開(소개) : 1. 땅을 파서 물이 흐르도록 함
          2. 공습이나 화재 따위에 대비하여 한곳에 집중되어 있는 주민이나 시설물을 분산함
*外 밖 외 *開 열 개

訴 소송, 하소연할 소
- 부 言 획 12
- 言(말씀 언)과 斥(물리칠 척)이 합쳐진 글자로, 억울함을 물리치기 위해 관청에 호소한다는 데서 하소하다, 송사하다는 뜻이 되었다.

起訴(기소) : 검사가 특정한 형사 사건에 대하여 법원에 심판을 요구하는 일
訴追(소추) : 1. 형사 사건에 대하여 법원에 심판을 신청하여 이를 수행하는 일
          2. 고급 공무원이 직무를 집행할 때 헌법이나 법률을 위배하였을 경우 국가가 탄핵을 결의하는 일
*起 일어날 기 *追 쫓을 추

屬 무리, 붙일 속
- 부 尸 획 21
- 尾(꼬리 미)의 변형자와 蜀(긴 벌레 촉)이 합쳐진 글자로, 긴 꼬리(尾)가 머리 위까지 올라와 몸뚱이에 붙어있다는 뜻이다.

歸屬(귀속) : 재산이나 영토, 권리 따위가 특정 주체에 붙거나 딸림
從屬(종속) : 자주성이 없이 주가 되는 것에 딸려 붙음
*歸 돌아갈 귀 *從 좇을 종

선정한자 풀이 [1단원]

粟 조, 벼 **속**
부 米　획 12
襾(덮을 아)와 米(쌀 미)가 합쳐진 글자이다. 본래는 쌀(米)알을 껍질이 덮(襾)고 있는 '곡식'을 통칭한 것이나 지금은 '조'만을 뜻한다.

粟米(속미) : 조와 쌀
粟豆(속두) : 조와 콩
*米 쌀 미　*豆 콩 두

遜 겸손할, 양보할 **손**
부 辶　획 14
孫(손자 손)과 辶(갈 착)이 합쳐진 글자로, 손자가 조부를 따라간다는데서 겸손하다는 뜻이 되었다.

謙遜(겸손) : 남을 존중하고 자기를 내세우지 않는 태도가 있음
恭遜(공손) : 예의 바르고 겸손함
*謙 겸손할 겸　*恭 공손할 공

誦 욀 **송**
부 言　획 14
言(말씀 언)과 甬(솟을 용)이 합쳐진 글자로, 물이 솟아오르듯 말소리를 높여 글을 낭독하다, 외우다는 뜻이다.

朗誦(낭송) : 크게 소리를 내어 글을 읽거나 욈
誦讀(송독) : 외어 읽음, 소리 내어 읽음
*朗 밝을 랑　*讀 읽을 독

鎖 쇠사슬, 잠글 **쇄**
부 金　획 18
金(쇠 금)과 貨(자개소리 쇄)를 합친 자로, 자개소리처럼 찰칵소리를 내며 열렸다 닫혔다 하는 자물쇠를 뜻한다. 쇠사슬이라는 뜻도 있다.

封鎖(봉쇄) : 사람이나 물건이 드나들지 못하도록 막음
閉鎖(폐쇄) : 출입을 못하도록 막거나 조직체의 기능을 정지시킴
*封 봉할 봉　*閉 닫을 폐

衰 쇠약할 **쇠**
부 衣　획 10
비올 때 어깨에 걸쳐 입는 옷인 도롱이의 모양을 본 뜬 글자인데, 도롱이를 입은 농부가 초라하게 보인다는 데서 쇠약하다는 뜻이 되었다.

衰退(쇠퇴) : 기세나 상태가 쇠하여 전보다 못함
衰弱(쇠약) : 힘이 쇠하고 약함
*退 물러날 퇴　*弱 약할 약

需 쓸, 구할 **수**
부 雨　획 14
雨(비 우)와 而(말이을 이)가 합쳐진 글자로, 비를 만나 나아가지 못하고 있으니 비가 그치기를 바란다는 데서 구하다는 뜻이 되었다.

需給(수급) : 수요와 공급
需要(수요) : 필요한 상품을 얻고자 하는 일
*給 줄 급　*要 구할 요

선정한자 풀이 [1단원]

殊 다를, 뛰어날 수
부 夕 획 10
歹(死, 죽을 사의 획줄임)과 朱(붉을 주)가 합쳐진 글자로, 목을 베어 붉은 피를 흘리며 죽는 것은 보통 죽는 것과는 다르다는 뜻이다.

殊常(수상) : 보통과 달라 이상함
特殊(특수) : 특별히 다름
*常 항상 상 *特 특별할 특

垂 드리울, 베풀 수
부 土 획 8
꽃이나 잎이나 가지가 길게 드리워진 모양을 본뜬 글자이다.

垂直(수직) : 똑바로 드리움
*直 곧을 직

隨 따를 수
부 阝 획 16
隋(떨어질 타)와 辶(갈 착)이 어우러진 글자로, 뒤에 떨어진 사람이 앞에 가는 사람을 따라간다는 뜻이다.

隨伴(수반) : 1. 어떤 일과 더불어 생김
         2. 붙좇아서 따름
隨行(수행) : 일정한 임무를 띠고 가는 사람을 따라감
*伴 짝 반 *行 갈 행

洙 물이름 수
부 水 획 9
氵(물 수)와 朱(붉을 주)가 합쳐진 글자로, 황하강 유역에 붉게 물들었던 황토색깔의 물이름이다.

洙熊辯(수웅변) : 수수전병
*熊 곰 웅 *辯 말씀 변

遂 다할, 이룰, 드디어 수
부 辶 획 13
㒸(다할 수)와 辶(갈 착)이 합쳐진 글자이다. 모두 다 잘 되어간다는 데서 뜻을 드디어 이룬다는 뜻이 되었다.

遂行(수행) : 생각하거나 계획한 대로 일을 해냄
完遂(완수) : 뜻한 바를 완전히 이루거나 다 해냄
*行 갈 행 *完 완전할 완

帥 장수 수
부 巾 획 9
깃발 모양과 巾(수건 건)이 합쳐진 글자로, 군대에서 천(巾)으로 만든 깃발을 잡고 지휘하는 사람은 장수라는 뜻이다.

將帥(장수) : 군사를 거느리는 우두머리
元帥(원수) : 대장의 위로 가장 높은 장성 계급의 하나
*將 장수 장 *元 으뜸 원

선정한자 풀이 [1단원]

睡 졸 수
- 부 目 획 13
- 目(눈 목)과 垂(드리울 수)가 합쳐진 글자로, 눈꺼풀이 아래로 드리워지는 것은 졸음이 오기 때문이란 뜻이다.

睡眠(수면) : 잠을 자는 일
昏睡(혼수) : 정신없이 잠이 듦
*眠 잠잘 면 *昏 저물 혼

獸 짐승 수
- 부 犬 획 19
- 嘼(기르는 짐승 류)와 犬(개 견)이 합쳐진 글자로, 본래는 개와 같이 기르는 짐승을 뜻하는 글자였으나 후에 모든 짐승을 의미하게 되었다.

怪獸(괴수) : 괴상하게 생긴 짐승
野獸(야수) : 1. 길이 들지 않은 야생의 사나운 짐승
         2. 몹시 거칠고 사나운 사람
*怪 기이할 괴 *野 들 야

搜 찾을 수
- 부 手 획 13
- 扌(손 수)와 叟(늙은이 수)가 합쳐진 글자로, 늙은이가 조심스럽게 손으로 찾아낸다는 뜻이다.

搜査(수사) : 찾아서 조사함
搜索(수색) : 구석구석 뒤져 찾음
*査 조사할 사 *索 찾을 색

孰 누구 숙
- 부 子 획 11
- 享(드릴, 제사지낼 향)과 丸(알 환)이 합쳐진 글자로, 알을 누구에게나 드린다는 뜻이다.

誰怨孰尤(수원숙우) : 누구를 원망하고 탓할 수가 없음
*誰 누구 수 *怨 원망할 원 *尤 더욱 우

肅 엄숙할 숙
- 부 聿 획 12
- 聿(붓 율)과 淵(못 연)이 어우러진 글자로, 깊은 연못가에서 붓을 들고 글을 쓸 때는 엄숙해야 한다는 뜻이다.

肅拜(숙배) : 고개를 숙이고 손을 내려 공손히 하는 절
肅然(숙연) : 삼가고 두려워하는 모양
*拜 절 배 *然 그러할 연

瞬 눈 깜짝할 순
- 부 目 획 17
- 目(눈 목)과 舜(무궁화 순)이 합쳐진 글자이다. 잠깐 피었다가 지는 것을 계속하는 무궁화처럼 눈을 떴다 감았다 하는 것을 의미한다.

瞬間(순간) : 아주 짧은 동안
瞬時(순시) : 아주 짧은 시간
*間 사이 간 *時 때 시

2급 선정한자 풀이 119

선정한자 풀이 [1단원]

盾 방패 순
부 目 획 9
사람이 방패로 얼굴(目)을 가리고 있는 모양을 본뜬 글자이다.

矛盾(모순) : 어떤 사실의 앞뒤 또는 두 사실이 이치상 어긋나서 서로 맞지 않음을 이르는 말

*矛 창 모

殉 따라 죽을, 구할 순
부 歹 획 10
歹(死의 획줄임)와 旬(열흘 순)이 합쳐진 글자로, 죽은 사람의 뒤를 이어 열흘 만에 또 죽으니 따라 죽는다는 뜻이다.

殉敎(순교) : 종교를 위하여 목숨을 바침
殉葬(순장) : 사후 세계를 믿어 지배 계급의 인물이 죽었을 때 부인, 신하, 노비 등을 함께 묻는 장례법

*敎 가르칠 교 *葬 장사지낼 장

循 돌, 순환할 순
부 彳 획 12
彳(조금 걸을 척)과 盾(방패 순)이 합쳐진 글자로, 방패를 들고 성곽을 돌며 살핀다는 뜻이다.

循環(순환) : 한차례 돌아서 제자리로 돌아옴

*環 고리 환

舜 순임금, 무궁화 순
부 舛 획 12
爫(손톱 조)와 冖(덮을 멱)과 舛(어그러질 천)이 합쳐진 글자이다. 본래는 무궁화꽃을 상형한 것인데 堯(요)임금의 선위를 받은 舜(순)임금의 이름으로만 쓰인다.

舜禹(순우) : 순임금과 우임금
舜華(순화) : 무궁화

*禹 하우씨 우 *華 빛날 화

脣 입술 순
부 肉 획 11
辰(용 진)과 月(肉, 몸 육)이 합쳐진 글자이다. 辰은 발을 내린 조개를 형상화한 것으로 조개가 발을 내밀 때처럼 벌렸다 오므렸다 하는 부분이 입술이라는 뜻이다.

脣音(순음) : 두 입술 사이에서 나는 소리, 국어의 'ㅂ', 'ㅃ', 'ㅍ', 'ㅁ'
脣亡齒寒(순망치한) : 입술이 없으면 이가 시리다는 뜻으로, 서로 이해관계가 밀접한 사이에 어느 한쪽이 망하면 다른 한쪽도 그 영향을 받아 온전하기 어려움을 이르는 말

*音 소리 음 *亡 망할 망 *齒 이 치 *寒 찰 한

襲 엄습할 습
부 衣 획 22
龍(용 룡)과 衣(옷 의)가 합쳐진 글자로 옷이 안 보일 정도로, 용처럼 날래게 엄습한다는 의미이다.

攻襲(공습) : 갑자기 공격하여 침
奇襲(기습) : 적이 생각지 않았던 때에 갑자기 들이닥쳐 공격함

*攻 칠 공 *奇 기이할 기

선정한자 풀이 [1단원]

濕 젖을 습
- 부 水 획 17
- 氵(물 수)와 㬎(누에고치 현)이 합쳐진 글자로, 누에고치는 수분을 잘 흡수해 젖는다는 뜻이다.

濕度(습도) : 공기 중에 수증기가 포함되어 있는 정도
陰濕(음습) : 그늘지고 축축함
*度 법도 도 *陰 그늘 음

升 되, 오를 승
- 부 十 획 4
- 곡식을 헤아리는 기구인 되의 모양을 본뜬 글자이다. 〈설문(說文)〉에는 '기장알 이만 사천 개를 담는 되' 라고 하였다.

五穀不升(오곡불승) : 흉년이 듦
*五 다섯 오 *穀 곡식 곡 *不 아닐 불

昇 오를 승
- 부 日 획 8
- 日(해 일)과 升(되 승)이 합쳐진 글자로, 되로 잰 듯 정확히 힘쓰면 높은 자리에 오른다는 뜻이다.

昇降(승강) : 오르고 내림
昇華(승화) : 고체가 액체상태를 거치지 않고 기체로 변하는 일
*降 내릴 강 *華 빛날 화

僧 중 승
- 부 人 획 14
- 亻(사람 인)과 曾(일찍 증)이 합쳐진 글자로, 일찍이 속세를 버리고 절로 간 사람이 승려라는 뜻이다.

僧家(승가) : 1. 중이 사는 집
           2. 중들의 사회
*家 집 가

侍 모실 시
- 부 人 획 8
- 亻(사람 인)과 寺(관청 시)가 합쳐진 글자로, 관청에서 관리들이 상관을 모신다는 뜻이다.

侍坐(시좌) : 웃어른을 모시고 앉음
*坐 앉을 좌

屍 주검 시
- 부 尸 획 9
- 尸(주검 시)와 死(죽을 사)가 합쳐진 글자이다. 본래는 尸로 죽은 시체를 상형하였으나 死와 결합해서 의미를 명확히 하였다.

檢屍(검시) : 사람의 사망이 범죄로 인한 것인가를 판단하기 위하여 수사 기관이 변사체를 조사하는 일
屍身(시신) : 송장
*檢 검사할 검 *身 몸 신

선정한자 풀이 [1단원]

矢 화살 시
- 부 矢 획 5
- 활줄(一)에 닿은 끝이 벌어진(人) 모양으로 한 방향(↑)을 향해 나가는 화살을 뜻한다.

矢石(시석) : 전쟁 무기로 쓰는 화살과 돌
*石 돌 석

飾 꾸밀 식
- 부 食 획 14
- 食(밥 식)과 人(사람 인)과 巾(수건 건)이 합쳐진 글자로, 사람이 먹고 살만큼 여유가 되면 옷(巾)을 꾸민다는 뜻이다.

修飾(수식) : 겉모양을 꾸밈
裝飾(장식) : 옷이나 액세서리 따위로 치장함 또는 그 꾸밈새
*修 닦을 수 *裝 꾸밀 장

殖 번식할 식
- 부 歹 획 12
- 歹(死의 획줄임)과 直(곧을 직)이 합쳐진 글자로, 곧게 자라면 번식을 잘하지만 그렇지 않으면 죽게 된다는 뜻이다.

生殖(생식) : 생물이 자기와 같은 종류의 생물을 새로이 만들어 내는 일
繁殖(번식) : 늘려서 많이 퍼짐
*生 날 생 *繁 번창할 번

愼 삼갈 신
- 부 心 획 13
- 忄(마음 심)과 眞(참 진)이 합쳐진 글자로, 올바른(眞) 사람은 말이나 행동을 할 때 경거망동하지 않고 마음속으로 몇 번이고 생각하여 한다, 즉 삼가해 한다는 뜻이다.

愼重(신중) : 매우 조심스러움
謹愼(근신) : 1. 삼가고 조심함
2. 벌로 일정 기간 동안 출근이나 등교, 집무 따위의 활동을 하지 않고 말이나 행동을 삼감
*重 무거울 중 *謹 삼갈 근

晨 새벽 신
- 부 日 획 11
- 日(해 일)과 辰(별 진)이 합쳐진 글자로, 별과 해가 교차하는 때가 새벽이라는 뜻이다.

晨省(신성) : 아침 일찍 부모의 침소에 가서 밤 사이의 안부를 살피는 일
晨星(신성) : 샛별
*省 살필 성 *星 별 성

腎 콩팥 신
- 부 肉 획 12
- 臣(신하 신)과 又(또 우)와 月(肉, 몸 육)이 합쳐진 글자이다. 콩팥은 오줌을 배설하게 하는 기관으로 신하의 소임은 이런 천한 일을 해야 하는 사람이라는 뜻이다.

腎臟(신장) : 콩팥
腎洞(신동) : 콩팥 안의 빈 자리
*臟 오장 장 *洞 골 동

선정한자 풀이 [1단원]

紳 큰띠 신
- 부 糸 획 11
- 糸(실 사)와 申(원숭이 신)이 합쳐진 글자로, 실로 만든 띠를 의미한다. 申은 발음요소로 쓰였다.

紳士(신사) : 사람됨이나 몸가짐이 점잖고 교양이 있으며 예의 바른 남자
*士 선비 사

伸 펼 신
- 부 人 획 7
- 亻(사람 인)과 申(기지개 켤 신)이 합쳐진 글자로, 기지개를 켤 때 사람의 몸이 펴진다는 뜻이다.

伸張(신장) : 세력이나 권리 따위가 늘어남
伸縮(신축) : 늘고 줆
*張 베풀 장 *縮 줄일 축

審 살필, 깨달을 심
- 부 宀 획 15
- 宀(집 면)과 番(차례 번)이 합쳐진 글자로, 집안을 차례 차례 살핀다는 뜻이다.

審議(심의) : 심사하고 토의함
審判(심판) : 어떤 사건의 옳고 그름에 대한 판단을 내림
*議 의논할 의 *判 판단할 판

尋 찾을 심
- 부 寸 획 12
- ⺕(손 우)와 工(장인 공)과 口(입 구)와 寸(법도 촌)이 어우러진 글자로, 좌(工=左) 우(口=右) 양손을 법도에 맞게 쓰는 방법을 찾는다는 뜻이다.

尋訪(심방) : 방문하여 찾아봄
尋人(심인) : 사람을 찾음 또는 찾는 사람
*訪 찾을 방 *人 사람 인

雙 쌍 쌍
- 부 隹 획 18
- 隹(새 추) 두 개와 又(오른손 우)가 합쳐진 글자로, 새 두 마리, 즉 한 쌍을 손으로 잡고 있다는 뜻이다.

雙手(쌍수) : 두 손
雙雙(쌍쌍) : 둘 이상의 쌍
*手 손 수

芽 싹 아
- 부 艸 획 8
- 艹(풀 초)와 牙(어금니 아)가 합쳐진 글자로, 어금니가 돋아나는 것처럼 풀이 볼록 돋아나는 것은 싹일 때라는 의미이다.

發芽(발아) : 씨앗에서 싹이 틈
芽甲(아갑) : 싹
*發 필 발 *甲 첫째 천간 갑

선정한자 풀이 [1단원]

牙
어금니 **아**
부 牙 획 4
어금니 모양을 본뜬 글자이다. 위아래 어금니가 서로 교착된 것을 상형하였다.

齒牙(치아) : 이
象牙(상아) : 코끼리의 어금니
*齒 이 치 *象 코끼리 상

阿
언덕 **아**
부 阝 획 8
阝(언덕 부)와 可(옳을 가)가 합쳐진 글자로, 가히 넘기 힘든 언덕을 뜻한다.

阿膠(아교) : 갖풀
*膠 아교 교

握
쥘, 잡을 **악**
부 手 획 12
扌(손 수)와 屋(지붕 옥)이 합쳐진 글자로, 떨어지지 않기 위해 손으로 지붕을 잡고 있다는 뜻이다.

握手(악수) : 두 사람이 각자 한 손을 마주 내어 잡는 일
把握(파악) : 어떤 대상의 내용이나 본질을 확실하게 이해하여 앎
*手 손 수 *把 잡을 파

岳
큰산 **악**
부 山 획 8
丘(언덕 구)와 山(메 산)이 합쳐진 글자로, 山 위에 또 큰 언덕이 있다는 의미로 큰 산을 뜻한다.

山岳(산악) : 높고 험준하게 솟은 산들
岳母(악모) : 장모
*山 메 산 *母 어미 모

雁
기러기 **안**
부 隹 획 12
厂(언덕 엄)과 亻(사람 인)과 隹(새 추)가 어우러진 글자로, 언덕 위 산자락에서 사람처럼 가족을 이루고 사는 새가 기러기라는 뜻이다.

雁陣(안진) : 1. 줄지어 날아가는 기러기의 행렬
　　　　　　2. 기러기 행렬 모양의 진법
雁行(안항) : 남의 형제를 높여 이르는 말
*陣 진칠 진 *行 항렬 항, 갈 행

晏
늦을 **안**
부 日 획 10
日(해 일)과 安(편안할 안)이 합쳐진 글자로, 해(日)가 이미 지붕(安) 위에 떠오른 뒤에 일어나면 늦은 것이라는 뜻이다.

晏眠(안면) : 아침 늦게까지 잠
晏如(안여) : 마음이 편안하고 침착한 모양
*眠 잠잘 면 *如 같을 여

선정한자 풀이 [1단원]

按 누를, 살필 **안**
- 부 手 획 9
- 扌(손 수)와 安(편안할 안)이 합쳐진 글자로, 손으로 편안하게 되도록 어루만져 준다는 데서 누르다는 뜻이 되고 나아가 손으로 살피다는 뜻도 되었다.

按察(안찰) : 자세히 조사하여 살핌
按摩(안마) : 손으로 근육을 두드리거나 주물러 피로가 풀리게 하는 일
*察 살필 찰 *摩 문지를 마

鞍 안장 **안**
- 부 革 획 15
- 革(가죽 혁)과 安(편안할 안)이 합쳐진 글자로, 편안하게 말 위에 앉을 수 있게 가죽으로 만든 안장을 뜻한다.

鞍馬(안마) : 안장을 얹은 말
鞍裝(안장) : 말, 나귀 따위의 등에 얹어서 사람이 타기에 편리하도록 만든 도구
*馬 말 마 *裝 꾸밀 장

謁 뵐, 아뢸 **알**
- 부 言 획 16
- 言(말씀 언)과 曷(어찌 갈)이 합쳐진 글자로, 윗사람에게 어찌해야 하는지를 뵙고 여쭙는다는 데서 뵙는다는 뜻이 되었다.

謁見(알현) : 지체가 높고 귀한 사람을 찾아가 뵘
拜謁(배알) : 지위가 높거나 존경하는 사람을 찾아가 뵘
*見 뵐 현, 볼 건 *拜 절 배

癌 암 **암**
- 부 疒 획 17
- 疒(병들 녁)과 嵒(바위 암)이 합쳐진 글자로, 산에 솟아난 바위덩이처럼 굳은 종기는 암이라는 뜻이다.

胃癌(위암) : 위에 발생하는 암
發癌(발암) : 암이 생김 또는 암이 생기게 함
*胃 밥통 위 *發 필 발

押 누를, 수결 **압**
- 부 手 획 8
- 扌(손 수)와 甲(갑옷 갑)이 합쳐진 글자로, 갑옷처럼 딱딱한 손톱으로 누른다는 뜻이다.

押留(압류) : 국가 기관이 채무자의 재산의 사용이나 처분을 금함
押收(압수) : 법원이나 수사기관 등이 증거물이나 몰수할 물건 등을 거두어들임
*留 머무를 류 *收 거둘 수

壓 누를 **압**
- 부 土 획 17
- 厭(싫을 염)과 土(흙 토)가 합쳐진 글자로, 땅이 무너질까봐 싫을 정도로 누른다는 뜻이다.

强壓(강압) : 강한 힘이나 권력으로 강제로 억누름
壓力(압력) : 1. 두 물체가 접촉면을 경계로 서로 그 면에 수직으로 누르는 단위 면적에서의 힘의 단위
2. 권력이나 세력에 의하여 타인을 자기 의지에 따르게 하는 힘
*强 강할 강 *力 힘 력

2급 선정한자 풀이

선정한자 풀이 [1단원]

殃
재앙 **앙**
부 歹 획 9
歹(死의 획줄임)와 央(가운데 앙)이 합쳐진 글자로, 죽음의 중앙에 든 것은 재앙이라는 뜻이다.

殃禍(앙화) : 어떤 일로 인하여 생기는 재난
災殃(재앙) : 뜻하지 아니하게 생긴 불행한 변고
*禍 재앙 화 *災 재앙 재

碍
막을 **애**
부 石 획 13
石(돌 석)과 㝵(장애될 애)가 합쳐진 글자로, 돌이 장애가 되도록 막고 있다는 뜻이다.

障碍(장애) : 어떤 사물의 진행을 가로막거나 충분한 기능을 하지 못하게 함
*障 가로막을 장

厄
액운, 재앙 **액**
부 厂 획 4
厂(언덕 엄)과 무릎 꿇고 앉은 모양의 㔾(병부 절)이 합쳐진 글자로, 언덕 아래 무릎을 꿇고 앉아있으니 위험하다는 데서 액운이라는 뜻이 되었다.

厄運(액운) : 액을 당한 운수
橫厄(횡액) : 뜻밖에 닥쳐오는 불행
*運 운반할 운 *橫 가로 횡

液
진액 **액**
부 水 획 11
氵(물 수)와 夜(밤 야)가 합쳐진 글자로, 식물은 밤에 많은 물을 쏟아낸다는 뜻이다.

液體(액체) : 일정한 부피는 있되 형태는 고정되지 않은 물질
*體 몸 체

耶
어조사 **야**
부 耳 획 9
耳(귀 이)와 阝(고을 읍)이 합쳐진 글자로, 고을에서 들려오는 소문이 의문스럽다는 데서 의문형 조사로 주로 쓰인다.

有耶無耶(유야무야) : 있는 듯 없는 듯 흐지부지함
*有 있을 유 *無 없을 무

惹
이끌, 속일 **야**
부 心 획 13
若(같을 약)과 心(마음 심)이 합쳐진 글자로, 뭔가 같은 사람끼리 마음(心)이 이끌린다는 뜻이다.

惹起(야기) : 일이나 사건 따위를 끌어 일으킴
惹端(야단) : 1. 매우 떠들썩하게 일을 벌이거나 부산하게 법석거림
2. 소리를 높여 마구 꾸짖는 일
3. 난처하거나 딱한 일
*起 일어날 기 *端 바를 단

선정한자 풀이 [1단원]

躍 뛸 약
- 부 足 / 획 21
- 足(발 족)과 翟(꿩 적)이 합쳐진 글자로, 꼬리가 길고 빼어난 꿩이 발을 쭉 빼올려서 뛰는 것을 뜻한다.

跳躍(도약) : 1. 몸을 위로 솟구쳐 뛰는 일
2. 더 높은 단계로 발전하는 것
躍進(약진) : 1. 힘차게 앞으로 뛰어 나아감
2. 빠르게 발전함
*跳 뛸 도 *進 나아갈 진

楊 버들, 사시나무 양
- 부 木 / 획 13
- 木(나무 목)과 昜(볕 양)이 합쳐진 글자로, 가지가 태양(昜)을 향해서 위로 올라가는 버들을 뜻한다.

垂楊(수양) : 수양버들
楊柳(양류) : 버드나무
*垂 드리울 수 *柳 버들 류

孃 여자, 아가씨 양
- 부 女 / 획 20
- 女(여자 녀)와 襄(수줍어할 양)이 합쳐진 글자로, 수줍음이 많은 아가씨를 뜻한다.

令孃(영양) : 윗사람의 딸을 높여 이르는 말
*令 명령 령

御 임금, 어거할, 부릴 어
- 부 彳 / 획 11
- 彳(걸을 척)과 卸(풀 사)가 합쳐진 글자이다. 말을 몰고 가다가 멍에를 풀고 쉬게 한다는 뜻이며 누군가를 위해 말을 몰고 짐을 푸는 것은 누군가를 모시는 일이므로 어거하다는 의미이다.

御命(어명) : 임금의 명령
制御(제어) : 1. 알맞게 움직이도록 조절함
2. 억눌러 따르게 함
*命 목숨 명 *制 절제할 제

抑 누를 억
- 부 手 / 획 7
- 扌(손 수)와 印(도장 인)의 변형자가 합쳐진 글자로, 손으로 도장을 눌러 찍는다는 뜻이다.

抑制(억제) : 감정이나 욕망, 충동적 행동 따위를 내리눌러서 그치게 함
抑留(억류) : 강제로 붙잡아 둠
*制 마를 제 *留 머무를 류

焉 어조사, 어찌 언
- 부 火 / 획 11
- 正(바를 정)과 鳥(새 조)가 합쳐진 글자로, 본래는 봉황새의 모양을 본뜬 글자였으나 후에 어조사로 쓰이게 되었다.

焉敢生心(언감생심) : 감히 그런 마음을 품을 수 없음
吾不關焉(오불관언) : 나는 그 일에 상관하지 아니함
*敢 감히 감 *生 날 생 *心 마음 심 *吾 나 오 *不 아니 불
*關 빗장 관

선정한자 풀이 [1단원]

予 나, 줄 여
- 부 亅 획 4
- 손으로 물건을 밀어주는 모양을 본뜬 글자이다.

予奪(여탈) : 주고 빼앗음
*奪 빼앗을 탈

輿 수레 여
- 부 車 획 17
- 車(수레 거)와 與(줄 여)가 합쳐진 글자로, 여러 사람이 손을 맞들고(舁, 마주 들 여) 메고 가는 수레를 뜻한다.

喪輿(상여) : 사람의 시체를 실어서 묘지까지 나르는 도구
輿論(여론) : 사회 대중의 공통된 의견
*喪 죽을 상 *輿 수레 여

譯 번역할, 풀이할 역
- 부 言 획 20
- 言(말씀 언)과 罒(그물 망)과 幸(다행 행)이 합쳐진 글자로, 말이 그물이 엉킨 것처럼 복잡하여 알아들을 수 없으나 다행히도 번역하면 정리되어 알아들을 수 있다는 의미이다.

翻譯(번역) : 어떤 언어로 된 글을 다른 언어의 글로 옮김
譯書(역서) : 번역한 책이나 글
*翻 바뀔 번 *書 글 서

疫 염병 역
- 부 疒 획 9
- 疒(병들 녁)과 殳(창 수)가 합쳐진 글자로, 창으로 이리저리 치듯이 여기저기 옮겨다니는 전염병을 뜻한다.

免疫(면역) : 반복되는 자극 따위에 반응하지 않고 무감각해지는 상태
防疫(방역) : 전염병이 발생하는 것을 미리 막는 일
*免 면할 면 *防 막을 방

硯 벼루 연
- 부 石 획 12
- 石(돌 석)과 見(볼 견)이 합쳐진 글자로, 잘 살펴서 특별히 좋은 돌을 골라 벼루로 사용했다는 뜻이다.

硯滴(연적) : 벼루에 먹을 갈 때 쓰는 물을 담아두는 그릇
硯墨(연묵) : 벼루와 먹
*滴 물방울 적 *墨 먹 묵

燃 불탈 연
- 부 火 획 16
- 火(불 화)와 然(그러할 연)이 합쳐진 글자로, 然은 개(犬)고기(肉)를 불(灬)로 '태우는' 것인데, 이 글자가 '그렇다'는 접속사로 쓰이니 그와 구별하기 위해서 다시 火변을 덧붙였다.

燃燒(연소) : 물질이 공기 속의 산소와 화합하여 빛과 열을 내는 현상
燃料(연료) : 땔감
*燒 사를 소 *料 헤아릴 료

선정한자 풀이 [1단원]

軟 연할, 부드러울 **연**
부 車 획 11
車(수레 거)와 欠(하품 흠)이 합쳐진 글자로, 입을 벌리고(欠) 숨 가쁘게 따라가야 할 만큼 수레가 부드럽게 잘 굴러간다는 뜻이다.

軟性(연성) : 부드럽고 무르며 연한 성질
軟弱(연약) : 무르고 약함
*性 성품 성 *弱 약할 약

燕 제비 **연**
부 火 획 16
제비의 모양을 본뜬 글자이다. 위의 모양은 부리를, 양쪽 北(북녘 북)은 날개를, 口(입 구)는 몽뚱이를, 灬(불 화)는 꼬리를 상형한 것이다.

燕息(연식) : 편안히 쉼
*息 숨쉴 식

閱 볼, 검열할 **열**
부 門 획 15
門(문 문)과 兌(기쁠 열)이 합쳐진 글자로, 기쁜 마음으로 문을 열고 본다는 뜻이다.

檢閱(검열) : 어떤 행위나 사업 따위를 살펴 조사하는 일
閱覽(열람) : 책이나 문서 따위를 훑어보거나 조사하면서 봄
*檢 검사할 검 *覽 볼 람

染 물들일 **염**
부 木 획 9
氵(물 수)와 九(아홉 구)와 木(나무 목)이 합쳐진 글자로, 물감이 되는 나무를 아홉 번씩이나 물에 적셔 물들이게 한다는 뜻이다.

染色(염색) : 염료를 사용하여 실이나 천 등에 물들임
汚染(오염) : 더럽게 물듦
*色 빛 색 *汚 더러울 오

鹽 소금 **염**
부 鹵 획 24
監(볼 감)과 鹵(소금밭 로)가 합쳐진 글자이다. 짠(鹵) 바닷물을 증발시켜 소금을 만드는 것을 살펴본다는 데서 소금이라는 뜻이 되었다.

鹽田(염전) : 소금을 만들기 위하여 바닷물을 끌어들여 논처럼 만든 곳
鹽分(염분) : 소금기
*田 밭 전 *分 나눌 분

厭 싫을 **염**
부 厂 획 14
厂(기슭 엄)과 猒(배부를 염)이 합쳐진 글자로, 가뜩이나 배부른 상태인데 厂자처럼 덮으니 싫어한다는 뜻이다.

厭世(염세) : 세상을 괴롭고 귀찮은 것으로 여겨 비관함
厭症(염증) : 싫증
*世 세상 세 *症 증세 증

2급 선정한자 풀이 129

선정한자 풀이 [1단원]

影 그림자, 초상 **영**
부 彡　획 15
景(볕 경)과 彡(털 삼)이 합쳐진 글자로, 무슨 물체(彡)에 빛이 비치면 뒤에 그림자가 나타난다는 뜻이다.

近影(근영) : 근래에 찍은 인물 사진
影印本(영인본) : 원본을 사진이나 기타의 과학적 방법으로 복제한 인쇄물
*近 가까울 근　*印 도장 인　*本 근본 본

詠 읊을 **영**
부 言　획 12
言(말씀 언)과 永(길 영)이 합쳐진 글자로, 말을 길게 소리내어 읊는다는 뜻이다.

吟詠(음영) : 시가 따위를 읊음
詠歎(영탄) : 감탄, 목소리를 길게 뽑아 깊은 정회를 읊음
*吟 읊을 음　*歎 탄식할 탄

譽 기릴, 명예 **예**
부 言　획 21
與(더불어 여)를 言(말씀 언)이 받치고 있는 글자로, 여러 사람이 함께(더불어) 말로 받들어 준다는 의미에서 기리다는 뜻이 되었다.

名譽(명예) : 세상에서 훌륭하다고 인정되는 이름이나 자랑
*名 이름 명

預 미리, 맡길 **예**
부 頁　획 13
子(나 여)와 頁(머리 혈)이 합쳐진 글자로, 머리가 좋은 사람은 나의 일을 미리 생각한다는 뜻이다.

預置(예치) : 맡겨 둠
預託(예탁) : 부탁하여 맡겨 둠
*置 둘 치　*託 부탁할 탁

豫 미리 **예**
부 豕　획 16
子(나 여)와 象(코끼리 상)이 합쳐진 글자로, 코끼리는 자기가(子) 죽을 것을 미리 예감한다는 뜻이다.

豫想(예상) : 어떤 일을 직접 당하기 전에 미리 생각하여 둠
豫約(예약) : 미리 약속함
*想 생각할 상　*約 맺을 약

傲 거만할, 오만할 **오**
부 人　획 13
亻(사람 인)과 敖(희롱할 오)가 합쳐진 글자로, 남을 희롱하는 사람은 거만한 사람이라는 뜻이다.

傲慢(오만) : 태도나 행동이 건방짐
傲霜孤節(오상고절) : 1. 서릿발이 심한 속에서도 굴하지 아니하고 외로이 지키는 절개
　　　　　　　　　　2. 국화를 이르는 말
*慢 거만할 만　*霜 서리 상　*孤 외로울 고　*節 마디 절

선정한자 풀이 [1단원]

汚 더러울 오
부 水 획 6
氵(물 수)와 亐(갈 우)가 합쳐진 글자로, 물이 굽어 흐르는 곳에 고인 물이 더럽다는 뜻이다.

汚染(오염) : 더럽게 물듦
汚名(오명) : 더럽혀진 이름이나 명예
*染 물들일 염 *名 이름 명

梧 오동나무, 버틸 오
부 木 획 11
木(나무 목)과 吾(나 오)가 합쳐진 글자로, 내가 태어날 때 심어진 나무가 벽오동나무라는 뜻이다.

梧桐(오동) : 오동나무
*桐 오동나무 동

娛 즐거워할, 즐길 오
부 女 획 10
女(여자 녀)와 吳(큰 소리 오)가 합쳐진 글자로, 남자가 여자와 큰 소리로 노래하고 말하며 즐긴다는 뜻이다.

娛樂(오락) : 쉬는 시간에 여러 가지 방법으로 기분을 즐겁게 하는 일
*樂 즐길 라

嗚 탄식할, 슬플 오
부 口 획 13
口(입 구)와 烏(까마귀 오)가 합해진 글자로, 까마귀 입에서 나오는 울음소리가 슬프게 들린다는 데서 슬프다, 탄식하다는 뜻이 되었다.

嗚呼(오호) : 슬플 때나 탄식할 때 내는 소리
*呼 부를 호

獄 옥, 송사, 죄 옥
부 犬 획 14
犭(큰 개 견)과 言(말씀 언)과 犬(개 견)이 합쳐진 글자로, 말을 해도 개가 짖는 것처럼 천하게 대접 받을 때가 감옥살이할 때라는 뜻이다.

監獄(감옥) : 죄인을 가두어 두는 곳
地獄(지옥) : 큰 죄를 짓고 죽은 사람들이 구원을 받지 못하고 끝없이 벌을 받는다는 곳
*監 볼 감 *地 땅 지

翁 늙은이 옹
부 羽 획 10
公(어른 공)과 羽(깃 우)가 합쳐진 글자로, 깃털처럼 허연 수염을 달고 계시는 어른이 늙은이라는 뜻이다.

老翁(노옹) : 늙은 남자
塞翁之馬(새옹지마) : 인생의 길흉화복은 변화가 많아서 예측하기 어렵다는 말
*老 늙을 로 *塞 변방 새 *之 갈 지 *馬 말 마

선정한자 풀이 [1단원]

緩 느릴 완
- 부 糸 획 15
- 糸(실 사), 爪(손톱 조), 一(한 일), 友(벗 우)가 합쳐진 글자로, 친구들이 손톱으로 다투듯이 장난만 치니 일하는 속도가 느리다는 의미이다.

緩和(완화) : 긴장된 상태나 급박한 것을 느슨하게 함
緩行(완행) : 느리게 감
*和 화할 화 *行 갈 행

歪 비뚤 왜 (외)
- 부 止 획 9
- 不(아니 불)과 正(바를 정)이 합쳐진 글자로, 바르지 않고 삐뚤어진 것이라는 뜻이다.

歪曲(왜곡) : 사실과 다르게 해석하거나 그릇되게 함
*曲 굽을 곡

畏 두려울 외
- 부 田 획 9
- 田(밭 전)과 化(변할 화)의 변형자가 합쳐진 글자로, 밭에서 일하는 농부가 머리가 하얗게 변하는 것을 두려워한다는 뜻이다.

敬畏(경외) : 공경하면서 두려워함
畏怖(외포) : 두려워함
*敬 공경할 경 *怖 두려워할 포

遙 멀, 거닐 요
- 부 辶 획 14
- 辶(갈 착)과 䍃(술병, 질그릇 요)가 합쳐진 글자로, 질그릇을 구하기 위해 멀리까지 간다는 뜻이다.

遙遠(요원) : 아득히 멀다
*遠 멀 원

曜 빛날, 칠요일 요
- 부 日 획 18
- 日(해 일)과 羽(깃 우)와 隹(새 추)가 합쳐진 글자로, 새가 날아 오를 때 날개가 아름답듯이 해가 아름답게 빛나는 모양에서 빛난다는 뜻이 되었다.

曜日(요일) : 일주일의 각 날
*日 날 일

妖 요망할 요
- 부 女 획 7
- 女(여자 녀)와 夭(예쁠 요)가 합쳐진 글자로, 예쁜 여자가 웃음 지으며 남자를 유혹한다는 데서 요망하다는 뜻이 되었다.

妖婦(요부) : 요사스러운 계집
*婦 며느리 부

선정한자 풀이 [1단원]

堯 요임금 요
부 土 획 12
垚(높은 모양 요)와 兀(우뚝할 올)이 합쳐진 글자로, 우뚝한 위에 또 높게 흙을 쌓은 것이니 더욱 높은 것이라는 뜻이다.

堯舜(요순) : 고대 중국의 요임금과 순임금
*舜 순임금 순

腰 허리 요
부 肉 획 13
月(肉, 몸 육)과 要(중요 요)가 합쳐진 글자로, 사람의 상체와 하체를 연결하는 중요한 부분이 허리라는 뜻이다.

腰帶(요대) : 허리띠
腰痛(요통) : 허리가 아픈 증세를 통틀어 이르는 말
*帶 띠 대 *痛 아플 통

搖 흔들, 움직일 요
부 手 획 13
扌(손 수)와 䍃(술병, 질그릇 요)가 합쳐진 글자로, 술병에 술이 있는지 없는지 손으로 흔들어 본다는 뜻이다.

動搖(동요) : 흔들리어 움직임
*動 움직일 동

鎔 녹일 용
부 金 획 18
金(쇠 금)과 容(담을 용)이 합쳐진 글자로, 도가니 속에 쇠를 담아서 녹인다는 뜻이다.

鎔接(용접) : 두 개의 금속, 유리, 플라스틱 등을 녹이거나 반쯤 녹인 상태에서 서로 이어 붙이는 일
鎔解(용해) : 금속을 녹임
*接 이을 접 *解 풀 해

庸 떳떳할 용
부 广 획 11
庚(고칠 경)의 변형과 用(쓸 용)이 어우러진 글자로, 잘못된 것을 고치는 데 힘을 쓴다는 것이니 떳떳하다는 뜻이다.

中庸(중용) : 지나치거나 모자라지도 아니하고 한쪽으로 치우치지도 아니한, 떳떳하며 변함이 없는 상태
庸人(용인) : 1. 평범한 사람
  2. 용렬한 사람
*中 가운데 중 *人 사람 인

傭 품팔이 용
부 人 획 13
亻(사람 인)과 庸(떳떳할 용)이 합쳐진 글자로, 떳떳하게 사람을 부리는 사람이니 고용한 이, 즉 품팔이를 뜻한다.

雇傭(고용) : 삯을 받고 남의 일을 해줌
傭兵(용병) : 1. 지원한 사람에게 봉급을 주어 병력에 복무하게 함
  2. 고용한 병사
*雇 품살 고 *兵 군사 병

선정한자 풀이 [1단원]

偶 짝, 우연 **우**
부 人 획 11
亻(사람 인)과 禺(원숭이 우)가 합쳐진 글자로, 원숭이는 사람과 닮았다는 데서 짝이라는 뜻이 되었다.

配偶者(배우자) : 남편 쪽에서는 아내를, 아내 쪽에서는 남편을 이르는 말
偶像(우상) : 신처럼 숭배의 대상이 되는 물건이나 사람
*配 짝 배 *像 형상 상 *者 놈 자

禹 하우씨 **우**
부 禸 획 9
하나라의 시조인 우임금을 뜻한다.

禹貢(우공) : 經(경)의 편명
*貢 바칠 공

韻 울릴, 운, 운치 **운**
부 音 획 19
音(소리 음)과 員(인원 원)이 합쳐진 글자로, 여러 사람이 내는 소리가 잘 조화되어 운치가 있다는 뜻이다.

韻致(운치) : 고상하고 우아한 멋
脚韻(각운) : 시가에서 구나 행의 끝에 규칙적으로 같은 운의 글자를 다는 일
*致 이를 치 *脚 다리 각

鬱 답답할 **울**
부 鬯 획 29
林(수풀 림)과 缶(질그릇 부)와 冖(덮을 멱)과 鬯(울창주 창)과 彡(털 삼)이 합쳐진 글자로, 숲속이 빽빽히 울창하여 답답하다는 뜻이다.

鬱蒼(울창) : 나무들이 빽빽하게 들어서 매우 무성하고 푸르름
憂鬱(우울) : 근심스럽거나 답답하여 활기가 없음
*蒼 푸를 창 *憂 근심할 우

苑 나라동산 **원**
부 艸 획 9
艹(풀 초)에 夗(누워 뒹굴 원)을 합친 글자로, 풀이 있는 곳에서 누워 뒹굴고 노닌다는 뜻이며 그 곳을 동산이라 한다는 데서 지금의 뜻이 되었다.

秘苑(비원) : 궁궐 안의 동산과 정원
宮苑(궁원) : 궁중의 정원
*秘 숨길 비 *宮 집 궁

越 넘을 **월**
부 走 획 12
走(달릴 주)와 戉(도끼 월)이 합쳐진 글자로, 도끼로 위협하니 이쪽에서 저쪽으로 넘어가서 도망친다는 뜻이다.

越權(월권) : 자기 권한 밖의 일에 관여함
超越(초월) : 어떠한 한계나 표준을 뛰어넘음
*權 권세 권 *超 넘을 초

선정한자 풀이 [1단원]

僞 거짓 위
부 人 획 14
亻(사람 인)과 爲(할 위)가 합쳐진 글자로, 사람만이 거짓말을 한다는 뜻이다.

僞善(위선): 겉으로만 착한 체함
僞證(위증): 거짓 증거 또는 거짓으로 증명함
*善 착할 선 *證 증거 증

尉 벼슬이름 위
부 寸 획 11
尸(주검 시)와 示(보일 시)와 寸(법도 촌)이 합쳐진 글자로, 부하 앞에서 죽음도 두려워하지 않고 법도있게 행동하는 벼슬을 뜻한다.

大尉(대위): 군인 계급에서 소령의 아래, 중위의 위로 위관 계급에서 가장 높은 계급
*大 큰 대

緯 씨줄 위
부 糸 획 15
糸(실 사)와 韋(어긋날 위)가 합쳐진 글자이다. 실은 세로 방향으로 드리워지는데 세로와 어긋나는 방향이 가로이며 베를 짤 때 가로줄을 씨줄이라고 한다는 데서 비롯되었다.

經緯(경위): 1. 날줄과 씨줄
　　　　　　2. 일이 진행되어 온 과정
緯度(위도): 지구 위의 위치를 나타내는 좌표축 중에서 가로로 된 것
*經 날 경 *度 법도 도

違 어긋날, 어길 위
부 辶 획 13
辶(갈 착)과 韋(어길 위)가 합쳐진 글자로, 두 사람이 서로 길을 엇갈려 가는 것이니 만나지 못하고 어긋난다는 뜻이다.

違背(위배): 어기거나 지키지 아니함
違法(위법): 법률이나 명령 따위를 어김
*背 등 배 *法 법 법

慰 위로할 위
부 心 획 15
尉(벼슬 위)와 心(마음 심)이 합쳐진 글자로, 벼슬하는 사람은 부하들의 마음을 위로해 주어야 한다는 뜻이다.

慰勞(위로): 따뜻한 말이나 행동으로 괴로움을 덜어 주거나 슬픔을 달래 줌, 위안
慰問(위문): 불행하거나 수고하는 사람들을 방문하고 위로함
*勞 일할 로 *問 물을 문

謂 이를, 말할 위
부 言 획 16
言(말씀 언)과 胃(밥통 위)가 합쳐진 글자로, 일시적이나마 위가 음식을 저장하듯이 마음속에 저장하고 있던 바를 말로 표현한다는 뜻이다.

所謂(소위): 이른바
可謂(가위): 말 그대로 정말
*所 바 소 *可 옳을 가

선정한자 풀이 [1단원]

幽 깊을, 그윽할 유
부 幺 획 9
山(메 산)과 幺(작을 요) 두 개가 합쳐진 글자로, 산 속 작은 골짜기들의 굽어침이 깊고 멀다는 데서 그윽하다는 뜻이 되었다.

幽靈(유령) : 죽은 사람의 혼령
幽閉(유폐) : 아주 깊숙이 가두어 둠
*靈 신령 령 *閉 닫을 폐

誘 꾈, 당길 유
부 言 획 14
言(말씀 언)과 秀(빼어날 수)가 합쳐진 글자로, 말을 빼어나게 잘해서 말로 꾀다는 뜻이 되었다.

勸誘(권유) : 어떤 일 따위를 하도록 권함
誘惑(유혹) : 꾀어서 정신을 혼미하게 하거나 좋지 아니한 길로 이끎
*勸 권할 권 *惑 미혹할 혹

愈 더욱, 나을 유
부 心 획 13
俞(점점 유)와 心(마음 심)이 합쳐진 글자로, 점점 마음이 편해져서 병이 낫는다는 뜻이다.

愈愚(유우) : 어리석음을 고침
*愚 어리석을 우

惟 생각할 유
부 心 획 11
忄(마음 심)과 隹(새 추)가 합쳐진 글자로, 새가 날개를 펴고 날듯이 마음에서 상상의 날개를 펴는 것이 바로 생각이라는 뜻이다.

思惟(사유) : 대상을 두루 생각하는 일
惟獨(유독) : 많은 것 가운데 혼자 두드러짐
*思 생각할 사 *獨 홀로 독

尹 다스릴 윤
부 尸 획 4
⼺(손 우)와 丿(삐침 별)이 합쳐진 글자로, 손으로 지휘봉(丿)을 잡고 다스린다는 뜻이다.

府尹(부윤) : 조선과 일제시대 때의 벼슬이름
*府 마을 부

閏 윤달 윤
부 門 획 12
門(문 문)과 王(임금 왕)이 합쳐진 글자로, 옛날 왕은 매월 초하루에 반드시 종묘에 가서 제사를 지냈는데 '윤달' 초하루는 가지 않고 문안에만 있었던 것에서 윤달을 뜻하게 되었다.

閏年(윤년) : 윤달이나 윤일이 든 해
閏朔(윤삭) : 음력의 윤달
*年 해 년 *朔 초하루 삭

선정한자 풀이 [1단원]

潤
윤택할 **윤**

부 水 획 15

氵(물 수)와 閏(불어날 윤)이 합쳐진 글자로, 연못에 물이 불어났으니 윤택하다는 뜻이다.

利潤(이윤) : 장사 따위를 하여 남은 돈
潤氣(윤기) : 윤택한 기운
*利 이로울 리 *氣 기운 기

融
녹을, 화할 **융**

부 虫 획 16

鬲(솥 력, 막을 격)과 虫(벌레 충)이 합쳐진 글자로, 솥 안에 들어간 벌레가 녹아서 물과 화합한다는 데서 화한다는 뜻이 되었다.

金融(금융) : 금전을 융통하는 일
融通(융통) : 1. 그때그때의 사정과 형편을 보아 일을 처리함
　　　　　　2. 돈이나 물품 등을 돌려씀
*金 쇠 금 *通 통할 통

隱
숨을, 아낄 **은**

부 阝 획 17

阝(언덕 부)와 㥯(삼갈 은)이 합쳐진 글자로, 언덕에 숨어서 들키지 않게 조심스럽게 지낸다는데서 숨어 산다는 뜻이 되었다.

隱匿(은닉) : 남의 물건이나 범죄인을 감춤
隱逸(은일) : 세상을 피하여 숨음
*匿 숨을 닉 *逸 숨을, 편안할 일

淫
음탕할, 음란할 **음**

부 水 획 11

氵(물 수)와 㸒(가까이할, 탐할 음)이 합쳐진 글자로, 여자를 탐하는 것은 음란하다는 뜻이다.

姦淫(간음) : 부부가 아닌 남녀가 성관계를 맺음
淫亂(음란) : 음탕하고 난잡함
淫談(음담) : 음탕한 이야기
*姦 간사할 간 *亂 어지러울 란 *談 말씀 담

凝
엉길, 정할 **응**

부 冫 획 16

冫(얼음 빙)과 疑(의심할 의)가 합쳐진 글자로, 의심할 여지없이 얼어 있다는 뜻이다.

凝固(응고) : 액체나 기체가 고체로 변하는 현상, 엉기어 굳어짐
凝視(응시) : 눈길을 모아 한 곳을 똑바로 바라봄
*固 굳을 고 *視 볼 시

貳
두, 버금 **이**

부 貝 획 12

弋(잡을 익)과 二(두 이)와 貝(조개 패)가 합쳐진 글자로, 재물을 두 개 잡고 있다는 뜻이다.

貳車(이거) : 임금이 거동할 때 여벌로 따라가던 수레
貳心(이심) : 배반하는 마음
*車 수레 거 *心 마음 심

선정한자 풀이 [1단원]

伊
부 人 **획** 6
亻(사람 인)과 尹(다스릴 윤)이 합쳐진 글자로, 내가 남을 다스리는 것이니 남은 저 사람이라는 뜻이다.
저 **이**

伊時(이시) : 그때
伊太利(이태리) : '이탈리아'의 한자음 표기
*時 때 시 *太 큰 태 *利 이로울 리

夷
부 大 **획** 6
大(큰 대)와 弓(활 궁)이 합쳐진 글자로, 큰 활을 잘 쏘는 동쪽 사람, 즉 오랑캐를 뜻한다.
오랑캐, 평평할 **이**

以夷制夷(이이제이) : (오랑캐로 오랑캐를 제어한다는 뜻으로) 이 나라의 힘을 빌리어 저 나라를 침
*以 써 이 *制 마를 제

翼
부 羽 **획** 17
羽(깃 우)와 異(다를 이)가 합쳐진 글자로, 각각 다른 반대쪽에 있는 두 날개를 뜻한다.
날개, 도울 **익**

右翼(우익) : 1. 오른쪽 날개
         2. 보수적이거나 국수적인 경향
羽翼(우익) : 1. 새의 날개
         2. 보좌하는 일
左翼(좌익) : 1. 왼쪽 날개
         2. 급진적이거나 사회주의적, 공산주의적인 경향
*右 오른쪽 우 *羽 깃 우 *左 왼 좌

刃
부 刀 **획** 3
刀(칼 도)와 丶(점 주)가 합쳐진 글자로, 칼이 번쩍이는 모양을 나타낸 것이다. 점을 찍어 칼날을 표시하였다.
칼날 **인**

刃創(인창) : 창의 날
銳刃(예인) : 날카로운 칼날
*創 비롯할 창 *銳 날카로울 예

壹
부 士 **획** 12
壺(병 호) 속에 吉(길할 길)이 어우러진 글자로, 병 속에 좋은 술이 한 가득 찼다는 데서 하나라는 뜻이 되었다.
하나, 오로지 **일**

壹意(일의) : 한 가지 뜻
*意 뜻 의

姙
부 女 **획** 9
女(여자 녀)와 任(맡길 임)이 합쳐진 글자로, 여자가 전적으로 맡아 하는 것이 아이를 배는 일이라는 뜻이다.
아이 밸 **임**

避姙(피임) : 인위적으로 임신을 피함
*避 피할 피

선정한자 풀이 [1단원]

賃 세낼, 품팔이 임
- 부 貝 획 13
- 任(맡길 임)과 貝(조개 패)가 합쳐진 글자로, 무엇을 맡겨(任) 두고 새로 돈을 받는 것이라는 데서 세내다는 뜻이 되었다.

賃金(임금) : 근로자가 노동의 대가로 사용자에게 받는 보수
賃貸(임대) : 돈을 받고 자기의 물건을 남에게 빌려 줌
*金 쇠 금 *貸 빌릴 대

諮 물을 자
- 부 言 획 16
- 言(말씀 언)과 咨(물을 자)가 합쳐진 글자로, 전문가에게 묻는다는 뜻이다.

諮問(자문) : 어떤 일을 좀 더 바르게 잘 처리하려고 그 방면의 전문가나 전문가들로 이루어진 기구에 의견을 물음
*問 물을 문

恣 방자할, 제멋대로 자
- 부 心 획 10
- 次(버금 차)와 心(마음 심)이 합쳐진 글자로, 자기의 본 위치를 벗어난 다음(次) 마음대로 한다는 뜻이다.

放恣(방자) : 삼가는 태도가 보이지 않고 교만스러움
*姿 맵시 자

雌 암컷 자
- 부 隹 획 13
- 此(이 차)와 隹(새 추)가 합쳐진 글자로, 수놈의 바로 뒤에(此) 나란히 따르는 새가 암컷이라는 뜻이다.

雌雄(자웅) : 암수, 승부, 우열, 강약 등을 이르는 말
雌性卵(자성란) : 난생동물이나 곤충의 알 가운데 암성이 알
*雄 수컷 웅 *性 성품 성 *卵 알 란

茲 이 자
- 부 玄 획 10
- 艹(풀 초)와 玄(검을 현)이 합쳐진 글자로, 검은데 더 검다는 뜻이 본뜻이었으나 후에 '이것이 그렇다' 하여 '이것'을 뜻하게 되었다.

今茲(금자) : 올해
來茲(내자) : 내년
*今 이제 금 *來 올 래

磁 자석 자
- 부 石 획 14
- 石(돌 석)과 茲(검을 자)가 합쳐진 글자로, 쇠를 끌어 당기는 검은 돌이 자석이라는 뜻이다.

磁場(자장) : 자석의 힘이 미치는 범위
磁氣(자기) : 자석이 철을 끌어당기는 작용
磁力(자력) : 자석의 힘
*場 마당 장 *氣 기운 기 *力 힘 력

선정한자 풀이 [1단원]

紫 자색, 자주빛 **자**
부 糸 획 11
此(이 차)와 糸(실 사)가 합쳐진 글자로, 이 세상에서 가장 아름다운 실 색깔은 자주색이라는 의미이다.

紫色(자색) : 자주색
紫外線(자외선) : 파장이 엑스선보다 길고, 가시광선보다 짧은 전자기파로 여름철에 특히 강하게 내리쬠
*色 빛 색 *外 밖 외 *線 줄 선

刺 찌를 **자(척)**
부 刀 획 8
朿(가시 자)와 刂(칼 도)가 합쳐진 글자로, 가시 같은 칼로 찌른다는 뜻이다.

刺客(자객) : 사람을 몰래 암살하는 일을 전문으로 하는 사람
*客 손 객

酌 따를, 술잔 **작**
부 酉 획 10
酉(술 유)와 勺(구기그릇 작)이 합쳐진 글자로, 술을 그릇에 따른다는 뜻이다.

對酌(대작) : 마주 대하고 술을 마심
*對 대답할 대

爵 벼슬 **작**
부 爪 획 18
爫(손톱 조)와 皿(그릇 명)과 艮(그칠 간)과 寸(법도 촌)이 합쳐진 글자로, 일정 한도에서 그치도록 손잡이가 달린 잔(皿)을 의미하며 그 잔으로 마시는 사람은 벼슬아치란 뜻이다.

爵位(작위) : 벼슬과 지위
侯爵(후작) : 다섯 등급으로 나눈 귀족의 작위 가운데 둘째 작위
*位 자리 위 *侯 제후 후

蠶 누에 **잠**
부 虫 획 24
朁(머금을 참)과 蜫(벌레 곤)이 합쳐진 글자로, 뽕잎을 먹는 벌레가 누에라는 뜻이다.

養蠶(양잠) : 누에를 기름
蠶室(잠실) : 누에를 치는 방
*養 기를 양 *室 집 실

潛 잠길 **잠**
부 水 획 15
氵(물 수)와 朁(머금을 참)이 합쳐진 글자로, 물이 전체를 머금었으니 잠겼다는 뜻이다.

潛伏(잠복) : 드러나지 않게 숨음
潛水(잠수) : 물속으로 잠겨 들어감
*伏 엎드릴 복 *水 물 수

선정한자 풀이 [1단원]

暫 잠깐 **잠**
부 日 획 15
斬(벨 참)과 日(날 일)이 합쳐진 글자로, 시간을 분할하여 짧아진 것이니 잠깐이라는 뜻이다.

暫時(잠시) : 짧은 시간
暫定(잠정) : 임시로 정함
*時 때 시 *定 정할 정

藏 감출 **장**
부 艹 획 18
艹(풀 초)와 臧(감출 장)이 합쳐진 글자로, 풀을 잘 덮어서 감추는 것이라는 뜻이다.

藏書(장서) : 책을 간직하여 둠 또는 그 책
貯藏(저장) : 물건이나 재화 따위를 모아서 간수함
*書 글 서 *貯 쌓을 저

粧 꾸밀, 단장할 **장**
부 米 획 12
米(쌀 미)와 庄(평평할 장)이 합쳐진 글자로, 쌀가루 같은 분으로 얼굴 살을 평평하게 만드는 것은 단장하는 것이라는 뜻이다.

丹粧(단장) : 얼굴, 머리, 옷차림 따위를 곱게 꾸밈
治粧(치장) : 잘 매만져 곱게 꾸밈
*丹 붉을 단 *治 다스릴 치

墻 담 **장**
부 土 획 16
土(흙 토)와 嗇(아낄 색)을 합친 글자로, 재산을 아끼고 보호하기 위해 흙으로 담을 쌓는다는 뜻이다.

墻外(장외) : 담의 바깥쪽
墻壁(장벽) : 담과 벽
*外 바깥 외 *壁 벽 벽

掌 손바닥 **장**
부 手 획 12
尙(높을 상)과 手(손 수)가 합쳐진 글자로, 손을 높이 들어 올리니까 손바닥이 보인다고 외우면 쉽다. 손바닥으로 일으키는 바람은 掌風(장풍)이라고 한다.

拍掌(박장) : 두 손바닥을 마주 침
孤掌難鳴(고장난명) : 1. 혼자의 힘만으로 어떤 일을 이루기 어려움
2. 맞서는 사람이 없으면 싸움이 일어나지 아니함
*拍 칠 박 *孤 외로울 고 *難 어려울 난 *鳴 울 명

臟 오장 **장**
부 肉 획 22
月(肉, 몸 육)과 藏(감출 장)이 합쳐진 글자로, 몸속에 감추어져서 생리작용을 하는 것이 오장이라는 뜻이다.

肝臟(간장) : 간
五臟(오장) : 간장, 심장, 비장, 폐장, 신장의 다섯 가지 내장
*肝 간 간 *五 다섯 오

선정한자 풀이 [1단원]

葬 장사지낼 장
부 艹 획 13
艹(풀 초)와 死(죽을 사)와 廾(받들 공)이 합쳐진 글자로, 죽은 사람을 잘 받들어주며 풀로 덮어준다는 데서 장사지내다라는 뜻이 되었다.

埋葬(매장) : 땅에 묻음
葬禮(장례) : 장사를 지내는 일
*埋 묻을 매 *禮 예도 례

莊 별장, 장엄할 장
부 艹 획 11
艹(풀 초)와 壯(장엄할 장)이 합쳐진 글자로, 풀이 장엄하게 우거진 모양에서 씩씩하다는 뜻이 되었다.

莊園(장원) : 서양이 중세 봉건사회에서 귀족이나 승려, 교회 등에 의해 이루어졌던 토지 소유의 한 형태
莊嚴(장엄) : 엄숙하고 위엄 있음
*園 동산 원 *嚴 엄할 엄

載 실을 재
부 車 획 13
戈(손상할 재)와 車(수레 거)가 합쳐진 글자로, 손상되지 않도록 수레에 싣는다는 뜻이다.

連載(연재) : 신문이나 잡지 따위에 긴 글이나 만화 따위를 여러 차례로 나누어서 계속하여 싣는 일
積載(적재) : 물건을 선박, 차량 등의 운송 수단에 실음
*連 잇닿을 련 *積 쌓을 적

裁 지을, 옷 마를 재
부 衣 획 12
戈(손상할 재)와 衣(옷 의)가 합쳐진 글자로, 옷을 만들기 위해 옷감을 자른다는 데서 마르다는 뜻이 되었다.

裁斷(재단) : 1. 마름질
2. 행정 심판 기관이 행정 심판의 청구에 대하여 심리의 결과를 판단함
裁縫(재봉) : 옷감 따위를 말라서 재봉틀로 하는 바느질
*斷 끊을 단 *縫 꿰맬 봉

宰 재상, 다스릴 재
부 宀 획 10
宀(집 면)과 辛(매울 신)이 합쳐진 글자로, 죄인을 잡아서 문초하는(매운 고생시키는) 관청이란 뜻이며 이를 주재하는 사람이 재상이라는 의미이다.

宰木(재목) : 무덤가에 심은 나무
宰相(재상) : 임금을 돕고 모든 관원을 지휘·감독하는 일을 맡아보던 2품 이상의 벼슬
*木 나무 목 *相 서로 상

寂 고요할 적
부 宀 획 11
宀(집 면)과 叔(아재비 숙)이 합쳐진 글자이다. 아재비가 집으로 들어오니 조카들이 조용해진다는 데서 고요하다는 뜻이 되었다.

靜寂(정적) : 고요하여 괴괴함
*靜 고요할 정

선정한자 풀이 [1단원]

摘 딸 적
- 부 手 획 14
- 扌(손 수)와 啇(꼭지 적)이 합쳐진 글자로, 손으로 꼭지를 딴다는 뜻이다.

摘要(적요) : 요점을 뽑아 적음
摘發(적발) : 숨겨져 있는 일이나 드러나지 아니한 것을 들추어 냄
*要 구할 요 *發 필 발

滴 물방울 적
- 부 水 획 14
- 氵(물 수)와 啇(꼭지 적)이 합쳐진 글자로, 열매꼭지처럼 물방울이 맺혀 있다는 뜻이다.

硯滴(연적) : 벼루에 먹을 갈 때 쓰는 물을 담아두는 그릇
*硯 벼루 연

跡 발자취 적
- 부 足 획 13
- 足(발 족)과 亦(또 역)이 합쳐진 글자로, 발로 밟고 지나간 자리에 발자국이 남는다는 데서 발자취라는 뜻이 되었다.

軌跡(궤적) : 어떠한 일을 더듬어 온 흔적
筆跡(필적) : 글씨의 모양이나 솜씨
*軌 궤도 궤 *筆 붓 필

蹟 발자국, 발자취 적
- 부 足 획 18
- 足(발 족)과 責(꾸짖을 책)이 합쳐진 글자로, 발을 재촉하여 남긴 자취를 뜻한다.

奇蹟(기적) : 상식으로는 생각할 수 없는 기이한 일
史蹟(사적) : 역사적으로 중요한 사건이나 시설의 자취
遺蹟(유적) : 남아있는 자취
*奇 기이할 기 *史 역사 사 *遺 남길 유

笛 피리 적
- 부 竹 획 11
- 竹(대 죽)과 由(말미암을 유)가 합쳐진 글자로, 대나무통으로 말미암아 소리가 나는 피리를 뜻한다.

警笛(경적) : 주의나 경계를 하도록 소리를 울리는 장치
鼓笛(고적) : 북과 피리
*警 경계할 경 *鼓 북 고

殿 대궐, 큰 집 전
- 부 殳 획 13
- 尸(주검 시)와 共(함께 공)과 殳(창 수)가 합쳐진 글자로, 창을 들고 지키며 백성들과 죽음을 함께해야 할 곳이 대궐이라는 뜻이다.

宮殿(궁전) : 궁궐
殿庭(전정) : 궁전의 뜰
*宮 집 궁 *庭 뜰 정

선정한자 풀이 [1단원]

折 꺾을 절
부 手 획 7
扌(손 수)와 斤(도끼 근)이 합쳐진 글자로, 손에 도끼를 들고 나무를 치면 꺾어진다는 뜻이다.

屈折(굴절) : 휘어서 꺾임
*屈 굽을 굴

竊 훔칠 절
부 穴 획 22
穴(구멍 혈)과 丿(삐침 별)과 米(쌀 미)와 禼(짐승 리)가 합쳐진 글자로, 짐승이 구멍(穴)을 파고 쌀(米)을 빼내서(丿) 몰래 훔쳐 먹는다는 뜻이다.

竊盜(절도) : 남의 물건을 몰래 훔침
竊取(절취) : 훔쳐서 제 것으로 함
*盜 도둑 도 *取 취할 취

漸 점차, 나아갈 점
부 水 획 14
氵(물 수)와 斬(벨 참)이 합쳐진 글자로, 바닷물이 밀려들어와 해안선을 점점 깎는다는 데서 점점이라는 뜻이 되었다.

漸入佳境(점입가경) : 들어갈수록 점점 재미가 있음
漸進(점진) : 조금씩 앞으로 나아감
*入 들 입 *佳 아름다울 가 *境 지경 경 *進 나아갈 진

蝶 나비 접
부 虫 획 15
虫(벌레 충)과 枼(나뭇잎 엽)이 합쳐진 글자로, 나뭇잎처럼 넓고 엷은 날개를 가진 벌레가 나비라는 뜻이다.

胡蝶(호접) : 나비
蝶泳(접영) : 수영 방법의 하나
*胡 오랑캐 호 *泳 헤엄칠 영

艇 거룻배 정
부 舟 획 13
舟(배 주)와 廷(곧을 정)이 합쳐진 글자로, 곧게 나아가는 배인 거룻배를 뜻한다.

快速艇(쾌속정) : 속도가 매우 빠른 작은 배
艦艇(함정) : 크거나 작은 군사용 배를 이르는 말
*快 쾌할 쾌 *速 빠를 속 *艦 싸움배 함

程 법, 길 정
부 禾 획 12
禾(벼 화)와 呈(공평할 정)이 합쳐진 글자로, 벼를 쌓을 때 고르게(呈) 놓아가며 헤아린다는 데서 헤아리다, 정도, 길이라는 뜻이 되었다.

規程(규정) : 조목별로 정하여 놓은 표준
程度(정도) : 1. 분량이나 수준
　　　　　　 2. 알맞은 한도
*規 법 규 *度 법도 도

선정한자 풀이 [1단원]

偵 정탐할 정
- 부: 人 획: 11
- 亻(사람 인)과 貞(곧을 정)이 합쳐진 글자로, 어떤 사람의 마음이 곧은지 살피고 정탐한다는 뜻이다.

偵探(정탐) : 드러나지 않은 사정을 몰래 살펴 알아냄
偵察(정찰) : 살펴서 알아냄
*探 찾을 탐 *察 살필 찰

穽 함정 정
- 부: 穴 획: 9
- 穴(구멍 혈)과 井(우물 정)이 합쳐진 글자로, 짐승을 잡기 위해 우물처럼 파놓은 구멍이 함정이라는 뜻이다.

陷穽(함정) : 빠져나올 수 없는 상황이나 남을 해치기 위한 계략
*陷 빠질 함

劑 약 지을 제
- 부: 刀 획: 16
- 齊(가지런할 제)와 刂(칼 도)가 합쳐진 글자로, 칼로 여러 가지 약제를 가지런히 썰어 약을 짓는다는 뜻이다.

藥劑(약제) : 여러 가지 약재를 섞어 조제한 약
調劑(조제) : 여러 가지 약재를 조합하여 약을 만듦
*藥 약 약 *調 고를 조

釣 낚시 조
- 부: 金 획: 11
- 金(쇠 금)과 勺(구기 작)이 합쳐진 글자로, 쇠침을 구부려(勺) 만들어서 물고기를 물게 하는 낚시를 뜻한다.

釣魚(조어) : 물고기를 낚음
*魚 고기 어

措 둘 조
- 부: 手 획: 11
- 扌(손 수)와 昔(옛 석)이 합쳐진 글자로, 물건을 원래 있던 자리(昔)에 둔다는 뜻이다.

措大(조대) : 청렴결백한 선비
措置(조치) : 제기된 문제나 사태를 잘 살펴서 필요한 대책을 세움 〈유의어〉措處(조처)
*大 큰 대 *置 둘 치

燥 마를 조
- 부: 火 획: 17
- 火(불 화)와 品(물건 품)과 木(나무 목)이 합쳐진 글자로, 물건을 나무 위에 올려 놓거나 불 옆에 두는 것은 마르게 하려는 것이라는 뜻이다.

乾燥(건조) : 말라서 습기가 없음
燥渴(조갈) : 입술이나 입 안, 목 따위가 타는 듯이 몹시 마름
*乾 하늘 건 *渴 목마를 갈

2급 선정한자 풀이

선정한자 풀이 [1단원]

彫 새길 조
부 彡 획 11
周(두루 주)와 彡(문채 삼)을 합친 글자로, 문채(무늬)를 두루 새긴다는 뜻이다.

彫刻(조각) : 재료를 새기거나 깎아서 입체 형상을 만듦
丸彫(환조) : 한 덩어리의 재료에서 물체의 모양 전부를 조각해 내는 일 또는 작품
*刻 새길 각 *丸 알 환

拙 옹졸할, 못날 졸
부 手 획 8
扌(손 수)와 出(날 출)이 합쳐진 글자로, 말보다 먼저 손이 나아가는 사람은 옹졸한 사람이라는 뜻이다.

拙稿(졸고) : 자기나 자기와 관련된 사람의 원고를 겸손하게 이르는 말
拙速(졸속) : 어설프고 빠름
*稿 볏집 고 *速 빠를 속

縱 세로 종
부 糸 획 17
糸(실 사)와 從(좇을 종)이 합쳐진 글자로, 실은 세로로 드리워진다는 의미이다.

縱橫(종횡) : 1. 세로와 가로를 아울러 이르는 말
　　　　　　2. 거침없이 마구 오가거나 이리저리 다님
縱斷(종단) : 남북의 방향으로 건너가거나 건너옴
*橫 가로 횡 *斷 끊을 단

佐 도울 좌
부 人 획 7
亻(사람 인)과 左(왼 좌)가 합쳐진 글자로, 왼쪽에 있는 사람이 돕는 사람이라는 뜻이다.

佐郞(좌랑) : 고려 때나 조선 때 벼슬의 하나
*郞 사나이 랑

珠 구슬 주
부 玉 획 10
玉(옥 옥)과 朱(붉을 주)가 합쳐진 글자로, 붉은 색깔의 구슬이라는 뜻이다.

珠玉(주옥) : 구슬과 옥
珠玉篇(주옥편) : 아름답고 훌륭한 문예 작품
*珠 구슬 주 *篇 책 편

駐 머무를 주
부 馬 획 15
馬(말 마)와 主(주인 주)가 합쳐진 글자로, 말을 타고 가서 주군 밑에 머무른다는 뜻이다.

駐在(주재) : 직무상으로 파견되어 한 곳에 머물러 있음
駐韓(주한) : 공무를 띠고 한국에 주재함
*在 있을 재 *韓 나라이름 한

선정한자 풀이 [1단원]

洲 물가 주
부 水 획 9
氵(물 수)와 州(고을 주)가 합쳐진 글자로, 사람은 물이 있어야 살 수 있기 때문에 고을이 물가에 만들어진다는 뜻이다.

洲(주) : 지구상의 대륙을 나눈 명칭
三角洲(삼각주) : 강이 바다로 들어가는 어귀에 강물이 운반하여 온 모래나 흙이 쌓여 이루어진 평평한 지형
*三 석 삼 *角 뿔 각

鑄 부어 만들 주
부 金 획 22
金(쇠 금)과 壽(목숨 수)가 합쳐진 글자로, 많은 시간(壽)이 걸려 쇠를 녹여 물건을 만든다는 뜻이다.

鑄物(주물) : 쇠붙이를 녹여 거푸집에 부은 다음 굳혀서 만든 물건
鑄造(주조) : 녹인 쇠붙이를 거푸집에 부어 필요한 물건을 만듦
*物 만물 물 *造 지을 조

奏 알릴, 아뢸 주
부 大 획 9
大(큰 대)와 二(두 이)와 夭(예쁠 요)가 합쳐진 글자로, 크고 위대한 사람에게 예쁜 것 두 개를 드린다는 뜻이다.

演奏(연주) : 악기를 다루어 곡을 표현하거나 들려주는 일
奏請(주청) : 임금에게 아뢰어 청하던 일
*演 펼 연 *請 청할 청

週 주일, 돌 주
부 辶 획 12
周(두루 주)와 辶(갈 착)이 합쳐진 글자로, 성곽 둘레를 돌아간다는 뜻이다.

隔週(격주) : 일주일을 거름 또는 일주일씩 거름
週間(주간) : 월요일부터 일요일까지 한 주일 동안
*隔 사이뜰 격 *間 사이 간

遵 좇을, 따를 준
부 辶 획 16
尊(높을 존)과 辶(갈 착)이 합쳐진 글자로, 높은 사람을 따라 간다는 뜻이다.

遵法(준법) : 법률이나 규칙을 좇아 지킴
遵守(준수) : 전례나 규칙, 명령 따위를 그대로 좇아서 지킴
*法 법 법 *守 지킬 수

仲 버금, 중개 중
부 人 획 6
亻(사람 인)과 中(가운데 중)이 합쳐진 글자로, 형제 셋이 있으면 그 가운데로 난 둘째를 뜻한다.

仲弟(중제) : 자기의 둘째 아우
仲兄(중형) : 자기의 둘째 형
*弟 아우 제 *兄 맏 형

선정한자 풀이 [1단원]

憎 미워할 증
부 心 획 15
忄(마음 심)과 曾(높을 증)이 합쳐진 글자이다. 마음을 높이 닦아 남을 미워하는 마음을 경계해야 한다는 뜻이다.

愛憎(애증) : 사랑과 미움
憎惡(증오) : 아주 사무치게 미워함
*愛 사랑 애 *惡 미워할 오

贈 줄 증
부 貝 획 19
貝(조개 패)와 曾(일찍 증)이 합쳐진 글자로, 재물을 높이 모으면 어려운 사람에게 나누어준다는 뜻이다.

贈與(증여) : 물품 따위를 선물로 줌
*與 줄 여

蒸 찔 증
부 艹 획 14
艹(풀 초)와 ㄱ(구결자 야)와 水(물 수)와 一(한 일)과 灬(불 화)가 합쳐진 글자이다. 풀을 하나씩 넣고 물도 한 바가지 붓고 아래에 불을 때고 있는 모습이 연상된다.

蒸發(증발) : 1. 어떤 물질이 액체 상태에서 기체 상태로 변함
2. 사람이나 물건이 갑자기 사라져 행방을 알지 못하게 됨
蒸散(증산) : 증발하여 흩어짐
*發 필 발 *散 흩을 산

遲 더딜 지
부 辶 획 16
犀(무소 서)와 辶(쉬엄쉬엄 갈 착)이 합쳐진 글자로, 무소처럼 천천히 가면 늦는다는 뜻이다.

遲刻(지각) : 정해진 시각보다 늦게 감
遲滯(지체) : 때를 늦추거나 질질 끎
*刻 새길 각 *滯 막힐 체

旨 뜻, 맛 지
부 日 획 6
匕(비수 비)와 日(해 일)이 합쳐진 글자로, 햇빛에 잘 익은 과일을 칼로 베어 맛을 본다는 뜻이다.

論旨(논지) : 논하는 말이나 글의 취지
趣旨(취지) : 어떤 일의 근본이 되는 목적이나 긴요한 뜻
*論 논할 론 *趣 달릴 취

脂 비계, 영화 지
부 肉 획 10
月(肉, 고기 육)과 旨(맛 지)가 합쳐진 글자로, 고기에서 맛이 있는 부분은 비계라는 뜻이다.

油脂(유지) : 동물 또는 식물에서 채취한 기름을 통틀어 이르는 말
*油 기름 유

선정한자 풀이 [1단원]

津 물가, 나루 진
부 水 획 9
氵(물 수)와 聿(마칠 율)이 합쳐진 글자로, 냇물로 들어가서 건널 수 있는 곳인 나루를 뜻한다.

津氣(진기) : 1. 진액의 끈적끈적한 기운
2. 먹은 것이 오랫동안 유지되는 든든한 기운
津頭(진두) : 나루
*氣 기운 기 *頭 머리 두

振 떨, 떨칠 진
부 手 획 10
扌(손 수)와 辰(용 진)이 합쳐진 글자이다. 辰은 양기가 동하는 3월이니 만물이 번성해진다는 데서 떨치다는 뜻이 되었다.

振動(진동) : 같은 모양으로 반복하여 흔들려 움직임
振興(진흥) : 떨쳐 일으킴
*動 움직일 동 *興 일 흥

震 벼락, 진동할 진
부 雨 획 15
雨(비 우)와 辰(별 진)이 합쳐진 글자로, 비 올 때 별처럼 번쩍이는 번개가 치면 우레도 친다는 뜻이다.

震動(진동) : 물체가 몹시 울리어 흔들림
地震(지진) : 땅속의 급격한 변화로 땅이 흔들리거나 갈라지는 현상
餘震(여진) : 1. 큰 지진이 일어난 다음에 얼마간 잇따라 일어나는 작은 지진
2. 어떤 사건이나 사실이 끝난 뒤에 미치는 영향
*動 움직일 동 *地 땅 지 *餘 남을 여

診 진찰할 진
부 言 획 12
言(말씀 언)과 㐱(피부 속 털 진)이 합쳐진 글자로, 속털이 밖으로 나타난 것처럼 육체 속에 있는 병의 근원을 말(言)로써 나타내 보고자 알아보는 것이 진찰이라는 뜻이다.

檢診(검진) : 건강 상태와 질병의 유무를 알아보기 위하여 증상이나 상태를 살피는 일
診療(진료) : 진찰하고 치료함
*檢 검사할 검 *療 병 고칠 료

塵 티끌 진
부 土 획 14
鹿(사슴 록)과 土(흙 토)가 합쳐진 글자로, 사슴이 마른 땅만 밟고 지나가면서 일으킨 흙먼지를 뜻한다.

粉塵(분진) : 1. 티끌
2. 아주 작은 것
塵土(진토) : 먼지와 흙
*粉 가루 분 *土 흙 토

疾 병 질
부 疒 획 10
疒(병들 녁)과 矢(화살 시)가 합쳐진 글자로, 화살에 맞으니 병이 생긴다는 뜻이다.

疾病(질병) : 몸의 온갖 병 〈유의어〉疾患(질환)
疾走(질주) : 빠르게 달림
*病 병 병 *走 달릴 주

2급 선정한자 풀이 149

선정한자 풀이 [1단원]

輯 모을 **집**
부 車 획 16
車(수레 거)와 口(입 구)와 耳(귀 이)가 합쳐진 글자이다. 수레를 타고 가며 입으로 하는 말을 귀로 들어 소문을 모은다는 뜻이다.

編輯(편집) : 일정한 방침 아래 여러 가지 재료를 모아 신문, 잡지, 책 따위를 만드는 일
*編 엮을 편

徵 부를 **징**
부 彳 획 15
微(작을 미)의 획줄자와 壬(착할 정)이 합쳐진 글자로, 가진 것이 적고 천하게 살아도 행실이 착하면 언젠가는 부름을 받는다는 뜻이다.

徵兵(징병) : 국가가 법령으로 병역 의무자를 강제적으로 징집하여 일정 기간 병역에 복무시키는 일
徵用(징용) : 전시, 사변이나 이와 같은 비상사태에 국가의 권력으로 국민을 강제적으로 일정한 업무에 종사시키는 일
*兵 군사 병 *用 쓸 용

懲 징계할 **징**
부 心 획 19
徵(부를 징)과 心(마음 심)이 합쳐진 글자로, 옳지 못한 일을 한 사람을 불러 생각을 바로잡도록 한다는 데서 징계하다는 뜻이 되었다.

懲罰(징벌) : 옳지 아니한 일을 하거나 죄를 지은 데 대하여 벌을 줌
懲役(징역) : 기결수를 교도소 안에 구치하여 일정 기간 노역을 치르게 하는 일
*罰 벌 벌 *役 부릴 역

遮 가릴, 막을 **차**
부 辶 획 15
庶(여러 서)와 辶(갈 착)이 합쳐진 글자로, 길을 가는데 여러 사람이 막고 서 있다는 뜻이다.

遮斷(차단) : 흐름 또는 통로를 막거나 끊어서 통하지 못하게 함
遮陽(차양) : 햇볕을 가리거나 비가 들이치는 것을 막기 위해 처마 끝에 덧붙이는 지붕
*斷 끊을 단 *陽 볕 양

錯 섞일 **착**
부 金 획 16
金(쇠 금)과 昔(옛 석)이 합쳐진 글자로, 옛날에 만들어진 쇠에는 이물질이 섞여 있다는 뜻이다.

錯覺(착각) : 어떤 사물이나 사실을 실제와 다르게 느끼거나 생각함
錯誤(착오) : 착각을 하여 잘못함
錯雜(착잡) : 뒤섞이어 어수선함
*覺 깨달을 각 *誤 그릇될 오 *雜 섞일 잡

捉 잡을 **착**
부 手 획 10
扌(손 수)와 足(발 족)이 합쳐진 글자로, 달아나는 발을 손으로 잡는다는 뜻이다.

捉來(착래) : 사람을 붙잡아 옴
捕捉(포착) : 꼭 붙잡음
*來 올 래 *捕 사로잡을 포

선정한자 풀이 [1단원]

讚 칭찬할, 기릴 찬
부 언 / 획 26
言(말씀 언)과 贊(도울 찬)이 합쳐진 글자로, 좋은 점을 칭찬하여 돕는다는 의미이다.

稱讚(칭찬) : 좋은 점이나 착하고 훌륭한 일을 높이 평가함
讚揚(찬양) : 아름답고 훌륭함을 크게 기리고 드러냄
*稱 일컬을 칭 *揚 날릴 양

刹 절 찰
부 刀 / 획 8
朵(刹의 획줄임)과 刂(칼 도)가 합쳐진 글자로, 생명체를 칼로 죽이지 않는 곳이 절이라는 뜻이다.

名刹(명찰) : 이름난 절
寺刹(사찰) : 절
*名 이름 명 *寺 절 사

札 편지, 패 찰
부 木 / 획 5
木(나무 목)과 乚(갈고리 궐의 변형자)이 합쳐진 글자로, 나무판에 갈고리로 글씨를 새겨 편지를 썼다는 뜻이다.

落札(낙찰) : 경매나 경쟁 입찰 따위에서 물건이나 일이 어떤 사람에게 돌아가도록 결정되는 일
名札(명찰) : 이름표
*落 떨어질 락 *名 이름 명

斬 벨 참
부 斤 / 획 11
車(수레 거)와 斤(도끼 근)이 합쳐진 글자로, 수레를 끌고 다니는 군사들이 도끼를 들고 나무를 베어 진지를 구축한다는 뜻이다.

斬首(참수) : 목을 벰
斬新(참신) : 전혀 새로움
*首 머리 수 *新 새 신

 부끄러워할 참
부 心 / 획 15
斬(벨 참)과 心(마음 심)이 합쳐진 글자로, 마음속에서 베어내고 싶을 정도로 부끄럽게 생각한다는 뜻이다.

慙愧(참괴) : 매우 부끄러워함
慙悔(참회) : 부끄러워하여 뉘우침
*愧 부끄러워할 괴 *悔 뉘우칠 회

慘 참혹할 참
부 心 / 획 14
忄(마음 심)과 參(참여할 참)이 합쳐진 글자로, 마음속에 나쁜 일만 끼어들어 참혹하다는 뜻이다.

悲慘(비참) : 더할 수 없이 슬프고 끔찍함
慘狀(참상) : 비참하고 끔찍한 상태나 상황
*悲 슬플 비 *狀 형상 상

선정한자 풀이 [1단원]

彰 빛날 창
부 彡 획 14
章(글 장)과 彡(문채 삼)이 합쳐진 글자로, 글공부를 많이 한 사람은 그 문채(무늬, 모습)가 빛난다는 뜻이다.

彰善(창선) : 남의 착한 행실을 세상에 드러냄
表彰(표창) : 어떤 일에 좋은 성과를 내었거나 훌륭한 행실을 한 데 대하여 세상에 널리 알려 칭찬함

*善 착할 선 *表 겉 표

滄 큰 바다, 바다 창
부 水 획 13
氵(물 수)와 倉(곳집 창)이 합쳐진 글자로, 물결이 곳집이나 집채처럼 크게 일어나는 큰 바다를 의미한다.

滄海(창해) : 넓고 큰 바다
滄波(창파) : 푸른 물결

*海 바다 해 *波 물결 파

蒼 푸를 창
부 艸 획 14
艹(풀 초)와 倉(곳집, 창고 창)이 합쳐진 글자로, 풀을 베어 창고 안에 가득 쌓으니 그 색이 푸르다는 의미이다.

蒼天(창천) : 맑고 푸른 하늘
蒼蒼(창창) : 1. 푸른 모양
          2. 앞길이 멀어서 아득함

*天 하늘 천

暢 화창할, 통할 창
부 日 획 14
申(펼 신)과 昜(볕 양)이 합쳐진 글자로, 해가 떠서 볕이 펼쳐지니 화창하다는 뜻이다.

暢達(창달) : 의견, 주장 따위를 거리낌 없이 자유롭게 표현하고 전달함
和暢(화창) : 온화하고 맑음

*達 통달할 달 *和 화할 화

彩 채색 채
부 彡 획 11
采(가릴 채)와 彡(터럭 삼)이 합쳐진 글자로, 좋은 물감을 가려내고 털로 만든 붓으로 그림을 그린다는 의미로 채색한다는 뜻이 되었다.

水彩畵(수채화) : 서양화에서 물감을 물에 풀어서 그린 그림
彩色(채색) : 여러 가지의 고운 빛깔

*水 물 수 *畵 그림 화 *色 빛 색

悽 슬플 처
부 心 획 11
忄(마음 심)과 妻(아내 처)가 합쳐진 글자로, 아내를 생각하는 마음이 애처롭다는 데서 슬프다는 뜻이 되었다.

悽絶(처절) : 더할 나위 없이 애처로움
悽慘(처참) : 끔찍스럽게 참혹함

*絶 끊어질 절 *慘 참혹할 참

선정한자 풀이 [1단원]

戚 친척, 겨레 **척**
부 戈 획 11
戊(무성할 무)와 尗(콩 숙)이 합쳐진 글자로, 무성한 콩 열매는 한 개의 껍질 속에 여러 개가 들어 있는 듯 한 나라에서 난 동포라는 데서 겨레라는 뜻이 되었다.

姻戚(인척) : 혈연관계가 없으나 혼인으로 맺어진 친척
親戚(친척) : 친족과 외척을 아울러 이르는 말
*姻 혼인 인 *親 친할 친

斥 물리칠 **척**
부 斤 획 5
斤(도끼 근)과 丶(점 주)가 합쳐진 글자로, 도끼로 찍어서 침입해 오는 적을 물리친다는 뜻이다.

斥邪(척사) : 간사한 것을 물리침
斥和(척화) : 화친하자는 논의를 배척함
斥候(척후) : 적의 형편이나 지형 따위를 정찰하고 탐색함
*邪 간사할 사 *和 화할 화 *候 물을 후

遷 옮길 **천**
부 辶 획 16
䙴(오를 선)과 辶(갈 착)이 합쳐진 글자이다. 높고 좋은 곳으로 올라간다는 데서 옮긴다는 뜻이 되었다.

變遷(변천) : 세월이 흐름에 따라 바뀌고 변함
遷都(천도) : 도읍을 옮김
*變 변할 변 *都 도읍 도

薦 천거할 **천**
부 艹 획 17
艹(풀 초)와 廌(해태 치)가 합쳐진 글자로, 해태에게 깨끗하고 신선한 풀잎을 주도록 천거한다는 뜻이다.

公薦(공천) : 공인된 정당에서 선거에 출마할 당원을 공식적으로 추천하는 일
自薦(자천) : 자기를 추천함
*公 공변될 공 *自 스스로 자

撤 거둘 **철**
부 手 획 15
扌(손 수)와 育(기를 육)과 攵(칠 복)이 합쳐진 글자로, 회초리로 기를 때는 손으로 거둬 안아야 한다는 뜻이다.

撤收(철수) : 거두어들이거나 걷어치움
撤回(철회) : 이미 제출하였던 것이나 주장하였던 것을 거두어 들임
*收 거둘 수 *回 돌 회

徹 통할 **철**
부 彳 획 15
彳(조금 걸을 척)과 育(기를 육)과 攵(칠 복)이 합쳐진 글자이다. 걸을 때(어릴 때)부터 잘 기르기 위해서 조금씩 회초리를 들고 가르치면 사리에 통한다는 뜻이다.

徹夜(철야) : 밤새움
觀徹(관철) : 사물을 꿰뚫어 봄
*夜 밤 야 *觀 볼 관

선정한자 풀이 [1단원]

添 더할 첨
부 水 획 11
氵(물 수)와 天(예쁠 요)와 忄(마음 심)이 합쳐진 글자로, 얼굴이 예쁜데 마음까지 물처럼 맑고 깨끗하니 더 예뻐 보인다는 뜻이다.

添削(첨삭) : 내용 일부를 보태거나 삭제하여 고침
添附(첨부) : 안건이나 문서 따위를 덧붙임
*削 깎을 삭 *附 붙을 부

尖 뾰족할 첨
부 小 획 6
小(작을 소)와 大(큰 대)가 합쳐진 글자로, 물건이 아래는 큰데 위로 갈수록 좁아(작아)지니 뾰족하다는 뜻이다.

尖端(첨단) : 맨 앞장
尖銳(첨예) : 끝이 뾰족하고 서슬이 날카로움
*端 바를 단 *銳 날카로울 예

諜 염탐할 첩
부 言 획 16
言(말씀 언)과 葉(나뭇잎 엽)이 합쳐진 글자로, 적이 하는 말을 나뭇잎 같은 조각에 적어 자기 군대에 보낸다는 데서 첩자, 염탐하다는 뜻이 되었다.

間諜(간첩) : 한 국가나 단체의 비밀이나 상황을 몰래 알아내어 경쟁 또는 대립 관계에 있는 국가나 단체에 제공하는 사람
諜報(첩보) : 상대편의 정보나 형편을 몰래 알아내어 보고함
*間 사이 간 *報 갚을 보

廳 관청 청
부 广 획 25
广(집 엄)과 聽(들을 청)이 합쳐진 글자로, 백성들의 송사를 듣고 판결해주는 집이 관청이라는 뜻이다.

廳令(청령) : 官廳(관청)에서 내리는 명령
*令 명령 령

遞 갈마들, 바꿀 체
부 辶 획 14
虒(뿔범 사)와 辶(갈 착)이 합쳐진 글자로, 화가 난 뿔범이 이리저리 왔다 갔다하는 모양에서 바꾸다는 뜻이 되었다.

遞信(체신) : 차례로 여러 곳을 거쳐서 소식이나 편지를 전하는 일
*信 믿을 신

滯 막힐, 머무를 체
부 水 획 14
氵(물 수)와 帶(띠 대)가 합쳐진 글자로, 물이 띠에 둘러싸여서 흐르지 못하고 막혔다는 뜻이다.

停滯(정체) : 사물이 발전하거나 나아가지 못하고 한 자리에 머물러 그침
滯症(체증) : 1. 먹은 음식이 잘 소화되지 아니하는 증상
2. 교통의 흐름이 순조롭지 아니하여 길이 막히는 상태
*停 머무를 정 *症 증세 증

선정한자 풀이 [1단원]

締 맺을 체
부 糸 획 15
糸(실 사)와 帝(임금 제)가 합쳐진 글자로, 임금과 제후의 관계가 실로 묶듯이 동맹을 맺는다는 의미이다.

締結(체결) : 계약이나 조약 따위를 공식적으로 맺음
締約(체약) : 계약이나 조약, 약속 따위를 맺음
*結 맺을 결 *約 맺을 약

逮 미칠, 잡을 체
부 辶 획 12
隶(미칠 이)와 辶(갈 착)이 합쳐진 글자로, 도착하도록(미치도록) 따라가서 잡는다는 뜻이다.

逮捕(체포) : 사람의 신체에 대하여 직접적이고 현실적인 구속을 가하여 행동의 자유를 빼앗는 일
*捕 사로잡을 포

替 바꿀 체
부 日 획 12
夫(사내 부) 두 개와 曰(말할 왈)이 합쳐진 글자로, 두 사람이 번갈아가며 말한다는 데서 바꾼다는 뜻이 되었다.

交替(교체) : 다른 사람이나 사물로 대신하여 바꿈
替換(체환) : 대신하여 갈아서 바꿈
*交 사귈 교 *換 바꿀 환

肖 닮을 초
부 肉 획 7
小(작을 소)와 月(肉, 몸 육)이 합쳐진 글자로, 작은(小) 몸(月)이 그 형태는 큰 부모를 닮았다는 뜻이다.

肖像(초상) : 사진, 그림 따위에 나타낸 사람의 얼굴이나 모습
不肖(불초) : 어버이의 덕망이나 유업을 이어받지 못함 또는 그렇게 못나고 어리석은 사람
*像 형상 상 *不 아닐 불

哨 망볼, 보초 초
부 口 획 10
口(입 구)와 肖(작을 초)를 합친 글자로, 망을 보는 초병이 작은 소리로 적의 동태를 알린다는 데서 망보다는 뜻이 되었다.

步哨(보초) : 부대의 경계선이나 각종 출입문에서 경계와 감시의 임무를 맡은 병사
哨所(초소) : 보초를 서는 장소
*步 걸음 보 *所 바 소

抄 베낄, 노략질할 초
부 手 획 7
扌(손 수)와 少(적을 소)가 합해진 글자로, 전체 중에 일부(적게, 조금)를 베껴 쓴다는 뜻이다.

詩抄(시초) : 시를 뽑아 적는 일 또는 시를 뽑아 적은 책
抄本(초본) : 원본에서 필요한 부분만 뽑아서 베낀 책이나 문서
*詩 시 시 *本 근본 본

선정한자 풀이 [1단원]

焦 탈 초
부 火 획 12
隹(새 추)와 灬(불 화)가 합쳐진 글자로, 새(隹) 밑에 불(灬)을 붙이니 털이 탄다는 뜻이다.

焦眉(초미) : 매우 급함
焦燥(초조) : 애가 타서 마음이 조마조마함
*眉 눈썹 미 *燥 마를 조

觸 닿을, 부딪힐 촉
부 角 획 20
角(뿔 각)과 蜀(벌레 촉)이 합쳐진 글자로, 벌레는 뿔(촉각)로 부딪쳐서 분간을 한다는 뜻이다.

抵觸(저촉) : 법률이나 규칙에 위반되거나 거슬림
接觸(접촉) : 서로 맞닿음
*抵 막을 저 *接 이을 접

促 재촉할 촉
부 人 획 9
亻(사람 인)과 足(발 족)이 합쳐진 글자로, 사람이 옆에 서서 발을 동동 구르는 모습에서 재촉한다는 뜻이 되었다.

促求(촉구) : 급하게 재촉하여 요구함
促迫(촉박) : 기한이 바짝 닥쳐와서 가까움
*求 구할 구 *迫 닥칠 박

燭 불 밝힐, 촛불 촉
부 火 획 17
火(불 화)와 蜀(벌레 촉)이 합쳐진 글자로, 벌레는 불을 밝혀 놓은 곳을 좋아한다는 뜻이다.

燭淚(촉루) : 초가 불에 녹아 흘러내리는 것을 흐르는 눈물에 비유하여 이르는 말
華燭(화촉) : 빛깔을 들인 밀초
*淚 눈물 루 *華 빛날 화

寵 사랑 총
부 宀 획 19
宀(집 면)과 龍(용 룡)이 합쳐진 글자로, 용처럼 귀한 것이 집에 있으면 특히 사랑한다는 뜻이다.

寵愛(총애) : 남달리 귀여워하고 사랑함
寵臣(총신) : 임금의 총애를 받는 신하
*愛 사랑 애 *臣 신하 신

銃 총 총
부 金 획 14
金(쇠 금)과 充(채울 충)이 합쳐진 글자로, 쇠로 만든 탄환 속에 화약을 채워서 쏘는 무기가 총이라는 뜻이다.

銃器(총기) : 권총, 기관총, 소총, 엽총 따위의 무기를 통틀어 이르는 말
銃擊(총격) : 총을 쏘아 공격함
*器 그릇 기 *擊 칠 격

선정한자 풀이 [1단원]

催 재촉할, 베풀 최
- 부 人 획 13
- 亻(사람 인)과 崔(높을 최)가 합쳐진 글자로, 높은 산에 빨리 올라오라고 재촉한다는 뜻이다.

開催(개최) : 어떤 모임이나 행사를 함
催告(최고) : 상대편에게 일정한 행위를 하도록 독촉하는 통지를 하는 일
*開 열 개 *告 고할 고

趨 달릴 추
- 부 走 획 17
- 走(달릴 주)와 芻(꼴 추)가 합쳐진 글자로, 꼴을 먹는 짐승처럼 고개를 숙이고 달려간다는 뜻이다.

趨勢(추세) : 어떤 현상이 일정한 방향으로 나아가는 경향
歸趨(귀추) : 어떤 결과로서 귀착하는 바
*勢 세력 세 *歸 돌아갈 귀

抽 뽑을 추
- 부 手 획 8
- 扌(손 수)와 由(말미암을 유)가 합쳐진 글자로, 손으로 말미암아 빼내는 것이니 뽑는다는 뜻이다.

抽出(추출) : 전체 속에서 어떤 물건, 생각, 요소 따위를 뽑아냄
*出 날 출

醜 추할 추
- 부 酉 획 17
- 酉(술 유)와 鬼(귀신 귀)가 합쳐진 글자로, 술을 마시고 귀신처럼 무질서하게 다니니 추하다는 뜻이다.

醜男(추남) : 얼굴이 못생긴 남자
醜聞(추문) : 추잡하고 좋지 못한 소문
*男 사내 남 *聞 들을 문

軸 굴대 축
- 부 車 획 12
- 車(수레 거)와 由(말미암을 유)가 합쳐진 글자로, 수레는 굴대가 굴러감으로 말미암아 움직인다는 뜻이다.

主軸(주축) : 전체 가운데서 중심이 되어 영향을 미치는 존재나 세력
地軸(지축) : 1. 지구의 자전축
          2. 대지의 중심
*主 주인 주 *地 땅 지

畜 기를 축
- 부 田 획 10
- 玄(검을 현)과 田(밭 전)이 합쳐진 글자로, 검은땅을 일구며 가축을 기른다는 뜻이다.

家畜(가축) : 집에서 기르는 짐승
畜産(축산) : 가축을 길러 생활에 유용한 물질을 생산하는 일
*家 집 가 *産 낳을 산

선정한자 풀이 [1단원]

蓄 모을, 저축할 축
부 艸 획 14
艹(풀 초)와 畜(기를 축)이 합쳐진 글자로, 짐승을 기르기 위해서 풀을 베어다가 쌓아둔다는 의미이다.

貯蓄(저축) : 절약하여 모아둠
含蓄(함축) : 풍부한 내용이나 깊은 뜻이 들어 있음
*貯 쌓을 저 *含 머금을 함

縮 줄어질 축
부 糸 획 17
糸(실 사)와 宿(잘 숙)이 합쳐진 글자로, 실을 잠재운다는 것은 부피를 줄인다는 의미이다.

濃縮(농축) : 액체를 진하게 졸임
縮小(축소) : 모양이나 규모 따위를 줄여서 작게 함
*濃 짙을 농 *小 작을 소

逐 쫓을 축
부 辵 획 11
豕(돼지 시)와 辶(갈 축)이 합쳐진 글자로, 도망가는 돼지를 쫓아간다는 뜻이다.

驅逐(구축) : 어떤 세력 따위를 몰아서 쫓아냄
逐出(축출) : 쫓아내거나 몰아냄
*驅 몰 구 *出 날 출

蹴 찰 축
부 足 획 19
足(발 족)과 就(나아갈 취)가 합쳐진 글자로, 발이 앞으로 나아가 찬다는 뜻이다.

一蹴(일축) : 제안이나 부탁 따위를 단번에 거절하거나 물리침
蹴球(축구) : 주로 발로 공을 차서 상대편의 골에 공을 많이 넣는 것으로 승부를 겨루는 경기
*一 한 일 *球 공 구

 속, 정성 충
부 衣 획 10
衣(옷 의) 속에 中(가운데 중)이 어우러진 글자로, 옷을 입은 몸속에 들어 있는 속마음을 뜻한다.

折衷(절충) : 서로 다른 사물이나 의견, 관점 따위를 조절하여 서로 잘 어울리게 함
衷心(충심) : 마음속에서 우러나오는 참된 마음
*折 꺾을 절 *心 마음 심

衝 찌를, 부딪칠 충
부 行 획 15
行(갈 행)과 重(무거울 중)이 합쳐진 글자로, 무거운 창이나 칼을 들고 가서 찌른다는 뜻이다.

衝擊(충격) : 1. 물체에 급격히 가해지는 힘
2. 마음에 받은 심한 자극이나 영향
衝突(충돌) : 서로 맞부딪치거나 맞섬
*擊 칠 격 *突 갑자기 돌

선정한자 풀이 [1단원]

臭 냄새 취
- 부 自 획 10
- 自(스스로 자)와 犬(개 견)이 합쳐진 글자이다. 自는 본래 '코 비'였으니 개가 코로 냄새를 잘 맡는다는 뜻이다.

口臭(구취) : 입에서 나는 좋지 아니한 냄새
惡臭(악취) : 나쁜 냄새
*口 입 구 *惡 악할 악

炊 불땔 취
- 부 火 획 8
- 火(불 화)와 欠(하품 흠)이 합쳐진 글자이다. 꺼져가는 불 앞에서 입을 벌려 바람을 불어넣는 것은 불을 때기 위해서라는 뜻이다.

炊飯(취반) : 밥을 지음
炊事(취사) : 음식을 장만하는 일
*飯 밥 반 *事 일 사

醉 술 취할 취
- 부 酉 획 15
- 酉(술 유)와 卒(다할 졸)이 합쳐진 글자로, 자기의 주량이 다하도록 마셨다는 데서 취하다는 뜻이 되었다.

滿醉(만취) : 술에 잔뜩 취함
醉氣(취기) : 술에 취하여 얼근하여진 기운
*滿 찰 만 *氣 기운 기

趣 취미 취
- 부 走 획 15
- 走(달릴 주)와 取(취할 취)가 합쳐진 글자이다. 자기가 좋아하는 것을 가지기 위해 달려간다는 뜻으로 마음이 쏠려 달려가고픈 것은 취미가 있기 때문이라는 의미이다.

趣味(취미) : 전문적으로 하는 것이 아니라 즐기기 위하여 하는 일
趣向(취향) : 하고 싶은 마음이 생기는 방향
*味 맛 미 *向 향할 향

稚 어릴 치
- 부 禾 획 13
- 禾(벼 화)와 隹(새 추)가 합쳐진 글자로, 벼이삭이 작은 새꼬리처럼 짧으니 아직 어리다는 뜻이다.

幼稚(유치) : 나이가 어림, 생각이나 행동이 어림
稚氣(치기) : 어리고 유치한 기분이나 감정
*幼 어릴 유 *氣 기운 기

漆 옻칠할, 옻 칠
- 부 水 획 14
- 氵(물 수)와 桼(옻나무 칠)이 합쳐진 글자로, 옻나무에서 나오는 물이 옻이라는 뜻이다.

漆板(칠판) : 흑색이나 진녹색의 판, 흑판
漆(칠) : 물체의 겉에 발라 썩는 것을 막거나 광택이나 색깔을 내는 데 쓰는 물질 또는 그것을 바르는 일, 옻칠
漆器(칠기) : 옻칠을 한 나무 그릇이나 옻칠과 같이 검은 잿물을 입혀 만든 도자기
*板 널빤지 판 *器 그릇 기

2급 선정한자 풀이

선정한자 풀이 [1단원]

枕 베개 침
부 木 획 8
木(나무 목)과 尤(머뭇거릴 유)가 합쳐진 글자이다. 尤는 머리에 벤 것을 상형하고 木은 그것을 만든 재료를 나타낸 것으로 베게를 뜻한다.

枕木(침목) : 길고 큰 물건을 괴는데 쓰는 나무토막
*木 나무 목

沈 잠길 침 성씨 심
부 水 획 7
氵(물 수)와 尤(머뭇거릴 유)가 합쳐진 글자로, 물 위에서 가라앉을 듯 말 듯 하고 있다는 데서 잠기다는 뜻이 되었다.

沈默(침묵) : 아무 말도 없이 잠잠히 있음 또는 그런 상태
沈潛(침잠) : 겉으로 드러나지 아니하게 깊숙이 가라앉거나 숨음
*默 묵묵할 묵 *潛 자맥질할 잠

寢 잠잘 침
부 宀 획 14
宀(집 면)과 爿(나무조각 장)과 크(비추)의 변형자가 합쳐진 글자로, 집에서 빗자루로 침대를 깨끗이 쓸고 잔다는 뜻이다.

同寢(동침) : 잠자리를 같이 함
寢臺(침대) : 사람이 누워 잘 수 있도록 만든 가구
*同 한가지 동 *臺 대 대

墮 떨어질 타
부 土 획 15
隋(떨어질 타)와 土(흙 토)가 합쳐진 글자로, 흙이 무너져 떨어진다는 뜻이다.

墮落(타락) : 올바른 길에서 벗어나 잘못된 길로 빠지는 일
墮淚(타루) : 눈물을 흘림
*落 떨어질 락 *淚 눈물 루

托 맡길, 밀 탁
부 手 획 6
扌(손 수)와 乇(부탁할 탁)이 합쳐진 글자로, 손으로 자기 일을 남에게 부탁한다는 데서 남에게 맡긴다는 뜻이다.

無依無托(무의무탁) : 몸을 의지하고 맡길 곳이 없음, 몹시 가난하고 외로운 상태
*無 없을 무 *依 의지할 의

託 부탁할 탁
부 言 획 10
言(말씀 언)과 乇(부탁할 탁)이 합쳐진 글자로, 말로 남에게 부탁한다는 뜻이다.

供託(공탁) : 돈이나 물건을 제공하고 그 보관을 위탁함
信託(신탁) : 일정한 목적에 따라 재산의 관리와 처분을 남에게 맡기는 일
託送(탁송) : 남에게 부탁하여 물건을 보냄
*供 이바지할 공 *信 믿을 신 *送 보낼 송

선정한자 풀이 [1단원]

琢 쪼을, 다듬을 **탁**
부 玉 획 12
玉(옥 옥)과 豖(발 얽은 돼지걸음 축)이 합쳐진 글자로, 발 묶인 돼지가 땅을 후벼 파듯이 구슬을 파며 다듬는다는 뜻에서 쪼다는 뜻이 되었다.

琢磨(탁마) : 1. 옥이나 돌 따위를 쪼고 갊
　　　　　　2. 학문이나 덕행 따위를 닦음
*磨 갈 마

濁 흐릴 **탁**
부 水 획 16
氵(물 수)와 蜀(벌레 축)이 합쳐진 글자로, 물속에서 벌레가 사방을 돌아다니니 물이 흐려졌다는 뜻이다.

混濁(혼탁) : 깨끗하지 못하고 흐림
鈍濁(둔탁) : 소리가 굵고 거침
*混 섞을 혼 *鈍 무딜 둔

誕 태어날 **탄**
부 言 획 14
言(말씀 언)과 延(끌 연)이 합쳐진 글자로, 말을 끌어서 느리게 하는 것은 아직 태어난지가 얼마 안 되었다는 것이므로 낳는다는 뜻이다.

聖誕(성탄) : 성인이나 임금의 탄생
誕生(탄생) : 1. 태어남을 높여 이르는 말
　　　　　　2. 조직, 제도 등이 새로 생김
*聖 성스러울 성 *生 날 생

奪 빼앗을 **탈**
부 大 획 14
大(큰 대)와 隹(새 추)와 寸(마디, 손 촌)이 합쳐진 글자로, 큰 새를 손에 넣는다는 데서 억지로 빼앗는다는 뜻이 되었다.

收奪(수탈) : 강제로 빼앗음
與奪(여탈) : 주고 빼앗음
*收 거둘 수 *與 줄 여

貪 탐할 **탐**
부 貝 획 11
今(이제 금)과 貝(조개 패)가 합쳐진 글자로, 지금 눈 앞에 있는 재물을 보고 욕심을 낸다는 데서 탐하다는 뜻이 되었다.

貪官汚吏(탐관오리) : 백성의 재물을 탐내어 빼앗는 행실이 나쁜 관리
貪慾(탐욕) : 지나치게 탐하는 욕심
*官 벼슬 관 *汚 더러울 오 *吏 벼슬아치 리 *慾 욕심 욕

湯 끓을 **탕**
부 水 획 12
氵(물 수)와 昜(볕 양)이 합쳐진 글자로, 물이 햇볕을 받아 더워지는 것처럼 계속 열을 가하면 끓는다는 뜻이다.

湯器(탕기) : 국이나 찌개 따위를 떠놓는 자그마한 그릇
湯藥(탕약) : 달여서 마시는 한약
*器 그릇 기 *藥 약 약

선정한자 풀이 [1단원]

怠 게으를 태
- 부 心 획 9
- 台(기를, 늙을 태)와 心(마음 심)이 합쳐진 글자로, 늙어서 아이를 기르니 힘에 부쳐 마음이 게을러진다는 뜻이다.

過怠料(과태료) : 의무 이행을 태만히 한 사람에게 벌로 물게 하는 돈
*過 지날 과 *料 헤아릴 료

胎 아이 밸 태
- 부 肉 획 9
- 月(肉, 몸 육)과 台(기를 태)가 합쳐진 글자로, 몸속에서 아이를 가르는 것이니 아이 배다는 뜻이다.

胎敎(태교) : 아이를 밴 여자가 태아에게 좋은 영향을 주기 위해 바르게 언행을 삼가는 일
*敎 가르칠 교

殆 위태할 태
- 부 歹 획 9
- 歹(죽은 뼈 알)과 台(기를 태)가 합쳐진 글자로, 기르던 아이가 뼈만 남아 목숨이 위태하다는 뜻이다.

危殆(위태) : 어려운 지경임
殆半(태반) : 거의 절반
*危 위태할 위 *半 반 반

颱 태풍 태
- 부 風 획 14
- 風(바람 풍)과 台(기를 태)가 합쳐진 글자로, 바람을 계속 키우면 사나운 태풍이 된다는 뜻이다.

颱風(태풍) : 북태평양 남서부에서 아시아 대륙 동부로 불어오는 맹렬한 열대 저기압
*颱 태풍 태

兎 토끼 토
- 부 儿 획 7
- 토끼의 모양을 본뜬 글자이다.

兎死狗烹(토사구팽) : '토끼를 잡으면 사냥개도 삶아 먹는다'는 뜻으로, 필요할 때만 쓰고 필요 없어지면 버리는 경우를 이름
*死 죽을 사 *狗 개 구 *烹 삶을 팽

透 통할 투
- 부 辶 획 11
- 秀(빼어날 수)와 辶(갈 착)이 합쳐진 글자로, 빼어나게 잘 가서 장애물도 통과한다는 의미에서 통하다는 뜻이 되었다.

透明(투명) : 빛이 잘 통하여 속까지 환히 보임
浸透(침투) : 속속들이 스며듦
*明 밝을 명 *浸 담길 침

선정한자 풀이 [1단원]

播 뿌릴 파
부 手 획 15
扌(손 수)와 番(차례 번)이 합쳐진 글자로, 씨앗을 밭에 차례차례 뿌린다는 뜻이다.

傳播(전파) : 전하여 널리 퍼뜨림
播種(파종) : 논밭에 곡식의 씨앗을 뿌림
*傳 전할 전 *種 씨 종

頗 자못 파
부 頁 획 14
皮(가죽 피)와 頁(머리 혈)이 합쳐진 글자로, 얼굴의 표면이 한쪽으로 기울어졌다는데서 자못이라는 뜻이 되었다.

偏頗(편파) : 공정하지 못하고 어느 한쪽으로 치우쳐 있음
頗多(파다) : 매우 많음
*偏 치우칠 편 *多 많을 다

把 잡을 파
부 手 획 7
扌(손 수)와 巴(긴 뱀 파)가 합쳐진 글자로, 뱀이 나무를 감는 것처럼 손으로 무엇을 감아 잡았다는 뜻이다.

把握(파악) : 내용이나 본질을 확실하게 이해하여 앎
把守(파수) : 경계하여 지킴
*握 쥘 악 *守 지킬 수

罷 파할, 마칠, 파면 파
부 网 획 15
罒(그물 망)과 能(능할 능)이 합쳐진 글자이다. 관리 능력이 뛰어난 사람도 법의 그물에 걸리면 그 일을 그만두게 된다는 데서 파하다는 뜻이 되었다.

罷市(파시) : 중국에서 도시의 상인이 일제히 가게를 닫고 매매를 중지하는 일
罷職(파직) : 관직에서 물러나게 함
*市 저자 시 *職 벼슬 직

覇 으뜸 패
부 襾 획 19
襾(덮을 아)와 革(가죽 혁)과 月(肉, 몸 육)이 합쳐진 글자이다. 가죽으로 자기 몸을 덮고 있는 사람이 그 무리 중에 우두머리라는 의미에서 으뜸이라는 뜻이다.

覇權(패권) : 어떤 분야에서 우두머리나 으뜸의 자리를 차지하여 누리는 공인된 권리와 힘
制覇(제패) : 1. 패권을 잡음
          2. 경기 따위에서 우승함
*權 권세 권 *制 마를 제

遍 두루 편
부 辶 획 13
扁(작을 편)과 辶(갈 착)이 합쳐진 글자로, 오며 가며 작은 곳을 두루두루 살핀다는 뜻이다.

普遍(보편) : 두루 널리 미침, 모든 것에 공통되거나 들어맞음
遍在(편재) : 널리 퍼져 있음
*普 넓을 보 *在 있을 재

선정한자 풀이 [1단원]

編 짤, 엮을 **편**
- 부 糸 획 15
- 糸(실 사)와 戶(집 호)와 冊(책 책)이 합쳐진 글자로, 집에서 실로 책을 엮는다는 의미이다.

編輯(편집) : 일정한 방침 아래 여러 가지 재료를 모아 신문, 잡지, 책 따위를 만드는 일
編入(편입) : 이미 짜여진 한 동아리나 대열 따위에 끼어 들어감
*輯 모을 집 *入 들 입

偏 치우칠 **편**
- 부 人 획 11
- 亻(사람 인)과 扁(작을 편)이 합쳐진 글자로, 마음이 작은 사람이 편견을 갖기 쉽다는 데서 치우치다는 뜻이 되었다.

偏見(편견) : 공정하지 못하고 한쪽으로 치우친 생각
偏重(편중) : 한쪽으로 치우침
*見 볼 견 *重 무거울 중

坪 들, 평수 **평**
- 부 土 획 8
- 土(흙 토)와 平(평평할 평)이 합쳐진 글자로, 평평한 땅이 들이라는 뜻이다.

建坪(건평) : 건물이 차지한 밑바닥의 평수, 2층 이상 건물에서 각 층의 바닥 넓이를 전부 더한 평수
坪數(평수) : 평으로 계산한 넓이나 부피
*建 세울 건 *數 셀 수

蔽 덮을, 가릴 **폐**
- 부 艹 획 16
- 艹(풀 초)와 敝(해질 폐)가 합쳐진 글자로, 해진 부분을 풀로 가린다는 의미이다.

隱蔽(은폐) : 덮어 감추거나 가리어 숨김
*隱 숨길 은

幣 폐백, 돈 **폐**
- 부 巾 획 15
- 敝(해질 폐)와 巾(수건 건)이 합쳐진 글자로, 해지기 쉬운 천을 돈으로 썼다는 데서 돈, 화폐란 뜻이 되었다.

幣帛(폐백) : 결혼 때 신랑이 신부에게 보내는 채단
貨幣(화폐) : 상품 교환 가치의 척도가 되며 그것의 교환을 매개하는 일반화된 수단
*帛 비단 백 *貨 재화 화

廢 폐할, 버릴 **폐**
- 부 广 획 15
- 广(집 엄)과 發(쏠 발)이 합쳐진 글자로, 쏘아나간 화살처럼 쓰지 않고 내버려둔 집은 버려진 집이라는 뜻이다.

廢鑛(폐광) : 광산에서 광물을 캐내는 일을 중지함
廢寺(폐사) : 버려져 중이 없는 절
*鑛 쇳돌 광 *寺 절 사

선정한자 풀이 [1단원]

弊 해질, 폐단 폐
부 廾 획 15
敝(해질 폐)와 廾(받들 공)이 합쳐진 글자로, 해진 옷을 두 손으로 맞잡아 맨다는 의미에서 해지다는 뜻이 되었다.

民弊(민폐) : 민간에 끼치는 폐해
弊社(폐사) : 말하는 이가 자기 회사를 낮추어 이르는 말
*民 백성 민 *社 모일 사

砲 대포 포
부 石 획 10
石(돌 석)과 包(쌀 포)가 합쳐진 글자로, 돌을 싸서 날리는 무기가 대포라는 뜻이다.

砲手(포수) : 총으로 짐승을 잡는 사냥꾼 또는 총포를 가진 군사
*手 손 수

抛 던질 포
부 手 획 8
扌(손 수)와 尤(더욱 우)와 力(힘 력)이 합쳐진 글자로, 손으로써 더욱 힘을 써서 물건을 멀리 던진다는 뜻이다.

抛棄(포기) : 하려던 일을 도중에 그만두어버림
抛物線(포물선) : 1. 물체가 반원 모양을 그리며 날아가는 선
   2. 수학에서 한 정점과 한 정직선에 이르는 거리가 같은 점의 자취
*棄 버릴 기 *物 만물 물 *線 줄 선

怖 두려울 포
부 心 획 8
忄(마음 심)과 布(베 포)가 합쳐진 글자로, 베가 오그라들 듯 마음이 오그라드는 때가 두려울 때라는 뜻이다.

恐怖(공포) : 두렵고 무서움
*恐 두려울 공

飽 배부를 포
부 食 획 14
食(먹을 식)과 包(쌀 포)가 합쳐진 글자로, 먹은 것을 가득히 싸고 있으니 배가 부른 것이라는 뜻이다.

飽食(포식) : 배부르게 먹음
飽和(포화) : 더할 수 없는 양에 이르러 가득 찬 상태
*食 먹을 식 *和 화할 화

幅 넓이, 폭 폭
부 巾 획 12
巾(수건 건)과 畐(찰 복)이 합쳐진 글자로, 천이 옆으로 꽉 찼다는 데서 폭이 넓다는 뜻이다.

步幅(보폭) : 걸음을 걸을 때 앞발 뒤축에서 뒷발 뒤축까지의 거리
振幅(진폭) : 진동하고 있는 물체가 정지하거나 평형 위치에서 최대 변위까지 이동하는 거리
*步 걸을 보 *振 떨칠 진

2급 선정한자 풀이 165

선정한자 풀이 [1단원]

漂 뜰 표
- 부 水 획 14
- 氵(물 수)와 票(표 표)가 합쳐진 글자이다. 물 속에 있는 어떤 것을 표하는데, 그 표는 물 위에 떠 있어야 제 기능을 한다는 뜻이다.

漂流(표류) : 1. 물 위에 떠서 정처 없이 흘러감
2. 어떤 목적이나 방향을 잃고 헤맴
漂白(표백) : 종이나 피륙 따위를 바래거나 화학 약품으로 탈색하여 희게 함
＊流 흐를 류 ＊白 흰 백

豹 표범 표
- 부 豸 획 10
- 豸(맹수 치)와 勺(작을 작)이 합쳐진 글자로, 육식하는 맹수이나 몸집은 비교적 작은 짐승이 표범이라는 뜻이다.

豹變(표변) : 마음, 행동 따위를 갑작스럽게 바꿈
＊變 변할 변

標 표할 표
- 부 木 획 15
- 木(나무 목)과 票(표 표)가 합쳐진 글자로, 나무에 붙여 표시를 하였다는 데서 표하다는 뜻이 되었다.

標記(표기) : 1. 무슨 표가 되는 기록 또는 부호
2. 무슨 표로 기록함
＊記 기록할 기

楓 단풍나무 풍
- 부 木 획 13
- 木(나무 목)과 風(바람 풍)이 합쳐진 글자로, 찬 바람이 불어올 계절이 되면 나무에 단풍이 든다는 뜻이다.

丹楓(단풍) : 늦가을에 빛이 붉고 누렇게 변해진 나뭇잎
＊丹 붉을 단

畢 마칠 필
- 부 田 획 11
- 田(밭 전)과 丰(키 필)이 합쳐진 글자로, 키 엮음새처럼 엮어 세운 그물로 새 잡는 일을 완료했다는 데서 마치다는 뜻이 되었다.

未畢(미필) : 아직 끝내지 못함
畢竟(필경) : 결국에는
＊未 아닐 미 ＊竟 마침내 경

荷 연꽃, 짊어질, 짐 하
- 부 艹 획 11
- 艹(풀 초)와 何(어찌 하)가 합쳐진 글자로, 갑골문자에서 何는 물건을 막대기에 걸어 어깨에 메고 있는 형상인데, 艹를 덧붙였으니 풀을 멘 것이라는 뜻이다.

蓮荷(연하) : 연꽃
荷役(하역) : 짐을 싣고 내리는 일
＊蓮 연꽃 연 ＊役 부릴 역

선정한자 풀이 [1단원]

虐 사나울, 모질, 죽을 학
부 虍 획 9
虍(범 호)와 爪(손톱 조)의 변형이 합쳐진 글자로, 범의 발톱(爪)으로 동물을 잡아먹으니 사나워 보인다는 뜻이다.

殘虐(잔학) : 잔인하고 포악함
虐待(학대) : 몹시 괴롭히거나 가혹하게 대우함
*殘 남을 잔 *待 기다릴 대

鶴 학 학
부 鳥 획 21
崔(높이 날 학)과 鳥(새 조)가 합쳐진 글자이다. 崔은 덮인(冖) 속에 있는 새(隹)가 위로 솟아오르는 것으로 그 우는 소리가 하늘까지 오르는 새는 학이라는 뜻이다.

紅鶴(홍학) : 홍학과의 새
鶴舞(학무) : 학춤
*紅 붉을 홍 *舞 춤출 무

旱 가물 한
부 日 획 7
日(날 일)과 干(방패 간)이 합쳐진 글자로, 해를 막고(干) 싶을 때가 가물 때라는 뜻이다.

水旱(수한) : 장마와 가뭄
*水 물 수

汗 땀 한
부 水 획 6
氵(물 수)와 干(방패 간)이 합쳐진 글자이다. 외부에서 뜨거운 기운이 들어오는 것을 막기 위해 방패처럼 체내에서 수분을 분비하는 땀을 의미한다.

多汗症(다한증) : 땀이 이상하게 많이 나는 증세
汗蒸幕(한증막) : 한증을 하기 위하여 갖춘 시설
*多 많을 다 *症 증세 증 *蒸 찔 증 *幕 장막 막

翰 편지, 글, 날개 한
부 羽 획 16
倝(해돋이 간)과 羽(깃 우)가 합쳐진 글자로, 아침 일찍 깃이 있는 짐승인 새의 발목에 서신을 묶어 날려 보내는 편지라는 뜻이다.

書翰(서한) : 편지
翰林(한림) : 학자의 별칭
*書 글 서 *林 수풀 림

割 벨 할
부 刀 획 12
害(해칠 해)와 刂(칼 도)가 합쳐진 글자로, 칼로 해쳐서 벤다는 뜻이다.

役割(역할) : 자기가 마땅히 하여야 할 맡은 바 직책이나 임무, 할 일
割愛(할애) : 소중한 시간, 돈, 공간 따위를 아깝게 여기지 아니하고 선뜻 내어 줌
*役 부릴 역 *愛 사랑 애

선정한자 풀이 [1단원]

含 머금을 함
부 口 획 7
今(이제 금)과 口(입 구)가 합쳐진 글자로, 지금 입안에 머금고 있음을 의미한다.

包含(포함) : 어떤 사물이나 현상 가운데 함께 들어있거나 함께 넣음
含蓄(함축) : 풍부한 내용이나 깊은 뜻이 들어있음
*包 쌀 포 *蓄 쌓을 축

陷 빠질 함
부 阝 획 11
阝(언덕 부)와 臽(구덩이 함)이 합쳐진 글자로, 언덕 위에 짐승을 잡기 위해 파놓은 구덩이에 빠졌다는 뜻이다.

缺陷(결함) : 부족하거나 완전하지 못하여 흠이 되는 부분
陷穽(함정) : 1. 짐승 따위를 잡기 위하여 땅바닥에 구덩이를 파고 그 위를 살짝 덮어 위장한 구덩이
2. 빠져나올 수 없는 상황이나 남을 해치기 위한 계략
*缺 이지러질 결 *穽 함정 정

艦 싸움배 함
부 舟 획 20
舟(배 주)와 監(볼 감)이 합쳐진 글자로, 적군을 감시해서 전투하는 배인 군함을 뜻한다.

戰艦(전함) : 전쟁할 때 쓰는 배
艦艇(함정) : 크거나 작은 군사용 배
*戰 싸울 전 *艇 거룻배 정

巷 거리 항
부 己 획 9
共(함께 공)과 巳(邑의 약자)가 합쳐진 글자로, 邑內(읍내) 사람이 다 같이 쓰는 곳이 거리라는 뜻이다.

巷間(항간) : 1. 시골 마을의 사회
2. 일반 사람들 사이
*間 사이 간

奚 어찌 해
부 大 획 10
爪(손톱 조)와 幺(작을 요)와 大(큰 대)가 합쳐진 글자로, 작은 아이와 큰 아이가 싸우면(爪) 작은 아이가 어찌할 수 없다는 뜻이다.

奚若(해약) : 어찌
奚特(해특) : 何特(하특), 어찌 특별히
*若 같을 약 *特 특별할 특

該 해당, 그, 갖출 해
부 言 획 13
言(말씀 언)과 亥(돼지 해)가 합쳐진 글자이다. 亥는 돼지 뼈의 짜임새처럼 빈틈없이 맞춘 군대의 암호를 뜻한 글자이며 후에 암호를 빈틈없이 갖추다는 데서 갖추다란 뜻이 되었다.

該當(해당) : 들어맞음
該博(해박) : 아는 것이 많음
*當 마땅 당 *博 넓을 박

선정한자 풀이 [1단원]

核 씨 **핵**
부 木 획 10
木(나무 목)과 亥(돼지 해)가 합쳐진 글자로, 나무가 돼지처럼 살이 찌니 꽃이 피어 열매를 맺고 열매를 맺으니 씨가 생긴다는 뜻이다.

核武器(핵무기) : 원자 폭탄이나 수소 폭탄 따위의 핵반응으로 생기는 힘을 이용한 무기
核心(핵심) : 사물의 가장 중심이 되는 부분
*武 무력 무 *器 그릇 기 *心 마음 심

獻 드릴 **헌**
부 犬 획 20
鬳(솥 권)과 犬(개 견)을 합친 글자로, 개를 잡아 솥에 삶아서 드린다는 뜻이다.

貢獻(공헌) : 힘을 써 이바지함
獻身(헌신) : 몸과 마음을 바쳐 있는 힘을 다함
*貢 바칠 공 *身 몸 신

軒 처마, 추녀, 수레 **헌**
부 車 획 10
車(수레 거)와 干(방패 간)이 합쳐진 글자로, 수레를 타고 가는 사람을 막는 곳이 처마라는 뜻이다.

東軒(동헌) : 지방 관아에서 고을 원이나 守令(수령)들이 公事(공사)를 처리하던 중심 건물
軒號(헌호) : 남의 幢號(당호)를 높여 이르는 말
*東 동녘 동 *號 부를 호

玄 검을 **현**
부 玄 획 5
亠(亥, 돼지해)와 幺(작을 요)가 합쳐진 글자로, 머리 부분, 즉 높은(亠) 데에 작은 것이 있으니 멀어서 까맣게 보인다는 뜻이다.

玄武(현무) : 북쪽 방위를 지키는 신령을 상징하는 짐승
玄米(현미) : 벼의 겉껍질만 벗겨낸 쌀
*武 무력 무 *米 쌀 미

縣 고을 **현**
부 糸 획 16
目(눈 목), ㄴ(匚의 획줄임), 小(작을 소), 系(계통 계)가 합쳐진 글자로, 보지 않아도 작은 일까지 서로 잘 알고 있는 같은 계통(혈통)끼리 모여 사는 고을을 뜻한다.

縣監(현감) : 조선 시대에 있었던 작은 縣(현)의 으뜸 벼슬
*監 볼 감

顯 나타날 **현**
부 頁 획 23
㬎(누에고치 현)과 頁(머리 혈)이 합쳐진 글자로, 머리에 장식을 한 명주실(누에고치가 뽑은 실)이 특히 아름답다는 데서 나타난다는 뜻이 되었다.

英顯(영현) : 죽은 사람의 영혼
顯著(현저) : 뚜렷함
*英 꽃부리 영 *著 분명할 저

선정한자 풀이 [1단원]

懸 매달 현
부 心 획 20
縣(고을 현)과 心(마음 심)이 합쳐진 글자이다. 縣은 본래 매달다는 뜻인데 행정단위 이름으로 쓰이니 구별하기 위해서 다시 心을 붙여서 매달다는 뜻으로 썼다.

懸賞(현상) : 무엇을 모집하거나 구하거나 사람을 찾는 일
懸案(현안) : 이전부터 의논하여 오면서도 아직 해결되지 않은 채 남아 있는 문제나 의안
*賞 상줄 상 *案 책상 안

弦 활시위 현
부 弓 획 8
弓(활 궁)과 玄(검을 현)이 합쳐진 글자이다. 玄은 糸(실 사)의 변형으로 활에 붙은 실로 만든 줄이 활시위라는 뜻이다.

下弦(하현) : 음력 매달 22~23일에 나타나는 달의 형태, 활 모양의 현을 엎어놓은 것 같은 모양
*下 아래 하

穴 구멍 혈
부 穴 획 5
宀(집 면)과 땅을 파는 모양인 八(여덟 팔)이 합쳐진 글자이다. 파서 만든 집이 동굴 같은 구멍이라는 뜻이다.

穴居(혈거) : 동굴 속에서 사는 것
經穴(경혈) : 경맥에 속해 있는 혈을 이르는 말
*居 살 거 *經 지날 경

嫌 싫어할, 의심할 혐
부 女 획 13
女(여자 녀)와 兼(겸할 겸)을 합친 글자로, 여자는 두 마음을 겸하는 남자를 싫어한다는 뜻이다.

嫌惡(혐오) : 싫어하고 미워함
嫌疑(혐의) : 1. 꺼리고 미워함
           2. 범죄를 저지른 사실이 있을 가능성
*惡 미워할 오 *疑 의심할 의

峽 골짜기 협
부 山 획 10
山(메 산)과 夾(낄 협)이 합쳐진 글자로, 산 사이에 끼어 있는 골짜기를 의미한다.

海峽(해협) : 육지 사이에 끼어있는 좁고 긴 바다
峽谷(협곡) : 험하고 좁은 골짜기
*海 바다 해 *谷 골 곡

脅 위협할, 갈빗대 협
부 肉 획 10
劦(힘 합할 협)과 月(肉, 몸 육)이 합쳐진 글자로, 몸에서 힘이 모여(劦) 있는 갈빗대를 뜻한다.

威脅(위협) : 힘으로 으르고 공포심을 일으킴
脅迫(협박) : 남에게 어떤 일을 하도록 공포심을 일으킴
*威 위엄 위 *迫 닥칠 박

선정한자 풀이 [1단원]

螢 반딧불 형
부 虫 획 16
熒(빛날 형)의 획줄과 虫(벌레 충)이 합쳐진 글자로, 반짝반짝 빛을 발하는 벌레가 반딧불이라는 뜻이다.

螢雪(형설) : 고생하면서도 꾸준히 학문을 닦음
螢光燈(형광등) : 방전관의 내벽에 형광 도료를 칠한 등
*雪 눈 설 *光 빛 광 *燈 등잔 등

衡 저울 형, 가로 횡
부 行 획 16
行(갈 행)과 魚(고기 어)의 변형이 어우러진 글자로, 물속에서 물고기가 가로로 가는 것처럼 가로로 서는 저울을 뜻한다.

平衡(평형) : 한 물체에 여러 힘이 작용하여도 힘이 작용하지 않는 것과 같은 상태
*平 평평할 평

型 틀, 본보기 형
부 土 획 9
刑(형벌 형)과 土(흙 토)가 합쳐진 글자로, 형벌을 내리는 땅에 놓여 있는 틀을 의미한다.

模型(모형) : 1. 모양이 같은 물건을 만들기 위한 틀
2. 실물을 모방하여 만든 물건
典型(전형) : 같은 부류의 특징을 가장 잘 나타내고 있는 본보기
*模 법 모 *典 법 전

兮 어조사 혜
부 八 획 4
앞의 말이 끝나고 다시 말을 시작할 때 쓰는 조사이다.

斷兮(단혜) : 단호히
*斷 끊을 단

慧 지혜 혜
부 心 획 15
彗(쓰는 비 혜)와 心(마음 심)이 합쳐진 글자로, 비로 깨끗하게 쓴 것처럼 밝은 마음에서 나오는 지혜를 뜻한다.

智慧(지혜) : 사물의 이치를 빨리 깨닫고 사물을 정확하게 처리하는 정신적 능력
慧眼(혜안) : 사물을 꿰뚫어 보는 안목과 식견
*智 지혜 지 *眼 눈 안

毫 가늘 털, 털 호
부 毛 획 11
高(높을 고)의 획줄과 毛(털 모)가 합쳐진 글자로, 하늘이 높은 가을에는 짐승들이 털갈이를 하느라 가늘고 긴 털이 된다는 뜻이다.

秋毫(추호) : 아주 적거나 조금인 것
揮毫(휘호) : 글씨를 쓰거나 그림을 그림
*秋 가을 추 *揮 휘두를 휘

선정한자 풀이 [1단원]

浩 넓을 호
부 水　획 10
氵(물 수)와 告(알릴 고)가 합쳐진 글자로, 물이 불어났다고 큰소리로 알린다는 뜻에서 물이 불어나 넓다는 뜻이다.

浩氣(호기) : 거침없이 넓고 큰 기개
浩然(호연) : 마음이 넓고 태연함
*氣 기운 기　*然 그러할 연

護 보호할 호
부 言　획 21
言(말씀 언)과 蒦(헤아릴 약)이 합쳐진 글자로, 말로 헤아려 돌보아 준다는 데서 보호하다는 뜻이 되었다.

保護(보호) : 약한 것을 잘 돌보아 지킴
護國(호국) : 나라를 보호하고 지킴
*保 지킬 보　*國 나라 국

互 서로 호
부 二　획 4
고리와 고리가 서로 어긋나지 않게 맞추어진 모양을 형상화한 것으로 서로 라는 뜻이다.

相互(상호) : 상대가 되는 이쪽과 저쪽 모두
互選(호선) : 어떤 조직의 구성원들이 서로 투표하여 그 조직구성원 가운데에서 어떠한 사람을 뽑음, 또는 그런 선거
*相 서로 상　*選 가릴 선

胡 오랑캐 호
부 肉　획 9
古(옛 고)와 月(肉, 몸 육)이 합쳐진 글자이다. 원래는 소의 턱 밑살이 오래되 늘어진 살(月)이라는 뜻이었으나 후에 그렇게 생긴 오랑캐를 뜻하게 되었다.

胡亂(호란) : 호인들이 일으킨 난리
*亂 어지러울 란

豪 호걸 호
부 豕　획 14
高(높을 고)의 변형과 豕(돼지 시)가 합쳐진 글자로, 갈기머리가 높게 선 멧돼지 같이 강하다는 의미에서 호걸이라는 뜻이 되었다.

豪傑(호걸) : 지혜와 용기가 뛰어나고 기개와 풍모가 있는 사람
*傑 뛰어날 걸

酷 독할, 혹독할 혹
부 酉　획 14
酉(술 유)와 告(알릴 고)가 합쳐진 글자로, 신에게 고해 바치는 술은 독하다는 뜻이다.

酷寒(혹한) : 몹시 심한 추위
*寒 찰 한

선정한자 풀이 [1단원]

惑 끌릴, 미혹할 혹
부 心 획 12
或(혹 혹)과 心(마음 심)이 합쳐진 글자로, 이것일까 혹은 저것일까 하는 마음으로 결단하지 못한다는 데서 미혹하다는 뜻이 되었다.

誘惑(유혹) : 꾀어서 정신을 혼미하게 하거나 좋지 아니한 길로 이끎
惑世(혹세) : 세상을 어지럽게 함
＊誘 꾈 유　＊世 세상 세

魂 넋 혼
부 鬼 획 14
云(구름 운)과 鬼(귀신 귀)가 합쳐진 글자로, 구름처럼 떠도는 것이 넋이라는 뜻이다.

靈魂(영혼) : 죽은 사람의 넋
魂魄(혼백) : 넋, 정신이나 마음
＊靈 신령 령　＊魄 넋 백

忽 갑자기, 문득 홀
부 心 획 8
勿(말 물)과 心(마음 심)이 합쳐진 글자로, 마음에 없던 일이 갑자기 생각난다는 뜻이다.

忽待(홀대) : 푸대접
忽然(홀연) : 뜻하지 아니하게 갑자기
＊待 기다릴 대　＊然 그러할 연

鴻 기러기 홍
부 鳥 획 17
江(강 강)과 鳥(새 조)가 합쳐진 글자로, 강가에 모여 사는 기러기를 의미한다.

鴻雁(홍안) : 큰 기러기와 작은 기러기
＊雁 기러기 안

洪 넓을 홍
부 水 획 9
氵(물 수)와 共(함께 공)이 합쳐진 글자로, 물이 함께 한군데로 모여 큰 물이 되니 면적이 넓다는 의미이다.

洪範(홍범) : 모범이 되는 큰 규범
洪水(홍수) : 큰 물
＊範 법 범　＊水 물 수

靴 가죽신 화
부 革 획 13
革(가죽 혁)과 化(변할 화)가 합쳐진 글자로, 가죽을 변화시켜 만든 가죽신을 뜻한다.

軍靴(군화) : 전투하는 데에 편리하게 만든 군인용 구두
製靴(제화) : 구두 따위의 신을 만듦
＊軍 군사 군　＊製 지을 제

선정한자 풀이 [1단원]

禾 벼 화
부 禾 획 5
이삭이 늘어진 벼의 모양을 본뜬 글자이다.

禾苗(화묘) : 벼의 모
*苗 싹 묘

禍 재앙 화
부 示 획 14
示(보일 시)와 咼(비뚤어질 괘)가 합쳐진 글자로, 신이 사람의 운명을 비뚤게 만드는 것이 재앙이라는 뜻이다.

殃禍(앙화) : 어떤 일로 인하여 생기는 재난
戰禍(전화) : 전쟁으로 말미암은 피해
*殃 재앙 앙 *戰 싸울 전

穫 거둘 확
부 禾 획 19
禾(벼 화)와 蒦(헤아릴 약)이 합쳐진 글자로, 벼를 헤아리듯 하나하나 베어 거두어 들인다는 뜻이다.

收穫(수확) : 1. 익은 농작물을 거두어들임
2. 어떤 일을 하여 얻은 성과
*收 거둘 수

擴 넓힐 확
부 手 획 18
扌(손 수)와 廣(넓을 광)이 합해진 글자로, 손으로 넓게 하려면 넓히면 된다는 뜻이다.

擴大(확대) : 늘여서 크게 함
擴散(확산) : 흩어져 널리 퍼짐
*大 큰 대 *散 흩을 산

還 돌아올 환
부 辶 획 17
睘(놀라서 볼 경)과 辶(갈 착)이 합쳐진 글자로, 눈동자가 휘둥그레졌다가 원래대로 되돌아 온다는 뜻이다.

還穀(환곡) : 조선시대 백성에게 봄에 꾸어주고 가을에 이자를 붙여 받아들이던 관청의 곡식
還鄕(환향) : 고향으로 돌아옴
*穀 곡식 곡 *鄕 시골 향

換 바꿀 환
부 手 획 12
扌(손 수)와 奐(클 환)이 합쳐진 글자로, 큰 것을 보면 욕심이 생겨 손에 들었던 작은 물건을 큰 물건과 바꾸고 싶다는 뜻이다.

交換(교환) : 1. 서로 바꿈
2. 경제에서 어떤 재화나 용역을 다른 사람에게 주고, 그 가격만큼 다른 재화나 용역 또는 화폐를 얻는 일
換氣(환기) : 탁한 공기를 맑은 공기로 바꿈
*交 사귈 교 *氣 기운 기

선정한자 풀이 [1단원]

幻 허깨비 환
부 幺 획 4
幺(작을 요)와 勹(쌀 포)의 변형이 합쳐진 글자로, 작은 것을 싸 놓으니 크게 보인다는 뜻이고 나아가 허깨비를 뜻하게 되었다.

幻滅(환멸): 꿈이나 기대나 환상이 깨어져 느끼는 괴롭고도 속절 없는 마음
幻想(환상): 현실적인 기초나 가능성이 없는 헛된 생각이나 공상
*滅 멸할 멸 *想 생각할 상

滑 미끄러울 활
부 水 획 13
氵(물 수)와 骨(뼈 골)이 합쳐진 글자로, 뼈에 물이 묻으면 미끄럽다는 뜻이다.

潤滑(윤활): 기름기나 물기가 있어 빡빡하지 아니하고 매끄러움
圓滑(원활): 1. 모난 데가 없고 원만함
2. 거침이 없이 잘 되어 나감
*潤 불을 윤 *圓 둥글 원

荒 거칠 황
부 艹 획 10
艹(풀 초)와 亡(망할 망)과 川(내 천)이 합쳐진 글자로, 풀도 다 망하고 내도 다 망하여 풀 한 포기, 물 한 방울 나지 않는 거친 땅이라는 의미이다.

荒凉(황량): 황폐하여 쓸쓸함
*凉 서늘할 량

凰 봉황새 황
부 几 획 11
几(안석 궤)와 皇(임금 황)이 합쳐진 글자로, 안석처럼 생긴 동굴 속에 살며 임금을 상징하는 새가 봉황이라는 뜻이다.

鳳凰(봉황): 예로부터 중국의 전설에 나오는 상서로움을 상징하는 상상의 새
*鳳 봉새 봉

況 모양, 하물며 황
부 水 획 8
氵(물 수)와 兄(맏 형)이 합쳐진 글자로, 물이 형처럼 크게 불어나는 모양을 나타낸 것이다.

狀況(상황): 일이 되어 가는 과정이나 형편
實況(실황): 실제의 상황
*狀 형상 상 *實 열매 실

廻 돌아올 회
부 廴 획 9
回(돌 회)와 廴(길게 끌 인)이 합쳐진 글자로, 길게 끌어서 돌리다는 뜻이다.

巡廻(순회): 여러 곳을 돌아다님, 돌아봄
*巡 돌 순

2급 선정한자 풀이 175

선정한자 풀이 [1단원]

灰 재 회
부 火 획 6

又(손 우)의 변형자와 火(불 화)가 합쳐진 글자로, 불이 다 타서 손으로 집을 수 있는 재가 되었음을 뜻한다.

石灰石(석회석) : 탄산칼슘을 주성분으로 하는 퇴적암, 시멘트, 석회, 비료 따위의 원료

*石 돌 석

懷 품을 회
부 心 획 19

忄(마음 심)과 褱(가릴 회)가 합쳐진 글자로, 눈을 감고(褱) 생각에 잠긴다는 의미에서 품는다는 뜻이 되었다.

感懷(감회) : 지난 일을 돌이켜 볼 때 느껴지는 생각이나 정
懷抱(회포) : 마음속에 품은 생각이나 정

*感 느낄 감 *抱 안을 포

獲 얻을, 사로잡을 획
부 犬 획 17

犭(큰 개 견)과 蒦(잴 약)이 합쳐진 글자로, 쏘아 떨어뜨린 새를 개가 잘 헤아려서 물고 온다는 데서 얻다는 뜻이 되었다.

捕獲(포획) : 1. 적병을 사로잡음
             2. 짐승이나 물고기를 잡음
獲得(획득) : 얻어 가짐

*捕 사로잡을 포 *得 얻을 득

橫 가로 횡
부 木 획 16

木(나무 목)과 黃(누를 황)이 합쳐진 글자로, 누런(黃) 나무(木)로 만든 대문에 있는 빗장을 뜻한다. 이 빗장이 가로로 놓여있다는 뜻이다.

橫斷(횡단) : 도로나 강 따위를 가로지름
橫死(횡사) : 뜻밖의 재앙으로 죽음

*斷 끊을 단 *死 죽을 사

曉 새벽 효
부 日 획 16

日(날 일)과 堯(높을 요)가 합쳐진 글자로, 해가 높이 뜬다는 뜻이고 그때가 새벽이라는 뜻이다.

曉星(효성) : 1. 샛별
             2. 매우 드문 존재
曉晨(효신) : 새벽

*星 별 성 *晨 새벽 신

喉 목구멍 후
부 口 획 12

口(입 구)와 侯(제후, 과녁 후)가 합쳐진 글자로, 입안에 있는 구멍(侯, 과녁에 비유)이 목구멍이라는 뜻이다.

喉音(후음) : 목구멍 소리

*音 소리 음

선정한자 풀이 [1단원]

侯 제후, 벼슬 후
- 부 人 획 9
- 人(사람 인)과 과녁 모양과 矢(화살 시)가 합쳐진 글자로, 화살을 쏘아 과녁을 잘 맞추는 영주라는 데서 제후란 뜻이 되었다.

諸侯(제후) : 봉건 시대에 일정한 영토를 가지고 그 영내의 백성을 지배하는 권력을 가지던 사람
侯爵(후작) : 다섯 등급으로 나눈 귀족의 작위 가운데 둘째 작위
*諸 모든 제 *爵 벼슬 작

勳 공 훈
- 부 力 획 16
- 熏(연기낄 훈)과 力(힘 력)이 합쳐진 글자이다. 연기가 자욱하게 낄 정도의 거센 불길(灬) 같은 기세로(力) 공을 세운다는 뜻이다.

功勳(공훈) : 나라나 회사를 위하여 두드러지게 세운 공로
勳章(훈장) : 나라에 크게 공헌한 사람에게 그 공로를 기리기 위하여 나라에서 주는 휘장
*功 공 공 *章 글 장

毁 헐 훼
- 부 殳 획 13
- 臼(절구 구)와 工(장인 공)과 殳(창 수)가 합쳐진 글자이다. 工은 원래는 土로 썼으므로 절구에 흙을 붓고 창으로 찧어 재처럼 부순다는 뜻에서 헐다는 의미가 되었다.

毁損(훼손) : 체면이나 명예를 손상함
*損 덜 손

輝 빛날 휘
- 부 車 획 15
- 光(빛 광)과 軍(군사 군)이 합쳐진 글자로, 훌륭한 장군이 빛나 보인다는 뜻이다.

光輝(광휘) : 환하고 아름답게 빛남, 눈부시게 훌륭함
*光 빛 광

携 끌 휴
- 부 手 획 13
- 扌(손 수)와 雋(두견새 휴)가 합쳐진 글자로, 새가 도망가지 못하도록 발목을 끈으로 묶어 손으로 잡고 노니 가지다 또는 이끌다는 뜻이다.

提携(제휴) : 행동을 함께하기 위하여 서로 붙들어 도와줌
携帶(휴대) : 손에 들거나 몸에 지니고 다님
*提 끌 제 *帶 띠 대

痕 흉터, 흔적 흔
- 부 疒 획 11
- 疒(병들 녁)과 艮(그칠 간)이 합쳐진 글자로, 피부에 났던 병이 아물어 나온 뒤에 남아있는 흉터를 뜻한다.

傷痕(상흔) : 상처를 입은 자리에 남은 자국
*傷 상처 상

선정한자 풀이 [1단원]

드물 희
부 禾 획 12
禾(벼 화)와 希(성길 희)가 합쳐진 글자로, 벼가 성기게 나있다는 데서 드물다는 뜻이다.

부 火 획 13
熙
빛날 희
臣(넓을 희)와 灬(불 화)가 합쳐진 글자로, 불이 넓게 일어난다는 데서 빛나다는 뜻이 되었다.

古稀(고희) : 일흔 살을 이르는 말
稀釋(희석) : 용액에 물이나 다른 용매를 더하여 농도를 묽게 함
*古 옛 고 *釋 풀 석

熙朝(희조) : 잘 다스려진 세상
*朝 아침 조

탄식할 희
부 口 획 16
口(입 구)와 意(뜻 의)가 합쳐진 글자로, 생각에 사무쳐 탄식하다는 뜻이다.

부 戈 획 16
戲
희롱할 희
虎(범 호)의 획줄과 豆(콩 두)와 戈(창 과)가 합쳐진 글자로, 범의 탈을 콩깍지처럼 쓰고 창을 들고 장난하다는 데서 논다, 희롱한다는 뜻이다.

噫嗚(희오) : 슬피 탄식하고 괴로워하는 모양
*嗚 탄식소리 오

遊戲(유희) : 즐겁게 놀며 장난함
戲弄(희롱) : 말이나 행동으로 실없이 놀림
*遊 놀 유 *弄 희롱할 롱

2급 선정한자 풀이 [2단원]

賈 성씨 가, 장사 고
- 부 貝 획 13
- 襾(덮을 아)와 貝(돈 패)가 합쳐진 글자로, 덮어(襾)두고 물건(貝)을 파는 장사를 뜻한다. 성씨로 쓰일 때는 가로 발음한다.

賈氏(가씨) : 성씨가 賈인 사람(들)
賈船(고선) : 상선
大賈(대고) : 큰 장사꾼
*氏 각시 씨 *船 배 선 *大 큰 대

嘉 아름다울 가
- 부 口 획 14
- 吉(북 주)와 加(더할 가)가 합쳐진 글자로, 북를 치고 흥을 돋우다(加)는 의미에서 즐겁다는 뜻이 되었다. 아름답다는 뜻도 있다.

嘉禮(가례) : 왕의 성혼이나 즉위, 또는 왕세자, 왕세손, 황태자, 황태손의 성혼이나 책봉 따위의 예식, 冠禮(관례)나 혼례
嘉賞(가상) : 칭찬하여 아름답게 여김
*禮 예도 례 *賞 상줄 상

伽 절 가
- 부 人 획 7
- 亻(사람 인)과 加(더할 가)가 합쳐진 글자로, 사람이 정성을 더하여 수도하는 곳이 절이라는 뜻이다.

伽藍(가람) : 중이 살면서 불도를 닦는 곳
*藍 쪽 람

珏 쌍옥 각
- 부 玉 획 9
- 玉(구슬 옥) 두 개가 합쳐진 글자로, 구슬 두 개로 된 쌍옥을 뜻한다.

珏玉(각옥) : 똑같은 구슬(쌍옥)
*玉 옥 옥

奸 범할, 간사할 간
- 부 女 획 6
- 女(계집 녀)과 干(방패, 범할 간)이 합쳐진 글자로, 여자를 범하는 것이 간음이라는 뜻이다. 간사하다는 뜻으로도 쓴다.

奸巧(간교) : 간사하고 교활함
奸婦(간부) : 간악한 여자
*巧 공교할 교 *婦 며느리 부

鉀 갑옷 갑
- 부 金 획 13
- 金(쇠 금)과 껍질이라는 뜻이 있는 甲(갑옷 갑)이 합쳐진 글자로, 쇠로 만든 껍질 같은 옷, 즉 갑옷을 의미한다.

鉀革(갑혁) : 가죽으로 만든 갑옷
*革 가죽 혁

선정한자 풀이 [2단원]

岬 산허리 갑
- 부 山 획 8
- 山(메 산)과 甲(갑옷 갑)이 합쳐진 글자로, 갑옷처럼 단단해 보이는 곳이 산허리라는 뜻이다.

岬(갑) : 바다나 호수로 뾰족하게 내민 땅

腔 빈 속, 속 빌 강
- 부 肉 획 12
- 月(몸 육)과 空(빌 공)이 합쳐진 글자로, 우리 몸에서 속이 비어있는 곳을 뜻한다.

口腔(구강) : 입에서 목구멍에 이르는 입 안의 빈 곳
鼻腔(비강) : 콧구멍에서 목젖 윗부분에 이르는 코 안의 빈 곳
＊口 입 구 ＊鼻 코 비

姜 성 강
- 부 女 획 9
- 羊(양 양)과 女(계집 녀)가 합쳐진 글자로, 양(羊)처럼 순한 여자의 아름다움을 의미한다. 본래는 미녀의 이름으로 썼으나, 지금은 성으로 쓰인다.

姜太公(강태공) : 太空望(태공망) 呂尙(여상)의 별칭
＊太 큰 태 ＊公 공변될 공

岡 언덕, 산봉우리, 산등성이 강
- 부 山 획 8 동 崗
- 网(그물 망)과 山(메 산)이 합쳐진 글자로, 그물을 쳐놓은 것처럼 보이는 작은 산등성이나 언덕을 뜻한다.

岡巒(강만) : 언덕과 산
岡陵(강릉) : 언덕이나 작은 산
＊巒 뫼 만 ＊陵 언덕 릉

疆 지경 강
- 부 田 획 19
- 弓(활 궁)과 畺(지경 강)이 합쳐진 글자이다. 畺은 밭과 밭의 경계선(三)을 나타내는 글자로 국경을 활로 지킨다 하여 지경이라는 뜻이 되었다.

疆土(강토) : 나라의 경계 안에 있는 땅
萬壽無疆(만수무강) : 아무런 탈 없이 아주 오래 삶
＊土 흙 토 ＊萬 일만 만 ＊壽 목숨 수 ＊無 없을 무

凱 이길, 즐거울 개
- 부 几 획 12
- 豈(어찌 기)와 几(안석 궤)가 합쳐진 글자이다. '전쟁에 이기고 어찌 안석에 기대 앉아 있을 수 있겠는가' 라는 의미에서 승전가나 승리를 뜻한다.

凱旋(개선) : 싸움에서 이기고 돌아옴
凱歌(개가) : 이기거나 큰 성과가 있을 때의 환성, 개선가
＊旋 돌 선 ＊歌 노래 가

선정한자 풀이 [2단원]

箇 낱 개
- 부 竹 획 14
- 竹(대 죽)과 固(굳을 고)가 합쳐진 글자로, 대나무는 다른 잔가지 없이 한 줄기로 굳어진 것이라는 의미에서 낱개란 뜻이 되었다.

箇箇(개개) : 낱낱
箇數(개수) : 한 개씩 낱으로 셀 수 있는 물건의 수효
*數 셀 수

鍵 열쇠 건
- 부 金 획 17
- 金(쇠 금)과 建(세울 건)이 합쳐진 글자로, 쇠로 만들어 세운 것이 열쇠라는 뜻이다(옛날 자물쇠는 대부분 서있는 모양이었다).

鍵盤(건반) : 피아노, 오르간 따위에서 손가락으로 치도록 된 부분을 늘어놓은 면
關鍵(관건) : 1. 문빗장과 자물쇠
2. 어떤 사물이나 문제 해결의 가장 중요한 부분
*盤 소반 반 *關 빗장 관

劫 위협할, 빼앗을 겁
- 부 力 획 7
- 去(갈 거)와 力(힘 력)이 합쳐진 글자이다. 힘으로 가는 사람을 위협한다는 뜻이다.

劫迫(겁박) : 으르고 협박함
劫奪(겁탈) : 위협하거나 폭력을 써서 빼앗음
劫(겁) : 천지가 한번 개벽한 때부터 다음 개벽할 때까지의 동안
*迫 닥칠 박 *奪 빼앗을 탈

瓊 붉은옥 경
- 부 玉 획 19
- 玉(구슬 옥)과 夐(멀 형)이 합쳐진 글자로, 먼 곳까지 가야 구할 수 있는 귀한 붉은 옥을 뜻한다.

瓊團(경단) : 찹쌀가루나 찰, 수수 따위의 가루를 반죽하여 밤톨만한 크기로 동글동글하게 빚어 끓는 물에 삶아 낸 후 고물을 묻히거나 꿀이나 엿물을 바른 떡
瓊玉膏(경옥고) : 생지황, 인삼, 백봉령, 백밀 따위를 넣어서 달여 만든 것으로 혈액 순환을 고르게 해 주는 보약
*團 둥글 단 *玉 옥 옥 *膏 기름 고

璟 옥빛 경
- 부 玉 획 16
- 玉(구슬 옥)과 景(빛 경)이 합쳐진 글자로, 구슬 빛, 즉 옥빛이라는 뜻이다.

璟光(경광) : 옥의 광채
*光 빛 광

屆 이를, 지극할 계
- 부 尸 획 8
- 尸(주검 시)와 凷(흙덩이 괴)가 합쳐진 글자로, 죽으면 흙으로 돌아간다는 데서 이르다는 뜻이다.

屆期(계기) : 정한 때나 기한에 다다름
缺席屆(결석계) : 결석신고서
*期 기약할 기 *缺 이지러질 결 *席 자리 석

선정한자 풀이 [2단원]

膏
기름 고

- 부 肉 획 14
- 高(높을 고)와 月(몸 육)이 합쳐진 글자로, 살이 높아(高)졌다는 것은 살찐 것이고 살찐 것은 지방질이니, 즉 기름이 많다는 뜻이다.

膏血(고혈) : 사람의 기름과 피, 몹시 고생하여 얻은 이익이나 재산
石膏(석고) : 도자기 제조용 원형으로 쓰거나 분필, 조각, 시멘트 따위의 재료로 쓰이는 석회질 광물
*血 피 혈 *石 돌 석

款
정성, 사랑할, 조목 관

- 부 欠 획 12
- 士(선비 사)와 示(보일 시)와 缺(부족할 결)의 획줄인 欠(하품 흠)이 합쳐진 글자이다. 선비는 부족(欠)한 것이 보이면 그것을 고치려고 정성을 다해야 한다는 뜻이다.

款待(관대) : 친절히 대하거나 정성껏 대접함
約款(약관) : 계약의 당사자가 다수의 상대편과 계약을 체결하기 위하여 일정한 형식에 의하여 미리 마련한 계약의 내용
*待 기다릴 대 *約 맺을 약

邱
땅이름, 언덕 구

- 부 邑 획 8
- 丘(언덕 구)와 阝(고을 읍)이 합쳐진 글자로, 언덕이 있는 고을의 이름을 뜻한다.

大邱(대구) : 영남 지방의 중앙부에 있는 광역시
積如邱山(적여구산) : 산처럼 많이 쌓임
*大 큰 대 *積 쌓을 적 *如 같을 여 *山 메 산

灸
뜸 구

- 부 火 획 7
- 久(오랠 구)와 火(불 화)가 합쳐진 글자로, 쑥으로 뜸을 뜰 때는 오랫동안 불로 지져야 한다는 뜻이다.

灸治(구치) : 뜸으로 병을 고치는 일
*治 다스릴 치

鳩
비둘기 구

- 부 鳥 획 13
- 九(아홉 구)와 鳥(새 조)가 합쳐진 글자이다. 아홉 마리, 즉 여러 마리씩 무리지어 사는 새가 비둘기라는 뜻이다.

鳩首(구수) : 비둘기들이 모여 머리를 맞대듯이 서로 머리를 맞대고 의논함
鳩杖(구장) : 임금이 70세 이상 되는 공신이나 원로대신에게 주던, 손잡이 꼭대기에 비둘기 모양을 새긴 지팡이
*首 머리 수 *杖 지팡이 장

玖
옥돌 구

- 부 玉 획 7
- 玉(구슬 옥)과 久(오랠 구)가 합쳐진 글자로, 오래되서 검은색으로 변한 옥돌을 뜻한다.

玖璇(구선) : 옥의 이름
*璇 아름다운 옥 선

선정한자 풀이 [2단원]

仇 원수 구
- 부 人 획 4
- 亻(사람 인)과 九(아홉 구)가 합쳐진 글자로, 아홉 명의 사람들이 한 명에게 압력을 가하니 九人은 一人의 원수가 된다는 뜻이다.

仇人(구인) : 원수
*人 사람 인

鞠 기를 국
- 부 革 획 17
- 革(가죽 혁)과 匊(움켜쥘 국)이 합쳐진 글자로, 가죽(革)을 손으로 움켜 쥐고 치며 기른다는 뜻이다.

鞠問(국문) : 임금의 명령으로 국청에서 형장을 가하여 중죄인을 신문하던 일 〈동의어〉鞫問(국문)
鞠廳(국청) : 조선 시대에 중죄인을 신문하기 위하여 설치하던 임시 관아
*問 물을 문 *廳 관청 청

掘 팔 굴
- 부 手 획 11
- 扌(손 수)와 屈(굽을 굴)이 합쳐진 글자로, 손가락을 구부려서 땅을 판다는 뜻이다.

掘鑿(굴착) : 땅이나 암석 따위를 파고 뚫음
*鑿 뚫을 착

倦 게으를 권
- 부 人 획 10
- 亻(사람 인)과 卷(책 권)이 합쳐진 글자로, 사람이 책을 놓고도 보지 않으니 게으르다는 뜻이다.

倦怠(권태) : 어떤 일이나 상태에 시들해져서 생기는 게으름이나 싫증
*怠 게으를 태

奎 별이름 규
- 부 大 획 9
- 大(큰 대)와 圭(서옥 규)가 합쳐진 글자로, 큰(大) 서옥처럼 빛나는 별이나 별 이름을 뜻한다.

奎星(규성) : 이십팔수의 열 다섯째 별자리에 있는 별들
奎章(규장) : 임금이 쓴 글이나 글씨
*星 별 성 *章 글 장

珪 서옥 규
- 부 玉 획 10
- 玉(구슬 옥)과 圭(홀 규)가 합쳐진 글자로, 옥으로 만든 홀을 뜻한다.

珪幣(규폐) : 옥과 비단의 폐물
珪璋(규장) : 예식 때 장식에 쓰이는 옥
*幣 비단 폐 *璋 반쪽 홀 장

선정한자 풀이 [2단원]

揆 헤아릴 규
- 부 手 획 12
- 扌(손 수)와 癸(열째 천간 계)가 합쳐진 글자로, 손으로 갑부터 계까지 헤아린다는 뜻이다.

揆策(규책) : 계책을 세움
*策 꾀 책

圭 홀 규
- 부 土 획 6
- 土(흙 토) 두 개가 합쳐진 글자로, 홀은 상서로운 옥이름이다. 옛적에 천자가 제후들에게 영토(土)를 나누어 주는데 신표로 주는 옥새가 홀로 만들었다는 데서 비롯되었다.

圭璋(규장) : 옥으로 만든 귀중한 그릇 또는 예식 때 장식으로 쓰는 구슬이라는 뜻으로, 훌륭한 인품을 뜻함
*璋 반쪽 홀 장

瑾 구슬 근
- 부 玉 획 15
- 玉(구슬 옥)과 堇(노란 진흙 근)이 합쳐진 글자로, 노란 진흙(堇)은 점점 붉은 색으로 변하기 때문에 붉은 옥을 뜻하게 되었다.

細瑾(세근) : 사소한 흠
*細 가늘 세

兢 삼갈 긍
- 부 儿 획 14
- 克(이길 극) 두 개가 합쳐진 글자로, 남을 이기려면 먼저 자기 자신을 극복해야 하고 자신의 언행과 마음을 삼가야 한다는 뜻이다.

戰戰兢兢(전전긍긍) : 몹시 두려워서 벌벌 떨며 조심함
*戰 싸울 전

矜 자랑할 긍
- 부 矛 획 9
- 矛(창 모)와 今(이제 금)이 합쳐진 글자로, 금방(今) 취한 창을 들고 자기의 위력을 자랑한다는 뜻이다.

矜持(긍지) : 자신의 능력을 믿음으로써 가지는 당당함
自矜心(자긍심) : 스스로에게 긍지를 가지는 마음
*持 가질 지 *自 스스로 자 *心 마음 심

岐 갈림길 기
- 부 山 획 7
- 山(메 산)과 支(갈라질 지)가 합쳐진 글자이다. 산이 두 갈래로 갈라져 길도 두 갈래라는 데서 갈림길이라는 뜻이 되었다.

岐路(기로) : 갈림길
分岐點(분기점) : 여러 갈래로 갈라지는 지점이나 시점
*路 길 로 *分 나눌 분 *點 점 점

선정한자 풀이 [2단원]

麒 기린 기
부 鹿 획 19
鹿(사슴 록)과 其(그 기)가 합쳐진 글자로, 사슴처럼 생긴 그 짐승이 기린이라는 뜻이다. 기린은 태평성대에 나타난다는 신령스러운 짐승이다.

麒麟(기린) : 목과 네 다리가 유난히 긴 기린과의 동물
*麟 기린 린

耆 늙을 기
부 老 획 10
老(늙은이 로)와 日(날 일)이 합쳐진 글자로, 노년기의 날이니, 즉 늙다는 뜻이다.

耆老(기로) : 연로하고 덕이 높은 사람
*老 늙을 로

棋 바둑 기
부 木 획 12
木(나무 목)과 其(그 기)가 합쳐진 글자로, 나무로 만든 책상(其) 모양의 바둑판을 뜻한다.

棋院(기원) : 바둑을 두는 사람에게 장소와 시설을 빌려주고 돈을 받는 곳
將棋(장기) : 나무로 만든 32짝의 말을 판 위에 벌여 놓고 서로 번갈아가며 공격과 수비를 하여 승부를 가리는 놀이
*院 집 원 *將 장차 장

琪 옥 기
부 玉 획 12
玉(구슬 옥)과 其(그 기)가 합쳐진 글자로, '그 옥'을 뜻한다.

琪花(기화) : 선경에 있다는 아름답고 고운 꽃
*花 꽃 화

琦 옥이름, 기이할 기
부 玉 획 12
玉(구슬 옥)과 奇(기이할 기)가 합쳐진 글자로, 기이한 옥을 뜻한다.

琦辭(기사) : 기이한 말
*辭 말 사

騏 준마 기
부 馬 획 18
馬(말 마)와 其(그 기)가 합쳐진 글자로, 매우 빠른 준마라는 뜻이다.

騏驥(기기) : 천리마, 하루에 천리를 달린다는 준마
*驥 천리마 기

선정한자 풀이 [2단원]

溺
빠질 **닉(익)**
- 부 水 획 13
- 氵(물 수)와 弱(약할 약)이 합쳐진 글자로, 약한 사람이 물속에서 물을 이기지 못하고 빠지는 것을 뜻한다.

溺死(익사) : 물에 빠져 죽음
＊死 죽을 사

撻
매질할 **달**
- 부 手 획 16
- 扌(손 수)와 達(도달할 달)이 합쳐진 글자로, 마음이 어느 경지에 도달하도록 손에 매를 들고 매질을 한다는 뜻이다.

鞭撻(편달) : 경계하고 격려함
楚撻(초달) : 회초리로 종아리를 때림
＊鞭 채찍 편 ＊楚 모형 초

담요 **담**
- 부 毛 획 12
- 毛(털 모)와 炎(불꽃 염)이 합쳐진 글자로, 불꽃처럼 따뜻하게 하기 위해서 털로 만든 담요를 뜻한다.

毯(담) : 짐승의 털을 물에 빨아 짓이겨 평평하고 두툼하게 만든 조각

塘
못 **당**
- 부 土 획 13
- 土(흙 토)와 '둑'이라는 속뜻이 있는 唐(당나라 당)이 합쳐진 글자로, 둑을 막아 물을 가두고 있는 땅이 못이라는 뜻이다.

塘池(당지) : 못
＊池 못 지

袋
자루 **대**
- 부 衣 획 11
- 代(대신할 대)와 衣(옷 의)가 합쳐진 글자이다. 옛날 사람들은 옷자락에다 물건을 넣고 다녔는데 그것을 대신해 만든 것이 자루라는 뜻이다.

麻袋(마대) : 굵고 거친 삼실로 짠 커다란 자루
包袋(포대) : 종이, 피륙, 가죽 따위로 만든 큰 자루
＊麻 삼 마 ＊包 쌀 포

燾
비출, 덮을 **도**
- 부 火 획 18
- 壽(목숨 수)와 灬(불 화)가 합쳐진 글자로, 수명이 긴 불이 오랫동안 비추어 주는 것이라는 뜻이다.

燾育(도육) : 덮어 보호하고 기름
＊育 기를 육

선정한자 풀이 [2단원]

萄 포도 도
부 艹 획 12
艹(풀 초)와 匋(질그릇 도)가 합쳐진 글자로, 열매를 질그릇에 넣어 두었다가 술을 만들어 먹는 풀처럼 생긴 나무가 포도라는 뜻이다.

葡萄(포도) : 과일의 하나
*葡 포도 포

頓 조아릴 돈
부 頁 획 13
屯(모일 둔)과 頁(머리 혈)이 합쳐진 글자로, 머리가 땅에 모이도록(닿도록) 조아린다는 뜻이다.

頓不顧見(돈불고견) : 1. 도무지 돌아보지 아니함
　　　　　　　　　　 2. 도무지 돌보지 않음
*不 아닐 불　*顧 돌아볼 고　*見 볼 견

杜 막을 두
부 木 획 7
木(나무 목)과 土(흙 토)가 합쳐진 글자로, 나무와 흙으로서 집을 지어 비바람과 추위와 더위를 막는다는 뜻이다.

杜絕(두절) : 교통이나 통신 따위가 막히거나 끊어짐
杜門(두문) : 밖으로 출입을 아니 하려고 방문을 닫아 막음
*絕 끊을 절　*門 문 문

裸 벌거벗을 라
부 衣 획 13
衤(옷 의)와 果(과일 과)가 합쳐진 글자로, 과일은 나무가 옷을 벗은 후(잎이 떨어진 후)에 따 먹으라는 뜻이다.

裸身(나신) : 벌거벗은 몸
*身 몸 신

剌 어그러질 랄
부 刀 획 9
束(묶을 속)과 刂(칼 도)가 합쳐진 글자로, 묶은 것을 칼로 끊으니 어그러진다는 뜻이다.

潑剌(발랄) : 활발하게 약동하는 모양
*潑 뿌릴 발

萊 명아주 래
부 艹 획 12
艹(풀 초)와 來(올 래)가 합쳐진 글자이다. 밭에 풀이 왔으니(자랐으니) 거칠고 묵힌 밭이라는 뜻도 되는데, 그런 밭에 자라는 일년생 잡초가 명아주라는 뜻이다.

萊蕪(내무) : 밭이 잡초가 우거지고 묵음
*蕪 거칠 무

선정한자 풀이 [2단원]

亮 밝을 량
부 亠 획 9
高(높을 고)의 생략자와 儿(어진 사람 인)이 합쳐진 글자로, 지혜가 높고 이치에 밝은 사람이라는 뜻이다.

亮許(양허) : 용서함
*許 허락할 허

廬 오두막집 려
부 广 획 19
广(언덕집 엄)과 盧(밥그릇 로)가 합쳐진 글자이다. 다른 살림살이는 없고 밥그릇만 덜렁 있는, 언덕에 지어진 오두막집을 뜻한다.

三顧草廬(삼고초려) : 윗사람이 특별히 신임하거나 우대하는 일
*三 석 삼 *顧 돌아볼 고 *草 풀 초

呂 음률, 등뼈 려
부 口 획 7
본래는 사람의 등뼈를 상형한 것이다. 등뼈에는 마디가 있기 때문에 음성에 마디가 있는 음률이라는 뜻도 있다.

律呂(율려) : 音樂(음악)이나 音聲(음성)의 가락
*律 법 률

侶 짝 려
부 人 획 9
亻과 呂(음률, 등뼈 려)가 합쳐진 글자로, 등뼈와 같이 중요한 사람이 짝이라는 뜻이다.

伴侶(반려) : 짝이 되는 동무
僧侶(승려) : 스님, 중
*伴 짝 반 *僧 중 승

玲 옥소리 령
부 玉 획 9
玉(구슬 옥)과 令(소리 령)이 합쳐진 글자로, 옥에서 나는 소리가 옥소리라는 뜻이다.

玲瓏(영롱) : 1. 광채가 찬란함
2. 구슬 따위의 울리는 소리가 맑고 아름다움
*瓏 옥소리 롱

隸 종 례
부 隶 획 16
士(선비 사)와 示(보일 시)와 隶(미칠 이)가 합쳐진 글자로, 선비가 보이는 그대로 따라만(隶) 가는 사람이 그 선비의 종이라는 뜻이다.

隸屬(예속) : 1. 남의 지배나 지휘 아래 매임
2. 윗사람에게 매여 있는 아랫사람
*屬 붙을 속

선정한자 풀이 [2단원]

蘆 갈대 로
- 부 艹 획 20
- 艹(풀 초)와 盧(밥그릇 로)가 합쳐진 글자이다. 풀이 자라서 밥그릇이나 항아리를 덮을 정도로 높이 자라는 풀이 갈대라는 뜻이다.

蘆管(노관) : 갈대의 줄기나 잎을 말아서 만든 피리
　　　　　〈유의어〉蘆笛(노적)
蘆荻(노적) : 갈대와 물억새
＊管 피리 관　＊荻 억새 적

魯 노나라, 미련할 로
- 부 魚 획 15
- 魚(고기 어)와 白(흰 백)이 합쳐진 글자로, 흰 고기가 많이 생산되는 나라가 노나라라는 뜻이다.

魚魯不辨(어로불변) : 魚(어)자와 魯(노)자를 구별하지 못한다는 뜻으로 몹시 무식함을 이름
魯鈍(노둔) : 어리석고 둔함
＊魚 고기 어　＊不 아닐 불　＊辨 분별할 변　＊鈍 무딜 둔

盧 목조, 검을 로
- 부 皿 획 16
- 虍(범 호)의 획줄인 글자와 田(밭 전)과 皿(그릇 명)이 합쳐진 글자로, 밭에 가끔 나타나는 범의 문양을 새긴 그릇이라는 데서 밥그릇이라는 뜻이 되었다.

毘盧峰(비로봉) : 산봉우리 이름, 금강산의 최고봉
＊毘 도울 비　＊峰 봉우리 봉

賂 뇌물줄 뢰
- 부 貝 획 13
- 貝(조개 패)와 各(각각 각)이 합쳐진 글자로, 재물을 사람에게 각각 몰래 나누어주는 것이니 뇌물이라는 뜻이다.

賂物(뇌물) : 어떤 직위에 있는 사람을 매수하기 위하여 넌지시 건네는 부정한 돈이나 물건
受賂(수뢰) : 뇌물을 받음
＊物 만물 물　＊受 받을 수

劉 죽일, 성씨 류
- 부 刀 획 15
- 卯(토끼 묘)와 金(쇠 금)과 刀(칼 도)가 합쳐진 글자이다. 卯는 양쪽 문을 열어 놓은 것이니, 쇠도끼로 양쪽 문이 열리듯 베어 여는 것이 죽이는 것이라는 뜻이다.

劉備(유비) : 중국 삼국 시대의 촉한의 임금
＊備 갖출 비

粒 낟알 립
- 부 米 획 11
- 米(쌀 미)와 立(설 립)이 합쳐진 글자로, 쌀 하나가 서있으니 낟알이라는 뜻이다.

粒子(입자) : 물질을 구성하는 미세한 크기의 물체
＊子 아들 자

선정한자 풀이 [2단원]

痲 저릴, 홍역 **마**
부 疒 획 13
疒(병들 녁)과 麻(삼 마)가 합쳐진 글자로, 삼대처럼 뻣뻣하게 굳고 저려오는 병이라는 뜻이다.

痲藥(마약) : 마취 작용을 하며, 습관성이 있어서 오래 쓰면 중독 증상을 나타내는 물질
*藥 약 약

寞 고요할 **막**
부 宀 획 14
宀(집 면)과 莫(없을 막)이 합쳐진 글자로, 집에 아무도 없으니 쓸쓸하다는 뜻이다.

寞寞(막막) : 고요하고 쓸쓸하고 외로움
寂寞(적막) : 고요하고 쓸쓸함
*寂 고요할 적

膜 흘때기, 막 **막**
부 肉 획 15
月(肉, 몸 육)과 莫(없을 막)이 합쳐진 글자로, 몸속의 여러 기관들이 서로 섞이지 않게 막아주는 얇은 막을 뜻한다.

鼓膜(고막) : 귓구멍 안쪽에 있는 막
腹膜(복막) : 복강을 따라 내장 기관을 싸고 있는 얇은 막
*鼓 북 고 *腹 배 복

瞞 속일 **만**
부 目 획 16
目(눈 목)과 㒼(평평할 만)이 합쳐진 글자로, 눈을 바로 뜨지 않고 평평하게 뜨는 것은 남을 속이는 것이라는 뜻이다.

欺瞞(기만) : 남을 속여 넘김
*欺 속일 기

昧 어두울 **매**
부 日 획 9
日(해 일)과 未(아닐 미)가 합쳐진 글자로, 해가 아직 뜨지 않았으니 어둡다는 뜻이다.

蒙昧(몽매) : 어리석고 사리에 어두움
三昧(삼매) : 잡념을 떠나서 오직 하나의 대상에만 정신을 집중하는 경지
*蒙 어릴 몽 *三 석 삼

寐 잠잘 **매**
부 宀 획 12
宀(집 면)과 爿(나무조각 장)과 未(아닐 미)가 합쳐진 글자이다. 집안의 침대에서 아직 안 일어났다는 뜻으로 아직 잠자고 있다는 의미이다.

夢寐(몽매) : 잠을 자면서 꿈을 꿈
*夢 꿈 몽

선정한자 풀이 [2단원]

覓 찾을 멱
- 부 見 획 11
- 爫(손톱 조)와 見(볼 견)이 합쳐진 글자로, 손(爫)으로 찾고 보고 있다는 뜻이다.

木覓山(목멱산) : 서울 남산의 옛 이름
吹毛覓疵(취모멱자) : 털 사이를 불어가면서 흠을 찾는다는 뜻으로, 남의 결점을 억지로 낱낱이 찾아내는 것을 말함
*木 나무 목 *山 메 산 *吹 불 취 *毛 털 모 *疵 흠 자

謨 꾀 모
- 부 言 획 18
- 言(말씀 언)과 莫(없을 막)이 합쳐진 글자로, 말 없이 속으로 꾀를 생각한다는 뜻이다.

謨訓(모훈) : 국가의 대계 및 후왕의 모범이 될 만한 교훈
*訓 가르칠 훈

茅 띠 모
- 부 艹 획 9
- 艹(풀 초)와 矛(창 모)가 합쳐진 글자로, 풀 중에서 싹이 창(矛)끝처럼 뾰족한 띠를 뜻한다(띠는 마디 없이 곧고 길게 자라는 질긴 풀이다).

茅草(모초) : 띠
茅屋(모옥) : 띠로 지붕을 인 집, 검소함
*草 풀 초 *屋 집 옥

帽 모자 모
- 부 巾 획 12
- 巾(수건 건)과 冒(무릅쓸 모)를 합친 글자이다. 위험(冒)으로부터 머리를 보호하기 위해 수건으로 두르는 것이 모자라는 뜻이다.

帽子(모자) : 머리에 쓰는 물건의 하나
帽着(모착) : 바둑에서 변에 있는 상대편의 돌을 위로부터 한 칸 사이를 두고 눌러 세력을 꺾는 일
*子 아들 자 *着 붙을 착

冒 무릅쓸 모
- 부 冂 획 9
- 冃(머리수건 모)와 目(눈 목)이 합쳐진 글자로, 눈을 수건으로 가리면 잘 보지 못하게 되므로 무릅쓴다는 뜻이 되었다.

冒險(모험) : 위험을 무릅쓰고 어떠한 일을 함
*險 험할 험

牡 수컷 모
- 부 牛 획 7
- 牛(소 우)와 원래 士(선비 사)였던 土(흙 토)가 합쳐진 글자로, 소가 선비처럼 힘이 세니 수컷이라는 뜻이다.

牡牛(모우) : 수소
*牛 소 우

선정한자 풀이 [2단원]

耗 줄 모
부 耒 획 10
耒(쟁기 뢰)와 毛(털 모)가 합쳐진 글자로, 짐승의 털을 쟁기로 가르듯 하면 털이 빠진다는 데서 줄어든다는 뜻이 되었다.

磨耗(마모) : 닳아서 없어짐
消耗(소모) : 써서 없앰
*磨 갈 마 *消 사라질 소

牟 클, 소 우는 소리 모
부 牛 획 6
厶(사사 사)와 牛(소 우)가 합쳐진 글자로, 厶는 소의 울음소리가 입에서 나오는 모양을 나타낸 것이다.

牟麥(모맥) : 보리
*麥 보리 맥

毋 말 무
부 毋 획 4
소전체에서 女(여자 녀)와 가로획(一)이 합쳐진 글자로, 여자를 침범하려할 때 여자가 가로 막아 '…하지 말라'고 한다는 뜻이다.

毋論(무론) : 물론
毋望之福(무망지복) : 뜻하지 않은 복, 우연한 복
*論 논할 론 *望 바랄 망 *之 갈 지 *福 복 복

巫 무당 무
부 工 획 7
두 사람이 화려한 옷을 입고 춤추는 무당의 모양을 본뜬 글자이다.

巫堂(무당) : 귀신을 섬겨 길흉을 점치고 굿을 하는 것을 업으로 삼은 여자
巫俗(무속) : 무당의 풍속
*堂 집 당 *俗 풍속 속

汶 물이름 문
부 水 획 7
氵(물 수)와 文(무늬 문)이 합쳐진 글자로, 물결 무늬가 있는 물 이름으로 쓰인다.

汶汶(문문) : 부끄러운 모양, 수치스러운 모양
汶上(문상) : 山東省(산동성)에 있는 강가
*上 위 상

旻 가을 하늘 민
부 日 획 8
日(해 일)과 文(무늬 문)이 합쳐진 글자로, 햇빛의 무늬가 좋은 가을 하늘을 뜻한다.

旻天(민천) : 가을의 하늘, 어진 하늘
*天 하늘 천

선정한자 풀이 [2단원]

悶 민망할 민
- 부 心 획 12
- 門(문 문)과 心(마음 심)이 합쳐진 글자이다. 문(門)을 닫고 있으니 마음이 번민이 많다는 뜻에서 번민하다는 뜻이다. 또 그런 사람을 보기에 민망하다 하여 민망하다는 뜻도 있다.

煩悶(번민) : 괴로움
苦悶(고민) : 마음속으로 괴로워하고 애를 태움
*煩 괴로워할 번 *苦 쓸 고

閔 근심할, 성씨 민
- 부 門 획 12
- 門(문 문)과 文(글월 문)이 합쳐진 글자이다. 원래는 弔文(조문)자가 문안에 있는 것이라 하여 위문하다는 뜻이 있었으나 지금은 이런 뜻으로 쓰이지 않고 성씨로만 쓰인다.

閔閔(민민) : 근심하는 모양
閔免(민면) : 힘쓰다
*免 면할 면

珉 옥돌 민
- 부 玉 획 9
- 玉(옥 옥)과 民(백성 민)이 합쳐진 글자로, 백성들이 즐겨 쓰는 옥인 옥돌을 뜻한다.

貞珉(정민) : 견고하고 아름다운 돌
*貞 곧을 정

玟 옥돌, 옥무늬 민
- 부 玉 획 8
- 玉(옥 옥)과 文(무늬 문)이 합쳐진 글자로, 무늬가 있는 옥인 옥돌을 뜻한다.

玟瑰(민괴) : 남쪽에서 나오는 붉은 빛의 구슬
*瑰 구슬 이름 괴

旻 온화할 민
- 부 日 획 8
- 日(해 일)과 文(무늬 문)이 합쳐진 글자로, 햇빛의 광선 무늬가 온화하게 보인다는 뜻이다.

旻天(민천) : 가을 하늘 〈동의어〉旻天(민천)
*天 하늘 천

旁 두루, 곁 방
- 부 方 획 10 동 룡
- 立(설 립)과 冖(덮을 멱)과 方(모 방)이 어울어진 글자로, 立方(입방)의 전체를 덮은 것이니 넓다는 뜻이다.

旁求(방구) : 널리 찾아 구함
旁通(방통) : 자세하고 분명하게 앎
*求 구할 구 *通 통할 통

선정한자 풀이 [2단원]

肪 비계 방
- 부 肉　획 8
- 月(肉, 몸 육)과 方(모 방)이 합쳐진 글자로, 몸이 사방으로 불어 살찌는 것을 의미하며 기름이라는 뜻이다.

脂肪(지방) : 지방산과 글리세롤이 결합한 유기 화합물
*脂 기름 지

龐 클 방
- 부 龍　획 19
- 广(집 엄)과 龍(용 룡)이 합쳐진 글자로, 용을 상징하는 임금이 사는 집은 크다는 뜻이다.

龐錯(방착) : 뒤섞임
*錯 섞일 착

謗 헐뜯을 방
- 부 言　획 17
- 言(말씀 언)과 旁(곁 방)이 합쳐진 글자로, 남의 한쪽 측면의 나쁜 점을 부풀려 말하는 것이므로 헐뜯는다는 뜻이다.

毁謗(훼방) : 남의 일을 방해함
*毁 헐 훼

裵 성씨 배
- 부 衣　획 14
- 衣(옷 의) 속에 非(아닐 비)가 들어간 글자로, 비와 비슷하게 배로 발음되며 성씨로만 쓰이는 글자이다.

裵裨將傳(배비장전) : 조선 후기 작자 미상의 소설
*裨 보좌할 비　*將 장차 장　*傳 전할 전

帛 비단 백
- 부 巾　획 8
- 白(흰 백)과 巾(수건 건)이 합쳐진 글자로, 흰색의 천이라는 뜻으로 명주, 즉 비단을 뜻한다.

帛書(백서) : 비단에 쓴 글 또는 글이 쓰인 비단
幣帛(폐백) : 신부가 처음으로 시부모를 뵐 때 올리는 대추나 포 따위
*書 글 서　*幣 비단 폐

弁 고깔 변
- 부 廾　획 5
- 厶(사사 사)와 廾(두 손 받들 공)이 합쳐진 글자로, 사사로이 두 손으로 받들어 머리에 쓴 것이 고깔이라는 뜻이다.

弁韓(변한) : 삼한의 하나
*韓 나라 이름 한

선정한자 풀이 [2단원]

卞
성씨 변 · 부 卜 · 획 4
성씨로만 쓰이는 글자이다.

卞急(변급) : 조급함
*急 급할 급

炳
불꽃 병 · 부 火 · 획 9
火(불 화)와 丙(남녘 병)이 합쳐진 글자로, 남쪽은 불꽃이 타는것럼 날씨가 뜨겁다는 뜻이다.

炳然(병연) : 환한 모양
炳映(병영) : 빛나서 환히 비침
*然 그러할 연 *映 비출 영

幷
아우를 병 · 부 干 · 획 8
亻(사람 인) 두 개와 二(두 이)가 합쳐진 글자로, 두 사람이 두 개를 아울러 쥐고 있다는 뜻이다.

幷合(병합) : 아울러 합침
幷有(병유) : 아울러 가짐
*合 합할 합 *有 있을 유

柄
자루 병 · 부 木 · 획 9
木(나무 목)과 丙(남녘 병)이 합쳐진 글자로, 남쪽처럼 따뜻한 나무가 손으로 만지는 자루라는 뜻이다.

權柄(권병) : 권력으로 사람을 마음대로 좌우할 수 있는 힘
身柄(신병) : 보호나 구금의 대상이 되는 본인의 몸
*權 권세 권 *身 몸 신

秉
잡을 병 · 부 禾 · 획 8
禾(벼 화)와 ㅋ(손 우)가 합쳐진 글자로, 손으로 벼줄기를 잡고 있다는 뜻이다.

秉權(병권) : 권력을 잡음
秉燭(병촉) : 손에 촛불을 잡음
*權 권세 권 *燭 촛불 촉

輔
도울 보 · 부 車 · 획 14
車(수레 거)와 甫(클 보)가 합쳐진 글자로, 수레에 물건을 싣고 그것이 안 떨어지게 또 큰(甫) 나무판을 덧대서 싣는 것을 돕는다는 뜻이다.

公輔之器(공보지기) : 임금을 보필할 재상이 될 만한 그릇
輔佐(보좌) : 상관을 도와 일을 처리함
*公 공변될 공 *之 갈 지 *器 그릇 기 *佐 도울 좌

선정한자 풀이 [2단원]

甫 클 보
부 用 획 7
원래는 父(아비 부)와 用(쓸 용)이 합쳐진 글자로, 큰 일을 하는 아비라는 뜻이며 지금은 남자의 미칭으로 쓰인다.

杜甫(두보) : 중국의 시인
甫田(보전) : 큰 밭
*杜 막을 두 *田 밭 전

釜 가마 부
부 金 획 10
父(아비 부)와 金(쇠 금)이 합쳐진 글자로, 쇠로 만든 솥 중에 힘이 센 아버지만 들 수 있는 솥이 가마솥이라는 뜻이다.

京釜線(경부선) : 서울과 부산을 잇는 철도
*京 서울 경 *線 줄 선

訃 부고 부
부 言 획 9
言(말씀 언)과 赴(달릴 주)의 약자인 卜가 합쳐진 글자로, 급히 달려가서 하는 말이 죽음을 알리는 부고라는 뜻이다.

訃告(부고) : 사람의 죽음을 알림 또는 그런 글
〈동의어〉訃音(부음)
*告 알릴 고

賻 부의 부
부 貝 획 17
貝(조개 패)와 尃(펼 부)가 합쳐진 글자로, 상가집에 가서 돈으로 베풀어준다는 데서 부의라는 뜻이 되었다.

賻儀(부의) : 喪家(상가)에 부조로 보내는 돈이나 물품
*儀 거동 의

剖 쪼갤 부
부 刀 획 10
咅(가를 부)와 刂(칼 도)가 합쳐진 글자로, 생명체를 칼로 가른다는 데서 쪼개다는 뜻이 되었다.

剖檢(부검) : 사인 따위를 밝히기 위하여 사후 검진을 함
解剖(해부) : 생물체의 일부나 전부를 갈라 헤쳐 그 내부 구조 따위를 조사하는 일
*檢 검사할 검 *解 풀 해

盆 동이 분
부 皿 획 9
分(나눌 분)과 皿(그릇 명)이 합쳐진 글자로, 초목의 뿌리 부분을 나누어서 심는 그릇, 즉 화분과 같은 동이를 뜻한다.

花盆(화분) : 꽃을 심어 가꾸는 그릇
盆地(분지) : 해발 고도가 더 높은 지형으로 둘러싸인 평지
*花 꽃 화 *地 땅 지

선정한자 풀이 [2단원]

噴 뿜을 분
부 口 획 15
口(입 구)와 賁(날랠 분)이 합쳐진 글자로, 물이나 기체, 기류 따위를 입으로 빠르게 내보낸다는 데서 뿜는다는 뜻이 되었다.

噴霧(분무) : 물이나 약품 따위를 안개처럼 뿜어냄
噴出(분출) : 솟구쳐서 뿜어 나옴, 한꺼번에 터져 나옴
*霧 안개 무 *出 날 출

毘 도울 비
부 比 획 9
田(밭 전)과 比(견줄, 고를 비)가 합쳐진 글자로, 밭을 고르게 함으로써 농사가 잘 되게 돕는다는 뜻이다.

毘佐(비좌) : 보좌함
毘贊(비찬) : 도움
*佐 도울 좌 *贊 도울 찬

匕 비수 비
부 匕 획 2
끝이 뾰쪽한 숟가락이나 짐승을 베는 비수의 모양을 본뜬 글자이다.

匕首(비수) : 날이 예리하고 짧은 칼
匕箸(비저) : 숟가락과 젓가락
*首 머리 수 *箸 젓가락 저

彬 빛날 빈
부 彡 획 11
林(수풀 림)과 彡(무늬 삼)이 합쳐진 글자로, 숲속의 나뭇가지들의 무늬가 아름다워 빛난다는 뜻이다.

彬彬(빈빈) : 문체와 바탕이 함께 갖추어져 찬란한 모양

奢 사치할 사
부 大 획 12
大(큰 대)와 者(놈 자)가 합쳐진 글자로, 작게 있으면서도 크게 있는 사람처럼 고급으로 노는 것이니 사치한다는 뜻이다.

豪奢(호사) : 호화롭게 사치함
奢侈(사치) : 필요 이상의 돈이나 물건을 쓰거나 분수에 지나친 생활을 함
*豪 호걸 호 *侈 사치할 치

徙 옮길 사
부 彳 획 11
彳(조금 걸을 척)과 止(그칠 지)와 疋(발 소)가 어우러진 글자로, 발(疋)로 가다(彳)가 그치(止)고 가다가 그치면서 발걸음을 옮긴다는 뜻이다.

移徙(이사) : 사는 곳을 다른 데로 옮김
徙月(사월) : 달을 넘김
*移 옮길 이 *月 달 월

선정한자 풀이 [2단원]

撒 뿌릴 살
- 부 手 획 15
- 扌(손 수)와 散(흩을 산)이 합쳐진 글자로, 손(扌)으로 널리 흩으니, 즉 뿌린다는 뜻이다.

撒布(살포) : 액체, 가루 따위를 흩어 뿌림, 금품, 전단 따위를 여러 사람에게 나누어 줌
撒水車(살수차) : 먼지가 일지 않도록 한길에 물을 뿌리며 다니는 자동차
*布 베 포 *水 물 수 *車 수레 차

逝 갈 서
- 부 辶 획 11
- 折(일찍 죽을 절)과 辶(갈 착)이 합쳐진 글자이다. 죽어서 간다는 의미에서 저승으로 간다는 뜻이 되었다.

逝去(서거) : 돌아가심
逝者(서자) : 죽은 사람
*去 갈 거 *者 놈 자

舒 펼 서
- 부 舌 획 12
- 舍(집 사)와 予(나 여)가 합쳐진 글자로, 내 집은 편안하여 심신을 펴고 쉰다는 뜻이다.

舒緩(서완) : 느릿느릿 천천히 하는 모양
舒遲(서지) : 점잖고 조용한 모양
*緩 느릴 완 *遲 더딜 지

錫 주석 석
- 부 金 획 16
- 金(쇠 금)과 易(쉬울 이)가 합쳐진 글자로, 쇠 중에서도 가벼워서 쉽게 들 수 있는 쇠가 주석이라는 뜻이다.

朱錫(주석) : 은백색의 고체 금속으로 녹슬지 않는 탄소족 원소의 하나, 기호는 Sn
*朱 붉을 주

奭 클 석, 붉을 혁
- 부 大 획 15
- 大(큰 대)와 皕(이백 벽)이 합쳐진 글자로, 양쪽으로 백 개씩이나 있으니 크다는 뜻이다.

奭然(석연) : 풀어지는 모양
*然 그러할 연

繕 기울 선
- 부 糸 획 18
- 糸(실 사)와 善(좋을 선)이 합쳐진 글자로, 떨어진 옷을 실로 꿰매서 좋게 만든다는 의미에서 깁는다는 뜻이 되었다.

修繕(수선) : 낡거나 헌 물건을 고침
繕補(선보) : 보충하여 수리함
*修 닦을 수 *補 기울 보

선정한자 풀이 [2단원]

膳 반찬 선
- 부 肉 획 16
- 月(肉, 몸 육)과 善(좋을 선)이 합쳐진 글자로, 몸에 좋은 반찬을 뜻한다.

膳物(선물) : 남에게 어떤 물건 따위를 선사함 또는 그 물건
膳賜(선사) : 남에게 선물을 줌
*物 만물 물 *賜 줄 사

薛 성씨 설
- 부 艸 획 17
- 성씨로만 쓰이는 글자이다.

薛聰(설총) : 신라 문무왕 때의 문장가
*聰 귀 밝을 총

閃 번쩍할 섬
- 부 門 획 10
- 門(문 문)과 人(사람 인)이 합쳐진 글자로, 사람(人)이 문(門) 가운데 있으니 문틈으로 사람의 옷빛이 보였다 안 보였다 한다는 데서 광선이 번쩍인다는 뜻이 되었다.

閃影(섬영) : 1. 번득이는 그림자
2. 순간적으로 강렬히 번쩍이는 빛
*影 그림자 영

燮 불꽃 섭
- 부 火 획 17
- 炎(불탈 염)과 言(말씀 언)과 又(또 우)가 합쳐진 글자이다. 불꽃처럼 밝고 따뜻한 말(言)을 하고 또 하는 사람이 빛난다는 의미이다.

燮理(섭리) : 고르게 다스림
*理 다스릴 리

晟 밝을 성
- 부 日 획 11
- 日(해 일)과 成(이룰 성)이 합쳐진 글자로, 해처럼 밝은 것이 이루어지니 밝다는 뜻이다.

晟色(성색) : 말씨와 안색이 근엄함
*色 빛 색

沼 늪 소
- 부 水 획 8
- 氵(물 수)와 召(부를 소)가 합쳐진 글자로, 물을 불러서 모아놓은 곳이 못이나 늪이라는 뜻이다.

沼上(소상) : 늪가
龍沼(용소) : 폭포가 떨어지는 바로 밑의 웅덩이
*上 위 상 *龍 용 룡

선정한자 풀이 [2단원]

巢 새집 소
- 부 巛 획 11
- 나무 둥지 위에 있는 새집을 본뜬 글자이다.

卵巢(난소) : 동물 암컷의 생식 기관 가운데 난자를 만들어 내고 호르몬을 분비하는 기관
巢窟(소굴) : 나쁜 짓을 하는 악한 따위의 무리가 활동의 본거지로 삼고 있는 곳
*卵 알 란 *窟 굴 굴

宋 송나라, 성씨 송
- 부 宀 획 7
- 宀(집 면)과 木(나무 목)이 합쳐진 글자이다. 주나라 때 성왕이 미자에게 국토를 봉하고 나무로 집을 지어 주었던 나라인 송나라를 뜻하며 지금은 나라 이름과 성씨로만 쓰인다.

宋學(송학) : 송대의 유학
*學 배울 학

碎 부술 쇄
- 부 石 획 13
- 石(돌 석)과 卒(군사 졸)이 합쳐진 글자로, 돌이 졸개처럼 작게 되었다는데서 부수다는 뜻이 되었다.

粉骨碎身(분골쇄신) : 뼈를 부수고 몸을 부숨, 있는 힘을 다하여 노력함
分碎(분쇄) : 단단한 물체를 가루처럼 잘게 부스러뜨림
*粉 가루 분 *骨 뼈 골 *身 몸 신 *分 나눌 분

銖 무게이름 수
- 부 金 획 14
- 金(쇠 금)과 朱(붉을 주)가 합쳐진 글자로, 쇠로 만든 저울에 붉은 색을 표시한 눈금이니 무게단위나 이름을 뜻한다.

銖寸(수촌) : 조금
銖鈍(수둔) : 둔함
*寸 마디 촌 *鈍 무딜 둔

羞 부끄러울 수
- 부 羊 획 11
- 羊(양 양)과 丿(삐침 별)과 丑(소 축)이 합쳐진 글자이다. 잔치에서 소는 숨기고(丿) 양을 대신 잡아 접대를 하는 것은 양심에 부끄럽다는 뜻이다.

羞恥(수치) : 부끄러움
珍羞(진수) : 보기 드물게 잘 차린 음식
*恥 부끄러울 치 *珍 보배 진

隋 수나라 수
- 부 阝 획 12
- 나라이름으로만 쓰이는 글자이다.

隋文帝(수문제) : 수나라의 첫 황제
*文 무늬 문 *帝 임금 제

선정한자 풀이 [2단원]

戍 수자리 수
- 부 戈 획 6
- 人(사람 인)과 戈(창 과)가 합쳐진 글자로, 사람(人)이 창(戈)을 가지고 국경을 지키다는 뜻이다.

戍樓(수루) : 적군의 동정을 살피려고 성위에 만든 누각
*樓 다락 루

粹 순수할 수
- 부 米 획 14
- 米(쌀 미)와 卒(마칠 졸)이 합쳐진 글자로, 쌀을 정성을 다하여 씻으니 잡것이 섞이지 않아 순수하다는 뜻이다.

粹然(수연) : 마음이 참되고 꾸밈이 없음
純粹(순수) : 전혀 다른 것이 섞이지 아니함
*然 그러할 연 *純 순수할 순

淳 순박할 순
- 부 水 획 11
- 氵(물 수)와 享(제사지낼 향)이 합쳐진 글자로, 제사지낼 때 쓰는 물이 깨끗하고 순박하다는 뜻이다.

淳朴(순박) : 순량하고 꾸밈이 없음
*朴 후박나무 박

珣 옥그릇 순
- 부 玉 획 10
- 玉(옥 옥)과 旬(열흘 순)이 합쳐진 글자로, 열흘이나 다듬어서 만들어지는 귀한 옥그릇을 뜻한다.

珣玗琪(순우기) : 옥돌의 이름
*玗 옥돌 우 *琪 옥 기

筍 죽순 순
- 부 竹 획 12
- 竹(대 죽)과 旬(열흘 순)이 합쳐진 글자로, 대나무 싹의 속 알(日)이 껍질에 싸인(勹) 채 돋아난 모양을 본뜬 글자이다.

竹筍(죽순) : 대의 땅속줄기에서 돋아나는 어린 싹
雨後竹筍(우후죽순) : 비온 뒤의 죽순이라는 뜻으로, 어떤 일이 일시에 많이 일어남을 이르는 말
*竹 대 죽 *雨 비 우 *後 뒤 후

荀 풀이름 순
- 부 艹 획 10
- 艹(풀 초)와 旬(열흘 순)이 합쳐진 글자로, 열흘이면 충분히 자라는 풀의 이름 중 하나를 뜻한다.

荀子(순자) : B.C. 3세기경의 중국 사상가로 성악설을 주장함
*子 아들 자

선정한자 풀이 [2단원]

柴
섶 시
- 부 木 획 9
- 止(그칠 지)와 匕(비수 비)와 木(나무 목)이 합쳐진 글자로, 즐비(匕)하게 엉켜 있는(止) 나무가 섶이라는 뜻이다.

柴炭(시탄) : 땔나무와 숯
*炭 숯 탄

尸
주검, 시동 시
- 부 尸 획 3
- 사람이 머리를 구부리고 등을 굽혀서 누워있는 형상이니 죽은 듯한 모양이라는 의미이다.

尸童(시동) : 제사를 지낼 때 신위 대신으로 앉혔던 어린아이
*童 아이 동

媤
시집 시
- 부 女 획 12
- 女(계집 녀)와 思(생각할 사)가 합쳐진 글자로, 여자가 혼인을 하면 항상 시집(시댁)을 생각한다는 뜻이다.

媤家(시가) : 1. 시부모가 사는 집
    2. 남편의 집안
媤母(시모) : 시어머니
*家 집 가 *母 어미 모

弑
죽일 시
- 부 弋 획 12
- 柔(나무 깎아칠 살)과 式(법 식)이 합쳐진 글자이다. 柔은 크는 나무(木)순을 문질러(乂) 없애는 것이고 式은 법이니 법을 없애(柔)고 (무시하고) 윗사람을 죽이는 것을 뜻한다.

弑害(시해) : 부모나 임금을 죽임
*害 해로울 해

湜
맑을 식
- 부 水 획 12
- 氵(물 수)와 是(옳을 시)가 합쳐진 글자로, 옳은 물이라 표현했으니 맑다는 뜻이다.

湜湜(식식) : 물이 맑아 속까지 환히 보이는 모양

迅
빠를 신
- 부 辵 획 7
- 卂(날 신)과 辶(갈 착)이 합쳐진 글자로, 날아가니 빠르다는 뜻이다.

迅速(신속) : 매우 날쌔고 빠름
*速 빠를 속

선정한자 풀이 [2단원]

娠 아이 밸 신
부 女 획 10
女(계집 녀)와 辰(별 진)이 합쳐진 글자로, 여자가 별을 보며 기도하여 아이를 밴다는 뜻이다.

姙娠(임신) : 아이나 새끼를 뱀
*姙 아이 밸 임

斡 돌 알
부 斗 획 14
倝(해돋이 간)과 斗(말 두)가 합쳐진 글자로, 일찍부터 말로 되듯 일을 맡아 돌며 살핀다는 뜻이다.

斡流(알류) : 물이 뱅뱅 돌아서 흐름
斡旋(알선) : 남의 일이 잘되도록 주선하는 일
*流 흐를 류 *旋 돌 선

庵 암자 암
부 广 획 11
广(집 엄)과 奄(가릴 엄)이 합쳐진 글자로, 언덕으로 가려진 암자를 뜻한다.

庵子(암자) : 큰 절에 딸린 작은 절
*子 아들 자

隘 좁을 애
부 阝 획 13
阝(언덕 부)와 益(더할 익)이 합쳐진 글자로, 언덕 옆에 언덕이 더하여져 있으니 더 좁다는 뜻이다.

隘路(애로) : 1. 좁고 험한 길
         2. 어떤 일을 하는 데 장애가 되는 것
*路 길 로

禦 막을 어
부 示 획 16
御(막을 어)와 示(보일 시)가 합쳐진 글자로, 임금이 계시는 곳을 적으로부터 막는다는 뜻이다.

防禦(방어) : 상대편의 공격을 막음
禦寒(어한) : 추위를 막음
*防 막을 방 *寒 찰 한

彦 선비 언
부 彡 획 9
文(글월 문)의 변형자와 厂(집 엄)과 彡(문채 삼)이 합쳐진 글자로, 문과 집이 빛나는 곳에 거처하는 훌륭한 선비를 뜻한다.

彦士(언사) : 훌륭한 선비
*士 선비 사

선정한자 풀이 [2단원]

淵 못 연
부 水 획 11
연못가에서 의자에 앉아있는 두 사람의 모양을 본뜬 글자이다.

深淵(심연) : 깊은 못, 좀처럼 빠져나오기 힘든 구렁, 뛰어넘을 수 없는 깊은 간격
＊深 깊을 심

捐 버릴 연
부 手 획 10
扌(손 수)에 肙(공허할 연)이 합쳐진 글자로, 손에 든 것이 없으니 다 버려서 그렇다는 뜻이다.

義捐(의연) : 자선이나 공익을 위하여 돈이나 물품을 냄
出捐(출연) : 금품을 내어 원조함
＊義 옳을 의 ＊出 날 출

姸 예쁠 연
부 女 획 9
女(여자 녀)와 硏(갈 연)의 약자가 합쳐진 글자로, 여자의 살결이 마치 간(硏) 것처럼 곱고 아름답다는 뜻이다.

姸粧(연장) : 곱게 단장함
＊粧 단장할 장

衍 퍼질 연
부 行 획 9
行(갈 행)과 氵(물 수)가 합쳐진 글자로, 물이 나아가는 것은 퍼지는 것이라는 뜻이다.

衍義(연의) : 뜻을 넓혀서 자세히 說明(설명)함
衍喜宮(연희궁) : 조선 시대의 西離宮(서이궁)으로서 정종과 세종이 상왕으로 기거하였던 곳
＊義 뜻 의 ＊喜 기쁠 희 ＊宮 집 궁

燁 빛날 엽
부 火 획 16
火(불 화)와 華(빛날 화)가 합쳐진 글자로, 불빛(火)이 화려(華)하게 빛난다는 뜻이다.

燁燁(엽엽) : 번쩍번쩍 빛나는 모양

瑩 귀막이옥, 밝을 영
부 玉 획 15
火(불 화)와 冖(덮을 멱)과 玉(옥 옥)이 어우러진 글자로, 옥이 불에 덮인 듯 빛나니 밝다는 뜻이다.

瑩潔(영결) : 윤이 나고 깨끗함
瑩鏡(영경) : 맑은 거울
＊潔 깨끗할 결 ＊鏡 거울 경

선정한자 풀이 [2단원]

伍 대오 오
부 人 획 6
亻(사람 인)과 五(다섯 오)가 합쳐진 글자로, 다섯 명으로 편성되는 옛 군대의 최소단위를 뜻한다.

落伍(낙오) : 1. 대오에서 처져 뒤떨어짐
　　　　　 2. 사회나 시대의 변화에 뒤떨어짐
隊伍(대오) : 편성된 대열
*落 떨어질 락　*隊 무리 대

吳 성씨, 나라이름 오
부 口 획 7
나라이름이나 성씨로만 쓰이는 글자이다.

吳越(오월) : 원수 같은 사이
*越 넘을 월

沃 기름질 옥
부 水 획 7
氵(물 수)와 夭(무성할 요)가 합쳐진 글자로, 물이 넉넉하고 초목이 무성하게 자랄 수 있으니 기름진 땅이라는 의미이다.

沃土(옥토) : 농작물이 잘 자랄 수 있는 영양분이 풍부한 좋은 땅
肥沃(비옥) : 땅이 걸고 기름짐
*土 흙 토　*肥 살찔 비

鈺 단단한 쇠 옥
부 金 획 13
金(쇠 금)과 玉(옥 옥)이 합쳐진 글자로, 금이나 옥은 모두 보배로운 것이라는 뜻이다.

寶鈺(보옥) : 보배, 보물
*寶 보배 보

擁 안을, 지킬 옹
부 手 획 16
扌(손 수)와 雍(화락할 옹)이 합쳐진 글자로, 서로 마음이 화락하여 두 팔로 안는다는 뜻이다.

擁立(옹립) : 임금으로 받들어 모심
擁護(옹호) : 두둔하고 편들어 지킴
*立 설 립　*護 보호할 호

汪 넓을 왕
부 手 획 7
氵(물 수)와 王(임금 왕)이 합쳐진 글자로, 물이 왕성하게 출렁출렁하는 것이니 넓다는 뜻이다.

汪然(왕연) : 1. 물이 깊음
　　　　　 2. 눈물이 줄줄 흐르고 있음
汪洋(왕양) : 1. 바다가 끝없이 넓음
　　　　　 2. 미루어 헤아리기 어려움
*然 그러할 연　*洋 바다 양

선정한자 풀이 [2단원]

旺 성할 왕
부 日 획 8
日(날 일)과 王(임금 왕)이 합쳐진 글자로, 임금이 날마다 나라와 백성을 위하여 힘쓰니 나라가 성대해진다는 뜻이다.

旺盛(왕성) : 한창 성함
旺運(왕운) : 왕성한 운수
*盛 성할 성 *運 운반할 운

倭 왜나라 왜
부 人 획 10
亻(사람 인)과 委(맡길 위)가 합쳐진 글자로, 일을 직접하지 않고 남에게 맡기니 수확량이 작다는 뜻이다. 키가 작았던 일본사람을 지칭한다.

倭賊(왜적) : 도둑질하는 일본 사람을 얕잡아 이르는 말
*賊 도둑 적

耀 빛날 요
부 羽 획 20 동 燿
光(빛 광)과 翟(꿩 적)이 합쳐진 글자로, 꿩의 깃이 빛난다는 뜻이다.

耀耀(요요) : 찬란하게 빛나는 모양

姚 예쁠 요
부 女 획 9
女(여자 녀)와 兆(조짐 조)가 합쳐진 글자로, 여자는 커가면서 더 예뻐질 조짐이 있다는 뜻이다.

姚姚(요요) : 예쁘고 아리따움

夭 일찍 죽을, 어릴 요
부 大 획 4
一(한 일)은 지면(땅)을 뜻하고 人(사람 인)은 뿌리와 줄기를 의미한다. 위쪽 머리 부분이 옆으로 기울여져 더 크지 못하니 일찍 죽는다는 뜻이다.

夭折(요절) : 젊어서 일찍 죽음
夭夭(요요) : 젊고 용모가 아름다운 모양
*折 꺾을 절

踊 뛸 용
부 足 획 14
足(발 족)과 甬(날랠 용)이 합쳐진 글자로, 발을 위로 솟구쳐서 뛰는 것을 뜻한다.

舞踊(무용) : 음악에 맞추어 율동적인 동작으로 감정과 의지를 표현하는 예술
*舞 춤출 무

선정한자 풀이 [2단원]

溶 질펀히 흐를, 녹을 **용**
- 부 水 획 13
- 氵(물 수)와 容(담을 용)이 합쳐진 글자로, 그릇에 담아 놓았던 물이 밖으로 넘쳐 질펀히 흐르는 모양을 뜻한다.

溶液(용액) : 어떤 물질이 다른 물질에 녹아서 혼합된 액체
溶解(용해) : 물질이 액체 속에서 균일하게 녹아 용액을 만드는 일
*液 진 액 *解 풀 해

瑢 패옥소리 **용**
- 부 玉 획 14
- 玉(옥 옥)과 容(담을 용)이 합쳐진 글자로, 옥이 들어간 패옥이 서로 부딪쳐 나는 소리라는 데서 패옥소리라는 뜻이 되었다.

瑢聲(용성) : 맑은 패옥소리
*聲 소리 성

祐 복 **우**
- 부 示 획 10
- 示(보일 시)와 右(오른쪽 우)가 합쳐진 글자로, 示(신)이 오른손의 역할처럼 도와준다는 뜻이다.

祐助(우조) : 도움
*助 도울 조

佑 도울 **우**
- 부 人 획 7
- 亻(사람 인)과 右(오른쪽 우)가 합쳐진 글자로, 사람이 오른쪽에 서서 돕는다는 뜻이다.

天佑神助(천우신조) : 하늘과 신령의 도움
*天 하늘 천 *神 귀신 신 *助 도울 조

寓 붙어살 **우**
- 부 宀 획 12
- 宀(집 면)과 禺(긴 꼬리원숭이 우)가 합쳐진 글자로, 집에 원숭이가 붙어산다는 뜻이다.

寓居(우거) : 1. 남의 집이나 타향에서 임시로 몸을 붙여 삶
             2. 자기의 주거를 낮추어 이르는 말
寓話(우화) : 인격화한 동식물이나 기타 사물을 주인공으로 하여 그들의 행동 속에 풍자와 교훈의 뜻을 나타내는 이야기
*居 살 거 *話 말할 화

煜 불꽃, 빛찰 **욱**
- 부 火 획 13
- 火(불 화)와 昱(빛날 욱)이 합쳐진 글자로, 불빛이 더욱 빛나게 비추는 것이라는 뜻이다.

煜煜(욱욱) : 빛나서 환함

선정한자 풀이 [2단원]

旭 해뜰 욱
부 日 획 6
九(아홉 구)와 日(해 일)이 합쳐진 글자로, 해가 떠서 여러(九) 방향으로 비춘다는 것이므로 해가 뜬다는 뜻이다.

旭日(욱일) : 아침에 떠오르는 밝은 해
旭日昇天(욱일승천) : 떠오르는 아침해처럼 세력이 성대해짐을 이르는 말
*日 날 일 *昇 오를 승 *天 하늘 천

蔚 고을이름 울
부 艸 획 15
지명으로 쓰이는 글자이다.

蔚山(울산) : 경상남도 동북쪽에 있는 광역시
*山 메 산

媛 미인 원
부 女 획 12
女(여자 녀)와 爰(당길 원)이 합쳐진 글자로, 남성을 끌어당기는 예쁜 여자를 뜻한다.

才媛(재원) : 재주가 뛰어난 젊은 여자
*才 재주 재

袁 성씨 원
부 衣 획 10
去(갈 거)와 衣(옷 의)가 합쳐진 글자로, 길게 가는 옷(衣)이라는데서 '치렁치렁 옷길 원'이었으나 지금은 성씨로만 쓰인다.

袁天綱(원천강) : 1. 일이 확실하고 의심이 없음을 가리키는 말
2. 당대의 정장 이름
*天 하늘 천 *綱 벼리 강

韋 가죽 위
부 韋 획 9
손질하여 다듬은 가죽을 본뜬 글자이다.

韋編(위편) : 책을 맨 가죽 끈
*編 엮을 편

渭 물이름 위
부 水 획 12
氵(물 수)와 胃(밥통 위)가 합쳐진 글자로, 밥통 모양의 물이름을 의미한다.

渭濁(위탁) : 흐림, 渭水(위수)강의 물이 항상 흐리다는 데서 유래
*濁 흐릴 탁

선정한자 풀이 [2단원]

喻 깨우칠 유
- 부 口 획 12
- 口(입 구)와 俞(대답할 유)가 합쳐진 글자로, 물음에 대답하여 깨우쳐 준다는 뜻이다.

比喻(비유) : 어떤 사물을 효과적으로 표현하기 위하여 그것과 비슷한 다른 사물에 빗대어 표현함
隱喻(은유) : 사물의 상태나 움직임을 암시적으로 나타내는 수사법
*比 견줄 비 *隱 숨길 은

踰 넘을 유
- 부 足 획 16
- 足(발 족)과 俞(통할 유)가 합쳐진 글자로, 가는 통로에 장애물이 있으면 그것을 발로 밟고 넘어가는 것을 뜻한다.

踰年(유년) : 해를 넘김 〈동의어〉越年(월년)
踰月(유월) : 달을 넘김
*年 해 년 *月 달 월

楡 느릅나무 유
- 부 木 획 13
- 木(나무 목)과 俞(점점 유)가 합쳐진 글자로, 병을 점점 낫게 하는 성분이 들어 있는 느릅나무를 뜻한다.

楡柳(유류) : 느릅나무와 버드나무
*柳 버들 류

俞 그러할, 성씨 유
- 부 入 획 9
- 비좁은 도랑(巜)에 한번(一) 들어(入)간 배(舟)는 돌아 나올 수가 없으니 반드시 끝까지 통해서 나온다는 데서 통한다는 뜻이 되고 서로 통하여 대답하다, 그러하다는 뜻이 되었다.

俞俞(유유) : 온화하고 공손한 모양

胤 맏아들, 이을 윤
- 부 肉 획 9
- 儿(어진 사람 인)과 幺(작을 요)와 月(몸 육)이 합쳐진 글자이다. 혈육(月)을 받아서 난 작은(幺) 사람(儿)이 아들이며 대를 이을 사람이라는 뜻이다.

胤子(윤자) : 대를 이을 아들
令胤(영윤) : 남의 아들에 대한 경칭
*子 아들 자 *令 명령 령

鈗 병기, 총 윤
- 부 金 획 12
- 金(쇠 금)과 允(진실로 윤)이 합쳐진 글자로, 신하가 임금을 보좌하기 위해 진실된 마음으로 지니는 병기를 뜻한다.

鈗器(윤기) : 侍臣(시신)이 지니는 병기
*器 그릇 기

선정한자 풀이 [2단원]

允 진실로 윤
부 儿 획 4
厶(사사 사)와 儿(어진 사람 인)이 합쳐진 글자로, 사적으로 친한 사람은 진실된 마음으로 대하는 사람이라는 뜻이다.

允許(윤허) : 임금이 허락함
*許 허락할 허

垠 언덕 은
부 土 획 9
土(흙 토)와 艮(그칠 간)이 합쳐진 글자로, 땅을 아래서 바라보았을 때 끝나는 지점이 언덕 끝이라는 뜻이다.

垠界(은계) : 지경
*界 지경 계

殷 은나라 은
부 殳 획 10
나라이름으로 쓰이는 글자이다.

殷鑑不遠(은감불원) : 본보기 삼아 경계하여야 할 전례는 가까이 있다는 뜻으로, 다른 사람의 실패를 자신의 거울로 삼으라는 말
*鑑 거울 감 *不 아닐 불 *遠 멀 원

姨 이모 이
부 女 획 9
女(여자 녀)와 夷(무리 이)가 합쳐진 글자로, 어머니와 같은 항렬의 여자가 이모라는 뜻이다.

姨從(이종) : 이종 사촌으로 이모의 자녀
姨母(이모) : 어머니의 여자 형제
*從 좇을 종 *母 어미 모

怡 화할, 기쁠 이
부 心 획 8
忄(마음 심)과 台(나 이)가 합쳐진 글자로, 나의 마음에 맞으면 즐거운 것이라는 데서 기쁘다는 뜻이 되었다.

怡色(이색) : 기뻐하는 빛
怡悅(이열) : 기뻐함
*色 빛 색 *悅 기쁠 열

翌 다음날 익
부 羽 획 11
羽(깃 우)와 立(설 립)이 합쳐진 글자로, 닭이 날개를 세워 치고 울면 날이 밝아오니 다음날이라는 뜻이다.

翌日(익일) : 어느 날의 뒤에 오는 날, 다음날
翌朝(익조) : 다음날 아침
*日 날 일 *朝 아침 조

선정한자 풀이 [2단원]

鎰 스물넉 냥 **일**
부 金 획 18
金(쇠 금)과 益(더할 익)이 합쳐진 글자로, 쇠를 더욱 늘려서 무게를 재는 중량이름으로 스물넉 냥을 뜻한다.

萬鎰(만일) : 많은 값
＊萬 일만 만

炙 고기 구울 **자**
부 火 획 8
月(몸 육)과 火(불 화)가 합쳐진 글자로, 고기를 불에다 굽는다는 뜻이다.

膾炙(회자) : 날고기와 구운 고기
＊膾 회 회

滋 불을 **자**
부 水 획 12
氵(물 수)와 茲(이 자)가 합쳐진 글자로, 물이 들어와서 이 물건이 불었다는 뜻이다.

滋甚(자심) : 점점 더 심함
滋養分(자양분) : 1. 몸에 영양을 좋게 하는 성분
2. 정신의 성장이나 발선에 도움을 주는 정보, 지식, 사상 따위
＊甚 심할 심 ＊養 기를 양 ＊分 나눌 분

疵 흠 **자**
부 疒 획 10
疒(병들 녁)과 此(이 차)가 합쳐진 글자로, 병이 남긴 이것이 흠집이라는 뜻이다.

瑕疵(하자) : 흠, 법률 또는 당사자가 예기한 상태나 성질이 결여되어 있는 일
＊瑕 티 하

雀 참새 **작**
부 隹 획 11
小(작을 소)와 隹(새 추)가 합쳐진 글자로, 작은 새인 참새를 뜻한다.

孔雀(공작) : 꿩과의 새
麻雀(마작) : 중국의 실내 오락
＊孔 구멍 공 ＊麻 삼 마

樟 녹나무 **장**
부 木 획 15
木(나무 목)과 章(글 장)이 합쳐진 글자로, 도장(章)을 만드는 나무인 녹나무를 뜻한다.

樟腦(장뇌) : 무색투명한 부드러운 고체나 판 모양의 결정으로 모노테르펜에 속하는 케톤의 하나
樟木(장목) : 녹나무
＊腦 뇌 뇌 ＊木 나무 목

선정한자 풀이 [2단원]

璋
반쪽 홀 **장**
부 玉 획 15
玉(옥 옥)과 章(글 장)이 합쳐진 글자로, 글쓰기에 좋은 반쪽 홀을 뜻한다.

弄璋(농장) : 아들을 낳음
弄璋之慶(농장지경) : 아들을 낳은 기쁨
＊弄 희롱할 롱 ＊之 갈 지 ＊慶 경사 경

蔣
성씨 **장**
부 艹 획 15
艹(풀 초)와 將(장차 장)이 합쳐진 글자로, 원래는 장차 풀을 주는 것이라는 뜻에서 주다는 뜻이었으나 지금은 성씨로만 쓰인다.

蔣席(장석) : 줄로 짠 자리
＊席 자리 석

匠
장인 **장**
부 匚 획 6
匚(상자 방)과 斤(도끼 근)이 합쳐진 글자로, 도끼로 상자를 만든다는데서 장인이라는 뜻이 되었다.

巨匠(거장) : 어느 일정 분야에서 특히 뛰어난 사람
匠人(장인) : 손으로 물건을 만드는 일을 업으로 하는 사람
＊巨 클 거 ＊人 사람 인

杖
지팡이 **장**
부 木 획 7
木(나무 목)과 丈(어른 장)이 합쳐진 글자로, 어른이 짚는 나무, 즉 지팡이를 뜻한다.

短杖(단장) : 짧은 지팡이
杖刑(장형) : 죄인을 큰 형장으로 볼기를 치던 형벌
＊短 짧을 단 ＊刑 형벌 형

箸
젓가락 **저**
부 竹 획 15
竹(대 죽)과 者(놈 자)가 합쳐진 글자로, 음식물을 집어 먹기 위해 대나무로 만든 젓가락을 뜻한다.

箸筒(저통) : 숟가락이나 젓가락 따위를 꽂아 두는 통
＊筒 대롱 통

迹
자취 **적**
부 辶 획 10
亦(또 역)과 辶(갈 착)이 합쳐진 글자로, 가고 또 가니 뒤에 자취가 남는다는 뜻이다.

痕迹(흔적) : 어떤 현상이나 실체가 없어졌거나 지나간 뒤에 남은 자국이나 자취
人迹(인적) : 사람의 발자취
＊痕 흉터 흔 ＊人 사람 인

선정한자 풀이 [2단원]

顚 넘어질 **전**
부 頁 획 19
眞(참 진)과 頁(머리 혈)이 합쳐진 글자로, 참된 사람은 가장 높은 곳에 있기 때문에 넘어지기 쉽다는 뜻이다.

顚倒(전도) : 거꾸로 됨
顚覆(전복) : 뒤집혀 엎어짐
*倒 넘어질 도 *覆 뒤집힐 복

楨 광나무, 근본 **정**
부 木 획 13
木(나무 목)과 貞(곧을 정)이 합쳐진 글자로, 곧게 잘 자라는 광나무를 뜻한다.

楨幹(정간) : 담을 쌓을 때 양쪽 마구리에 세우는 나무 기둥, 사물의 근본을 뜻하는 말
*幹 줄기 간

旌 기 **정**
부 方 획 11
㫃(깃대 기)와 生(날 생)이 합쳐진 글자로, 깃대 끝에 새털이 나온 것처럼 꾸며서 군사들의 사기를 올리기 위해 쓰던 기를 의미한다.

旌善(정선) : 선행을 드러내어 표창함, 강원도 정선군 서남부에 있는 읍
旌表(정표) : 착한 행실을 세상에 드러내어 널리 알림
*善 착할 선 *表 겉 표

鄭 나라이름 **정**
부 邑 획 15
奠(바칠 전)과 阝(고을 읍)이 합쳐진 글자이다. 周(주)나라 宣王(선왕)의 아우 桓公(환공)의 都邑(도읍)으로 정한 지명이 鄭이었다.

鄭重(정중) : 점잖고 묵직함
*重 무거울 중

晶 맑을 **정**
부 日 획 12
日(해 일)이 세 개 모인 글자로, 日은 빛을 발하는 것이니 햇빛처럼 반짝반짝 빛나는 결정체가 수정이며 수정은 맑다는 뜻이다.

結晶(결정) : 애써 노력하여 보람 있는 결과를 이루는 것
水晶(수정) : 무색투명한 석영의 하나
*結 맺을 결 *水 물 수

汀 물가 **정**
부 水 획 5
氵(물 수)와 丁(고무래 정)이 합쳐진 글자로, 물이 흐르는 곳에 고무래처럼 두둑한 땅이 물가라는 뜻이다.

鷗汀(구정) : 갈매기가 노는 물가
汀線(정선) : 해면과 육지가 맞닿은 선
*鷗 갈매기 구 *線 줄 선

선정한자 풀이 [2단원]

町 밭두둑 정
부 田 획 7
田(밭 전)과 丁(고무래 정)이 합쳐진 글자로, 밭에 고무래처럼 두둑한 곳이 밭두둑이라는 뜻이다.

町步(정보) : 땅 넓이의 단위로 1정보는 3,000평
*步 걸음 보

呈 보일, 드릴 정
부 口 획 7
口(입 구)와 壬(북방 임)이 합쳐진 글자로, 임금이 있는 북쪽을 향해 맛있는 (口) 물건을 바친다는 뜻이다.

露呈(노정) : 겉으로 다 드러내어 보임
贈呈(증정) : 어떤 물건 따위를 성의 표시나 축하 인사로 줌
*露 이슬 로 *贈 줄 증

鼎 솥 정
부 鼎 획 13
두 귀와 세 발이 있는 솥을 상형한 글자이다. 目(눈 목)은 솥이고, 目의 양쪽으로 올라온 종선은 귀고, 밑으로 내려간 종선은 발을 나타낸다.

鼎談(정담) : 세 사람이 솥발처럼 벌려 마주 앉아서 하는 이야기
鼎立(정립) : 세 사람 또는 세 세력이 솥발과 같이 벌여 섬
*談 말씀 담 *立 설 립

珽 옥홀 정
부 玉 획 11
玉(옥 옥)과 廷(조정 정)이 합쳐진 글자로, 조정에나 있던 값진 옥홀을 의미한다.

珽玉(정옥) : 제왕이 지니는 옥으로 만든 큰 笏(홀)
*玉 옥 옥

趙 나라이름 조
부 走 획 14
走(달릴 주)와 肖(닮을 초)가 합쳐진 글자로, 달아나서 같이(肖) 간다는 뜻이나 지금은 나라이름과 사람의 성으로만 쓴다.

趙(조) : 중국 戰國時代(전국시대)의 나라 이름

曹 무리, 성씨 조
부 日 획 11 동 曺
一(한 일)과 曲(굽을 곡)과 日(가로 왈)이 합쳐진 글자로, 하나의 굽어(曲)진 말을 하는 무리라는 뜻이다.

吏曹(이조) : 육조 가운데 문관의 선임과 훈봉에 관한 일을 맡아보던 관아
刑曹(형조) : 고려와 조선 시대에 육조 가운데 법률, 소송, 刑獄(형옥), 노예 등에 관한 일을 맡아보던 관아
*吏 벼슬아치 리 *刑 형벌 형

선정한자 풀이 [2단원]

爪 손톱 조
- 부 爪 획 4
- 손가락 끝을 덮는 손톱의 모양을 본뜬 글자이다.

手爪(수조): 손톱
爪甲(조갑): 손톱과 발톱
*手 손 수 *甲 첫째 천갑 갑

綜 모을 종
- 부 糸 획 14
- 糸(실 사)와 宗(마루 종)이 합쳐진 글자로, 밖에서 일한 실을 마루에 모아둔다는 뜻이다.

綜合(종합): 여러 가지를 한데 모아서 합함
*合 합할 합

琮 옥홀 종
- 부 玉 획 12
- 玉(옥 옥)과 宗(으뜸 종)이 합쳐진 글자로, 옥 중에 으뜸인 옥홀을 뜻한다.

琮花(종화): 아름다운 꽃
*花 꽃 화

註 주낼 주
- 부 言 획 12
- 言(말씀 언)과 主(주인 주)가 합쳐진 글자로, 원문의 주된 뜻을 해설하는 것이라는 뜻이다.

註譯(주역): 주를 달면서 번역함
註解(주해): 본문의 뜻을 알기 쉽게 풀이함
*譯 번역할 역 *解 풀 해

埈 가파를 높을 준
- 부 土 획 10
- 土(흙 토)와 夋(높을 준)이 합쳐진 글자로, 땅이 높으니 경사가 가파르다는 뜻이다.

埈險(준험): 산세가 험하고 높음
*險 험할 험

峻 높을 준엄할 준
- 부 山 획 10
- 山(메 산)과 夋(높을 준)이 합쳐진 글자로, 높은 산이라는 뜻이다.

峻嶺(준령): 1. 높고 가파른 고개
        2. 고되고 어려운 고비
峻嚴(준엄): 매우 엄함
*嶺 재 령 *嚴 엄할 엄

2급 선정한자 풀이

선정한자 풀이 [2단원]

駿 준마 **준**
- 부 馬 획 17
- 馬(말 마)와 夋(높을 준)이 합쳐진 글자로, 높이 뛸 수 있는 말이 준마라는 뜻이다.

駿馬(준마) : 썩 잘 달리는 좋은 말
駿足(준족) : 걸음이 빠르고 잘 달림 또는 그런 사람
*馬 말 마 *足 발 족

祉 복 **지**
- 부 示 획 9
- 示(보일 시)와 止(그칠 지)가 합쳐진 글자로, 신(示)이 머무르고 있는 곳이니 복이 있다는 뜻이다.

福祉(복지) : 만족할 만한 생활환경, 행복
*福 복 복

肢 사지 **지**
- 부 肉 획 8
- 月(肉, 몸 육)과 支(가를 지)가 합쳐진 글자로, 몸에서 갈라진(支) 것이 팔다리라는 뜻이다.

四肢(사지) : 두 팔과 두 다리
肢體(지체) : 팔다리와 몸
*四 넉 사 *體 몸 체

芝 지초 **지**
- 부 艸 획 8
- 艹(풀 초)와 之(갈 지)가 합쳐진 글자로, 곰팡이에 의해 번져나가는 풀이라는 데서 지초라는 뜻이 되었다.

芝蘭之交(지란지교) : 芝草(지초)와 蘭草(난초) 같은 향기로운 사귐이라는 뜻으로, 벗 사이의 고상한 교제를 이르는 말
*蘭 난초 란 *之 갈 지 *交 사귈 교

址 터 **지**
- 부 土 획 7
- 土(흙 토)와 止(그칠 지)가 합쳐진 글자로, 건물들이 머물러 있는 터를 뜻한다.

舊址(구지) : 이전에 어떤 건물이나 시설 등이 있었던 터
城址(성지) : 성터
*舊 예 구 *城 성 성

稙 올벼 **직**
- 부 禾 획 13
- 禾(벼 화)와 直(곧을 직)이 합쳐진 글자로, 벼가 곧게 잘 자라게 하려면 일찍 심은 벼가 좋다는 데서 올벼라는 뜻이 되었다(올벼는 제철보다 일찍 자라는 벼이다).

稙禾(직화) : 일찍 심은 벼
*禾 벼 화

선정한자 풀이 [2단원]

秦 나라이름 진
- 부 禾 획 10
- 周代(주대)에 서북방의 국명으로 천하를 통일하였던 나라인 진나라를 뜻한다.

秦始皇(진시황) : 중국의 황제 중 하나
*始 처음 시 *皇 임금 황

窒 막을 질
- 부 穴 획 11
- 穴(구멍 혈)과 至(이를 지)가 합쳐진 글자이다. 구멍을 벽으로 막아 통하지 않도록 하였다는 데서 막히다는 뜻이 되었다.

窒息(질식) : 숨통이 막히거나 산소가 부족하여 숨을 쉴 수 없게 됨
窒塞(질색) : 몹시 놀라거나 싫어서 기막힐 지경에 이름
*息 숨쉴 식 *塞 막힐 색

叉 깍지 낄 차
- 부 又 획 3
- 又(손 우)와 、(점 주)가 합쳐진 글자로, 손(又)이 서로 '교차'함을 점(、)으로 표시하여 깍지 낀 모양을 표현했다.

交叉(교차) : 서로 엇갈리거나 마주침
*交 사귈 교

餐 먹을 찬
- 부 食 획 16
- 粲(빛날 찬)의 획줄과 食(먹을 식)이 어우러진 글자로, 하루 중에 저녁식사를 가장 찬란하게 한다는 뜻에서 먹는다는 뜻이 되었다.

晩餐(만찬) : 특별히 잘 차려낸 저녁식사
朝餐(조찬) : 아침 밥
*晩 저물 만 *朝 아침 조

燦 빛날 찬
- 부 火 획 17
- 火(불 화)와 粲(선명할 찬)이 합쳐진 글자로, 선명하게 잘 보이는 데서 불빛을 비추니 찬란하게 빛난다는 뜻이 되었다.

燦爛(찬란) : 훌륭하고 빛남
*爛 빛날 란

璨 옥, 빛날 찬
- 부 玉 획 17
- 玉(옥 옥)과 粲(밝을 찬)이 합쳐진 글자로, 옥이 밝은 광채를 발한다는 데서 빛나다는 뜻이 되었다.

璨璨(찬찬) : 옥빛이 찬란한 모양

선정한자 풀이 [2단원]

昶 밝을, 해 길 **창**
부 日 획 9
永(길 영)과 日(해 일)이 합쳐진 글자로, 해가 길게 비추니 밝다는 뜻이다.

昶洽(창흡) : 널리 통함, 두루 미침
*洽 윤택할 흡

蔡 성씨, 풀떨기 **채**
부 艹 획 15
周(주)나라 武王(무왕)의 아우 康叔(강숙)을 봉한 지명이었다가 그 후손의 성씨로 쓰이게 된 글자이다.

蔡壽(채수) : 조선 중종 때의 문신, 자는 耆之(기지)
*壽 목숨 수

埰 채밭 **채**
부 土 획 11
土(흙 토)와 采(캘 채)가 합쳐진 글자로, 땅(土)에서 무엇을 캐기(采) 좋은 땅이 채밭이라는 뜻이다.

埰地(채지) : 경대부에게 나라에서 내려주던 땅
*地 땅 지

采 풍채, 캘 **채**
부 采 획 8
爫(손톱 조)와 木(나무 목)이 합쳐진 글자로, 손으로 나무를 뿌리째 뽑는다는 데서 캐다는 뜻이 되었다.

采色(채색) : 풍채와 안색
受采(수채) : 신랑 집에서 보내는 納幣(납폐)를 신부의 집에서 받음
風采(풍채) : 드러나 보이는 사람의 겉모양
*色 빛 색 *受 받을 수 *風 바람 풍

隻 외짝, 하나 **척**
부 隹 획 10
隹(새 추)와 又(손 우)가 합쳐진 글자로, 손 위에 새 한 마리가 있으니 외짝이라는 뜻이다. 또한 배를 세는 단위로도 쓴다.

隻身(척신) : 홀몸
*身 몸 신

澈 물 맑을 **철**
부 水 획 15
氵(물 수)와 㪗(거둘 철)이 합쳐진 글자로, 물의 불순물을 거두니 물이 맑다는 뜻이다.

澈漠(철막) : 맑고 깨끗하게 함
澈底(철저) : 아주 맑아서 바닥이 환히 보임
*漠 사막 막 *底 밑 저

선정한자 풀이 [2단원]

喆 밝을 철
- 부 口 획 12 동 哲
- 士(선비 사)와 口(입 구)가 합쳐져 '길할 길'이 되고, 吉(길할 길)이 두 개 나란히 붙어 선비에 입에서는 항상 밝은 말이 나온다는 뜻이 되었다.

喆命(철명) : 선천적으로 타고난 밝은 지혜
喆婦(철부) : 재덕이 뛰어난 여자
*命 목숨 명 *婦 며느리 부

秒 초 초
- 부 禾 획 9
- 禾(벼 화)와 少(적을 소)가 합쳐진 글자로, 벼이삭에서 작은 것은 까끄라기를 뜻하며 그와 같이 매우 작은 시간을 나타내는 단위인 초를 의미하게 되었다.

秒速(초속) : 1초를 단위로 하여 잰 속도
秒針(초침) : 초바늘
*速 빠를 속 *針 바늘 침

楚 초나라 초
- 부 木 획 13
- 나라이름으로 쓰이는 글자이다.

四面楚歌(사면초가) : 아무에게도 도움을 받지 못하는 지경에 빠진 형편
*四 넉 사 *面 낯 면 *歌 노래 가

蜀 나라이름 촉
- 부 虫 획 13
- 罒(그물 망)과 勹(쌀 포)와 虫(벌레 충)이 합쳐진 글자로, 본래는 해바라기 속에 있는 벌레를 상형한 글자였으나 후에 나라이름으로 쓰이게 되었다.

蜀客(촉객) : '해당화'의 다른 이름
*客 손 객

叢 떨기 총
- 부 又 획 18
- 丵(풀 무성할 총)과 取(취할 취)가 합쳐진 글자로, 풀이 엉켜 모여 있다는 뜻에서 떨기를 뜻한다.

叢論(총론) : 관련 있는 여러 가지 논문, 논설, 문장 따위를 모은 글
叢書(총서) : 일정한 형식과 제재로 계속해서 출판되어 한 질을 이루는 책들
*論 논할 론 *書 글 서

崔 높을, 성씨 최
- 부 山 획 11
- 山(메 산)과 隹(새 추)가 합쳐진 글자로, 높은 산 위에 앉아 있는 새라는 의미에서 높다는 뜻이 되었다.

崔崔(최최) : 높고 큰 모양

선정한자 풀이 [2단원]

沖 깊을 충
- 부 水 획 7
- 氵(물 수)와 中(가운데 중)이 합쳐진 글자로, 물 가운데가 가장 깊다는 뜻이다.

沖年(충년) : 열 살 안팎의 어린 나이
沖積(충적) : 흙과 모래가 흐르는 물에 운반되어 쌓임
*年 해 년 *積 쌓을 적

惻 슬퍼할 측
- 부 心 획 12
- 忄(마음 심)과 則(곧 즉)이 합쳐진 글자로, 누구나 생명이 곤경에 빠진 것을 보면 곧 슬퍼진다는 뜻이다.

惻隱(측은) : 가엾고 불쌍함
*隱 숨길 은

雉 꿩 치
- 부 隹 획 13
- 矢(화살 시)와 隹(새 추)가 합쳐진 글자로, 화살처럼 똑바로 나는 새가 꿩이라는 뜻이다.

雄稚(웅치) : 수꿩
雉兔者(치토자) : 꿩과 토끼를 잡는 사냥꾼
*雄 수컷 웅 *兔 토끼 토 *者 놈 자

侈 사치할 치
- 부 人 획 8
- 亻(사람 인)과 多(많을 다)가 합쳐진 글자로, 많은 사람이 쓸 재물을 한 사람이 다 쓰는 것이니 사치하는 것이란 뜻이다.

奢侈(사치) : 필요 이상의 돈이나 물건을 쓰거나 분수에 지나친 생활을 함
豪侈(호치) : 호화로움
*奢 사치할 사 *豪 호걸 호

勅 칙서 칙
- 부 力 획 9
- 束(묶을 속)과 力(힘 력)이 합쳐진 글자로, 백성들을 강력하게 단속하기 위해서 칙서를 내린다는 데서 칙서라는 뜻이 되었다.

勅書(칙서) : 임금이 특정인에게 훈계하거나 알릴 내용을 적은 글이나 문서
勅使(칙사) : 임금의 명령을 전달하는 사신
*書 글 서 *使 하여금 사

鐸 방울 탁
- 부 金 획 21
- 金(쇠 금)과 睪(엿볼 역)이 합쳐진 글자로, 백성들을 다스릴 때 쓰는 큰 방울을 뜻이고 나아가 백성을 깨우치는 목탁이란 뜻이다.

木鐸(목탁) : 불공을 할 때나 사람들을 모이게 할 때 두드려 소리를 내는 기구
*木 나무 목

선정한자 풀이 [2단원]

眈 노려볼 탐
부 目 획 9
目(눈 목)과 尤(머뭇거릴 유)가 합쳐진 글자로, 머뭇거리면서 눈으로 노려보는 것을 뜻한다.

眈美(탐미) : 아름다움을 추구하여 거기에 빠지거나 깊이 즐김
*美 아름다울 미

兌 기쁠, 괘이름 태
부 儿 획 7
八(여덟 팔)과 口(입 구)와 儿(어진 사람 인)이 합쳐진 글자로, 사람이 입을 벌리(八)고 웃으며 기뻐한다는 데서 즐기는 것이라는 뜻이 되었다.

兌卦(태괘) : 팔괘의 하나, 못을 상징
*卦 걸 괘

台 별 태, 나 이
부 口 획 5
厶(사사 사)와 口(입 구)가 합쳐진 글자로, 사사로운 말(口)을 하는 나를 뜻한다.

天台(천태) : 중국 수나라 때에 저장성 톈타이 산에서 지의가 세운 대승 불교의 한 파
*大 하늘 천

巴 땅이름 파
부 己 획 4
입에 음식을 물고 있는 큰 뱀을 상형한 글자로, 큰 뱀을 뜻하며 땅이름으로도 쓰인다.

歐羅巴(구라파) : '유럽'의 한자음 표기
*歐 토할 구 *羅 비단 라

坡 언덕 파
부 土 획 8
土(흙 토)와 皮(가죽 피)가 합쳐진 글자로, 털이 난 가죽처럼 풀이 난 흙더미, 즉 언덕을 뜻한다.

坡州(파주) : 경기도 파주시
*州 고을 주

阪 언덕 판
부 阝 획 7
阝(언덕 부)와 反(되돌릴 반)이 합쳐진 글자로, 언덕 위는 이쪽저쪽이 바르지 않게 경사진 곳이라는 데서 언덕이라는 뜻이 되었다.

嶮阪(험판) : 험준한 고개
*嶮 험할 험

선정한자 풀이 [2단원]

鞭
채찍 편
부 革 획 18

革(가죽 혁)과 便(편할 편)이 합쳐진 글자이다. 가죽으로 사람의 나쁜 것을 고치도록 친다는 데서 채찍이라는 뜻이 되었다.

敎鞭(교편) : 교사가 강의를 할 때 필요한 사항을 가리키기 위하여 사용하는 가느다란 막대기
鞭撻(편달) : 1. 채찍질
　　　　　　2. 경계하고 격려함
＊敎 가르칠 교　＊撻 매질할 달

扁
현판 편
부 戶 획 9

戶(지게문 호)와 冊(책 책)이 합쳐진 글자로, 문벽에 글을 써 붙인 현판을 뜻한다.

扁額(편액) : 종이, 비단, 널빤지 따위에 그림을 그리거나 글씨를 써서 방안이나 문 위에 걸어놓는 액자
〈동의어〉扁題(편제)
扁舟(편주) : 조각배
＊額 이마 액　＊舟 배 주

哺
먹일 포
부 口 획 10

口(입 구)와 甫(클 보)가 합쳐진 글자로, 크게 벌린 입에다가 먹이를 먹인다는 뜻이다.

反哺之孝(반포지효) : 까마귀 새끼가 자라서 늙은 어미에게 먹이를 물어다 주는 孝(효)라는 뜻으로, 자식이 자란 후에 어버이의 은혜를 갚는 효성을 이르는 말
哺乳(포유) : 어미가 제 젖으로 새끼를 먹여 기름
＊反 되돌릴 반　＊之 갈 지　＊孝 효도 효　＊乳 젖 유

鋪
펼, 점방 포
부 金 획 15

金(쇠 금)과 甫(클 보)가 합쳐진 글자로, 금속을 크게 펴놓은 점포라는 뜻이다.

典當鋪(전당포) : 물건을 잡고 돈을 빌려 주어 이익을 취하는 곳
鋪道(포도) : 포장도로
＊典 법 전　＊當 마땅 당　＊道 길 도

葡
포도 포
부 艹 획 13

艹(풀 초)와 匍(길 포)가 합쳐진 글자로, 풀(艹)덩굴처럼 가지가 길게 기어가는 나무가 포도라는 뜻이다.

葡萄糖(포도당) : 알코올 발효나 의약품에 이용되는 단당류의 한 가지
乾葡萄(건포도) : 말린 포도
＊萄 포도 도　＊糖 달 당　＊乾 하늘 건, 마를 건

杓
자루 표
부 木 획 7

木(나무 목)과 술 뜰때 쓰는 기구인 勺(구기 작)이 합쳐진 글자로, 나무로 만든 술그릇인데 거기에는 자루가 있기 때문에 자루라는 뜻이 되었다.

杓(표) : 국자 모양인 북두칠성의 별 가운데 자루에 해당하는 세 개의 별

선정한자 풀이 [2단원]

弼
도울 **필**

부 弓 획 12

弜(굳셀 강) 사이에 百(일백 백)이 합쳐진 글자로, 백성을 다스리는 통치자를 백배 더 강하도록 돕는 것이라는 뜻이다.

輔弼(보필) : 윗사람의 일을 도움
*輔 도울 보

泌
스며흐를 **필** 샘물흐를 **비**

부 水 획 8

氵(물 수)와 必(반드시 필)이 합쳐진 글자로, 흐르는 물은 반드시 스며 흐른다는 뜻이다.

分泌(분비) : 샘세포의 작용에 의하여 특수한 액즙을 만들어 배출함
泌尿器(비뇨기) : 오줌을 만들어 배설하는 기관
*分 나눌 분 *尿 오줌 뇨 *器 그릇 기

乏
다할 **핍**

부 丿 획 5

丿(삐칠 별)과 之(갈 지)가 합쳐진 글자로, 가는(之) 위에 또 삐쳐서(丿) 더 가버려 남은 것이 없으니 떨어진 것이라는 뜻이다.

缺乏(결핍) : 있어야 할 것이 없어지거나 모자람
乏盡(핍진) : 재물이나 정력 따위가 모두 없어짐
*缺 이지러질 결 *盡 다될 진

瑕
티, 흠 **하**

부 玉 획 13

玉(구슬 옥)과 叚(빌 가)가 합쳐진 글자로, 옥이 완전하지 못한 것이라 흠집이 있다는 뜻이다.

瑕疵(하자) : 법률 또는 당사자가 예기한 상태나 성질이 결여되어 있는 일
*疵 흠 자

轄
다스릴, 비녀장 **할**

부 車 획 17

車(수레 거)와 害(해칠 해)가 합쳐진 글자로, 수레바퀴가 굴러가는 데 방해가 되지 않도록 잘 다스린다는 뜻이다.

管轄(관할) : 일정한 권한에 의하여 통제하거나 지배함, 담당
直轄市(직할시) : '광역시'의 전 이름
*管 대롱 관 *直 곧을 직 *市 시장 시

函
함 **함**

부 凵 획 8

一(한 일)과 水(水, 물 수)와 凵(위 터진 그릇 감)이 합쳐진 글자로, 하늘에서 빗물이 떨어져 들어간 그릇 같은 것은 무엇을 넣을 수 있는 함이라는 뜻이다.

函(함) : 1. 혼인 때 신랑 쪽에서 채단과 혼서지를 넣어서 신부 쪽에 보내는 나무 상자
2. 옷이나 물건 따위를 넣을 수 있도록 네모지게 만든 통
投票函(투표함) : 투표자가 기입한 투표용지를 넣는 상자
*投 던질 투 *票 표 표

선정한자 풀이 [2단원]

亢 목, 별이름 **항**
부 亠 획 4
亠(머리 두)와 목의 형상을 그린 几(안석 궤)가 합쳐진 글자로, 목(几)에서 머리(亠)로 높이 올라간 목의 모양을 상형한 글자이다.

亢星(항성) : 이십팔수의 하나로 동쪽의 둘째 별자리
亢羅(항라) : 명주, 모시, 무명실 따위로 짠 피륙의 하나
*星 별 성 *羅 새그물 라

杏 은행, 살구 **행**
부 木 획 7
木(나무 목)과 口(向의 생략자)가 합쳐진 글자로, 집 앞(向)에 심은 과실나무, 즉 살구를 뜻한다.

杏林(행림) : 1. 살구나무가 무성하게 꽉 들어찬 곳
              2. 한방의 醫員(의원)을 달리 이르는 말
杏仁(행인) : 살구씨
*林 수풀 림 *仁 어질 인

赫 붉을, 빛날 **혁**
부 赤 획 14
赤(붉을 적) 두 개가 합쳐진 글자로, 붉다는 의미이다.

赫赫(혁혁) : 밝고 뚜렷함
赫怒(혁노) : 발끈 성냄
*怒 성낼 노

峴 고개 **현**
부 山 획 10
山(메 산)과 見(볼 견)이 합쳐진 글자로, 산에서 앞뒤로 볼 수 있는 곳이 고개라는 뜻이다.

峴嶺(현령) : 낮고 높은 고개의 총칭
*嶺 재 령

炫 빛날 **현**
부 火 획 9
火(불 화)와 玄(검을 현)이 합쳐진 글자로, 불이 아득히 빛나는 것이라는 뜻이다.

炫目(현목) : 눈을 부시게 함
炫炫(현현) : 빛나는 모양
*目 눈 목

鉉 솥귀 **현**
부 金 획 13
金(쇠 금)과 玄(검을 현)이 합쳐진 글자로, 반달 모양의 쇠로 된 솥귀고리, 즉 솥귀를 뜻한다.

鉉台(현태) : 三公(삼공)의 職位(직위)를 이름
*台 별 태

선정한자 풀이 [2단원]

狹 좁을 협
- 부 犬 획 10
- 犭(개 견)과 夾(낄 협)이 합쳐진 글자로, 본래는 阝(언덕 부)와 夾의 합자였다. 언덕에 끼였으니 좁다는 뜻이다.

偏狹(편협) : 한쪽으로 치우쳐 도량이 좁고 너그럽지 못함
狹心(협심) : 관상 동맥이 경련, 경화, 폐색 등으로 좁아짐
*偏 치우칠 편 *心 마음 심

炯 빛날 형
- 부 火 획 9
- 火(불 화)와 冏(들 형)이 합쳐진 글자로, 불빛이 멀리 들 때까지 비추니 밝다는 뜻이다.

炯眼(형안) : 예리한 눈
炯心(형심) : 밝은 마음
*眼 눈 안 *心 마음 심

邢 성씨, 나라이름 형
- 부 邑 획 7
- 성씨나 나라이름으로만 쓰이는 글자이다.

邢國(형국) : 지금의 하북성에 있었던 周公(주공)의 아들을 봉한 제후국
*國 나라 국

晧 밝을 호
- 부 日 획 11
- 日(날 일)과 告(알릴 고)가 합쳐진 글자로, 해(日)가 말해(告)주는 것은 밝다는 뜻이다.

晧雪(호설) : 흰 눈
*雪 눈 설

祜 복 호
- 부 示 획 10
- 示(보일 시)와 古(옛 고)가 합쳐진 글자로, 신(示)에게 오랫동안 빌어서 받는 것이 복이라는 뜻이다.

天祜(천호) : 하늘이 내려준 복
*天 하늘 천

昊 하늘 호
- 부 日 획 8
- 日(날 일)과 天(하늘 천)이 합쳐진 글자로, 태양이 있는 밝은 하늘이라는 뜻이다.

昊天(호천) : 넓은 하늘, 서쪽 하늘, 여름 하늘
*天 하늘 천

2급 선정한자 풀이 225

선정한자 풀이 [2단원]

壕 해자, 도랑 호
부 土 획 17
土(흙 토)와 豪(호걸 호)가 합쳐진 글자로, 땅을 파서 굳세게(豪) 지키려고 성 주위에 만든 못이 해자라는 뜻이다.

防空壕(방공호) : 적의 항공기 공급이나 공격을 피하기 위하여 땅속에 파 놓은 구덩이
*防 막을 방 *空 빌 공

鎬 호경, 빛날 호
부 金 획 18
金(쇠 금)과 高(높을 고)가 합쳐진 글자로, 쇠로 된 것 중에 최고는 먹을 것을 끓여 먹는 냄비라는 뜻이다.

鎬鎬(호호) : 빛나는 모양, 환한 모양

皓 흴 호
부 白 획 12
白(흰 백)과 告(알릴 고)가 합쳐진 글자로, 하얀 것이 알리고자 하는 바는 그것이 희다는 사실이란 뜻이다.

皓齒(호치) : 희고 깨끗한 이
丹脣皓齒(단순호치) : '붉은 입술과 하얀 이'라는 뜻으로, 아름다운 여인을 이름
*齒 이 치 *丹 붉을 단 *脣 입술 순

桓 굳셀 환
부 木 획 10
木(나무 목)과 亘(펼 선)이 합쳐진 글자로, 나무가 크게 펼쳐져서 굳센 것이라는 뜻이다.

桓雄(환웅) : 단군신화에 나오는 천제인 환인의 아들로 웅녀와 결혼해 단군을 낳았다는 인물
*雄 수컷 웅

煥 빛날 환
부 火 획 13
火(불 화)와 奐(빛날 환)이 합쳐진 글자로, 불빛이 빛난다는 뜻이다.

煥然(환연) : 환히 빛나는 모양
*然 그러할 연

晃 밝을 황
부 日 획 10
日(해 일)과 光(빛 광)이 합쳐진 글자로, 햇빛은 밝은 것이라는 뜻이다.

晃朗(황랑) : 밝은 모양
晃晃(황황) : 빛나는 모양, 밝은 모양
*朗 밝을 랑

선정한자 풀이 [2단원]

賄 뇌물 회
- 부 貝 획 13
- 貝(조개 패)과 有(있을 유)가 합쳐진 글자로, 무슨 대가를 바라는 마음을 품고 가진 재물을 주는 것이 뇌물이라는 뜻이다.

收賄(수회) : 뇌물을 받음
賄賂(회뢰) : 뇌물을 주고받음
*收 거둘 수 *賂 뇌물줄 뢰

淮 물이름 회
- 부 水 획 11
- 氵(물 수)와 隹(새 추)가 합쳐진 글자로, 새(隹)들이 많은 물이름을 뜻한다.

淮水(회수) : 河南省(하남성) 桐柏山(동백산)에서 발원하여 安徽省(안휘성), 江蘇省(강소성)을 거쳐 황하로 흘러 들어가는 강
*水 물 수

后 왕후 후
- 부 口 획 6
- 사람이 서서 손을 펴고 있는 모양과 口(입 구)가 합쳐진 글자로, 몸이나 입으로 지시하는 임금을 뜻하며 나아가 왕후란 뜻도 가진다.

王后(왕후) : 왕비
皇后(황후) : 황제의 정실
*土 임금 왕 *皇 임금 황

熏 연기 낄 훈
- 부 火 획 14 동
- 千(일천 천)과 黑(검을 흑)이 합쳐진 글자로, 천 갈래로 퍼지는 검은 연기를 뜻한다.

熏製(훈제) : 소금에 절인 고기를 연기에 그을려 말리면서 그 연기의 성분이 흡수되게 함 또는 그런 식품
熏蒸(훈증) : 더운 연기에 쐬어서 찜
*製 지을 제   *蒸 찔 증

薰 향풀, 향내 훈
- 부 艹 획 18
- 艹(풀 초)와 熏(연기낄 훈)이 합쳐진 글자로, 연기가 나는 것처럼 풀에서 향기가 난다는 뜻이다.

薰氣(훈기) : 훈훈한 기운
薰風(훈풍) : 첫여름에 부는 훈훈한 바람
*氣 기운 기 *風 바람 풍

烋 아름다울 휴
- 부 火 획 10
- 休(쉴 휴)와 灬(불 화)가 합쳐진 글자로, 쉬는 곳에 불을 피우니 온화하고 아름답다는 뜻이다.

金烋(김휴) : 〈해동문헌총록〉을 집필한 조선의 성리학자
*金 성씨 김

선정한자 풀이 [2단원]

欽 공경할 흠
부 欠 획 12
金(쇠 금)과 欠(하품 흠)이 합쳐진 글자로, 금을 가진 사람을 보고 하품하듯 입 벌려 부러워하며 그 사람을 공경한다는 뜻이다.

欽慕(흠모) : 기쁜 마음으로 공경하며 사모함
欽定(흠정) : 황제가 손수 제도나 법률 따위를 제정하던 일 또는 그런 제정
*慕 그리워할 모 *定 정할 정

欠 하품 흠
부 欠 획 4
사람이 하품하는 모양을 본뜬 글자이다.

欠缺(흠결) : 일정한 수효에서 부족함이 생김
　〈동의어〉欠縮(흠축)
欠節(흠절) : 부족하거나 잘못된 점
*缺 이지러질 결 *節 마디 절

禧 복 희
부 示 획 17
示(보일 시)와 喜(기쁠 희)가 합쳐진 글자로, 기쁜 일이 자꾸 생기는 것은 신이 복을 주기 때문이라는 뜻이다.

禧年(희년) : 가톨릭에서 특별한 大赦(대사)를 베푸는 해
*年 해 년

姬 아씨 희
부 女 획 9
女(여자 녀)와 臣(신하 신)이 합쳐진 글자로, 임금이나 신하를 모시는 여자를 뜻한다.

舞姬(무희) : 춤을 잘 추거나 춤추는 것을 직업으로 하는 여자
美姬(미희) : 아름다운 여자
*舞 춤출 무 *美 아름다울 미

嬉 즐길 희
부 女 획 15
女(여자 녀)와 喜(기쁠 희)가 합쳐진 글자로, 여자와 기쁘게 지내니 즐겁다는 뜻이다.

嬉遊(희유) : 즐겁게 놂
娛嬉(오희) : 즐거워하고 기뻐함
*遊 놀 유 *娛 즐거워할 오

犧 희생 희
부 牛 획 20
牛(소 우)와 羲(숨 희)가 합쳐진 글자로, 소가 살아 숨쉬는 채로 바쳐지니 희생당한다는 뜻이다.

犧打(희타) : 운동이나 오락에서의 희생타
*打 칠 타

3 기타 출제유형 익히기

▶ 필수 한자성어 ▶ 반의어 · 유의어 ▶ 약자
▶ 직업분야별 실용한자어

필수 한자성어

角者無齒 각자무치
[뿔 각 사람 자 없을 무 이 치]
'뿔이 달린 놈은 날카로운 이가 없다'는 뜻으로, 한 사람이 여러 가지 복이나 재주를 갖출 수는 없음을 의미함

鼓腹擊壤 고복격양
[두드릴 고 배 복 칠 격 땅 양]
'배를 두드리고 땅을 치며 태평을 노래한다'는 뜻으로, 정치가 잘 되어 백성들이 평안을 누리는 태평성대를 의미함

擧案齊眉 거안제미
[들 거 밥상 안 나란히 할 제 눈썹 미]
'밥상을 들어 눈썹과 나란히 한다'는 뜻으로, 아내가 남편을 극진히 공경함을 이르는 말

苦肉之策 고육지책
[괴로울 고 고기 육 갈 지 꾀 책]
'자기의 살을 괴롭게 하는 꾀'라는 뜻으로, 어쩔 수 없이 자신을 희생시키면서까지 내는 꾀를 의미함

隔世之感 격세지감
[사이 뜰 격 대 세 갈 지 느낄 감]
'세대가 멀리 떨어진 느낌'이라는 뜻으로, 세대를 뛰어넘은 것 같은 느낌 또는 세상이 많이 바뀌어서 딴 세대가 된 것 같은 느낌

孤掌難鳴 고장난명
[외로울 고 손바닥 장 어려울 난 울 명]
'손바닥 하나로는 소리를 내지 못한다'는 뜻으로, 상대 없이는 무슨 일을 이루기 어렵다는 협조의 중요성을 의미함

牽強附會 견강부회
[끌 견 억지로 강 붙을 부 모일 회]
'이치에 맞지 않는 말을 억지로 끌어다 붙인다'는 뜻으로, 사리에 맞지 않는 일을 자신에게 유리하도록 끌어다 붙이는 것

矯角殺牛 교각살우
[바로잡을 교 뿔 각 죽일 살 소 우]
'뿔을 바로잡으려다가 소를 죽인다'는 뜻으로, 곧 조그만 일을 고치려다 큰일을 그르침을 의미함

謙讓之德 겸양지덕
[겸손할 겸 사양할 양 갈 지 덕 덕]
겸손하게 사양하는 덕성

口蜜腹劍 구밀복검
[입 구 꿀 밀 배 복 칼 검]
'입에는 꿀이 있지만 뱃속에는 칼이 있다'는 뜻으로, 겉으로는 친한 척하나 속으로는 해칠 생각을 가지고 있음을 의미함

孤軍奮鬪 고군분투
[외로울 고 군사 군 분발할 분 싸울 투]
'외로운 군대가 애써 싸운다'는 뜻으로, 적은 수의 군대가 힘이 강한 적과 힘껏 싸움 또는 혼자 힘겹게 헤쳐나감을 의미함

群鷄一鶴 군계일학
[무리 군 닭 계 한 일 학 학]
'닭 무리 속에 끼어 있는 한 마리의 학'이란 뜻으로, 평범한 여러 사람들 가운데 뛰어난 사람을 이르는 말

孤立無援 고립무원
[외로울 고 설 립 없을 무 도울 원]
고립되어 도움을 받을 데가 없는 상태

群雄割據 군웅할거
[무리 군 영웅 웅 나눌 할 차지할 거]
'많은 영웅들이 땅을 나누어 차지한다'는 뜻으로, 여러 영웅이 각기 한 지방씩 차지하고 위세를 부리는 것을 의미함

필수 한자성어

權謀術數 (권모술수)
[권세 권 꾀 모 꾀 술 헤아릴 수]
상대방을 교묘하게 속이거나 곤경에 빠뜨리는 술책

累卵之危 (누란지위)
[포갤 루 알 란 갈 지 위태로울 위]
'알을 쌓아 놓은 듯이 위태로움'이란 뜻으로, 조금만 건드려도 쓰러질 것 같은 매우 위급한 상황을 의미함

錦上添花 (금상첨화)
[비단 금 윗 상 더할 첨 꽃 화]
'비단 위에 꽃을 더한다'는 뜻으로, 좋은 일 위에 더 좋은 일이 더하여짐을 비유적으로 이르는 말임

丹脣皓齒 (단순호치)
[붉을 단 입술 순 흴 호 이 치]
'붉은 입술과 하얀 이'라는 뜻으로, 여인의 아름다운 모습을 의미함

氣盡脈盡 (기진맥진)
[기운 기 다할 진 맥 맥 다할 진]
'기운이 없고 맥이 풀렸다는 뜻'으로, 스스로 몸을 가누지 못할 정도로 기력이나 기운이 다함을 의미함

堂狗風月 (당구풍월)
[집 당 개 구 바람 풍 달 월]
'서당 개 삼년이면 풍월을 읊는다'는 뜻으로, 어떤 일을 잘 모르는 사람이라도 오랫동안 보고 들으면 쉽게 해석할 수 있음을 의미함

騎虎之勢 (기호지세)
[말탈 기 호랑이 호 갈 지 세력 세]
'호랑이를 타고 달리는 형세'라는 뜻으로, 일을 계획하고 시작한 다음에는 중도에서 그만둘 수 없음을 비유함

道聽塗說 (도청도설)
[길 도 들을 청 진흙 도 말할 설]
'길에서 들은 이야기를 길에서 말한다'는 뜻으로, 근거 없이 나도는 소문을 이름

落張不入 (낙장불입)
[떨어질 락 패장 장 아니 불 들 입]
'떨어진 패장은 다시 들이지 못한다'는 뜻으로, 한번 행한 일은 되돌리지 못함을 이르는 말

塗炭之苦 (도탄지고)
[진흙 도 숯 탄 갈 지 괴로울 고]
'진흙 구덩이나 숯불에 빠진 괴로움'이라는 뜻으로, 임금의 포악한 학정으로 백성들이 심한 고통을 받아 몹시 고생스러움을 의미함

男負女戴 (남부여대)
[사내 남 질 부 여자 녀 일 대]
'남자는 짐을 지고 여자는 짐을 인다'는 뜻으로, 가난한 사람들이나 재난을 당한 사람들이 살 곳을 찾아 온갖 고생을 하며 이리저리 떠돌아다님을 비유적으로 이르는 말임

杜門不出 (두문불출)
[막을 두 문 문 아닐 불 날 출]
'문을 닫고 나가지 않는다'는 뜻으로, 집에만 틀어박혀 사회의 일이나 관직에 나아가지 않음을 이르는 말임

綠衣紅裳 (녹의홍상)
[푸를 록 옷 의 붉을 홍 치마 상]
'연두 저고리에 다홍치마'라는 뜻으로, 곱게 차린 여인의 복색을 지칭함

萬頃蒼波 (만경창파)
[일만 만 밭이랑 경 푸를 창 파도 파]
'만 이랑이나 되는 바다의 파도'라는 뜻으로, 한없이 넓은 바다를 의미함

필수 한자성어

麥秀之嘆 (맥수지탄) [보리 맥 이삭 수 갈 지 탄식할 탄]
'보리 이삭의 탄식'이라는 뜻으로, 은나라가 망한 뒤 기자가 보리 이삭이 무성한 은허지를 지나며 고국의 멸망을 한탄한 것을 이르는 말

拔本塞源 (발본색원) [뽑을 발 근본 본 막을 색 근원 원]
'근본을 뿌리 뽑고 그 근원을 막는다'는 뜻으로, 악의 근원을 송두리째 없앰을 뜻함

孟母三遷 (맹모삼천) [맏 맹 어미 모 석 삼 옮길 천]
'맹자의 어머니가 맹자를 제대로 교육하기 위하여 집을 세 번이나 옮겼다'는 뜻으로, 교육에는 주위 환경이 중요하다는 가르침

夫唱婦隨 (부창부수) [지아비 부 부를 창 며느리 부 따를 수]
'남편의 주장에 아내가 따른다'는 뜻으로 가정에서의 부부 화합 도리를 이르는 말임

面從腹背 (면종복배) [얼굴 면 좇을 종 배 복 등 배]
'앞에서는 복종하나 속마음은 배반한다'는 뜻으로, 겉과 속이 다름을 의미함

附和雷同 (부화뇌동) [붙을 부 화할 화 우레 뢰 한가지 동]
'우레 소리에 맞추어 천지 만물이 함께 울린다'는 뜻으로 자기 생각이나 주장 없이 남의 의견에 동조한다는 말임

毛遂自薦 (모수자천) [털 모 이를 수 스스로 자 천거할 천]
'모수가 스스로를 천거한다'는 뜻으로, 자기가 자기 자신을 추천한다는 뜻

氷姿玉質 (빙자옥질) [얼음 빙 시 자 구슬 옥 바탕 질]
'얼음 같이 맑고 고운 모습과 옥 같은 자질'이라는 뜻으로, 매화를 상징하는 말

武陵桃源 (무릉도원) [굳셀 무 언덕 릉 복숭아 도 근원 원]
'무릉지방의 복숭아 꽃이 떠내려 오는 강물의 근원지'라는 뜻으로, 別天地(별천지) 또는 이상향을 비유하는 말

森羅萬象 (삼라만상) [빽빽할 삼 휩싸일 라 일만 만 코끼리 상]
'빽빽하게 펼쳐져 있는 모든 존재들'이란 뜻으로, 세상의 모든 것을 의미함

無依無托 (무의무탁) [없을 무 의지할 의 없을 무 바칠 탁]
'몸을 의지하고 의탁할 곳이 없다'는 뜻으로, 몹시 가난하고 외로움을 의미함

桑田碧海 (상전벽해) [뽕나무 상 밭 전 푸를 벽 바다 해]
'뽕나무 밭이 푸른 바다로 변한다'는 뜻으로, 세상이 몰라볼 정도로 변함을 비유한 말임

博學多識 (박학다식) [넓을 박 학문 학 많을 다 알 식]
학문이 넓고 아는 것이 많음

塞翁之馬 (새옹지마) [변방 새 늙은이 옹 갈 지 말 마]
'변방에 사는 노인의 말'이라는 뜻으로, ① 세상만사는 변화가 많아 어느 것이 화가 되고, 어느 것이 복이 될지 예측하기 어려워 재앙도 슬퍼할 게 못되고 복도 기뻐할 것이 아님을 이르는 말임 ② 인생의 길흉화복은 늘 바뀌어 변화가 많음을 이르는 말임

필수 한자성어

生者必滅 (생자필멸) [살 생 사람 자 반드시 필 멸할 멸]
생겨난 것은 반드시 죽어 없어지기 마련이라는 뜻

惡戰苦鬪 (악전고투) [악할 악 싸울 전 괴로울 고 싸울 투]
'모질게 싸우고 힘들게 싸운다'는 뜻으로, 어려운 상황에서 매우 노력함을 의미함

纖纖玉手 (섬섬옥수) [가늘 섬 가늘 섬 구슬 옥 손 수]
'가늘고 옥 같은 손'이라는 뜻으로, 미인의 고운 손을 의미함

羊頭狗肉 (양두구육) [양 양 머리 두 개 구 고기 육]
'양의 머리를 내걸고 개고기를 판다'는 뜻으로, 겉모양은 훌륭하지만 속은 형편없음을 의미함

騷人墨客 (소인묵객) [시끄러울 소 사람 인 먹 묵 손 객]
'시문(詩文)·서화(書畫)를 일삼는 사람'이란 뜻으로, 문사(文士), 시인(詩人)과 서예가(書藝家), 화가(畫家) 등 풍류를 아는 사람을 의미함

梁上君子 (양상군자) [들보 량 위 상 임금 군 아들 자]
'대들보 위에 있는 군자'라는 뜻으로, ① 집 안에 들어온 도둑 ② 도둑을 美化(미화)하여 점잖게 부르는 말임

手不釋卷 (수불석권) [손 수 아닐 불 풀 석 책 권]
'손에서 책을 놓지 않는다'는 뜻으로, 늘 책을 가까이하여 학문을 열심히 함을 의미함

焉敢生心 (언감생심) [어찌 언 감히 감 날 생 마음 심]
'어찌 감히 그런 마음을 먹을 수 있으랴'라는 뜻으로, 전혀 그럴 마음이 없음을 의미함

誰怨孰尤 (수원숙우) [누구 수 원망할 원 누구 숙 더욱 우]
'누구를 원망하고 누구를 탓하겠냐'는 뜻으로, 남을 원망하거나 탓할 것이 없음을 이르는 말임

如履薄氷 (여리박빙) [같을 여 밟을 리 엷을 박 얼음 빙]
'마치 엷은 얼음을 밟는 듯하다'는 뜻으로, 살얼음을 밟듯 위태로운 일을 매우 조심해 행하거나 매우 위험하고 위태로운 상황을 의미함

脣亡齒寒 (순망치한) [입술 순 망할 망 이 치 찰 한]
'입술을 잃으면 이가 시리다'는 뜻으로, ① 가까운 사이의 한쪽이 망하면 다른 한쪽도 그 영향을 받아 온전하기 어려움을 비유하여 이르는 말 ② 서로 도우며 떨어질 수 없는 밀접한 관계, 또는 서로 도움으로써 성립되는 관계를 비유하여 이르는 말

炎凉世態 (염량세태) [불탈 염 서늘할 량 세상 세 모습 태]
'따뜻하면 붙고 서늘하면 버리는 세상의 태도'란 뜻으로, 권세가 있을 때는 붙고 권세가 없어지면 푸대접하는 세상의 인심을 의미함

神出鬼沒 (신출귀몰) [귀신 신 날 출 귀신 귀 숨을 몰]
'귀신처럼 나타나고 없어진다'는 뜻으로, 홀연히 드나듦을 이름

榮枯盛衰 (영고성쇠) [영화 영 마를 고 성할 성 쇠할 쇠]
인생이나 사물이 성하고 쇠함이 번갈아 이어짐

필수 한자성어

五穀不升 (오곡불승)
[다섯 오 곡식 곡 아닐 불 되 승]
'오곡이 익지 아니하였다'는 뜻으로, 흉년이 듦을 비유적으로 이르는 말임

韋編三絶 (위편삼절)
[가죽 위 엮을 편 석 삼 끊을 절]
공자가 주역을 즐겨 읽어 책의 '가죽 끈이 세 번이나 끊어졌다'는 뜻으로, 책을 열심히 읽음을 이르는 말임

吾不關焉 (오불관언)
[나 오 아닐 불 빗장 관 어찌 언]
① 나는 그 일에 상관하지 아니함 ② 또는 그런 태도를 의미함

有耶無耶 (유야무야)
[있을 유 어조사 야 없을 무 어조사 야]
있는지 없는지 흐리멍덩한 모양, 흐지부지한 모양을 의미함

傲霜孤節 (오상고절)
[거만할 오 서리 상 외로울 고 마디 절]
'서릿발이 심한 속에서도 굴하지 아니하고 외로이 지키는 절개'라는 뜻으로, '국화'를 이르는 말임

以夷制夷 (이이제이)
[써 이 오랑캐 이 마를 제 오랑캐 이]
'오랑캐로 오랑캐를 무찌른다'는 뜻으로, 한 세력을 이용하여 다른 세력을 제어함을 이르는 말임

外柔內剛 (외유내강)
[밖 외 부드러울 유 안 내 굳셀 강]
겉(외양과 언행)은 부드러우나 마음속(신념과 의지)은 꿋꿋하고 굳셈을 이르는 말

泥田鬪狗 (이전투구)
[진흙 니 밭 전 싸움 투 개 구]
'진탕에서 싸우는 개'라는 뜻으로, ① 강인한 성격의 함경도 사람을 평한 말 ② 또는 명분이 서지 않는 일로 몰골이 사납게 싸움을 의미함

愚公移山 (우공이산)
[어리석을 우 귀 공 옮길 이 메 산]
'우공이 산을 옮긴다'는 뜻으로, 어떤 어렵고 큰일이라도 끊임없이 노력하면 반드시 이루어짐을 의미함

仁者無敵 (인자무적)
[어질 인 사람 자 없을 무 대적할 적]
어진 사람은 적이 없음

優柔不斷 (우유부단)
[머뭇거릴 우 약할 유 아닐 부 끊을 단]
마음이 모질지 못하여 우물쭈물하고 결단을 내리지 못함

一觸卽發 (일촉즉발)
[한 일 닿을 촉 곧 즉 폭발할 발]
한번 닿기만 하면 곧 폭발할 듯이 위험한 상태

遠禍召福 (원화소복)
[멀 원 재앙 화 부를 소 복 복]
재앙을 멀리하고 복을 부르는 것을 의미함

臨渴掘井 (임갈굴정)
[임할 림 목마를 갈 팔 굴 우물 정]
'목마른 자가 우물 판다'라는 뜻으로, 준비 없이 일을 당하여 허둥지둥하고 애씀을 의미함

필수 한자성어

賊反荷杖 (적반하장)
[도둑 적 도리어 반 멜 하 몽둥이 장]
'도둑이 오히려 몽둥이를 메고 달려든다'는 뜻으로, 잘못한 자가 도리어 큰 소리를 낸다는 뜻

進退維谷 (진퇴유곡)
[나아갈 진 물러날 퇴 맬 유 골짜기 곡]
'나아갈 수도 물러날 수도 없는 깊은 골짜기'라는 뜻으로, 헤어나기 어려운 한계 상황을 뜻함

適材適所 (적재적소)
[알맞을 적 재주 재 알맞을 적 장소 소]
'적당한 인재를 적당한 자리에 둔다'는 뜻으로, 알맞은 재주꾼을 적당한 자리에 쓰는 것을 의미함

滄海一粟 (창해일속)
[바다 창 바다 해 한 일 좁쌀 속]
'넓은 바다에 좁쌀 한 알'의 뜻으로, 아주 큰 것 중에 아주 작은 것, 즉 미미하고 하찮은 것을 의미함

切齒腐心 (절치부심)
[자를 절 이 치 썩을 부 마음 심]
'몹시 분하여 이를 갈고 속을 썩인다'는 뜻으로, 원통하고 분한 정도가 심함을 의미함

天壤之差 (천양지차)
[하늘 천 땅 양 갈 지 어긋날 차]
'하늘과 땅의 엄청난 차이'라는 뜻으로, 차이가 많이 난다는 것을 뜻함

漸入佳境 (점입가경)
[점점 점 들 입 아름다울 가 지경 경]
'가면 갈수록 경치가 더해진다'는 뜻으로, 일이 점점 더 재미있는 지경으로 돌아가는 것을 비유함

天佑神助 (천우신조)
[하늘 천 도울 우 귀신 신 도울 조]
하늘이 돕고 신이 도움

走馬加鞭 (주마가편)
[달릴 주 말 마 더할 가 채찍 편]
'달리는 말에 채찍질을 더한다'는 뜻으로, 잘하는 사람을 더 잘하도록 격려하는 것을 의미함

天衣無縫 (천의무봉)
[하늘 천 옷 의 없을 무 꿰맬 봉]
'하늘 옷은 꿰맨 곳이 없다'는 뜻으로, 본래 그대로의 순진함, 천진난만함을 의미함

指鹿爲馬 (지록위마)
[가리킬 지 사슴 록 할 위 말 마]
'사슴을 가리켜 말이라고 한다'는 뜻으로, 꾀를 부려 다른 사람을 농락하거나 권세를 휘두름을 의미함

靑出於藍 (청출어람)
[푸를 청 날 출 어조사 어 쪽 람]
'푸른색이 쪽에서 나왔으나 쪽보다 더 푸르다'는 뜻으로, 제자가 스승보다 나은 것을 비유함

支離滅裂 (지리멸렬)
[가를 지 흩어질 리 멸할 멸 찢을 렬]
갈갈이 흩어지고 찢어져 종잡을 수가 없음을 의미함

寸鐵殺人 (촌철살인)
[치 촌 쇠 철 죽일 살 사람 인]
'한 치의 짧은 칼로 사람을 죽인다'는 뜻으로, 짧은 말로 사람의 마음을 감동시킨다는 뜻

필수 한자성어

快刀亂麻 쾌도난마
[경쾌할 쾌 칼 도 어지러울 난 삼 마]
'경쾌한 칼놀림으로 어지러운 삼대를 잘라낸다'는 뜻으로, 일을 시원스럽게 척척 해내는 것을 의미함

含哺鼓腹 함포고복
[머금을 함 먹을 포 두드릴 고 배 복]
'입에 먹을 것을 가득 씹으며 배를 두드린다'는 뜻으로, 백성이 배불리 먹고 즐겁게 지내는 평화로운 모습을 의미함

貪官汚吏 탐관오리
[탐할 탐 벼슬 관 더러울 오 벼슬아치 리]
'탐욕스러운 관리와 부정을 저지르는 관리'라는 뜻으로, 백성들의 재물을 마구 빼앗고 부정한 짓을 저지르는 벼슬아치를 말함

虛張聲勢 허장성세
[빌 허 클 장 소리 성 세력 세]
실력이 없으면서 허풍스런 언행으로 과장하거나 허세를 부림

破邪顯正 파사현정
[깨뜨릴 파 사악할 사 나타날 현 바를 정]
사악한 것을 깨뜨리고 바른 것을 나타냄

螢雪之功 형설지공
[반딧불 형 눈 설 갈 지 공 공]
'반딧불과 눈빛으로 이룬 공'이라는 뜻으로, 가난을 이겨내며 반딧불과 눈빛으로 글을 읽어가며 고생 속에서 공부하여 이룬 공을 일컫는 말임

抱腹絶倒 포복절도
[안을 포 배 복 끊을 절 넘어질 도]
'배를 안고 기절하여 넘어진다'는 뜻으로, 배를 움켜쥐고 엎어질 정도로 우스움을 의미함

好事多魔 호사다마
[좋을 호 일 사 많을 다 마귀 마]
'좋은 일에는 마가 끼기 쉽다'는 뜻으로, 좋은 일이 있을 때에는 방해가 되는 일 또한 많이 생긴다는 것을 의미함

表裏不同 표리부동
[겉 표 속 리 아닐 부 한가지 동]
'겉과 속이 같지 않음'이란 뜻으로, 마음이 음흉해서 겉과 속이 다름을 의미함

惑世誣民 혹세무민
[미혹할 혹 세상 세 속일 무 백성 민]
세상을 현혹하고 백성을 속이는 것

鶴首苦待 학수고대
[학 학 머리 수 쓸 고 기다릴 대]
'학처럼 목을 길게 빼고 기다린다'는 뜻으로, 몹시 기다림을 이르는 말임

魂飛魄散 혼비백산
[넋 혼 날 비 넋 백 흩을 산]
'넋이 날아가고 넋이 흩어지다라는 뜻'으로, 몹시 놀라 어찌할 바를 모름을 의미함

含憤蓄怨 함분축원
[머금을 함 분할 분 쌓을 축 원망할 원]
'분을 머금으며 원한을 쌓는다'는 뜻으로, 원통하고 분한 일이 많음을 의미함

昏定晨省 혼정신성
[저물 혼 정할 정 새벽 신 살필 성]
'저녁에는 잠자리를 보아 드리고, 아침에는 문안을 드린다'는 뜻으로, 자식이 아침저녁으로 부모(父母)의 안부(安否)를 물어서 살핌을 의미함

필수 한자성어

紅爐點雪 홍로점설
[붉을 홍 화로 로 점 점 눈 설]
'벌겋게 된 화로 위에 한 점 눈'이라는 뜻으로, 의혹이 눈 녹듯 문득 깨쳐짐 또는 큰 나쁜 일 앞에 작은 힘이 효과가 없음을 의미함

會者定離 회자정리
[모일 회 사람 자 정할 정 헤어질 리]
'만난 사람은 헤어짐이 정해져 있다'는 뜻으로, 만난 사람은 반드시 헤어지기 마련이라는 것을 의미함

花容月態 화용월태
[꽃 화 얼굴 용 달 월 모습 태]
'꽃같이 예쁜 얼굴과 달같이 고운 맵시'라는 뜻으로, 아름다운 여인의 용모와 자태를 의미함

後生可畏 후생가외
[뒤 후 날 생 옳을 가 두려워할 외]
'젊은 후학들을 두려워할 만하다'는 뜻으로, 후배들이 선배들보다 젊고 기력이 좋아, 학문을 닦음에 따라 큰 인물이 될 수 있으므로 가히 두렵다는 말임

和而不同 화이부동
[화할 화 말이을 이 아니 부 같을 동]
중용의 덕을 지켜 남과 화목하게 지내면서도 자신의 원칙을 지킨다는 것을 의미함

厚顏無恥 후안무치
[두터울 후 얼굴 안 없을 무 부끄러울 치]
'얼굴이 두꺼워 부끄러움이 없다'는 뜻으로, 수치스런 행동을 하고도 뻔뻔해서 부끄러워할 줄 모른다는 것을 의미함

換骨奪胎 환골탈태
[바꿀 환 뼈 골 벗을, 빼앗을 탈 아이밸 태]
'뼈를 바꾸고 탈을 벗는다'는 뜻으로, 원래는 옛 시문을 더 좋게 고치는 것을 뜻했으나 보통은 이전과 전혀 달라짐을 의미함

興盡悲來 흥진비래
[흥할 흥 다할 진 슬플 비 올 래]
즐거운 일이 다하면 슬픈 일이 온다는 뜻으로, 세상 모든 일은 순환을 의미함

반의어 · 유의어

반의어

加減 가감
[더할 가 덜 감]
더하거나 빼는 일 또는 그렇게 하여 알맞게 맞추는 일
*더하다 ↔ 덜어내다

可否 가부
[옳을 가 아닐 부]
1. 옳고 그름
2. 찬성과 반대를 아울러 이르는 말
*그렇다 ↔ 아니다

干戈 간과
[방패 간 창 과]
1. 방패와 창
2. 전쟁에 쓰는 병기
*방패 ↔ 창

强弱 강약
[강할 강 약할 약]
강하고 약함
*강 ↔ 약

開閉 개폐
[열 개 닫을 폐]
열고 닫음
*열다 ↔ 닫다

去來 거래
[갈 거 올 래]
1. 주고 받음이나 오고 감
2. 사고 파는 것
*가다 ↔ 오다

乾坤 건곤
[하늘 건 땅 곤]
1. 천지
2. 음양을 나타내는 말
*하늘 ↔ 땅

輕重 경중
[가벼울 경 무거울 중]
1. 가벼움과 무거움
2. 중요함과 중요하지 않음
*가볍다 ↔ 무겁다

京鄕 경향
[서울 경 시골 향]
서울과 시골을 아울러 이르는 말
*서울 ↔ 지방

苦樂 고락
[쓸 고 즐길 락]
괴로움과 즐거움을 아울러 이르는 말
*괴롭다 ↔ 즐겁다

高低 고저
[높을 고 밑 저]
높고 낮음, 즉 높낮이
*높다 ↔ 낮다

曲直 곡직
[굽을 곡 곧을 직]
'굽음과 곧음'이라는 뜻으로, 사리의 옳고 그름을 이르는 말
*굽다 ↔ 곧다

攻防 공방
[칠 공 막을 방]
서로 공격하고 방어함
*공격하다 ↔ 막다

公私 공사
[공변될 공 사사 사]
1. 공공의 일과 사사로운 일
2. 정부와 민간 또는 사회와 개인
*공적인 ↔ 사적인

攻守 공수
[칠 공 지킬 수]
공격과 수비를 아우르는 말
*공격하다 ↔ 지키다

君臣 군신
[임근 군 신하 신]
임금과 신하
*임금 ↔ 신하

勤怠 근태
[부지런할 근 게으를 태]
부지런함과 게으름
*부지런하다 ↔ 게으르다

반의어 · 유의어

起伏 기복
[일어날 기 엎드릴 복]
1. 자세가 높아졌다 낮아졌다 함
2. 세력 또는 기세가 성하고 쇠하는 모양
* 일어나다 ↔ 엎드리다

起寢 기침
[일어날 기 잠잘 침]
1. 잠자리에서 일어나는 것
2. 밤중에 일어나 부처에게 절하는 일
* 일어나다 ↔ 잠자다

吉凶 길흉
[길할 길 흉할 흉]
운이 좋고 나쁨
* 길하다 ↔ 흉하다

難易 난이
[어려울 난 쉬울 이]
어려움과 쉬움
* 어렵다 ↔ 쉽다

南北 남북
[남녘 남 북녘 북]
남쪽과 북쪽
* 남쪽 ↔ 북쪽

內外 내외
[안 내 밖 외]
1. 남자와 여자 또는 부부
2. 남녀 사이에 얼굴을 마주하지 않고 피함
* 안 ↔ 바깥

勞使 노사
[일할 로 하여금 사]
노동자와 사용자
* 일하다 ↔ 부리다

老少 노소
[늙을 로 적을 소]
늙은이와 젊은이
* 늙다 ↔ 젊다

多少 다소
[많을 다 적을 소]
분량이나 정도가 많고 적음
* 많다 ↔ 적다

單複 단복
[홑 단 겹옷 복]
1. 단수와 복수
2. 단식과 복식
* 홑 ↔ 겹겹

旦夕 단석
[아침 단 저녁 석]
1. 아침과 저녁 〈유의어〉朝夕(조석)
2. 시기나 상태가 위급하고 절박함
* 아침 ↔ 저녁

斷續 단속
[끊을 단 이을 속]
규칙이나 법령, 명령 따위를 지키도록 통제하는 것
* 끊다 ↔ 잇다

當落 당락
[당할 당 떨어질 락]
당선과 낙선을 아우르는 말
* 당선되다 ↔ 떨어지다

動靜 동정
[움직일 동 고요할 정]
1. 물질의 운동과 정지 2. 사람이 하는 행위
3. 일이나 현상이 벌어지고 있는 낌새
* 움직이다 ↔ 고요하다

得失 득실
[얻을 득 잃을 실]
1. 얻음과 잃음 2. 이익과 손해
3. 성공과 실패 * 얻다 ↔ 잃다

利害 이해
[이로울 이 해칠 해]
이익과 손해를 아우르는 말
* 이롭다 ↔ 해롭다

賣買 매매
[팔 매 살 매]
물건을 사고 파는 일
* 팔다 ↔ 사다

明暗 명암
[밝을 명 어두울 암]
1. 밝고 어두움 2. 행복과 불행
3. 색의 농담이나 밝기 * 밝다 ↔ 어둡다

問答 문답
[물을 문 답 답]
물음과 대답 또는 묻고 대답함
* 묻다 ↔ 답하다

文武 문무
[글월 문 무력 무]
1. 문관과 무관
2. 문식과 무략을 아울러 이르는 말
* 문반 ↔ 무반

반의어 · 유의어

物心 물심	[만물 물 마음 심] 물질적인 것과 정신적인 것 ＊물질 ↔ 마음
班常 반상	[나눌 반 형상 상] 양반과 상사람을 아울러 이르는 말 ＊양반 ↔ 상민
發着 발착	[필 발 붙을 착] 출발과 도착을 아울러 이르는 말 ＊출발하다 ↔ 도착하다
本末 본말	[근본 본 끝 말] 1. 사물이나 일의 처음과 끝 2. 중요한 부분과 중요하지 않은 부분 ＊근본 ↔ 끝
夫婦 부부	[지아비 부 며느리 부] 남편과 아내 ＊남편 ↔ 아내
貧富 빈부	[가난할 빈 부자 부] 가난함과 부유함 ＊가난하다 ↔ 부유하다
師弟 사제	[스승 사 아우 제] 스승과 제자 ＊스승 ↔ 제자
賞罰 상벌	[상줄 상 죄 벌] 1. 상과 벌 2. 잘한 것에 상을 주고 잘못한 것에 벌을 줌 ＊상 ↔ 벌
生死 생사	[날 생 죽을 사] 삶과 죽음 ＊살다 ↔ 죽다
善惡 선악	[착할 선 악할 악] 착한 것과 악한 것 ＊착하다 ↔ 악하다
先後 선후	[먼저 선 뒤 후] 1. 먼저와 나중 2. 앞서거니 뒤서거니 함 ＊먼저 ↔ 나중
盛衰 성쇠	[성할 성 쇠할 쇠] 성하고 쇠퇴함 ＊성하다 ↔ 쇠하다
成敗 성패	[이룰 성 깨뜨릴 패] 성공과 실패 ＊이루다 ↔ 실패하다
損益 손익	[덜 손 더할 익] 손해와 이익 ＊덜어내다 ↔ 더하다
送迎 송영	[보낼 송 맞이할 영] 가는 사람을 보내고 오는 사람을 맞음 ＊보내다 ↔ 맞이하다
授受 수수	[줄 수 받을 수] 1. 거두어서 받음 2. 무상으로 금품을 받음 ＊주다 ↔ 받다
手足 수족	[손 수 발 족] 1. 손발 2. 형제나 자식을 비유하는 말 ＊손 ↔ 발
收支 수지	[거둘 수 가를 지] 1. 수입과 지출 2. 거래관계에서 얻는 이익 ＊수입 ↔ 지출
順逆 순역	[순할 순 거스를 역] 1. 순종과 거역 2. 순리와 역리 ＊순종하다 ↔ 거스르다
昇降 승강	[오를 승 내릴 강] 오르내림 ＊오르다 ↔ 내리다

반의어 · 유의어

始終 시종
[처음 시 끝날 종]
1. 처음과 끝을 아우르는 말
2. 처음부터 끝까지
*시작하다 ↔ 마치다

是非 시비
[옳을 시 아닐 비]
1. 옳음과 그름 2. 옳음과 그름을 다툼
*옳다 ↔ 그르다

新舊 신구
[새 신 예 구]
새것과 헌것을 아우르는 말
*새것 ↔ 옛것

心身 심신
[마음 심 몸 신]
몸과 마음
*마음 ↔ 몸

安危 안위
[편안할 안 위태할 위]
편안함과 위태로움
*편안하다 ↔ 위태롭다

愛憎 애증
[사랑 애 미워할 증]
사랑과 미움
*사랑하다 ↔ 미워하다

哀歡 애환
[슬플 애 기뻐할 환]
슬픔과 기쁨
*슬프다 ↔ 기쁘다

言行 언행
[말 언 갈 행]
말과 행동
*말 ↔ 행동

溫冷 온랭
[따뜻할 온 찰 랭]
따뜻한 기운과 찬 기운
*따뜻하다 ↔ 차다

緩急 완급
[느릴 완 급할 급]
1. 느림과 빠름 2. 일의 급함과 급하지 않음
*느리다 ↔ 급하다

優劣 우열
[넉넉할 우 못할 렬]
잘하고 못함
*낫다 ↔ 못하다

遠近 원근
[멀 원 가까울 근]
1. 멀고 가까움
2. 먼 곳과 가까운 곳이나 그곳의 사람
*멀다 ↔ 가깝다

有無 유무
[있을 유 없을 무]
있음과 없음
*있다 ↔ 없다

陸海 육해
[뭍 륙 바다 해]
육지와 바다
*육지 ↔ 바다

陰陽 음양
[그늘 음 볕 양]
1. 남녀의 성에 관한 이치 2. 여러 방면
3. 음극과 양극 4. 우주만물의 서로 반대되는
   두 가지 기운 *그늘 ↔ 볕

異同 이동
[다를 이 한가지 동]
같고 다름
*다르다 ↔ 같다

因果 인과
[인할 인 실과 과]
원인과 결과
*원인 ↔ 결과

離合 이합
[떼어놓을 리 합할 합]
헤어짐과 모임
*떼어놓다 ↔ 합하다

自他 자타
[스스로 자 다를 타]
자신과 타인
*자신 ↔ 남

長短 장단
[길 장 짧을 단]
1. 길고 짧음 2. 장점과 단점
*길다 ↔ 짧다

반의어 · 유의어

前後 전후
[앞 전 뒤 후]
앞과 뒤
*앞 ↔ 뒤

正誤 정오
[바를 정 그릇할 오]
잘못된 글자나 문구를 바로잡음
*바르다 ↔ 그르다

朝夕 조석
[아침 조 저녁 석]
1. 아침과 저녁 〈유의어〉므夕(단석)
2. 가까운 앞날을 가리키는 말
*아침 ↔ 저녁

祖孫 조손
[조상 조 손자 손]
할아버지와 손자
*할아버지 ↔ 손자

存亡 존망
[있을 존 망할 망]
1. 존속과 멸망   2. 생존과 사망
*있다 ↔ 없어지다

主客 주객
[주인 주 손 객]
주인과 손님
*주인 ↔ 손님

晝夜 주야
[낮 주 밤 야]
낮과 밤
*낮 ↔ 밤

增減 증감
[붙을 증 덜 감]
1. 많아지거나 적어짐   2. 늘리거나 줄임
*더하다 ↔ 줄다

眞僞 진위
[참 진 거짓 위]
1. 참과 거짓   2. 진짜와 가짜
*참 ↔ 거짓

進退 진퇴
[나아갈 진 물러날 퇴]
1. 앞으로 나아가고 뒤로 물러남
2. 직위나 자리에서 머물거나 물러남
*나아가다 ↔ 물러나다

集散 집산
[모일 집 흩을 산]
모여들었다 흩어졌다 함
*모으다 ↔ 흩다

天地 천지
[하늘 천 땅 지]
1. 하늘과 땅을 아울러 이르는 말
2. 세계, 세상, 또는 우주를 가리키는 말
*하늘 ↔ 땅

淸濁 청탁
[맑을 청 흐릴 탁]
1. 맑고 흐림   2. 옳고 그름
3. 착함과 악함
*맑다 ↔ 흐리다

春秋 춘추
[봄 춘 가을 추]
1. 봄과 가을   2. '해'를 문어적으로 이르는 말
3. 어른의 나이를 높여 이르는 말
*봄 ↔ 가을

出納 출납
[날 출 바칠 납]
1. 돈이나 물품을 내어 주거나 받아들임
2. 물건을 내었다 들여보냈다 함
*나가다 ↔ 들이다

出沒 출몰
[날 출 빠질 몰]
어떤 현상이나 대상이 나타났다 사라졌다 함
*나타나다 ↔ 없어지다

取捨 취사
[취할 취 버릴 사]
쓸 것은 쓰고 버릴 것은 버림
*가지다 ↔ 버리다

親疎 친소
[친할 친 트일 소]
친함과 친하지 아니함
*친하다 ↔ 소원하다

沈浮 침부
[가라앉을 침 뜰 부]
1. 물 위에 떠올랐다 물속에 잠겼다 함
2. 세력 따위가 성하고 쇠함
*가라앉다 ↔ 뜨다

表裏 표리
[겉 표 속 리]
1. 물체의 겉과 속 또는 안과 밖을 통틀어 이르는 말   2. 겉으로 드러나는 언행과 속으로 가지는 생각을 통틀어 이르는 말   *겉 ↔ 안

반의어 · 유의어

夏冬 하동
[여름 하 겨울 동]
여름과 겨울
*여름 ↔ 겨울

虛實 허실
[빌 허 열매 실]
1. 허함과 실함 2. 참과 거짓
3. 한의학의 虛症(허증)과 實症(실증)
*텅 비다 ↔ 알차다

禍福 화복
[재앙 화 복 복]
재앙(불행)과 복록(행복)을 아울러 이르는 말
*불행 ↔ 행복

黑白 흑백
[검을 흑 흰 백]
1. 검은색과 흰색 2. 옳고 그름
3. 흑인과 백인 *검다 ↔ 희다

興亡 흥망
[일 흥 망할 망]
잘되어 일어남과 못되어 없어짐
*흥하다 ↔ 망하다

喜怒 희노
[기쁠 희 성낼 노]
기쁨과 노함
*기쁘다 ↔ 성내다

喜悲 희비
[기쁠 희 슬플 비]
기쁨과 슬픔
*기쁘다 ↔ 슬프다

價値 가치
[값 가 값 치]
1. 사물이 지니고 있는 쓸모
2. 대상이 인간과의 관계에 의하여 지니게 되는 중요성

街巷 가항
[거리 가 거리 항]
길거리

覺悟 각오
[깨달을 각 깨달을 오]
1. 앞으로의 일에 대한 마음의 준비
2. 도리를 깨우쳐 암

監視 감시
[볼 감 볼 시]
단속하기 위하여 주의 깊게 살핌

康寧 강녕
[편안할 강 편안할 녕]
주로 윗사람에게 쓰는 말로, 몸이 건강하고 마음이 편안함

降服 강복
[내릴 강 내릴 복]
五服(오복)이 服制(복제)에서 규정된 服(복)보다 한 등급이 낮아진 것으로 양자로 간 아들이나 시집간 딸의 부모에 대한 복 따위가 이에 속함

巨大 거대
[클 거 큰 대]
엄청나게 큼

유의어

居住 거주
[살 거 살 주]
일정한 곳에 머물러 삶 또는 그런 집

家屋 가옥
[집 가 집 옥]
사람이 사는 집

健康 건강
[건강할 건 편안할 강]
정신적으로나 육체적으로 아무 탈이 없고 튼튼함

歌謠 가요
[노래 가 가요 요]
민요, 동요, 유행가 따위의 노래를 통틀어 이르는 말

堅固 견고
[굳을 견 굳을 고]
굳고 단단함

반의어 · 유의어

潔淨 결정 [깨끗할 결 깨끗할 정]
더러움 없이 깨끗함

境界 경계 [지경 경 지경 계]
사물이 어떠한 기준에 의하여 분간되는 한계

競爭 경쟁 [겨룰 경 다툴 쟁]
같은 목적에 대하여 이기거나 앞서려고 서로 겨룸

階段 계단 [섬돌 계 계단 단]
1. 오르내리기 위해 건물, 비탈에 만든 층층대
2. 어떤 일을 이루기 위해 밟아 거쳐야 할 차례나 순서

計算 계산 [꾀 계 셀 산]
1. 수를 헤아림 2. 어떤 일을 예상, 고려함
3. 값을 치름
4. 자기에게 이해득실이 있는지 따짐

繼續 계속 [이을 계 이을 속]
끊이지 않고 이어나감

考思 고사 [생각할 고 생각할 사]
어떠한 일에 대해 생각함

高卓 고탁 [높을 고 높을 탁]
매우 월등하게 뛰어남

恭敬 공경 [공손할 공 공경할 경]
공손히 받들어 모심

空虛 공허 [빌 공 빌 허]
1. 아무것도 없이 텅 비어있음
2. 실속이 없이 헛됨

果實 과실 [과일 과 열매 실]
과일이나 열매

觀見 관견 [볼 관 볼 견]
어떤 일을 지켜보며 관찰함

貫徹 관철 [꿸 관 통할 철]
어려움을 뚫고 나아가 목적을 기어이 이룸

敎訓 교훈 [가르칠 교 가르칠 훈]
앞으로의 행동이나 생활에 지침이 될 만한 가르침

具備 구비 [갖출 구 갖출 비]
있어야 할 것을 빠짐없이 다 갖춤

群衆 군중 [무리 군 무리 중]
한 곳에 모인 많은 사람 또는 수많은 사람

規範 규범 [법 규 법 범]
1. 행동하거나 판단할 때 마땅히 따라야 할 가치판단의 기준
2. 마땅히 따르고 지켜야 할 법칙과 원리

規憲 규헌 [법 규 법 헌]
사회적 약속에 의하여 마땅히 지켜야 할 법과 규범

根本 근본 [뿌리 근 근본 본]
1. 초목의 뿌리 2. 사물의 본질이나 본바탕
3. 자라 온 환경이나 혈통

技術 기술 [재주 기 꾀 술]
1. 과학 이론을 이용해 자연을 인간생활에 유용하도록 가공하는 수단
2. 사물을 잘 다룰 수 있는 방법이나 능력

반의어 · 유의어

冷寒 냉한
[찰 랭 찰 한]
날씨가 춥고 차가움

談話 담화
[말씀 담 말씀 화]
1. 서로 이야기를 주고받음
2. 한 단체나 공적인 자리에 있는 사람이 견해나 태도를 밝히는 말

堂家 당가
[집 당 집 가]
이 집 또는 그 집

到達 도달
[이를 도 통달할 달]
목적한 곳이나 수준에 다다름

道路 도로
[길 도 길 로]
사람, 차 따위가 잘 다닐 수 있도록 만들어 놓은 비교적 넓은 길

到着 도착
[이를 도 붙을 착]
목적한 곳에 다다름

圖畵 도화
[그림 도 그림 화]
1. 도안과 그림
2. 그림을 그리는 일

末終 말종
[끝 말 마칠 종]
어떠한 일이 끝에 이르름

滅亡 멸망
[멸할 멸 망할 망]
망하여 없어짐

模倣 모방
[법 모 본뜰 방]
다른 것을 본뜨거나 본받음

木樹 목수
[나무 목 나무 수]
나무를 통틀어 이르는 말 〈유의어〉樹木(수목)

茂盛 무성
[우거질 무 성할 성]
1. 풀이나 나무, 털 따위가 자라서 우거져 있음
2. 생각이나 말, 소문 따위가 마구 뒤섞이거나 퍼져서 많음

文章 문장
[글월 문 글 장]
생각이나 감정을 말로 표현할 때 완결된 내용을 나타내는 최소의 단위

物件 물건
[만물 물 사건 건]
1. 일정한 형체를 갖춘 모든 물질적 대상
2. 사고 파는 물품

法規 법규
[법 법 법 규]
국민의 권리와 의무에 관계있는 법 규범

法式 법식
[법 법 법 식]
法度(법도)와 樣式(양식)을 아울러 이르는 말

法典 법전
[법 법 법 전]
국가가 제정한 통일적 · 체계적인 성문 법규집

變化 변화
[변화 변 될 화]
사물의 성질, 모양, 상태 따위가 바뀌어 달라짐

兵士 병사
[병사 병 선비 사]
하사관 이하의 군인

報償 보상
[갚을 보 갚을 상]
남에게 끼친 손해를 갚음

기타 출제유형 익히기 **245**

반의어 · 유의어

逢遇 봉우
[만날 봉 만날 우]
우연히 마주침

扶助 부조
[도울 부 도울 조]
잔칫집이나 喪家(상가) 따위에 돈이나 물건을 보내어 도와줌

墳墓 분묘
[무덤 분 무덤 묘]
무덤을 일컫는 말

奔走 분주
[달릴 분 달릴 주]
몹시 바쁘게 뛰어다님

朋友 붕우
[벗 붕 벗 우]
벗, 친구

思念 사념
[생각할 사 생각할 념]
근심, 염려 등의 여러 가지 생각

思慮 사려
[생각할 사 생각할 려]
여러 가지 일에 대해 깊이 생각함

思想 사상
[생각할 사 생각할 상]
1. 어떠한 사물에 대한 구체적인 사고나 생각
2. 지역, 사회, 인생 따위에 관한 일정한 인식이나 견해

算計 산계
[셀 산 꾀 계]
1. 수를 헤아림
2. 주어진 수나 식에 따라 수치를 구함
〈유의어〉計算(계산)

相互 상호
[서로 상 서로 호]
상대가 되는 이쪽과 저쪽

生活 생활
[날 생 살 활]
생계나 살림을 꾸려 나감

歲年 세년
[해 세 해 년]
한 해

損減 손감
[덜 손 덜 감]
물품 따위를 줄임

樹木 수목
[나무 수 나무 목]
나무를 통틀어 이르는 말

收穫 수확
[거둘 수 벼 벨 확]
1. 익은 농작물을 거두어 들임
2. 어떤 일을 하여 얻은 성과

純粹 순수
[생사 순 순수할 수]
전혀 다른 것이 섞이지 아니함

崇高 숭고
[높을 숭 높을 고]
뜻이 높고 고상함

施設 시설
[베풀 시 베풀 설]
도구, 기계, 장치 따위를 베풀어 설비함 또는 그러한 설비

始初 시초
[처음 시 처음 초]
맨 처음

身體 신체
[몸 신 몸 체]
사람의 몸

반의어 · 유의어

實果 실과 [열매 실 과일 과]
과일

眼目 안목 [눈 안 눈 목]
사물을 보고 분별하는 견식

語言 어언 [말씀 어 말씀 언]
'언어'의 중국식 표현

言語 언어 [말씀 언 말씀 어]
생각, 느낌 따위를 나타내거나 전달하는 데에 쓰는 음성, 문자 따위의 수단 또는 그 음성이나 문자 따위의 사회 관습적인 체계

慮思 여사 [생각할 려 생각할 사]
깊이 생각함

年歲 연세 [해 년 해 세]
나이의 높임말

念思 염사 [생각할 념 생각할 사]
마음속으로 깊이 생각함

永遠 영원 [길 영 멀 원]
어떤 상태가 끝없이 이어짐

午晝 오주 [낮 오 낮 주]
낮시간

怨恨 원한 [원망할 원 한할 한]
억울하고 원통한 일을 당하여 응어리진 마음

幼稚 유치 [어릴 유 어릴 치]
수준이 낮거나 미숙함

隆盛 융성 [클 융 성할 성]
기운차게 일어나거나 대단히 번성함

恩惠 은혜 [은혜 은 은혜 혜]
고맙게 베풀어 주는 신세나 혜택

音聲 음성 [소리 음 소리 성]
사람의 목소리나 말소리

邑面 읍면 [고을 읍 낯 면]
마을을 구분하는 행정단위

宜當 의당 [마땅할 의 마땅 당]
사물의 이치에 따라 마땅히

衣服 의복 [옷 의 옷 복]
몸을 싸서 가리거나 보호하기 위하여 피륙 따위로 만들어 입는 물건, 옷

認識 인식 [알 인 알 식]
사물을 분별하고 판단하여 앎

引導 인도 [끌 인 이끌 도]
사물이나 권리 따위를 넘겨줌

仁慈 인자 [어질 인 사랑할 자]
마음이 어질고 자애로움

반의어 · 유의어

慈愛 자애 [사랑할 자 사랑 애]
아랫사람에게 베푸는 도타운 사랑

災殃 재앙 [재앙 재 재앙 앙]
뜻하지 아니하게 생긴 불행한 변고

在有 재유 [있을 재 있을 유]
존재함을 이르는 말

財貨 재화 [재물 재 재화 화]
재물이나 가치가 있는 물건

戰爭 전쟁 [싸울 전 다툴 쟁]
국가와 국가 또는 단체 사이에 무력을 사용하여 싸움

戰鬪 전투 [싸울 전 싸움 투]
두 편의 군대가 조직적으로 무장하여 싸움

整齊 정제 [가지런할 정 가지런할 제]
1. 정성을 들여 정밀하게 잘 만듦
2. 물질에 섞인 불순물을 없애 그 물질을 더 순수하게 함

停止 정지 [머무를 정 그칠 지]
1. 움직이고 있던 것이 멈춤
2. 하던 일을 그만 둠

正直 정직 [바를 정 곧을 직]
마음에 거짓이나 꾸밈이 없이 바르고 곧음

卒畢 졸필 [군사, 마칠 졸 마칠 필]
마침, 졸업함

中央 중앙 [가운데 중 가운데 앙]
사방의 중심이 되는 한가운데

增加 증가 [붙을 증 더할 가]
양이나 수치를 늘림

知識 지식 [알 지 알 식]
어떤 대상에 대하여 배우거나 실천을 통하여 알게 된 명확한 인식이나 이해

倉庫 창고 [곳집 창 곳집 고]
물건이나 자재를 저장하거나 보관하는 건물

處所 처소 [곳 처 바 소]
사람이 기거하거나 임시로 머무는 곳

聽聞 청문 [들을 청 들을 문]
1. 들리는 소문
2. 남의 이목

村里 촌리 [마을 촌 마을 리]
마을 또는 촌락

催促 최촉 [재촉할 최 재촉할 촉]
어떠한 일을 빨리 하도록 재촉함

蓄積 축적 [쌓을 축 쌓을 적]
지식, 경험, 자금 따위를 모아서 쌓음

層階 층계 [층 층 섬돌 계]
걸어서 층 사이를 오르내릴 수 있도록 턱이 지게 만들어 놓은 설비

반의어 · 유의어

討伐 토벌
[칠 토 칠 벌]
무력으로 쳐 없앰

土地 토지
[흙 토 땅 지]
경지나 주거지 따위의 사람의 생활과 활동에 이용하는 땅

河江 하강
[강이름 하 강 강]
높은 곳에서 아래로 내려옴

恒常 항상
[항상 항 항상 상]
언제나 변함없이

解釋 해석
[풀 해 풀 석]
문장이나 사물 따위로 표현된 내용을 이해하고 설명함

幸福 행복
[다행 행 복 복]
생활에서 충분한 만족과 기쁨을 느끼어 흐뭇한 상태

玄黑 현흑
[검을 현 검을 흑]
검은색

婚姻 혼인
[혼인할 혼 혼인할 인]
남자와 여자가 부부가 되는 일

確固 확고
[굳을 확 굳을 고]
태도나 상황 따위가 튼튼하고 굳음

歡喜 환희
[기뻐할 환 기쁠 희]
매우 기뻐함 또는 큰 기쁨

皇帝 황제
[임금 황 임금 제]
왕이나 제후를 거느리고 나라를 통치하는 임금을 왕이나 제후와 구별하여 이르는 말

興盛 흥성
[일 흥 성할 성]
활기차게 번창함

希望 희망
[바랄 희 바랄 망]
앞으로 잘될 수 있는 가능성 또는 그에 대한 기대

喜悅 희열
[기쁠 희 기쁠 열]
기쁨과 즐거움

약자

ㄱ

假(仮)	거짓, 빌릴 가
價(価)	값, 가치 가
鑑(鑑)	거울, 본보기 감
岡(崗)	산등성이, 언덕 강
强(强)	강할, 억지로 강
個(箇)	낱개, 단위 개
蓋(盖)	덮을, 뚜껑 개
擧(挙)	들, 움직일 거
據(拠)	의거할 거
檢(検)	검사할 검
劍(剣)	칼 검
儉(倹)	검소할 검
傑(杰)	뛰어날 걸
輕(軽)	가벼울 경
經(経)	지날, 경전 경
徑(径)	지름길 경
繼(継)	이을, 계속할 계
關(関)	빗장, 기관 관
觀(観)	볼 관
廣(広)	넓을 광
鑛(鉱)	광물 광
敎(教)	가르칠 교

區(区)	지경, 구역 구
舊(旧)	옛 구
驅(駆)	몰 구
龜(亀)	거북 귀(구), 땅이름 구, 터질 균
國(国)	나라 국
權(権)	권세, 권력 권
勸(勧)	도울 권
氣(気)	기운 기

ㄷ

單(単)	홑 단
團(団)	둥글, 모일 단
斷(断)	자를 단
擔(担)	맡을 담
當(当)	마땅할 당
黨(党)	무리 당
對(対)	상대할 대
圖(図)	그림 도
讀(読)	읽을 독
獨(独)	홀로 독
燈(灯)	등불 등

약자

ㄹ

亂(乱)	어지러울 란
覽(覧)	볼 람
來(来)	올 래
兩(両)	둘, 짝 량
勵(励)	힘쓸, 권장할 려
歷(歴)	지날, 역사 력
練(練)	익힐 련
戀(恋)	사모할 련
獵(猟)	사냥할 렵
禮(礼)	예도 례
勞(労)	힘쓸 로
賴(頼)	의지할 뢰
龍(竜)	용 룡
樓(楼)	다락, 누각 루

ㅁ

萬(万)	일만 만
滿(満)	가득찰 만
賣(売)	팔 매
彌(弥)	두루, 널리 미

ㅂ

發(発)	필, 나갈 발
裵(裴)	옷 치렁치렁할 배
杯(盃)	잔 배
柏(栢)	잣나무 백
變(変)	변할 변
幷(并)	아우를, 함께 병
竝(並)	나란히 할 병
佛(仏)	부처, 불가 불

ㅅ

辭(辞)	말, 글 사
寫(写)	베낄 사
狀(状)	모양 상, 문서 장
敍(叙)	차례, 순서 서
釋(釈)	놓을, 풀 석
聲(声)	소리 성
屬(属)	속할, 족속 속
數(数)	수, 헤아릴 수
壽(寿)	목숨, 장수 수
肅(粛)	엄숙할 숙
濕(湿)	축축할, 습기 습
乘(乗)	탈, 오를 승

약자

實(実) 열매, 실제 실
雙(双) 둘, 쌍둥이 쌍

ㅇ

兒(児) 아이 아
亞(亜) 버금, 다음 아
樂(楽) 즐길 락, 음악 악, 좋아할 요
巖(岩) 바위, 험할 암
壓(圧) 누를 압
藥(薬) 약 약
讓(譲) 양보할 양
嚴(厳) 엄할 엄
餘(余) 남을 여
與(与) 줄, 더불 여
譯(訳) 번역할 역
榮(栄) 영화로울 영
營(営) 경영할 영
譽(誉) 칭찬할 예
藝(芸) 재주, 기술 예
爲(為) 할, 될 위
應(応) 응할 응
醫(医) 의원, 치료할 의
貳(弐) 두 이

ㅈ

姉(姉) 누이 자
殘(残) 해칠, 남을 잔
潛(潜) 잠길 잠
雜(雑) 잡될 잡
將(将) 장수, 장차 장
莊(荘) 장원 장
傳(伝) 전할 전
轉(転) 구를, 전환 전
錢(銭) 돈 전
戰(戦) 싸울 전
點(点) 점, 점찍을 점
靜(静) 고요할 정
濟(済) 구제할 제
齊(斉) 가지런할 제
條(条) 조목 제
從(従) 따를 종
鑄(鋳) 주조할 주
憎(憎) 미워할 증
增(増) 늘, 더할 증
證(証) 증거, 증명할 증
眞(真) 참, 진 진
盡(尽) 다할 진
晉(晋) 나아갈 진

약자

ㅊ

贊(賛)	도울 찬	
讚(讃)	기릴, 칭찬 찬	
參(参)	참여할 참	
處(処)	처할, 곳 처	
賤(賎)	천할 천	
踐(践)	밟을 천	
鐵(鉄)	쇠 철	
廳(庁)	대청, 관청 청	
聽(聴)	들을 청	
體(体)	몸 체	
遞(逓)	갈마들 체	
觸(触)	닿을, 부딪칠 촉	
總(総)	거느릴, 모두 총	
樞(枢)	지도리, 중추 추	
蟲(虫)	벌레 충	
沖(冲)	비다, 가운데 충	
醉(酔)	취할 취	
齒(歯)	이, 나이 치	
稱(称)	저울, 칭할 칭	

ㅌ, ㅍ

澤(沢)	연못, 윤택할 택	
擇(択)	가릴, 고를 택	
廢(廃)	폐할 폐	
豐(豊)	풍년들 풍	

ㅎ

學(学)	배울 학	
獻(献)	드릴, 바칠 헌	
驗(験)	경험할 험	
險(険)	험할 험	
顯(顕)	나타날 현	
縣(県)	매달 현	
螢(蛍)	반딧불이 형	
號(号)	부를, 번호 호	
畵(画)	그림 화	
擴(拡)	넓힐 확	
歡(歓)	기뻐할 환	
會(会)	모일 회	
懷(懐)	품을, 회상할 회	
繪(絵)	그림, 그릴 회	
勳(勲)	공적 훈	
黑(黒)	검다 흑	
戲(戯)	놀, 놀이 희	

직업군별 실용한자어

경제용어

- **價格景氣** 가격경기
  [값 가 격식 격 볕 경 기운 기]
  물가상승을 수반하는 호경기. 생산보다 수요가 증가하여 물가가 상승하지만 인플레이션만큼 극단적이지 않은 완만한 경기상승을 말한다.

- **價格告示** 가격고시
  [값 가 격식 격 알릴 고 보일 시]
  증권, 외환시장 및 무역 등에서 광범위하게 사용되는 용어로서 시세 기준가격, 가격산정 등의 의미로 통용된다. 증권시장에서는 거래되는 유가증권의 매매계약이 체결될 때의 가격을 가리키며, 외환시장에서는 외국환은행이 각종 외환에 대해 게시하는 외환시세를 말한다.

- **價格構成** 가격구성
  [값 가 격식 격 얽을 구 이룰 성]
  상품의 가격을 구성하는 제비용이나 이익의 합계를 말한다. 구체적으로 상품가격은 생산비용, 관리비용, 유통비용, 이익으로 구성되어 있는데 각각 가격에 어느 정도 점하고 있는가를 알아보는 것이다.

- **價格安定措置** 가격안정조치
  [값 가 격식 격 편안 안 정할 정 둘 조 둘 치]
  채권은 일정 기간 동안 '발행가격으로 투자가에게 판매해야 하며 이를 위반하였을 때에 판매회사는 판매 수수료를 주간 사은행에 반납하여야 하고 주간사회사는 발행가격 이하로 거래되는 채권을 매입하여 가격을 안정시켜야 한다. 이와 같이 채권가격을 안정시키는 것을 가격안정조치라고 한다.

- **價格危險** 가격위험
  [값 가 격식 격 위태할 위 험할 험]
  이자율이 예상했던 것과 차이가 생김으로써 채권의 시장가격(실현된 가격)이 예상되었던 가격과 달라지게 되는 가능성을 의미한다.

- **價格制限幅** 가격제한폭
  [값 가 격식 격 제도 제 한할 한 그림 폭]
  증권시장에 있어서, 일시의 급격한 주가변동으로 인한 시장질서의 혼란을 막고 공정한 가격형성을 유도하기 위하여 당일 입회 중 움직일 수 있는 가격의 변동폭을 제한하는 것

- **價格指數** 가격지수
  [값 가 격식 격 손가락 지 셀 수]
  가격지수는 당해연도의 가격으로 평가된 산업 연관표를 기준 연도의 가격으로 평가하기 위하여 계산되는 기준연도에 대한 당해연도의 상대가격지 수로서 불변산업연관표를 작성하기 위하여 이용된다.

- **價格效果** 가격효과
  [값 가 격식 격 본받을 효 실과 과]
  소비자의 선호와 소득, 한 상품의 가격이 불변인데 다른 한 상품의 가격이 변할 때 그 상품에 대한 소비자의 균형소비량이 변하는 것을 말한다.

- **家計生活指數** 가계생활지수
  [집 가 꾀 계 날 생 살 활 손가락 지 셀 수]
  결혼해 가정을 가진 기혼자들이 경제적 문제에 관해 느끼는 어려움을 지수로 표현한 것이다.

- **家計所得** 가계소득
  [집 가 꾀 계 바 소 얻을 득]
  가족들이 일하여 얻은 근로수입, 장사를 하여 얻은 사업수입, 집세·지세·이자·배당금 등으로 얻은 재산 수입 등을 합한 가족의 총소득

- **家計收支** 가계수지
  [집 가 꾀 계 거둘 수 가를 지]
  총수입과 총지출을 합해 가계수지라고 하는데, '총수입=총지출'의 관계가 성립된다.

- **家計手票** 가계수표
  [집 가 꾀 계 손 수 표 표]
  개인이나 개인사업자가 자기신용으로 발행하는 수표. 기업들이 신용으로 발행하는 당좌수표와 비슷한 것으로 개인당좌수표라고 할 수도 있다.

- **家計調查** 가계조사
  [집 가 꾀 계 고를 조 조사할 사]
  전국 가계의 수입과 지출을 조사하여 국민소비생활의 실태, 생활수준의 추이, 지역적 차이 등을 파악, 노동정책이나 경제정책의 기초 자료로 삼기 위해 실시하는 조사.

- **落札** 낙찰
  [떨어질 락 패 찰]
  낙찰이란 공사도급 물건의 매매 등의 계약을 체결함에 있어 경쟁매매에 의하는 경우에 한쪽 당사자가 입찰에 의하여 다

실용한자어

른 당사자를 결정하는 것을 말한다.

● **南南問題** 남남문제
[남쪽 남 남쪽 남 물을 문 제목 제]
남측이라고 불리는 개발도상국 사이의 경제격차 및 그에 따른 제문제를 말한다.

● **南南協力** 남남협력
[남녘 남 도울 협 힘 력]
개발도상국간의 경제·기술협력을 말한다.

● **納稅義務의 確定** 납세 의무의 확정
[바칠 납 세금 세 옳을 의 힘쓸 무 굳을 확 정할 정]
납세의무의 확정이란 성립된 납세의무의 내용을 구체적으로 확정하는 것을 말한다.

● **納稅者保護擔當官制度** 납세자 보호 담당관 제도
[바칠 납 세금 세 놈 자 지킬 보 보호할 호 멜 담 마땅 당 벼슬관 마를 제 법도 도]
세금을 억울하게 부과 받았거나 세무조사 과정에서 부당한 대우를 받은 사람을 보호하기 위한 담당관제도.

● **納入資本金** 납입자본금
[바칠 납 들 입 재물 자 근본 본 쇠 금]
주식회사는 수권자본금의 범위 내에서 주식을 발행하는데 이미 주식을 발행하여 납입이 완료된 부분을 납입자본금이라고 한다.

● **納入資本利益率** 납입자본이익률
[바칠 납 들 입 재물 자 근본 본 이로울 리 더할 익 헤아릴 률]
납입자본금에 대한 연간 세후 순이익의 비율로 회사의 수익성을 측정하는데 이용되는 경영분석지표이다.

● **內國貿易** 내국무역
[안 내 나라 국 무역할 무 바꿀 역]
국내에 있는 외국인과의 거래를 보통의 무역과 구별해서 내국무역이라고 부르고 있다.

● **內國民待遇** 내국민대우
[안 내 나라 국 백성 민 기다릴 대 만날 우]
한 국가가 타국민에 대해 자국민과 동일하게 대우하는 것을 말하는데 주로 과세, 재판, 계약, 재산권, 기타 사업 활동 등에 적용된다. 내국민대우는 최혜국대우에 비견되는 국제법상의 대원칙이나 최근에는 통상교섭상 그 한계가 노출되고 있다

● **內國信用狀** 내국신용장
[안 내 나라 국 믿을 신 쓸 용 형상 장]
수출용 수입원자재와 국내에서 생산된 수출용 원자재 또는 수출용 완제품을 구매하는 경우에 이용되는 지급보증의 일종이다. 국제간에 이용되는 신용장(Master L/C)과 유사하나 내국신용장은 국내 거래에만 사용 가능하며 국내거래 시 수출용임을 입증해야 한다.

● **內國人所有化** 내국인소유화
[안 내 나라 국 사람 인 바 소 있을 유 될 화]
직접투자에 의해 외국인이 통제하던 기업의 소유경영권을 정부의 압력으로 내국인이 소유하도록 유도하는 것을 말한다.

● **內國支給手段** 내국지급수단
[안 내 나라 국 가를 지 줄 급 손 수 계단 단]
외국 통화와 외국통화로 표시되거나 외국에서 사용할 수 있는 지급수단, 즉 정부지폐, 은행권, 주화, 수표, 환어음, 약속어음, 우편환, 신용장과 기타 지급수단을 말한다.

● **內國換** 내국환
[안 내 나라 국 바꿀 환]
은행, 우체국 등 금융기관이 국내의 멀리 떨어진 지역간에서 행해지는 자금 지불이나, 징수를 중개하는 것. 자금 지불이나 징수해야 할 당사자는 금융기관이 필요한 업무를 대행해 주기 때문에, 현금수송의 위험이나 수수료를 절약할 수 있다.

● **內部監査** 내부감사
[안 내 나눌 부 볼 감 조사할 사]
회사의 자산을 보호하고 업무 감독을 하기 위하여, 회사 자신이 회계나 업무의 오차, 부정, 비능률적인 점 등을 조직적으로 검사하는 것

● **內部金融** 내부금융
[안 내 나눌 부 쇠 금 화할 융]
기업의 소요자금이 기업 내부에서 충당되느냐 않느냐 하는 자금조달 방법에 따라 내부 금융과 외부 금융으로 나누어진다. 기업이 필요로 하는 자금 중에서 내부유보나 감가상각적립금 등 기업저축으로 기업 내부에 축적된 자금, 즉 내부 자금에 의하여 충당되는 부분이 내부 금융이다.

● **內部勞動市場** 내부노동시장
[안 내 나눌 부 일할 로 움직일 동 저자 시 마당 장]
기업은 보통 노동조합과의 합의 등 여러 가지 기준에 따라 노동자의 배치, 훈련, 승진 등을 통해 노동력을 편성하고 임금을 관리하는데, 이처럼 기업 내의 기준이나 관리가 노동시장의 기능을 대신하게 되는 것을 내부노동시장이라 한다.

실용한자어

- **内部收益率** 내부수익률
[안 내 나눌 부 거둘 수 더할 익 헤아릴 률]
당초 투자에 소요되는 지출액의 현재가치가 그 투자로부터 기대되는 현금수입액의 현재 가치와 동일하게 되는 할인율이다. 즉 미래의 현금 수입액이 현재의 투자가치와 동일하게 되는 수익률이다.

- **内部市場** 내부시장
[안 내 나눌 부 저자 시 마당 장]
딜러(dealer)들 간의 거래시장. 대체로 도매시장의 성격을 가지기 때문에 일반 투자자들에게 제시되는 매수, 매도 호가보다 높은 매수호가와 낮은 매도호가를 갖는다.

- **内部要因** 내부요인
[안 내 나눌 부 구할 요 인할 인]
주가를 변동시키는 요인을 시장의 내외부로 나누어, 시장의 내부에 기인하는 것을 시장내부요인, 또는 내부요인이라고 한다. 경기 동향이나 기업 업적 등을 시장외부의 요인이라 할 수 있고, 신용거래의 동향, 증권회사의 자금사정, 투자신탁 운용상황 등은 내부요인이다.

- **内部留保** 내부유보
[안 내 나눌 부 머무를 류 지킬 보]
당기이익금 중에서 세금, 배당금, 임원상여 등 사외로 유출된 금액을 제외한 나머지를 축적한 것. 대차대조표상에서 「자본」란에 기재되며 구체적으로는 법정준비금인 이익준비금, 잉여금 등을 말한다.

- **内部理事** 내부이사
[안 내 나눌 부 다스릴 리 일 사]
회사의 이사회의 임원이면서 동시에 다른 직무도 수행하는 사람. 대표이사이면서 이사회의 임원인 경우가 그 예이다.

- **内部者** 내부자
[안 내 나눌 부 놈 자]
회사 내에서 차지하고 있는 위치로 인해 투자대중이 접근할 수 없는 정보에 접근이 가능한 사람. 회사의 직원을 나타내는 말로 한정하여 해석할 수도 있으나, 회사와의 관계를 통해 정보의 원천에 접근이 가능한 외부인까지도 통칭하는 것이 일반적이다.

- **内部者去來** 내부자거래
[안 내 나눌 부 놈 자 갈 거 올 래]
내부자거래란 상장법인의 임직원이나 10%이상의 주식을 소유한 소유주가 자사 주식을 매매하는 것을 말한다. 이러한 지위에 있는 자는 회사 내부의 모든 정보를 누구보다도 먼저 알 수 있으므로 불공정거래를 발생시킬 우려가 있다고 자기 주식 매매를 금지하고 있는 것이다.

- **内部資金** 내부자금
[안 내 나눌 부 재물 자 쇠 금]
기업은 투자에 필요한 자금을 기업내부 또는 기업외부에서 조달하는 데, 기업이 투자재원을 내부유보, 감가상각 충당금 등에서 조달한 것을 내부자금이라 하고 금융기관차입, 유가증권 발행, 해외차입 등을 통해 조달한 것을 외부자금이라고 한다.

- **内部情報** 내부정보
[안 내 나눌 부 뜻 정 갚을 보]
일반 투자자들에게는 알려지지 않은 기업 또는 시장관련 정보. 이러한 정보에 접하고 있는 내부자가 이를 이용하여 거래하는 것은 불법이다.

- **内部持分率** 내부지분율
[안 내 나눌 부 가질 지 나눌 분 비율 율]
전체 발행 주식 중 통상 오너라고 불리는 동일인과 같은 이해관계인들이 보유한 주식비율을 말한다.

- **多國間貿易機構** 다국간무역기구
[많을 다 나라 국 틈 간 무역할 무 바꿀 역 틀 기 얽을 구]
자유무역의 추진을 제창한 관세무역 일반협정(GATT)의 규정의 집행이나 분쟁을 처리할 목적으로 설립구상이 이루어진 국제기구.

- **多國間纖維協定** 다국간 섬유협정
[많을 다 나라 국 틈 간 가늘 섬 맬 유 도울 협 정할 정]
섬유무역의 확대와 자유화를 도모하고 수출입시장에서의 교란요인을 제거할 목적으로 GATT가 1973년 12월 면직물장기협정(LAT)에 이어 마련한 다국간 협정. 이 협정은 기존의 양국간의 쌍무협정을 철폐하고 섬유수입으로 시장이 교란되었을 때에는 관계수출국과 협의하여 세이프 가드(긴급수입제한) 조치를 발동할 수 있게 되어 있다.

- **多國間通貨調整** 다국간 통화조정
[많을 다 나라 국 틈 간 통할 통 재화 화 고를 조 가지런할 정]
다각적 평가조정, 다국간 평가조정이라고도 한다. 여러 나라가 조정하면서 각국 통화의 교환비율을 바꾸는 것

실용한자어

● **多國籍企業** 다국적기업
[많을 다 나라 국 서적 적 꾀할 기 일 업]
세계기업이라고도 하며 일반적으로 수 개국에 걸쳐 영업 내지 제조 거점을 가지고 국가적, 정치적 경계에 구애받지 않고 세계적인 범위와 규모로 영업을 하는 기업을 말하는데 이 경우에 국내활동과 해외활동의 구별은 없으며 이익획득을 위한 장소와 기회만 있으면 어디로든 진출한다.

● **多國籍銀行** 다국적 은행
[많을 다 나라 국 서적 적 은 은 갈 행]
세계적으로 활동하는 미국의 대은행. 처음에는 1960년대 중반 이후 유 러커렌시 시장에서 활동을 위해 국적을 달리하는 복수의 은행 및 기타가 주주가 되어 설립한 새로운 국제은행업 기관을 일컫는 말이었으나, 60년대 말에서 70년대 초에 걸쳐 그 수가 급속히 증가하여, 세계의 주요 은행은 모두가 이러한 종류의 은행에 참가하게 되었다.

● **反對賣買** 반대매매
[돌이킬 반 대답할 대 팔 매 살 매]
신용거래에 있어서 결제방법 중 하나로서 상환기한 이전에 융자분은 매도, 대주분은 매수하여 그 차금을 수수하여 융자분을 상환하는 방법을 말한다.

● **反騰** 반등
[돌이킬 반 오를 등]
하향주세에 있던 시세가 상승으로 전환하는 경우를 말한다. 반등에는 하락과정 중에서 일시적으로 반등하는 중간반등과 주가가 바닥을 치고 본격적으로 상승하는 본격반등이 있다.

● **反落** 반락
[돌이킬 반 떨어질 락]
시세가 상승하는 과정에서 일시적으로 하락하는 것을 반락이라고 한다. 주가가 큰 폭으로 급격히 하락하는 것은 급락이라고 한다.

● **反投資** 반투자
[돌이킬 반 던질 투 재물 자]
사용중인 자본재를 처분하거나 유지 또는 대체를 하지 않음으로써 자본 투자한 금액의 전부 또는 일부를 철수시키는 것을 말한다.

● **發起設立** 발기설립
[필 발 일어날 기 베풀 설 설 립]
주식회사 설립의 한 형태로서 설립 시에 발행하는 주식 전부를 발기인이 인수하는 방법을 말한다.

● **惡材** 악재
[악할 악 재목 재]
주가의 변동에 악영향을 미칠 것으로 예상되는 요인을 말한다. 악재에는 시장외적인 악재와 내부적인 악재가 있는데 금리인상, 경기침체 등과 같이 장세 전반에 영향을 미치는 요인들을 시장외적인 악재라고 하며, 신용거래의 과다나 대주주 또는 기관투자가의 대량매도 등과 같은 것을 시장내부의 악재라고 한다.

● **安全性 分析** 안전성 분석
[편안할 안 온전할 전 성품 성 나눌 분 가를 석]
일정시점에서 기업의 재무상태를 측정, 분석하여 그 기업의 재무상태에 대한 안전성 여부를 판단·인식하는 것을 말한다. 따라서 안전성비율은 기업의 내적인 단기지급능력은 물론 장기적인 경기변동과 시장상태의 변화 등 대외적인 경제환경에 대응할 수 있는 능력을 갖추고 있는가를 측정하는 비율이다.

● **借款** 차관
[빌릴 차 정성 관]
외국정부 또는 여기에 준하는 공적 기관으로부터 자금을 차입하는 것을 말한다. 형태에 따라 실물차관과 현금차관으로 구분되며 목적에 따라 재정차관·상업차관, 주체에 따라 정부차관·민간차관으로 구분된다.

● **差別關稅** 차별관세
[어긋날 차 나눌 별 빗장 관 세금 세]
관세는 모든 나라에 평등하게 부과하는 것을 원칙으로 한다. 그러나 특정국의 물품과 특정국적 선박에 의해 입하되는 물품에 대해 다른 관세율을 적용할 때가 있는데 이를 차별관세라 한다.

● **差益去來** 차익거래
[어긋날 차 더할 익 갈 거 올 래]
일시적인 사장불균형으로 인한 가격 차이를 이용하여 이익을 얻으려는 거래.

● **創立總會** 창립총회
[비롯할 창 설 립 거느릴 총 모일 회]
주식회사의 모집설립에 있어 설립단계의 최종단계로서 주식인수인으로 구성되는 설립 중인 회사의 의결기관.

● **他人資本** 타인자본
[다를 타 사람 인 재물 자 근본 본]
기업이 경영활동에 사용하고 있는 자본 가운데 차입금이나 사채와 같이 외부로부터 조달한 부분(부채)을 말한다.

실용한자어

- **他人資本回轉率** 타인자본회전율
[다를 타 사람 인 재물 자 밑 본 돌 회 구를 전 비율 율]
타인자본과 매출액과의 비율로 타인자본이 일정기간 중 몇 번 회전했는가 하는 회전속도를 나타내는 비율이다. 따라서 이 비율은 타인자본의 이용도(이용률)를 판단하는 비율이라 할 수 있다.

- **宅地所有上限制** 택지소유상한제
[집 택 땅 지 바 소 있을 유 위 상 한계 한 마를 제]
1990년부터 실시된 토지 공개념 3대 제도 중 하나이다. 이 제도는 택지의 개발촉진과 소유 집중을 막기 위해 서울, 부산, 대구, 광주, 대전, 인천 등 6대 도시에 한해 1가구가 200평 이상의 택지를 보유하는 것은 원칙적으로 금지하고 있다.

- **土地去來 許可制** 토지거래 허가제
[흙 토 땅 지 갈 거 올 래 허락할 허 옳을 가 마를 제]
각 용도 및 지역별로 일정기준 이상의 토지거래 시 사전에 관할지역의 시장 또는 군수의 허가를 받도록 하는 제도이다.

- **土地超過利得稅** 토지초과이득세
[흙 토 땅 지 넘을 초 지날 과 이로울 리 얻을 득 세금 세]
1990년부터 실시된 토지공개념 3대 제도 중 하나로 개인이 소유한 유휴 토지나 법인의 비업무용토지의 가격상승으로 발생하는 초과이득의 일부를 세금으로 환수하는 것을 말한다.

- **限界企業** 한계기업
[한계 한 지경 계 꾀할 기 일 업]
일반적으로 임금상승을 비롯해 경제여건 변화로 인해 경쟁력을 상실, 더 이상의 성장에 어려움을 겪는 기업을 말한다.

- **限界稅率** 한계세율
[한계 한 지경 계 세금 세 비율 율]
초과수익에 대해 세금으로 지불해야 할 비율을 말하는데 투자자는 현명한 투자결정을 위해서 한계세율을 파악할 필요가 있다. 즉 한계세율은 소득 증가분 중 조세 증가분으로 지불해야 하는 비율로, 세율구조가 누진적이면 과세표준이 커짐에 따라 한계세율은 평균세율보다 더 높아진다.

- **限界預貸率** 한계예대율
[한계 한 지경 계 미리 예 빌릴 대 비율 율]
일정 기간의 예금 증가분에 대한 대출 증가분의 비율을 말하는 것으로 전기대비 한계예대율과 전년대비 한계예대율의 두 종류가 있다. 한계예대율은 금융시장 상황을 민감하게 반영하므로 경기 동향을 파악하는데 중요한 지표다.

- **限界支給準備率** 한계지급준비율
[한계 한 지경 계 가를 지 줄 급 법도 준 갖출 비 비율 율]
특정 시점의 예금을 기준으로 상한선을 책정한 다음 그 이상의 예금에 대해 높은 지급준비율을 부과하는 제도.

경영용어

- **監督職** 감독직
[볼 감 감독할 독 벼슬 직]
관리직인 부·과장과 함께, 대부분은 현장에서 직접적으로 노동자를 지휘·명령하는 직장(職長), 작업장(長)이라는 직에 있는 자.

- **降職** 강직
[내릴 강 벼슬 직]
징계의 일종으로, 직무를 하위직급으로 내려, 결과적으로 임금의 감수(減收)를 초래하는 불이익처분, 업무자체를 격하하는 처분.

- **經營權** 경영권
[지날 경 경영할 영 권세 권]
사용자가 기업을 경영함에 있어서 보유하는 권리로 노동자의 노동권의 반대개념.

- **經營參加** 경영참가
[지날 경 경영할 영 참여할 참 더할 가]
경영민주화라는 개념으로, 노동자가 경영에 참여하는 일. 관리참여, 분배참여, 자본참여로 대별됨.

- **高齡化社會** 고령화사회
[높을 고 나이 령 될 화 모일 사 모일 회]
국민 총인구 중에서 고령자의 비율이 증가해 가는 사회.

- **雇傭** 고용
[품살 고 품팔이 용]
당사자 한쪽이 상대방에 대하여 노무에 임할 것을 약속하고, 상대방이 이에 대해 보수를 지급하는 것을 말함.

- **雇傭者** 고용자
[품살 고 품팔이 용 놈 자]
통계상의 용어로, 회사, 단체, 관공청 혹은 자영업주나 개인의 가정에 고용되어 급료, 임금을 받고 있는 자 및 회사 단체의 역원.

실용한자어

- **雇傭者所得** 고용자소득
[품살 고 품팔이 용 놈 자 바 소 얻을 득]
국민경제 계산에 있어서 분배 국민소득의 한 항목으로, 노동자의 임금.

- **雇傭調整** 고용조정
[품살 고 품팔이 용 고를 조 가지런할 정]
좁은 의미로는, 해고나 퇴직희망자의 모집 등에 따른 고용량의 절감을 가리키며, 넓은 의미로는, 좁은 의미의 고용조정 외에, 잔업규제, 휴일 증가(休日增), 출향, 배치전환 등에 따른 노동투입량의 절감을 가리킨다.

- **過勞死** 과로사
[지날 과 일할 로 죽을 사]
일을 지나치게 많이 함으로 인해 뇌출혈이나 심근경색 등으로 급사하는 것. 그 배경으로는 장기간 노동이나, 불규칙한 근무, 노동의 질의 향상에 따른 격무와 스트레스를 들 수 있다.

- **管理職** 관리직
[대롱 관 다스릴 리 벼슬 직]
관리직은 미들 매니지먼트(middle management)로서, 부하를 통솔하는 입장에 있으며, 경영관리의 중추기능을 담당하는 직위에 있는 자를 말한다. 일반적으로는 있는 부·과장급을 가리킨다.

- **管理職 任期制** 관리식 임기제
[대롱 관 다스릴 리 벼슬 직 맡길 임 기약할 기 마를 제]
관리직정년제와 같이 신진대사의 촉진에 의한 조직의 활성화, 인재의 육성, 종업원의 의식개혁을 목적으로 하여 실시하고 있는 제도. 부·과장으로 칭하는 관리직에 일정한 임기(예를 들어 2년, 3년)를 두고, 이 기간의 업적을 엄격히 관리하여 임기가 다하면 관리직으로서의 적·부적격을 심사하여 재임, 승진, 강직, 기타 포스트로의 이동을 행한다.

- **管理職 停年制** 관리직 정년제
[대롱 관 다스릴 리 벼슬 직 머무를 정 해 년 마를 제]
일반적으로 정년제연장에 따라 구 정년연령 혹은 어느 일정 연령에서 관리직의 자리를 떠나, 그 전문능력을 갖고 전문직 등으로 이동하는 제도. 임원직(役職)정년제라고도 한다.

- **交替勤務制** 교체근무제
[사귈 교 쇠퇴할 체 부지러할 근 힘쓸 무 마를 제]
1일 근무시간을 2 이상으로 분할하여 노동자를 교체하여 근무시키는 방식. 교체근무의 형태로는, 2교대(체), 3교대, 4교대 등 여러 형태가 있다.

- **企業內福祉** 기업내복지
[꾀할 기 일 업 안 내 복 복 복 지]
기업 내의 복지활동을 일컬음. 기업이 종업원을 대상으로 하는 것과 노동조합이 종업원을 대상으로 하는 것이 있다. 보통 기업복지라 함은 전자를 일컬으며, 이는 복리후생이라고 불리는 경우가 많다.

- **勞動條件** 노동조건
[일할 로 움직일 동 가지 조 사건 건]
노동자가 사용자에게 고용되어 일하는 데에 따르는 여러가지 조건. 임금, 노동시간, 복리후생, 안전위생 등이 있다.

- **能力給** 능력급
[능할 능 힘 력 줄 급]
노동자의 노동에 대한 능력에 따라 결정되는 임금으로, 직능급과 같다. 넓은 의미로는 직무급, 능률급 등을 포함하여 능력급이라 부르기도 한다.

- **能力主義** 능력주의
[능할 능 힘 력 주인 주 옳을 의]
인사노무관리의 기준을 기존의 연공, 학력에서 노동자의 직무수행능력으로 수정하여, 노동자의 능력개발·육성을 꾀하고 활용하면서 능력별로 공정한 처우를 해나가려는 견해.

- **多面評價** 다면평가
[많을 다 낯 면 평할 평 값 가]
직속상사에 국한하지 않고 관련부문의 상사·동료들이 다양하게 평가하는 인사제도를 말한다.

- **同一勞動 同一賃金의 原則** 동일노동 동일임금의 원칙
[한가지 동 한 일 일할 로 움직일 동 한가지 동 한 일 맡길 임 쇠금 근원 원 법칙 칙]
동일한 질과 양의 노동에 대해서는 동일한 임금을 지불한다는 원칙. 임금에 대한 차별대우를 배제하고, 공정한 임금결정을 시행하고자 하는 것을 말한다.

- **復職** 복직
[돌아올 복 벼슬 직]
일반적으로 어떤 직에서 떨어져 나왔던 자가 원직으로 복귀하는 것을 말한다. 기업에 있어서 가장 많은 복귀가 행해지는 것은 휴직 중의 직원이 휴직의 원인이 소멸함에 따라, 혹은 휴직기간이 만료됨에 따라 원직으로 복귀하는 경우이다.

실용한자어

● **昇級・昇進** 승급·승진
[오를 승 등급 급 오를 승 나아갈 진]
직능자격제도에서, 승격기준에 준하여 자격이 상승하는 것을 승격이라고 하며, 조직상 직위가 상승하는 것을 승진이라고 한다. 승격은 현재 자격에서 상위자격으로 격상(格上)하는 것이므로, 보통 직능 자격급이 상승하고 소위 말하는 승격승급이 이루어지나, 직위의 상승과 직접적 관계는 없다.

● **市場賃金** 시장임금
[저자 시 마당 장 맡길 임 쇠 금]
노동시장에 있어서 노동력의 수요와 공급의 관계에서 결정되는 임금.

● **失業率** 실업률
[잃을 실 일 업 비율 율]
실업자의 발생정도를 표시한 것으로 고용실업정세를 파악할 때 사용되는 중요한 지표이다. 취업형태가 아닌 상태를 포함하는 경우도 있다.

● **實質賃金** 실질임금
[열매 실 바탕 질 맡길 임 쇠 금]
노동자가 그 노동의 대가로서 받는 보수인 명목임금을 그 시점에서의 물가수준으로 나눈 실제구매력을 나타내는 임금. 명목임금이 두 배가 되어도 소비제의 물가가 두 배이면 실제 구매력에는 변화가 없고 실질임금은 일정하게 되며, 반대로 명목임금이 일정하더라도 물가가 내려가면 실질적인 구매력은 증가하여 실질임금은 상승한 것이 된다.

● **人事管理** 인사관리
[사람 인 일 사 대롱 관 다스릴 리]
좁은 의미로는 사람의 채용, 배치, 배치전환, 승진, 퇴직, 연수, 급여, 복리후생 등 종업원을 대상으로 한 일련의 시책, 제도의 의미로 쓰여지며 넓은 의미로는 노동조건, 노사관계 등도 포함한 모든 시책을 일컬을 때도 있다.

● **人事權** 인사권
[사람 인 일 사 권세 권]
기업은 경영상 필요로 하는 적격자를 채용하여 각 직무에 배치한다. 기업 활동의 필요에 따라 재배치하며, 혹은 휴직·복직을 명하고, 직장질서유지를 위해 상벌을 주며, 퇴직·해고에 필요한 과정을 취하는 이들 일련의 조치를 통상 인사관리라 한다. 인사관리를 행함에 있어 사용자 의사에 따라 행사할 수 있는 권한을 인사권이라 한다.

● **在宅勤務** 재택근무
[있을 재 집 택 부지런할 근 힘쓸 무]
취업형태에 있어 직장과 주거가 일체화되는 것으로, 자유업·소매업·가사노동 종사자 등의 취업형태와 최근 정보전달기술의 혁신으로 인해 사무실 업무가 자택에서 가능해진 취업형태가 있다.

● **終身雇傭** 종신고용
[마칠 종 몸 신 품살 고 품팔이 용]
기업이 노동자를 정년 연령에 도달할 때까지 계속하여 고용하는 것. 연공서열, 기업별 노동조합과 함께 일본형 노동관리의 근간을 이루는 것이다.

● **職務** 직무
[벼슬 직 힘쓸 무]
직위에 포함된 중요한 과업이 동일하거나 혹은 필요한 지식, 지능의 종류나 정도 등이 비슷한 직위가 있는 경우 이를 하나로 정리한 것을 직무라고 한다.

● **職務分析** 직무분석
[벼슬 직 힘쓸 무 나눌 분 가를 석]
개개의 직무분석에서 주어진 업무의 내용이나 업무수행과정에서 요구되어지는 능력(정신적·신체적 능력), 직무수행과정에서 받는 부담(정신적·신체적 부담)을 조사하여 명확히 하는 것을 말한다.

● **職務忠實** 직무충실
[벼슬 직 힘쓸 무 충성 충 열매 실]
직무확대가 직무의 과업의 수를 늘여서 업무량을 확대하는 방법임에 비하여 직무충실은 업무 그 자체를 질적으로 충실히 하기 위해 업무에 계획, 준비, 통제라고 하는 내용을 추가하고 책임이나 권한의 범위를 확대하여 업무의 폭을 넓히고자 하는 것이다. 수직적 직무확대라고도 한다.

● **最低生計費** 최저생계비
[가장 최 밑 저 살 생 꾀 계 쓸 비]
개인 혹은 가족이 그가 속하는 사회에서 최저라고 생각되는 생계를 유지하기 위한 비용.

● **最低賃金** 최저임금
[가장 최 밑 저 맡길 임 쇠 금]
최저임금을 기업차원에서 노동조약·취업규칙에서 정하는 것과 국가적 차원에서 법적 강제력을 갖고 정하는 것이 있다. 법률에 근거 한 최저임금의 목적은 노동자의 생활안정, 노동력의 질적 향상 및 사업의 공정한 경쟁의 확보에 바탕을 두며 국민경제의 건전한 발전에 기여하는 것이다.

실용한자어

- **退職金** 퇴직금
  [물러날 퇴 벼슬 직 쇠 금]
  고용관계가 소멸한 경우 즉, 정년, 개인사정, 결혼, 출산 등 여러 가지 이유로 기업을 그만둘 경우 노동자에 대해서 지급되는 수당.

교육용어

- **假說檢證** 가설검증
  [거짓 가 말씀 설 검사할 검 증거 증]
  논리학에서 일정한 존재에 관하여 그것이 어떠한 사태에 있는가를 밝힌 사고 또는 주장이나 판단의 진위를 입증하는 추론과정을 말한다.

- **感受性 訓練** 감수성 훈련
  [느낄 감 받을 수 성품 성 가르칠 훈 익힐 련]
  심리치료와 산업심리 등의 분야에서 자신의 행동과 타인의 행동에 대해 정확한 이해를 하고 이를 표현할 수 있도록 교육하기 위해 고안된 집단 교육 또는 집단 치료의 한 방법. 미국의 국립 훈련실험연구소에 의해서 발전된 것이다.

- **感覺主義** 감각주의
  [느낄 감 깨달을 각 주인 주 옳을 의]
  모든 지식과 인식이 감각을 자료로 해서 감각에 의해서만 이루어진다고 생각하여 내적인 경험을 독립된 인식의 원천으로 인식하지 않는 극단적인 경험론의 한 형태를 말하며, 감각론이라고도 한다.

- **開放學校** 개방학교
  [열 개 놓을 방 배울 학 학교 교]
  신체 허약아를 교외나 해변, 산 속 등 조용하고 공기가 맑은 환경에 수용해서 통학시켜 신체건강을 도모하는 한편, 학습생활을 시키는 시설. 노천학교, 임간학교, 임해학교라고도 한다.

- **開放教育課程** 개방교육과정
  [열 개 놓을 방 가르칠 교 기를 육 매길 과 단위 정]
  1960년대 후반에 발달되어 1970년대에 진행된 영국의 초등학교의 개혁운동. 미국에 파급된 인간 중심적인 교육개혁 운동의 한 갈래로, 기존의 사고의 틀에 얽매이지 않고 자유롭게 새로운 가능성을 탐색하고자 하는 경향을 말한다.

- **個別化 授業** 개별화 수업
  [낱 개 나눌 별 될 화 줄 수 일 업]
  학습자 개개인의 학습능력과 속도에 따라 학습을 진행하게 하는 수업.

- **經驗論** 경험론
  [지날 경 시험 험 논할 론]
  경험론은 인식의 기원이 경험에 있다고 하는 대표적인 철학적 학설로서, 경험에 의해 모든 인식이 성립된다고 하며 경험적 인식을 절대시한다.

- **經驗中心 教育課程** 경험중심 교육과정
  [지날 경 시험 험 가운데 중 마음 심 가르칠 교 기를 육 매길 과 단위 정]
  학생이 교육의 중심적 존재가 되어야 한다는 입장에서 교육과정의 중심 내용을 학생이 행해야 할 경험으로 구성하는 교육과정.

- **繼續性의 原理** 계속성의 원리
  [이을 계 이을 속 성품 성 근원 원 다스릴 리]
  일반적으로 훈련의 효과는 그 최초에서 시작해서 최고도의 능률에 도달할 때까지 계속적으로 작용되어야 한다는 법칙. 이에 반대되는 학설을 학습의 비계속성 법칙이라고 한다.

- **公教育費** 공교육비
  [공변될 공 가르칠 교 기를 육 쓸 비]
  국가나 지방공공단체가 설치하는 학교의 교육비라는 뜻이다. 교육비에는 이 밖에 교육행정비·사회교육비 등이 있는데, 이들도 공교육비라고 할 수 있겠으나 일반적으로 공교육비라면 공립학교의 교육비를 말한다.

- **觀念論** 관념론
  [볼 관 생각할 념 논할 론]
  관념론은 궁극적인 실재를 관념, 정신, 마음이라고 주장한다. 이러한 사상은 플라톤(Platon)에서 시작하여 데카르트(Descartes)와 버클리(Berkeley)를 거쳐 칸트(Kant)와 헤겔(Hegel)을 통해서 지금에 이어져 오고 있다.

- **教授管理** 교수관리
  [가르칠 교 줄 수 대롱 관 다스릴 리]
  실행된 교수 프로그램의 활용을 관리하는 방법으로, 적절한 시간의 활용, 각종 자료수집 기법, 성적산출 절차, 프로그램 수정, 절차의 개선 등을 처방하고 활용하는 과정이다.

실용한자어

● 敎授設計 교수설계
[가르칠 교 줄 수 베풀 설 꾀 계]
교수에서 실제적으로 수업에 적용되는 교육활동으로서, 교수활동의 전개과정을 최적의 조건으로 구성함으로써 교수효과를 증진시키려는 교수계획의 수립활동이다.

● 敎授評價 교수평가
[가르칠 교 줄 수 평할 평 값 가]
모든 교수활동의 효과성, 효율성, 매력성, 안전성 등을 평가하기 위해 필요한 방법들을 이해하고 개선하고 적용하려는 것이다.

● 敎育隔差 교육격차
[가르칠 교 기를 육 사이뜰 격 어긋날 차]
교육투입의 부족 또는 결합과정이 잘못되어 생기는 교육 산출의 차이 정도.

● 敎育豫算 교육예산
[가르칠 교 기를 육 미리 예 셀 산]
1개년간 필요한 것을 예상하여 입법기관의 승인을 얻은 교육재정 수입 및 지출액 예상을 말한다.

● 敎育委員會 교육위원회
[가르칠 교 기를 육 맡길 위 인원 원 모일 회]
교육의 자주성·전문성과 지방교육의 특수성을 살리고 자치단체의 교육·과학·기술·체육 기타 학예에 관한 중요사항을 의결하기 위하여 특별시, 광역시, 도, 자치구(지방자치단체인 구)에 설치된 단체이다.

● 敎育의 機會均等 교육의 기회균등
[가르칠 교 기를 육 틀 기 모일 회 고를 균 무리 등]
교육의 기회균등은 기본적으로 집단 간의 격차를 해소하거나 혹은 결핍 상태에 있는 집단의 기회와 질적 향상을 도모하는 데 그 초점을 맞춘다.

● 敎育自治制 교육자치제
[가르칠 교 기를 육 스스로 자 다스릴 치 마를 제]
교육의 특수성과 전문성을 존중하고 그 자주성을 확보하며 공정한 민의와 자율규제의 원리에 따라서 교육 본래의 목적을 달성하기 위한 제도.

● 敎育的 社會學 교육적 사회학
[가르칠 교 기를 육 과녁 적 모일 사 모일 회 배울 학]
교육사회학 발달의 초기에 나타났으며 교육학자들이 교육체제에 사회학의 원리를 적용하려 시도한 것으로, 경험 과학적·학문적인 성격을 강조하는 교육의 사회학과는 구별된다.

● 權威主義 敎育 권위주의 교육
[권세 권 위엄 위 주인 주 옳을 의 가르칠 교 기를 육]
교사중심의 교육이 성행하던 시대에 있었던 교육으로서, 교사는 권위와 지위가 가지는 권위를 강조하여 위협이나 처벌을 통해서 학생을 다루고 지도하는 것.

● 期待效果 기대효과
[기약할 기 기다릴 대 본받을 효 과일 과]
타인이나 자신의 성취에 대해 갖는 기대가 성취에 미치는 효과를 말하는 것으로 주로 긍정적인 효과를 의미한다.

● 機會均等의 原理 기회균등의 원리
[틀 기 모일 회 고를 균 무리 등 근원 원 다스릴 리]
기회균등의 원리는 민주주의의 기본원리로서 특히, 교육행정에서 가장 강력하게 요구되는 원리이다.

● 論理的 誤謬 논리적 오류
[논할 론 다스릴 리 과녁 적 그르칠 오 그릇될 류]
논리적 오류는 인간의 행동을 평정할 때 평정자가 갖는 오류의 한 형태로서 뉴캄(T. Newcomb)이 처음 지적한 것이다.

● 能力檢査 능력검사
[능할 능 힘 력 검사할 검 조사할 사]
능력검사란 인지적, 정의적, 또는 심리적·운동적 영역에서 피험자가 현재나 미래에 수행할 수 있는 정도를 측정하는 검사로 크게 적성검사와 학력검사(성취도검사)로 구분될 수 있다.

● 單答型 問項作成 단답형 문항작성
[홑 단 팥 답 틀 형 물을 문 목 항 지을 작 이룰 성]
단답형은 간단한 단어, 어구, 수, 기호 등을 제한된 형태로 피험자가 써 넣는 문항형식으로, 용어의 정의나 의미를 측정할 때 자주 사용된다.

● 代案敎育 대안교육
[대신할 대 책상 안 가르칠 교 기를 육]
미국에서 1960년대 중반에서 1970년대에 기존의 학교에 대한 비판적 시각에서 학생들의 다양한 요구에 부응하기 위한 실험학교들이 등장하였는데, 이들을 '자유학교' 또는 '대안학교'라고 불렀다. 우리 사회에서 대안교육이라는 말이 본격적으로 쓰이게 된 것은 1990년대 중반이다.

실용한자어

- **事例研究法** 사례연구법
[일 사 법식 례 갈 연 궁구할 구 법 법]
문제 행동의 특성과 원인을 찾아내어, 거기에 대한 교육적 대책 또는 치료적 대책을 강구하기 위한 연구방법의 하나로, 개별조사라고도 한다.

- **生活指導** 생활지도
[날 생 살 활 손가락 지 이끌 도]
생활지도란 용어는 영어의 가이던스(guidance)라는 말을 번역한 것으로 자라나는 학생들의 성장과 발달을 바람직한 방향으로 지도하고, 그들의 문제해결과 적응을 도우며, 자기지도와 자기결정으로 이끌어 준다는 의미를 내포하고 있다.

- **遂行評價** 수행평가
[닦을 수 갈 행 평할 평 값 가]
수행(Performance)이란, 구체적인 상황 하에서 실제로 행동을 하는 과정이나 그 결과를 의미한다. 그러므로 교육 현장에서 교수-학습평가의 새로운 대안으로서 제시되고 있는 수행평가란 '학생 스스로가 자신의 지식이나 기능을 나타낼 수 있도록 산출물을 만들거나, 행동으로 나타내거나, 답을 작성하도록 요구하는 평가 방식' 이라고 정의할 수 있다.

- **心理治療** 심리치료
[마음 심 다스릴 리 다스릴 치 병 고칠 료]
심리학적 기법을 적용하여 정신질환을 치료하거나 심리적 적응문제들을 해결하는 것으로, 신경증이니 정신병과 같은 이상심리를 지닌 환자와 면접을 통해서 환자 자신과 환경에 대한 이해를 증진하고 환자의 행동성향을 현실적으로 변화 또는 발달시킬 수 있도록 원조하는 전문적 활동이다.

- **兒童中心 敎育** 아동중심 교육
[아이 아 아이 동 가운데 중 마음 심 가르칠 교 기를 육]
아동중심 교육은 교사중심, 교과중심 교육과 대조되는 교육운동의 하나이다. 이 주장은 18세기 루소를 시작으로 하여 20세기에 발전된 휴머니즘, 실험심리학, 실용주의 철학의 영향을 받아 더욱 발전하게 되었다.

- **外在的 動機** 외재적 동기
[바깥 외 있을 재 과녁 적 움직일 동 틀 기]
외재적 강화인의 만족을 위한 동기. 외재적 강화인이란, 칭찬이나 벌과 같이 주어진 과제 자체와는 관련이 없는 것들로서 찬사와 비난, 상벌, 사회적 지위 등에 의하여 유발된 동기이다.

- **遠隔敎育** 원격교육
[멀 원 사이뜰 격 가르칠 교 기를 육]
원격교육은, 교수자와 학습자간의 교육적 통신이 지리적 거리에 의해서 분리됨을 말한다.

- **人文主義** 인문주의
[사람 인 무늬 문 주인 주 옳을 의]
문예부흥기의 사조로서, 그 특징은 중세적인 교회 중심적 사상에 반대하여 고대 문화를 본 따 인간성을 존중하고 교양을 가지는 데에 있다.

- **認知構造** 인지구조
[알 인 알 지 얽을 구 지을 조]
지각하는 현상을 믿음, 태도 및 기대의 통합적이며 위계적인 형태로 조직한 것.

- **人性敎育** 인성교육
[사람 인 성품 성 가르칠 교 기를 육]
한 인간으로서의 기본적 자질과 태도, 품성을 배양시키는 교육을 의미한다.

- **自己主導的 學習** 자기주도적 학습
[스스로 자 자기 기 주인 주 이끌 도 과녁 적 배울 학 익힐 습]
교사와 교과서 중심의 획일화된 주입식 교수·학습 방법에서 탈피하여 학생 개개인이 자신의 능력에 따라 속도와 수준을 조절해가며 하는 학습이다. 토론학습, 탐구학습, 실험 및 실습학습, 창의적 문제해결학습, 학습하는 방법의 학습 등이 그 예이며, 최근 열린 교육의 핵심적인 목표로 부각되고 있다.

- **情報處理理論** 정보처리이론
[뜻 정 갚을 보 곳 처 다스릴 리 다스릴 리 논할 론]
정보처리이론은 인지적 입장에서의 학습이론으로, 인지주의 학습이론이 여러 견해를 포괄하는 것이라면, 정보처리이론은 그 중에서도 정보의 획득·파지·활용의 과정에 중점을 둔 학습의 한 국면을 다루는 이론이다.

- **診斷評價** 진단평가
[진찰할 진 끊을 단 평할 평 값 가]
진단평가는 교수-학습이 시작되기 전에 학습자가 소유하고 있는 특성을 체계적으로 측정하는 행위로서, 학습자들의 능력과 특성을 사전에 파악하여 교육목표 및 계획을 수립하는 데 목적을 둔다.

실용한자어

- **集團相談** 집단상담
[모일 집 둥근 단 서로 상 말씀 담]
개인이 지니고 있는 여러 가지 문제를 소집단의 경험을 통하여 해결하는 상담의 한 형태로 흔히 개인 상담과 대비되어 사용된다.

- **靑少年非行** 청소년비행
[푸를 청 적을 소 해 년 아닐 비 갈 행]
청소년이 반사회적 행위를 하거나 사회규범에 어긋나는 행위를 하는 것을 의미하는 용어로, 청소년비행은 성인인 경우에는 하등의 법적 저촉이 되지 않는 행위(음주·흡연 등)도 포함된다.

- **討議法** 토의법
[칠 토 의논할 의 법 법]
토의법은 어떤 주제, 이유, 논쟁점 등을 학생과 교사가 다같이 언어로 상호작용 하는 방법이다. 파커(S. C. Parker)의 회화법(Conversational Method)에서 시작된 공동학습의 한 형태로서 민주적인 학습지도법이다.

- **退行** 퇴행
[물러날 퇴 갈 행]
발달과정에서 과거에 한번 했던 더 어릴 때의 단계 및 행동으로 되돌아가는 현상을 말한다.

- **統合敎育課程** 통합교육과정
[거느릴 통 합할 합 가르칠 교 기를 육 매길 과 단위 정]
통합교육과정이란 폭발적으로 문제가 증가하고 있는 현대사회에서 개인이나 사회가 당면하는 문제들을 해결하기 위해 필요로 하는 지식을 통합하여 응용할 수 있는 통합적 지식을 획득하는 교육과정으로 학문중심 교육과정에서 변형된 교육과정이다.

- **特殊敎育** 특수교육
[특별할 특 죽일 수 가르칠 교 기를 육]
신체적·정신적·정서적 및 사회적 특성에 있어서 정상아동들과 특수한 차이를 나타내는 아동들을 특수아라 부르며, 특수아를 대상으로 하여 행해지는 특수한 교육계획을 말한다.

- **平生敎育** 평생교육
[평평할 평 날 생 가르칠 교 기를 육]
평생교육의 개념은 유네스코(UNESCO)에 의하여 1965년경부터 발달하기 시작했다. 평생교육은 인간의 삶의 질의 개선이라는 이념추구를 위하여 태교에서 시작하여 유아교육, 성인후기교육, 노인교육을 수직적으로 통합한 교육과 취학 전 교육, 사회교육, 학교교육을 수평적으로 통합한 교육을 총칭하여 말하며, 그것은 개인의 잠재능력의 최대한의 신장과 사회발전에 참여하는 능력의 개발을 목적으로 한다.

- **學校運營委員會** 학교운영위원회
[배울 학 학교 교 운반할 운 경영할 영 맡길 위 인원 원 모일 회]
학교운영위원회는 학교운영과 관련된 중요한 의사결정에 학부모, 교원, 지역인사가 참여함으로써 학교 정책결정의 민주성·합리성·효과성을 확보하여 학교 교육목표 달성에 기여하기 위한 집단의사결정기구.

- **學習不振兒** 학습부진아
[배울 학 익힐 습 아닐 부 떨칠 진 아이 아]
부진아에 대한 개념은 IQ가 80~95 사이에 속하는 학생으로 학업성적이 열등한 아동과 정신박약아, IQ가 보통이거나 높은데 성적이 열등한 학생을 모두 포함한 넓은 의미로 사용되기도 한다.

- **學習戰略** 학습전략
[배울 학 익힐 습 싸울 전 간략할 략]
학습전략이란 미시적 정보처리에서부터 일반적 사고기능까지를 포함하는 모든 지적 활동을 포함한다.

- **學制** 학제
[배울 학 마를 제]
학제란 한 나라의 교육활동의 근간이 되는 학교교육 제도를 말하며 형식적·비형식적 교육의 양태를 나타낸다.

- **協同學習** 협동학습
[도울 협 한가지 동 배울 학 익힐 습]
학습효과를 최대로 하기 위하여 학습상황에서 상호작용을 하도록 하기 위한 소집단의 학습방법으로 공동학습이라고도 한다. 협동학습은 상호작용을 통해서 집단에 부여된 학습목표를 공동으로 달성하여 그 구성원 전체에게 유용한 학습효과를 획득하는 학습방법이다.

- **形成評價** 형성평가
[모양 형 이룰 성 평할 평 값 가]
형성평가는 수업이 진행되고 있는 과정에서 교육행위가 계획한 대로 진행되고 있는지를 확인하는 행위이다.

실용한자어

국사용어

● **江華島條約** 강화도조약
[강 강 꽃 화 섬 도 가지 조 맺을 약]
1876년(고종 13년) 조선과 일본 사이에 체결된 수호조약. 병자수호조약이라고도 한다. 운요호사건을 계기로 군함 등을 동원한 일본의 무력적 시위 아래 체결된 불평등조약으로 모두 12개조로 되어 있다.

● **廣開土大王陵碑** 광개토대왕릉비
[넓을 광 열 개 흙 토 큰 대 임금 왕 큰언덕 릉 비석 비]
중국 만주 지안현(輯安縣) 퉁구(通溝)에 있는 고구려 제19대 광개토대왕의 능비(陵碑). 높이 6.39m, 각 면의 나비 1.5m의 비석으로 우리나라에서 가장 큰 비석이다. 총 44행 1,755자에 이르는 비문(碑文)은 상고사(上古史) 특히 고구려의 건국 내력과 삼국의 정세 및 일본과의 관계를 알려주는 유명한 금석문(金石文)이다.

● **光州 學生 抗日 運動** 광주학생항일운동
[빛 광 고을 주 배울 학 날 생 막을 항 해 일 운반할 운 움직일 동]
1929년 11월 3일 광주에서 일어난 학생들의 항일투쟁운동.

● **奎章閣** 규장각
[별이름 규 글 장 집 각]
국학 연구 자료에 관한 귀중도서를 소장하고 있는 서고. 조선시대의 관아로서 정조가 즉위한 1776년 3월 11일에 창덕궁 후원에 설립되었다.

● **國債報償運動** 국채보상운동
[나라 국 빚 채 갚을 보 갚을 상 운반할 운 움직일 동]
1907년 일본으로부터 들여온 국채를 갚기 위해 조선국민들이 일으킨 운동. 1907년 2월 대구에서 서상돈(徐相敦)·김광제(金光濟) 등 16명이 국채보상회를 발기하고 모금운동을 시작하였는데, 이 운동은 순식간에 각종 신문사와 국민들의 적극적인 지지를 받아 전국 각지로 퍼져갔다.

● **國子監** 국자감
[나라 국 아들 자 볼 감]
고려시대의 국립교육기관. 992년(성종 11년) 태조 이래의 교육기관이던 경학(京學)을 이 이름으로 고쳤으며, 1275년(충렬왕 1년)에는 국학(國學), 1298년에는 성균감(成均監), 1308년에는 성균관(成均館), 1356년(공민왕 5년)에는 다시 국자감, 1362년에는 또다시 성균관으로 개칭되어 조선시대의 최고교육기관으로 계승되었다.

● **畿湖學派** 기호학파
[경기 기 호수 호 배울 학 물갈래 파]
조선시대 유학파의 하나. 주기파(主氣派)라고도 한다. 학술적으로는 이이(李珥)의 학설을 따르는 주기적 경향의 성리학자들을 말한다.

● **奴婢按檢法** 노비안검법
[종 노 여자종 비 누를 안 검사할 검 법 법]
956년(광종 7년)에 노비의 신분을 정밀 조사하여 본래 양민이었던 자들을 노비신분에서 해방시키고자 시행한 법.

● **斷髮令** 단발령
[끊을 단 터럭 발 명령 령]
1895년(고종 32년)에 백성들에게 머리를 깎게 하여 종래의 상투 풍속을 폐하게 한 명령. 김홍집(金弘集) 내각이 내정개혁의 일환으로 내린 영(令)이었으나, 백성들의 반발이 심하여 김홍집 내각 붕괴 원인의 하나가 되었다.

● **東學** 동학
[동녘 동 배울 학]
1860년(철종 11년) 수운(水雲) 최제우(崔濟愚)에 의하여 창도된 우리나라 고유의 신흥종교. 19세기 후반 조선사회의 위기와 서양 세력이 침투하는 혼란 속에서 보국안민(輔國安民), 광제창색(廣濟蒼生)을 내세우며 새로운 이상세계의 건설을 목표로 하여 등장하였다.

● **東醫寶鑑** 동의보감
[동녘 동 의원 의 보배 보 거울 감]
조선 중기 태의(太醫) 허준(許浚)이 저술한 의서. 25권 25책의 고활자본으로 동방의학의 백과사전격인 경전이다.

● **東洋拓植株式會社** 동양척식주식회사
[동녘 동 바다 양 주울 척 심을 식 그루 주 법 식 모일 회 모일 사]
1908년 8월에 우리나라의 경제를 독점지배하기 위하여 설립한 일본의 국책회사. 주로 토지를 강점·강매하여 회사소유로 한 다음 고율의 소작료를 받고, 영세농민에게 2할 이상의 고리(高利)로 대여하는 등의 방법으로 농민을 착취하였다.

● **東史綱目** 동사강목
[동녘 동 역사 사 벼리 강 눈 목]
조선 숙종 때의 학자 안정복(安鼎福)이 저술한 역사책. 20권 20책의 필사본으로 고조선시대부터 고려시대까지의 역사를 편년체로 서술하였고, 체제는 주자의 〈자치통감강목(資治通鑑綱目)〉에 따랐다.

실용한자어

- **東道西器論** 동도서기론
[동녘 동 길 도 서녘 서 그릇 기 논할 론]
19세기 중엽 서구세력의 침투 속에서 등장하였던 서구문명의 수용논리. 우리나라에서는 동도서기론이라고 한데 비하여 중국에서는 중체서용론(中體西用論), 일본에서는 화혼양재론(和魂洋才論)이라고 하였다.

- **萬民共同會** 만민공동회
[일만 만 백성 민 함께 공 한가지 동 모일 회]
열강의 이권침탈에 대항하여 자주독립의 수호와 자유민권의 신장을 위하여 조직·개최되었던 민중대회. 약 1만 명의 서울시민이 참여하여 개최되었다.

- **牧民心書** 목민심서
[칠 목 백성 민 마음 심 글 서]
조선 정조 때의 문신 다산(茶山) 정약용(丁若鏞)의 저서. 48권 16책. 고금(古今)의 여러 책에서 지방 장관의 사적을 가려 뽑아 치민(治民)에 대한 도리를 논술하였다.

- **物産奬勵運動** 물산장려운동
[만물 물 낳을 산 권면할 장 힘쓸 려 운반할 운 움직일 동]
일제강점기에 전개된 국산품 장려운동. 1920년 평양에서 조만식(曺晩植)·김동원(金東元) 등에 의하여 시작되었고, 1923년 초 전국적인 규모로 확대되었다.

- **渤海** 발해
[바다이름 발 바다 해]
699~926년 한반도 북부, 만주 동부, 연해주에 걸쳐 있던 나라. 건국 시조는 대조영(大祚榮)이다. 고구려 유민들과 말갈족이 함께 세운 나라로, 지배층은 고구려 유민이고 피지배층은 말갈족으로 구성된 복합민족국가였다.

- **北伐論** 북벌론
[북녘 북 칠 벌 논할 론]
조선시대 효종 때의 청나라 정벌 계획.

- **四捨五入改憲** 사사오입개헌
[넉 사 버릴 사 다섯 오 들 입 고칠 개 법 헌]
당시의 집권당인 자유당이 총재 이승만(李承晚) 대통령의 영구집권을 위해 1954년 11월 29일 헌법 개정안을 불법 통과시킨 사건.

- **斯文亂賊** 사문난적
[이 사 무늬 문 어지러울 난 도둑 적]
도리에 어긋나는 행동으로 유교를 어지럽히는 사람을 비난하여 이르던 말.

- **司諫院** 사간원
[맡을 사 간할 간 집 원]
조선시대 삼사(三司)의 하나. 1402년(태종 2년)에 설치한 것으로, 간쟁(諫諍)·논박(論駁)뿐만 아니라 탄핵(彈劾)과 시정(時政)에 대한 언론 등 정치 전반에 관한 광범위한 언론을 펴는 것이 주 임무였다.

- **書堂** 서당
[글 서 집 당]
사설 한문 교육기관. 사족(士族)과 일반 사람들이 주체가 되어 향촌 사회에 생활근거를 두고 설립한 초·중등 교육기관이다. 서당교육의 내용은 강독·제술·습자의 3가지이다.

- **三國遺事** 삼국유사
[석 삼 나라 국 남길 유 일 사]
고려 충렬왕 때의 명승 보각국사(普覺國師) 일연(一然)이 신라·고구려·백제 3국의 유사(遺事)를 모아서 지은 역사서. 5권 2책의 인본(印本)이며 편찬연대는 미상이다.

- **三國史記** 삼국사기
[석 삼 나라 국 역사 사 기록할 기]
고려시대에 김부식(金富軾) 등이 편찬한 우리나라 최고(最古)의 역사책. 50권. 인종의 명을 받아 1145년(인종 23년)에 편찬하였다. 사마천(司馬遷)의 〈사기(史記)〉를 본뜬 기전체(紀傳體)로 기술되어 있다.

- **成均館** 성균관
[이룰 성 고를 균 객사 관]
유림이 자체 경영하는 재단법인. 고려시대 말기에서 조선시대에 걸친 시기에 유학(儒學)을 전수하던 최고학부로서, 공자를 제사하는 문묘(文廟)와 유학을 강론하는 명륜당(明倫堂) 등으로 이루어져 있었다.

- **西遊見聞** 서유견문
[서녘 서 놀 유 볼 견 들을 문]
한말의 정치가 유길준(俞吉濬)이 미국 및 유럽을 경유하며 보고 느낀 것들을 최초의 국·한문 혼용체로 기록한 기행문. 1책의 인본으로 1895년(고종 32년) 도쿄(東京) 교순사에서 간행하였다.

- **是日也放聲大哭** 시일야방성대곡
[옳을 시 해 일 어조사 야 놓을 방 소리 성 큰 대 울 곡]
1905년 11월 20일자 〈황성신문〉에 실린 장지연(張志淵)의 저항논설. 을사조약의 부당함을 폭로하기 위한 논설로, 일제 침

실용한자어

략의 앞잡이 이토 히로부미(伊藤博文)를 비난하고 을사오적을 매국의 적으로 규정하였으며 고종 황제가 승인을 거부하였으므로 무효라고 주장하였다.

● **閭田論** 여전론
[이문 여 밭 전 논할 론]
조선 후기에 정약용(丁若鏞)이 주장한 토지개혁론. 일종의 협동농장제로서 전국의 토지를 국가소유로 하고, 농촌사회를 여(閭) 단위로 재편성한 다음 공동 경작하여 노동량에 따라 소득분배하자는 공동농장제도이다.

● **五家作統法** 오가작통법
[다섯 오 집 가 지을 작 거느릴 통 법 법]
조선시대에 다섯 집을 한 통으로 묶었던 호적의 보조조직. 1485년(성종 16년) 한명회(韓明澮)의 발의에 따라 채택되어 〈경국대전〉에 올랐다. 주로 호구를 밝히고 범죄자의 색출, 세금징수, 부역의 동원, 인보(隣保)의 자치조직을 꾀하여 만들었다. 헌종 때에는 연대책임을 강화하여 가톨릭교도 적발에 이용하였다.

● **壬辰倭亂** 임진왜란
[아홉째천간 임 지지 진 왜국 왜 어지러울 란]
1592년(선조 25년)부터 1598년까지 2차에 걸친 일본군의 침략으로 일어난 전쟁.

● **議政府** 의정부
[의논할 의 정사 정 마을 부]
백관을 통솔하고 서정을 총괄하던 조선시대 최고의 행정기관. 국초에는 고려의 제도를 그대로 계승한 도평의사사가 국가최고회의기관이었으나, 1400년(정종 2년)에 의정부로 고쳤다.

● **義禁府** 의금부
[옳을 의 금할 금 곳집 부]
조선시대의 사법기관. 금오(金吾)·왕부(王府)라고도 한다.

● **乙巳條約** 을사조약
[새 을 여섯째지지 사 가지 조 맺을 약]
1905년(광무 9년) 일본이 대한제국의 외교권을 박탈하기 위하여 강압적으로 체결한 조약. 공식 명칭은 한일협상조약이며, 을사보호조약, 제2차 한일협약, 을사5조약이라고도 한다.

● **濟州道 四三事件** 제주도4·3사건
[건널 제 고을 주 길 도 넉 사 석 삼 일 사 사건 건]
1948년 4월 3일 미군정 치하에 있던 제주도의 전지역에 걸쳐 일어났던 무장 봉기.

● **鄭鑑錄** 정감록
[나라이름 정 거울 감 기록할 록]
조선 중기 이후 민간에서 성행하게 된 국가의 운명, 생민(백성)의 존망 등에 대한 예언서·신앙서. 여러 비기(秘記)를 집성하여 만들어진 이 책은 참위설(讖緯說)·풍수지리설(風水地理說)·도교사상 등이 혼합되어 이루어져 있으며, 그 종류가 무수히 많아 40~50종류를 헤아릴 수 있으나, 정확한 저자명과 원본은 발견되지 않았다.

● **朝鮮上古史** 조선상고사
[아침 조 고울 선 위 상 예 고 역사 사]
일제강점기에 신채호(申采浩)가 쓴 한국상고사. 1책. 단군조선부터 고구려·백제·신라의 삼국시대까지를 민족주의 사관에 입각하여 저술하였다.

● **朝鮮總督府** 조선총독부
[아침 조 고울 선 거느릴 총 감독할 독 마을 부]
일본이 우리나라를 통치하기 위하여 설치하였던 최고통치기관.

● **斥和碑** 척화비
[물리칠 척 화할 화 비석 비]
조선 고종 때 대원군이 양인(洋人)을 배척하기 위해 전국 주요 도시에 세웠던 비석.

● **淸海鎭** 청해진
[맑을 청 바다 해 진압할 진]
통일신라시대의 장군 장보고(張保皐)가 해상권을 장악하고 중국·일본과 무역을 하던 곳. 군영(軍營)을 설치하고 성을 쌓아 전략적 거점을 마련하였다. 지금의 완도(莞島)로 사적 제308호로 지정되어 있다.

● **蕩平論** 탕평론
[쓸어버릴 탕 평평할 평 논할 론]
조선 후기 영조가 당쟁을 없애기 위해 정치세력간의 균형을 꾀한 정책.

● **八萬大藏經** 팔만대장경
[여덟 팔 일만 만 큰 대 감출 장 지날 경]
고려 고종 때 새겨져서 현재 해인사에 보관되어 있는 고려대장경의 하나. 해인사 대장경 재조(再雕)대장경이라고도 한다. 국보 제32호.

● **韓日議定書** 한일의정서
[나라이름 한 해 일 의논할 의 정할 정 글 서]
1904년 일본이 우리나라에 강제한 외교문서.

실용한자어

● **韓人愛國團** 한인애국단
[나라이름 한 사람 인 사랑 애 나라 국 둥글 단]
만주사변 이후 상하이(上海)에서 결성된 실천적인 비밀 독립운동조직. 1931년 김구(金九)가 상해임시정부 소속으로 비밀결사대원을 모아 조직하였다.

● **洪範十四條** 홍범십사조
[큰물 홍 법 범 열 십 넉 사 가지 조]
갑오개혁 후 고종이 선포한 14개 조항의 국가기본법. 조선이 자주독립국임을 내외에 밝힌 이 대원칙은 근대 국가의 헌법과 같은 성격을 지닌 것으로 1895년 1월 7일 고종이 세자와 대원군·종친 및 백관을 거느리고 종묘에 나아가 선포하였다.

● **號牌法** 호패법
[부를 호 패 패 법 법]
조선시대에 16세 이상의 남자가 차고 다니던 일종의 신분증.

● **訓民正音** 훈민정음
[가르칠 훈 백성 민 바를 정 소리 음]
조선 세종이 1446년(세종 28년)에 제정·공포한 우리나라의 국자(國字)를 해설한 책. 국보 제70호. 세종이 훈민정음 창제의 취지를 밝힌 서문(序文)과 훈민정음의 음가(音價)·운용법을 밝힌 예의편(例義篇), 새 글의 제자원리와 음가·운용법 등을 제자해·초성해·중성해·합자해·용자례 등으로 나누어 해설하는 해례편(解例篇), 훈민정음의 창제 이유를 담은 정인지서문(鄭麟趾序文)으로 되어 있다.

국제금융용어

● **競爭入札** 경쟁입찰
[겨룰 경 다툴 쟁 들 입 패 찰]
입찰매매에 있어서 입찰에 참여하는 자를 제한하지 않고 공고하여 불특정다수가 자유롭게 참여하는 것을 말한다. 따라서 매매계약은 매매신청인의 자유경쟁에 의하여 결정된 가격에 의해 체결된다.

● **景氣動向指數** 경기동향지수(DI)
[볕 경 기운 기 움직일 동 향할 향 손가락 지 셀 수]
경기가 상승 국면에 있는가, 하강국면에 있는가를 표시하는 지표를 말한다. 경기 동향지수는 경기종합지수와는 달리 경기변동의 진폭이나 속도는 측정하지 않고 변화방향만을 파악하는 것으로 경기 국면 및 전환점을 판단할 때 유용하다.

● **經濟的 附加價値** 경제적 부가가치
[지날 경 건널 제 과녁 적 붙을 부 더할 가 값 가 값 치]
기업이 벌어들인 영업이익 가운데 세금과 자본코스트를 공제한 금액, 즉 투하된 자본과 비용으로 실제 얼마나 많은 이익을 올렸느냐를 가리키는 경영지표이다. 1980년대 후반 미국의 스턴스튜어트 컨설팅 사에 의해 도입되었는데, 선진국에서는 기업의 재무적 가치와 경영자 업적평가에서 순이익이나 경상이익보다 훨씬 효율적인 지표로 활용되고 있다.

● **固定評價** 고정평가
[굳을 고 정할 정 평할 평 값 가]
서로 다른 화폐제도를 가진 국가간에 무역거래나 국제자본이동 및 결제를 위해서는 가치가 다른 각 통화간의 교환비율을 확정할 필요가 있다. 이와 같이 확정된 일국통화의 대외가치를 환평가라 하며, 그 평가가 변동하지 않고 고정되어 있을 경우 이를 고정평가라 한다. 그리고 고정평가에 의한 환율 제도를 고정 환율제도라 한다.

● **公開市場操作** 공개시장조작
[공변될 공 열 개 저자 시 마당 장 잡을 조 지을 작]
중앙은행이 화폐 및 증권시장에 자발적으로 참여하여 주로 국채, 기타 유가증권 등을 매매하거나 재할인금리 및 지불준비율을 조절함으로써 간접적으로 통화량을 조절하는 금융정책수단의 한 형태이다.

● **公的對外準備資産** 공적대외준비자산
[공변될 공 과녁 적 대답할 대 바깥 외 법도 준 갖출 비 재물 자 낳을 산]
일국의 통화당국이 대외지불준비자산으로 보유하는 금, 교환가능외환, SDR 및 IMF 리저브 포지션(reserve position)을 말한다. 일반적으로 대외지불준비자산은 대외지급에 사용될 수 있는 유동성, 가격의 안정성 및 일반적 영수성 등을 구비하여야 한다.

● **管理通貨制度** 관리통화제도
[대롱 관 다스릴 리 통할 통 재화 화 마를 제 법도 도]
통화 공급량을 금본위제도에서와 같이 정화(正貨)준비에 의거하여 기계적으로 자동조정하지 않고 합리적인 통화 공급 목표를 설정하여 통화당국이 자유재량에 의해 인위적으로 관리, 통제하는 제도를 말한다.

● **國家危險度** 국가위험도
[나라 국 집 가 위태할 위 험할 험 법도 도]
민간기업 또는 개인 차주에 대한 위험도를 상업적 위험(commercial risk)이라고 하는 반면 그 차주(민간, 공공부문)가 속한 국가에 대한 위험도를 말하는데, 특정국에 행하여진

실용한자어

투자, 여신에 대하여 당해국의 정치, 사회 및 경제적 여건에서 발생하는 채권회수상의 위험도를 가리킨다.

● 國際收支 국제수지
[나라 국 사이 제 거둘 수 가를 지]
한 나라가 외국과 재화, 용역 및 자본 등을 거래함으로써 생긴 모든 지불과 수취를 말한다. 일정기간(보통 1년)을 대상으로 한 나라의 국제수지를 체계적으로 한 표에 기록한 것이 국제수지표이다.

● 國際流動性 국제유동성
[나라 국 사이 제 흐를 류 움직일 동 성품 성]
국가간의 대차는 최종적으로는 국제적으로 통용되는 지불수단, 예를 들어 금 또는 달러 등 주요 통화에 의해 결제된다. 이처럼 국제적으로 통용되는 결제수단을 국제유동성 또는 대외준비라고 한다. 국제유동성은 금 및 기타 유동성 대외자산으로 구성되는데 IMF는 이를 ①금, ②외환, ③IMF 리저브 포지션, ④SDR 등으로 구분하고 있다.

● 國際通貨基金 국제통화기금(IMF)
[나라 국 사이 제 통할 통 재화 화 터 기 쇠 금]
안정된 국제 통화 체제의 유지, 발전을 통해 세계경제의 확대를 도모하고자 설립된 국제기관으로, 1945년 가맹국의 공동출자에 의해 설립되었다. 구체적으로 IMF는 한 나라의 국제수지가 일시적인 불균형에 처했을 경우에는 외화자금을 공여하여 수지균형을 지원하고, 환율의 경쟁적 절하를 방지하며, 외환규제의 실시를 제한함으로써 다각적 결제제도의 확립과 더불어 국제무역의 확대에 기여함을 목적으로 하고 있다.

● 金本位制度 금본위제도
[쇠 금 근본 본 자리 위 마를 제 법도 도]
금본위제도는 통화 1단위의 금 분량이 정의되어 통화 1단위와 금의 일정중량이 등가로 결합되는, 즉 금이 가격표준으로 되는 화폐제도를 말한다. 지금은 어떠한 형태로든 금본위제를 채택하고 있는 나라는 없다.

● 金融先物去來 금융선물거래
[쇠 금 화할 융 먼저 선 만물 물 갈 거 올 래]
채권, 예금, 통화, 주식 등 금융상품을 대상으로 한 선물거래로, 거래소에서 공개호가로 결정된 가격으로 장래의 특정기일에 어떤 금융자산의 일정수량을 인수도할 것을 약정하는 선도계약의 일종이다. 다시 말해 미래의 특정시점에 있어서의 금융상품 인수도 가격을 현시점에서 고정시키는 계약을 의미한다.

● 基金型 投資信託 기금형 투자신탁
[터 기 쇠금 틀 형 던질 투 재물 자 믿을 신 부탁할 탁]
계약형 투자신탁의 일종으로 추가형 또는 오픈형 투자신탁이라고도 한다. 기금형 투자신탁은 계약기간이 만료될 때까지 신탁재산을 일정금액으로 한정시켜 운영하는 단위형과는 달리 추가설정이 가능하다.

● 技術的 分析 기술적 분석
[재주 기 꾀 술 과녁 적 나눌 분 가를 석]
주가예측기법에는 기본적 분석(fundamental analysis)과 기술적 분석(technical analysis) 두 가지가 있다. 기본적 분석은 투자가치를 파악하기 위해 발행주체의 경영·재무상의 특성을 분석하는 것이다. 반면 기술적 분석은 주식수급, 시장인기, 투자가의 심리 등 경제외적 요소를 토대로 주식시세의 동향을 파악하는 분석방법이다.

● 基準換率 기준환율
[터 기 법도 준 바꿀 환 비율 율]
한 나라가 자국통화와 각국 통화간의 환율을 결정할 때, 그 기준으로 삼기 위해 먼저 결정되는 특정국 통화와의 환율을 가리킨다. 이 때 특정국 통화로는 국제 통화나 혹은 자국의 대외거래에서 중요한 비중을 차지하는 통화가 선정되는 것이 일반적이다.

● 基礎收支 기초수지
[터 기 주춧돌 초 거둘 수 가를 지]
기초수지는 경상수지와 장기자본수지를 합한 것으로 한 나라의 장기적 결제능력을 평가하는 데 가장 유용한 지표로 인정받고 있다. 이는 기초수지가 만기 1년 이하의 자본이동을 나타내는 단기자본수지와 오차 및 누락을 공제하고 있기 때문에 국제수지의 일시적 불안정 요인이 제거되고 있고 국내외의 경제적 변동에 상응하는 국제수지의 실세를 파악하는 데 가장 적당하기 때문이다.

● 消費者信用規制 소비자신용규제
[사라질 소 쓸 비 놈 자 믿을 신 쓸 용 법 규 마를 제]
선진국에서 실시하는 대출제한제도의 대표적 예로는 소비자신용규제, 부동산신용규제 및 증권금융의 증거금제도 등이 있다. 소비자신용규제는 내구소비재의 할부구입에 대한 신용여건의 제조건(현금 결제시 최저액과 신용공여기간 등)을 규제하여 소비자신용의 공급을 제한하는 것을 말한다.

실용한자어

- **收入關稅** 수입관세
  [거둘 수 들 입 빗장 관 세금 세]
  관세는 정책당국자의 의도에 따라 보호관세와 수입관세로 구분되는데, 보호관세는 산업을 보호할 목적으로 부과하는 관세이며, 수입관세는 세수확보를 목적으로 부과하는 관세이다.

- **信用危險** 신용위험
  [믿을 신 쓸 용 위태할 위 험할 험]
  매매계약상의 결제조건에 의한 지불이 이행되지 않음으로써 발생하는 위험을 총칭하며, 구매자 측의 지불불능에 의한 경우와 지불거절에 의한 경우가 있다.

- **信用派生商品** 신용파생상품
  [믿을 신 쓸 용 물갈래 파 날 생 장사 상 물건 품]
  금융기관 등이 신용대출 및 금융자산 투자에 따른 신용리스크를 회피하기 위해 신용리스크를 이전시키고, 상대방은 신용리스크를 흡수함으로써 수익을 올릴 수 있는 파생금융상품이다 신용파생상품의 종류에는 채권부도 스왑(Credit-default Swap)과 토탈 리턴 스왑(Total Return Swap, TRS) 등이 있다.

- **新株引受權** 신주인수권
  [새 신 그루 주 끌 인 받을 수 권세 권]
  회사가 신주를 발행할 때 구주에 대해 우선적으로 부여하는 신주인수권리를 말하며, 채권의 경우에는 채권의 신규 발행 시 만기가 도래된 채권의 소유자가 동 채권을 신규 발행채와 교환할 수 있는 권리를 의미한다.

- **讓渡性 預託證書** 양도성 예탁증서
  [사양할 양 건널 도 성품 성 미리 예 부탁할 탁 증거 증 글 서]
  바하마 국제금융시장에서 발행되는 유로달러 CD의 일종이다. 원래는 바하마 정부가 도난 등의 경우 선의의 취득자에 대한 피해를 우려하여 CD발행을 금지함에 따라 발행된 CD의 대체물이었으나, NRD의 발행에는 지급준비금의 적립과 연방예금보험공사의 부과금이 면제되기 때문에 미국은행들이 선호하게 되었다.

- **旅行者手票** 여행자수표(T/C)
  [군사 려 갈 행 놈 자 손 수 표 표]
  해외여행자의 현금휴대에 다른 불편과 위험을 피하기 위하여 고안된 것으로서, 은행이 자기앞수표의 형식으로 정액수표를 발행하여 특약되어 있는 각지의 코레스 은행을 통해 여행자에게 매각한다. 여행자는 매입시에 수표에 서명을 하고 여행지에서 금융기관에 매입을 의뢰할 때 동일수표에 다시 서명을 한 후 현금과 교환할 수 있다.

- **資産擔保證券** 자산담보증권
  [재물 자 낳을 산 멜 담 지킬 보 증거 증 문서 권]
  원래 금융기관이 보유하고 있는 자산을 담보로 발행하는 증권을 일컫는 말이나 최근 들어서는 모기지 담보증권(MBS)과 구분하여 부동산대출을 제외한 대출채권이나 외상매출채권 등과 관련된 금융자산을 기반으로 발행되는 증권만을 지칭한다.

- **調整計定** 조정계정
  [고를 조 가지런할 정 꾀 계 정할 정]
  국제수지표상 자율계정에 불균형이 발생할 때 이를 조정하기 위하여 설치하는 계정을 말한다. 이에는 외환보유고 및 금의 변동, 단기 자본 이동 등의 항목이 포함되며 보전계정이라고도 한다.

- **電子商去來** 전자상거래
  [번개 전 아들 자 장사 상 갈 거 올 래]
  전자상거래란 기업내부 조직간, 기업간 그리고 기업과 소비자 사이에서 일어나는 일련의 상품과 서비스 활동을 컴퓨터나 통신망 등의 전자화 된 기술을 이용하여 교환하는 시스템을 말한다.

- **電子資金移替制度** 전자자금이체제도
  [번개 전 아들 자 재물 자 쇠 금 옮길 이 쇠퇴할 체 마를 제 법도 도]
  고객과 은행 또는 은행 간의 문서에 의하지 않고 전화, 컴퓨터 등을 통해 고객과 은행 또는 은행 간의 자금이체가 이루어지는 것을 말한다.

- **債券** 채권
  [빚 채 문서 권]
  채권은 발행자가 채권의 소유자에게 일정기일에 일정이율의 이자를 지급하며 만기에 원금상환을 약정하여 발행한 증서를 말한다. 발행자에 따라 국채, 공채, 사채 등으로 구분된다. 또한 담보여부에 따라서는 담보부 채권과 무담보 채권으로 구분된다.

무역용어

- **價格** 가격
  [값 가 격식 격]
  상품 및 서비스의 가치를 금액으로 표현한 것으로 소비자는 상품과 서비스를 제공받는 대신에 대금을 지불한다. 상품이나 용역(用役) 등의 매매(賣買)에 있어 돈으로 나타내는 일종

실용한자어

의 교환가치이다.

● **檢受** 검수
[검사할 검 받을 수]
무역거래에 있어서의 검수는 화물을 본선에 적재 또는 양하할 때 그 화물의 개수의 계산, 사고유무의 점검 또는 수도를 증명하는 것. 이 검수에 종사하는 자를 검수인(Tally man)이라 한다.

● **檢疫** 검역
[검사할 검 염병 역]
질병 또는 동식물의 병충해 방지를 위하여 이것들에 오염되어 있을 우려가 있는 선박, 화물, 승무원을 지정장소에서 일정기간 유치하여 검사, 소독하는 것.

● **見本割引** 견본할인
[볼 견 근본 본 벨 할 끌 인]
시가보다 싼 비용으로 상품견본의 대가를 청구하는 것. 견본에는 무상견본과 유상견본이 있다. 비용을 청구하지 않는 무상견본이 일반적이지만, 고가품은 유상견본으로 비용이 청구된다.

● **告知義務** 고지의무
[알릴 고 알 지 옳을 의 힘쓸 무]
보험계약자가 계약을 신청할 때 보험자에 대해 위험정도를 측정하는데 필요한 주요사항을 통시하는 의무를 말한다.

● **空積** 공적
[빌 공 쌓을 적]
제품보관, 통로, 작업 공간 등으로서 유효하게 사용되고 있지 않은 공간. 데드 스페이스는 레이아웃에 의해 많아지기도 하고 적어지기도 한다.

● **公正貿易** 공정무역
[공변될 공 바를 정 무역할 무 바꿀 역]
일반적으로 덤핑을 하지 않고 생산 및 수출보조금을 받지 않으면서 공정가격으로 이루어지는 무역을 말한다.

● **課稅標準** 과세표준
[매길 과 세금 세 표할 표 법도 준]
과세표준이란 세액결정의 기준이 되는 과세물건의 가격 및 수량을 말한다. 물건의 가격을 과세표준으로 하는 경우에 이를 종가세라 하고, 물품의 수량(개수, 중량 등)을 과세표준으로 하는 경우에 이를 종량세라 한다.

● **國際貿易機構** 국제무역기구(WTO)
[나라 국 사이 제 무역할 무 바꿀 역 틀 기 얽을 구]
1995년 7월에 발족되었으며, 세계의 무역질서를 이끌어 갈 범세계적 국제기구이다. 본부는 제네바에 있다.

● **國際協力關稅** 국제협력관세
[나라 국 사이 제 도울 협 힘 력 빗장 관 세금 세]
국제협력관세란 대외무역증진을 위해 특정국가 또는 국제기구와 관세에 관한 협상에 따라 외국과의 조약 또는 국제기구 협정에 의거하여 대통령령으로 기본세율의 100분의 50의 범위 안에서 부과하는 관세이다.

● **單純信用狀** 단순신용장
[홑 단 순수할 순 믿을 신 쓸 용 형상 장]
수출지에 소재하는 개설은행의 예치환거래은행에서 선적서류를 매입한 경우 이 신용장을 단순신용장이라 하며, 이는 상환신용장(Reimbursement Credit)과 상대되는 개념이다.

● **保稅區域** 보세구역
[지킬 보 세금 세 나눌 구 지경 역]
원래는 수입화물 때문에 설치된 것으로 보세라는 것은 외국에서 수입한 화물에 대해서 그 관세징수를 일시 보류한다는 뜻인 바, 바로 이 보세를 위해 설치된 일정 지역을 말한다.

● **保護貿易** 보호무역
[지킬 보 도울 호 무역할 무 바꿀 역]
국가가 관세 또는 수입할당제 및 그 밖의 수단으로 외국의 무역에 간섭하여 외국과의 경쟁에서 국내산업을 보호할 목적으로 하는 무역정책.

● **收入代行** 수입대행
[거둘 수 들 입 대신할 대 갈 행]
수입대행이란 무역업의 신고를 하지 않은 자가 수입을 하거나 내국신용장을 받고 그 물품제조에 필요한 원자재를 수입코자 할 때, 대행자와 대행의뢰자와의 수입대행계약에 의하여 대행의뢰자가 수입하려는 물품을 대행자가 자기 명의로 수입하는 것을 말한다.

● **輸出代行** 수출대행
[나를 수 날 출 대신할 대 갈 행]
수출대행은 대행의뢰자가 해외에 있는 거래상대 즉, 매수인(buyer)으로부터 신용장을 받거나 수출계약을 체결하였는데, 자기 이름으로 직접 수출이 불가능한 경우에 대행자와 대행계약을 체결하여 자기가 수출하려는 물품을 대행자의 이름으로 수출하는 것을 말한다.

실용한자어

● **輸出保險** 수출보험
[나를 수 날 출 지킬 보 험할 험]
수출보험제도는 수출자 또는 선적전후 무역 금융을 제공한 금융기관이 수입자의 대금지급 지체·파산, 수입국의 외환사정 악화에 따른 수입국 정부의 대외송금 제한조치, 수입국에서의 전쟁·내란 등으로 인하여 수출불능이 되거나 만기일에 수출대금을 회수하지 못하게 됨으로써 입게 되는 손실을 정부 출연금으로 조성된 수출보험기금으로 보상하여 궁극적으로 수출 진흥을 도모하기 위한 비영리 정책보험제도이다.

● **輸出信用保證** 수출신용보증
[나를 수 날 출 믿을 신 쓸 용 지킬 보 증거 증]
수출신용보증은 수출계약과 관련하여 외국환은행이 중소기업자인 수출자에게 수출신용보증서를 담보로 대출함에 따라 발생하는 수출자의 상환 채무에 대하여 한국수출보험공사가 그 지급을 연대 보증하는 것이다. 이 제도는 중소기업 수출자들이 별도의 담보 제공없이 무역금융을 원활하게 이용할 수 있도록 하기 위해 마련된 것으로서 대기업은 이용할 수 없고, 중소기업 수출자만이 이용할 수 있다.

● **引受銀行** 인수은행
[끌 인 받을 수 은 은 갈 행]
신용장에 의해 발행되는 어음이 기한부어음일 것을 조건으로 하는 신용장을 기한부신용장(usance credit)이라 하는데, 이와 같은 기한부신용장에 의거하여 발행된 기한부어음을 인수하는 은행을 인수은행이라고 하며, 인수은행은 어음의 만기일에 비로소 지급은행이 된다.

● **通關** 통관
[통할 통 빗장 관]
물품의 국가간의 이동에는 세관이라는 관문의 통과를 필요로 하는 바, 이 물품의 국경(관세선)을 통과하여 수입 또는 수출될 때에는 반드시 당해 국 세관의 수출입면허를 받아야 한다. 세관의 수출입면허에 있어서는 관세법규에 의한 절차를 거치게 되어 있으므로 이러한 모든 수출입 절차를 마치고 물품에 대한 세관에서의 수출 또는 수입의 허가를 받는 것을 통관이라고 한다.

● **海上保險** 해상보험
[바다 해 위 상 지킬 보 험할 험]
해상보험(marine insurance)이란 해상위험으로 인해 경제적 손해를 입을 가능성이 있는 다수의 경제주체가 결합하여 통계적 기초에 따른 분담금(보험료)으로 공동준비금을 형성하고, 해상위험으로 손해가 발생하면 그 준비금으로부터 손해보상(보험금)을 받는 경제제도이다.

유통물류용어

● **價格彈力性** 가격탄력성
[값 가 격식 격 탄알 탄 힘 력 성품 성]
어느 상품의 가격이 변화하면 수요와 공급은 이에 따라 변화하게 된다. 가격이 1% 변화했을 때, 수요와 공급의 변화 비율을 말한다.

● **價格破壞小賣店** 가격파괴소매점
[값 가 격식 격 깨트릴 파 무너질 괴 작을 소 팔 매 가게 점]
1980년대의 고물가 추세에 따른 실질소득 감소로 위축되었던 미국인의 소비심리를 초저가란 무기로 파고 든 산업형태로 월마트와 K마트가 그 시초이다.

● **假需要** 가수요
[거짓 가 구할 수 구할 요]
장래의 가격상승이나 물품부족을 우려하여 현실적으로 필요하지 않으나 미래를 예측하여 발생하는 외관상의 수요를 말한다.

● **假處分所得** 가처분소득
[거짓 가 곳 처 나눌 분 바 소 얻을 득]
개인소득에서 세금(소득세, 주민세 등)과 세외부담금(공과)등을 뺀 개인이 자유롭게 처분할 수 있는 소득을 말한다. 가처분소득은 사치품의 구입액이나 특수한 저축액의 변동에 관련을 갖는 자유재량소득과는 달리 개인소비, 저축의 총액 변동과 관련이 있다. 가처분소득은 국민경제에 있어서의 소득분배의 평등 정도를 측정하는 데 많이 이용되며 개인의 소비 및 저축 계획을 세우는 데 지표로 사용되기도 한다. 가처분소득이 적으면 소비규모가 줄어들고 가처분소득이 많으면 소비도 증가한다.

● **間接廣告** 간접광고
[틈 간 이을 접 넓을 광 알릴 고]
상품광고의 일종으로 받는 사람의 직접적인 반응을 목표로 하지 않고 라디오, 텔레비전, 신문, 잡지 등 광고매체를 통한 불특정다수를 대상으로 하는 광고로 상표에 대한 신뢰도를 높이기 위한 기업광고나 상품의 특징 등을 선전하여 이해도를 높이는 광고를 말한다.

● **間接物流費** 간접물류비
[틈 간 이을 접 만물 물 흐를 류 쓸 비]
제품의 이전에 따라 개별적으로 소비되는 직접노무비와 직접재료비 등 직접물류비 외의 간접적으로 소비되는 비용으로 간

실용한자어

접노무비, 간접재료비, 경비, 관리비 등이 이에 포함된다.

● **檢字表示** 검자표시

[검사할 검 글자 자 겉 표 보일 시]
인명피해나 화재 발생 등 안전성에 문제가 있다고 판단되는 제품에 대해 붙여지는 품질검사 표시. 대상품목으로는 부동액, 등산용 버너, 보행기, 압력솥, 보온용기, 물놀이 기구 등이 있다.

● **經濟5團體** 경제5단체

[지날 경 건널 제 둥글 단 몸 체]
재계의 이익을 대변하면서 대정부 건의 및 압력 행사를 할 수 있는 대표적인 5개 단체로 전국경제인연합회, 대한상공회의소, 한국무역협회, 중소기업협동조합중앙회 및 한국경영자총협회를 말한다.

● **經濟財** 경제재

[지날 경 건널 제 재목 재]
자유재인 공기, 햇빛 등의 반대개념으로 경제적 가치를 가지며 경제행위의 대상이 되는 재화를 말한다.

● **景品附販賣** 경품부판매

[볕 경 물건 품 붙을 부 팔 판 팔 매]
구매고객에게 경품을 걸어 상품판매를 유도하는 방법을 말한다. 전형적인 경품은 상품을 구입한 고객에게 추첨권을 주어 뽑는 현상경품과 구입자 모두에게 제공하는 전면경품방법이 있다. 경품은 판매촉진의 유력한 방법이지만 그것이 지나치게 과대한 경우 공정거래법에 의하여 불공정 거래행위로 법에 저촉을 받을 수 있다.

● **季節的 失業** 계절적 실업

[끝 계 마디 절 과녁 적 잃을 실 일 업]
어떤 산업의 생산이 계절적으로 변화하기 때문에 일어나는 시기적인 실업을 말한다. 농업처럼 1년 중 어느 시기에는 작업할 수 없거나 석탄산업처럼 소비수요에 일정한 계절적 변동으로 말미암아 고용측면에서 계절적인 변동이 일어나게 된다. 이러한 종류의 실업은 일시적인 것으로 계절이 바뀜에 따라 다시 고용되는 것이 보통이다.

● **顧客滿足經營** 고객만족경영

[돌아볼 고 손 객 찰 만 발 족 지날 경 경영할 영]
고객의 심적 사고를 바탕으로 모든 경영활동을 전개해 나가는 새로운 경영조류이다. 고객만족(CS)이란, '고객이 제품 또는 서비스에 대해 원하는 것을 기대 이상으로 충족시켜 감동시킴으로써 고객의 재구매율을 높이고, 그 제품 또는 서비스에 대한 선호도가 지속되도록 하는 상태를 일컫는다.

● **顧客指向** 고객지향

[돌아볼 고 손 객 손가락 지 향할 향]
실질적인 고객이나 어떤 시장에 있어 그들이 충족(充足)을 느끼지 못하고 있는 어떤 욕구(欲求)를 찾아내어 그를 반드시 충족시켜주는 것을 기본으로 하는 사고이다.

● **固定資産回轉率** 고정자산회전율

[굳을 고 정할 정 재물 자 낳을 산 돌 회 구를 전 비율 율]
어느 영업기간 내의 매출액(연간으로 환산)을 토지, 건물, 기계 등 고정자산의 총액으로 나눈 비율로 영업상태의 판단에 활용된다. 이 회전율이 높을수록 경영성과가 좋은 회사로 업종에 따라 평균율에는 차이가 있다.

● **共同施工契約** 공동시공계약

[함께 공 한가지 동 베풀 시 장인 공 맺을 계 맺을 약]
1개 회사가 프로젝트를 단독 시공하는 계약을 단독시공 계약이라 칭하고, 2개 회사 이상 컨소시엄을 형성하여 시공하는 계약을 공동시공계약이라고 한다.

● **共同集配送團地** 공동집배송단지

[함께 공 한가지 동 모일 집 짝 배 보낼 송 둥글 단 땅 지]
공동 및 이종업체간 또는 유통업체들이 대규모 유통업무 단지를 조성하여 집배송센터 및 업무시설이 전부 또는 일부를 공동으로 사용할 수 있도록 조성한 단지로 도매거래기능, 유통가공기능, 공동 배송기능, 공동 재고관리기능을 수행하는 대규모 물류단지를 말한다.

● **共同出荷** 공동출하

[함께 공 한가지 동 날 출 연 하]
생산자들이 공동으로 소비지(消費地)시장 등에 생산물을 출하하는 것을 말한다. 일반적으로 여기에는 영세한 생산단위(生産單位)에 비해 생산지수(生産指數)가 많을 수밖에 없는 농산물 등 식품류가 주류를 이루고 있는데, 출하될 생산물들은 어느 한 지역으로 모여지게 되고, 이것이 또 공동의 선별작업(選別作業)을 거쳐 순위가 매겨져 출하된다. 집하단계부터 상인자본이 배제되고 도매시장과의 직결성으로 인해 생산자의 입장이 강화된다.

● **工業所有權** 공업소유권

[장인 공 일 업 바 소 있을 유 권세 권]
상업상 이용할 수 있는 신규의 발명이며 특허를 낸 발명으로 자기만이 실시할 수 있는 권리로 실용신안, 의장, 상표 3가지를 총칭한다.

실용한자어

- **公正去來法** 공정거래법
[공변될 공 정할 정 갈 거 올 래 법 법]
「독점규제 및 공정거래에 관한 법률」의 약칭으로 시장구조에 있어서 독과점화를 억제하고 경쟁 제한적이거나 불공정한 거래행위를 규제하여 공정하고 자유로운 경쟁질서를 확립하는 데 목적을 두고 제정한 법률이다. 독점규제 및 공정거래 제도는 경쟁질서 확립과 시장기능 활성화를 통하여 기업체질을 개선함으로써 국제경쟁력을 강화하고 사업자의 시장지배적 지위의 남용과 부당한 거래행위 등으로부터 소비자를 보호하여 국민경제의 균형발전을 도모하려는 것이다.

- **寡占** 과점
[적을 과 차지할 점]
소수의 대기업에 의하여 시장이 지배되고 있는 불완전경쟁의 상태를 말한다. 이것은 생산하여 판매되는 제품이 경쟁상대의 것과 차별화되어 있는 불완전과점(가전제품이나 자동차)과 제품의 동질로서 차별화되어 있지 않은 경우의 완전과점(철강이나 석유)으로 나뉜다. 과점하에서는 가격경쟁 내지 비가격경쟁이 주요 경쟁수단이 되어 여러가지 폐해가 발생한다는 비판이 강한데 현대의 경제사회에서는 오히려 이 상태가 일반적이라고 한다.

- **關稅支給引導條件** 관세지급인도조건
[빗장 관 세금 세 가를 지 줄 급 끌 인 이끌 도 가지 조 조건 건]
수입국내의 지정장소에서 계약물품을 매수인으로 하여금 임의 처분할 수 있도록 할 때 매도인의 인도책임이 완료되는 반입인도조건이다. 매도인은 인도완료 때까지 수출입관세, 조세 및 기타 물품인도비용을 부담하고 수입통관 및 위험도 부담하여야 한다.

- **關稅還給** 관세환급
[빗장 관 세금 세 돌아올 환 줄 급]
수입시에 관세 등을 납부한 원재료를 사용하여 제조한 물품을 일정기간 내에 수출 등에 제공한 때에 수출자 등에게 되돌려주는 것으로 수출용원재료에 대한 관세 부담을 경감시켜 줌으로써 국내산업을 보호하고 점차적인 국산원자재의 사용, 개발을 촉진시키고 국제경쟁력을 제고시켜 국제수지를 개선하고, 수출을 촉진하기 위한 세제상의 지원제도이다.

- **購買管理** 구매관리
[살 구 살 매 대롱 관 다스릴 리]
판매업자가 재판매를 목적으로 공급자로부터 상품을 구입하는 것을 구매라 하며, 구매관리란 이러한 구매 전과정을 계획, 통제, 조정하는 것을 말한다. 구매와 관련되는 활동으로 ①특정상품에 대한 수요의 결정, ②재고상품의 평가, ③소요 상품의 형, 상표, 수량 계획, ④상품 공급원의 결정, ⑤상품구매 상담과 발주, ⑥상품의 입고, 검수, 보관 및 가격설정, ⑦수요가 있는 상품의 재발주 등을 수행한다.

- **購買承認書** 구매승인서
[살 구 살 매 이을 승 알 인 글 서]
외화획득용 원료를 국내생산자 또는 공급업자로부터 구매하고자 외화획득용 원료 또는 물품으로 구매하는 경우 외국환은행의 장이 내국신용장 취급 규정에 준하여 외국환은행장이 발급하는 증서로 내국신용장 발급규정상의 제한으로 원자재의 공급을 받기 어려운 수출업자를 지원하기 위하여 마련된 제도이다.

- **購買時點廣告** 구매시점광고
[살 구 살 매 때 시 점 점 넓을 광 알릴 고]
POP 광고라고도 하며, 소비자의 구매지점에서 상품에 대한 정보를 고객에게 제공하는 광고의 한 형태로 점포내의 사진, 포스터, 실물견본 등이 이에 해당된다. 이의 주요 역할은 내점자의 자연스런 매장진입유도, 상품에 대한 시선집중, 상품의 세일즈 포인트 제시, 구매촉진 등이다.

- **國際物流** 국제물류
[나라 국 사이 제 만물 물 흐를 류]
생산과 소비가 2개국 이상에 걸쳐 이루어지는 경우 그 생산과 소비의 시간적, 공간적 차이를 극복하기 위한 유형, 무형의 재화에 대한 물리적인 국제경제활동으로 국내물류보다 훨씬 복잡하며, 운송영역이 넓고 대량화물을 운송하여야 하므로 환경적 제약을 많이 받는다.

- **勸奬消費者價格** 권장소비자가격
[권할 권 권면할 장 사라질 소 쓸 비 놈 자 값 가 격식 격]
자신이 취급하는 상품에 대하여 가격정보(價格情報)를 제공한다는 차원에서 당해 상품의 제조업자나 유통업자가 소비자에게 참조가 되도록 표시하거나 소비자에게 판매되기를 희망하는 가격이다. 따라서 이를 희망소매가격(希望小賣價格)이라고도 부르는데, 이는 '소매가격'이나 '수입가격', '공장도가격(工場渡價格)' 등의 경우처럼 사업자의 의무사항에 해당되지는 않고 그저 권장사항에 그친다.

- **基幹産業** 기간산업
[터 기 줄기 간 낳을 산 일 업]
기초산업이라고도 하며 한 나라의 경제활동이 기초가 되는 재화를 생산하는 산업구조상 상당한 비중을 차지하고 있는 산업으로 전력·석유등의 에너지산업, 철강 등 범용(汎用)재료를 공급하는 산업, 산업기계를 중심으로 한 조립산업 등이 해당한다.

실용한자어

- **期待接近** 기대접근

[기약할 기 기다릴 대 이을 접 가까울 근]
환율 결정에 중요한 역할을 하는 것은 사람의 기대심리이며 기대를 형성하는 것은 여러 가지가 있으나 통화량 변동 예상률이 가장 큰 요인이라고 주장하는 설. 여러 가지 이론이 있으나 Keynes-Robertson von Mises모형이 가장 유명하다.

- **企業引受合倂** 기업인수합병

[꾀할 기 일 업 끌 인 받을 수 합할 합 아우를 병]
주식의 매수(買受)나 재산통합, 공통출자 등을 통하여 두 개 이상의 기업이 하나로 통합되는 것을 말한다. M&A는 본래 미국에서 시작하여 전 세계적으로 유행처럼 번지고 있는 적극적인 경영전략의 하나이다. 기업인수합병은 국내와 해외 M&A로 나뉜다. 국내M&A는 지금까지 부실기업인수와 업종 전문화에 따른 그룹계열사간의 합병이 대부분이었다. 그러나 앞으로는 기업의 소유권이 창업세대에서 2, 3대로 내려감에 따라 종래 창업주 가족 중심의 경영체제에서 경영권을 분리하거나 아예 기업의 전부 또는 일부를 양도하고 싶은 후세대가 나타날 것으로 보여 점차 우리나라에서도 진정한 M&A시대가 올 것으로 보인다. 해외M&A는 선진국의 신기술습득, 무역장벽 극복 및 해외유통망 확대, 원료확보, 경영다각화 등을 목적으로 하는 국제화전략이다. 해외M&A기법으로는 합병(Mergers), 위임장대결(Proxy Fight), 공개매수(Tender Offer), 매입자산담보부 기업인수(LBO, Leveraged Buy Out) 등이 있다.

- **基準率** 기준율

[터 기 법도 준 비율 율]
자국 화폐의 특정 외화 간의 환율을 말한다. 이 경우에 특정 외화란 해당국 측으로 보아 기준율 산정의 대상으로서 가장 적합하다고 판단되는 외화이며, 따라서 해당 국가의 외환 거래상 중요한 위치에 있는 화폐임과 동시에 국제통화성을 가장 고도로 지니고 있는 통화인 것이 일반적이다. 역사적으로 보아 각국의 기준율 대상으로서 선정되는 화폐가 대개 영(英)파운드화 또는 미(美)달러화에 치중되는 연유가 여기에 있는 것이다.

- **耐久消費財** 내구소비재

[견딜 내 오랠 구 사라질 소 쓸 비 재물 재]
자동차나 가구, 각종 가전제품 등 소비자가 제품을 구입한 후 사용에 있어 비교적 장기간 동안 사용할 수 있는 소비재(消費財)를 지칭하지만, 여기에 의복류(衣服類)는 제외된다. 미국 상무성(商務省)의 해석에 따르면 제품의 내구연수(耐久年數)가 적어도 3년 이상은 되어야 내구소비재로 인정받으며, 일각에서는 이를 '하드상품(hard goods)'이라고도 부른다.

- **綠色商品** 녹색상품

[푸를 록 빛 색 헤아릴 상 물건 품]
공해가 발생하지 않는 상품이나 환경 보존보호에 적합하도록 고려한 환경친화적 상품 또는 환경 적합성이 큰 상품을 말한다.

- **農産物價格支持制度** 농산물가격지지제도

[농사 농 낳을 산 만물 물 값 가 격식 격 가를 지 가질 지 마를 제 법도 도]
생산물의 과잉공급(過剩供給) 등으로 농산물 가격이 대폭 하락할 경우, 생산자의 손해방지를 위하여 정부가 농가(農家)의 실제 수입액(輸入額)을 보장해주는 제도이다.

- **代替商品** 대체상품

[대신할 대 쇠퇴할 체 장사 상 물건 품]
서로 상대와 경쟁관계에 있어 한쪽의 매상이 오르면 다른 한 쪽의 매상의 떨어지는 상관관계에 있는 상품을 말한다.

- **都賣物流業** 도매물류업

[도읍 도 팔 매 만물 물 흐를 류 일 업]
도매배송업이라고도 하며, 집배송 시설 또는 집배송 센터 등을 이용하여 자기의 계산으로 구매한 상품을 도매하거나 수수료를 받고 위탁받은 상품을 도매점포 또는 소매점포에 공급하는 업을 말한다.

- **黙示擔保** 묵시담보

[묵묵할 묵 보일 시 멜 담 지킬 보]
담보의 내용이 보험증권에 명시되어 있지는 않지만 명시된 사항과 똑같은 효력을 발생하는 경우를 말한다. 예컨대 영국의 해상보험법에서는 항해보험의 경우 출항 당시에 선박이 내항상태에 있어야 한다는 것을 묵시담보로 요구하고 있으며 그 외에도 적법 담보가 있다.

- **背書** 배서

[등 배 글 서]
권리의 양도를 목적으로 하는 어음행위로 어음의 융통성을 조장하기 위하여 특히 인정한 양도방법을 말한다.

- **配送** 배송

[짝 배 보낼 송]
상거래 성립 후 고객이 지정한 수화인에게 화물을 운반하는 것을 말한다.

실용한자어

- **報復關稅** 보복관세
[갚을 보 돌아올 복 빗장 관 세금 세]
외국이 자국의 수출품에 대하여 부당하거나 차별하여 관세를 부과할 경우 상대국에서 수입하는 수입품에 보복적으로 관세를 부과하는 것을 말한다.

- **保險價額** 보험가액
[지킬 보 험할 험 값 가 이마 액]
피보험자 이익을 금전으로 평가한 가액으로 사고 발생시 피보험자가 입게 될 손해액의 최고 한도액이다.

- **不渡** 부도
[아닐 부 건널 도]
수표나 어음의 지급불능으로 수표발행인의 예금 잔고부족이나 당좌대월 이상으로의 수표발행 또는 어음 만기일에 대금이 지불되지 못할 때 발생한다.

- **産地都買** 산지도매
[낳을 산 땅 지 도읍 도 살 매]
농수산물의 경우 생산지에 입지하여 생산자로부터 상품을 구매한 후 중간도매상에게 도매활동을 전개하는 거래행위를 말한다.

- **商品回轉率** 상품회전율
[장사 상 물건 품 돌 회 구를 전 비율 율]
일정기간에 상품이 몇 번 회전했는가를 표시하는 비율로 상품매출액(또는 매상원가)을 평균재고로 나눔으로써 구할 수 있으며 이 비율이 클수록 상품의 회전율이 높다고 한다.

- **損益計算書** 손익계산서
[덜 손 더할 익 꾀 계 셈할 산 글 서]
일정기간의 경영성과를 명확히 파악하기 위하여 그 회계기간에 발생한 모든 수익과 이에 대응하는 모든 비용을 결정하고 순익을 계산하여 일정한 형식에 따라 각 항목을 구분 배열한 재무보고서를 말한다.

- **損益分岐點** 손익분기점
[덜 손 더할 익 나눌 분 갈림길 기 점 점]
일정기간의 총수익과 총비용이 균형을 이루는 점을 말한다.

- **需要彈力性** 수요탄력성
[구할 수 구할 요 탄알 탄 힘 력 성품 성]
어떤 재화의 가격이 떨어지면 그 수요는 증가되고 가격이 상승하면 수요는 감소되는 현상을 수요의 법칙이라 한다.

- **輸出免狀** 수출면장
[나를 수 날 출 면할 면 형상 장]
세관이 수출자에게 물품이 수출됨을 증명하는 수출면허 서류. 수출자는 수출면장을 제시하여야만 본선선적 또는 기적(機積)이 가능하다. 이 면장은 차후 선적서류매입, 수출용 원자재 사후관리와 관세 환급에 사용된다.

- **潛在瑕疵** 잠재하자
[잠길 잠 있을 재 티 하 흠 자]
숙련된 검사자가 상당한 주의를 기울여 찾아도 쉽게 발견할 수 없는 하자.

- **赤色製品** 적색제품
[붉을 적 빛 색 지을 제 물건 품]
아스핀윌(Aspinwall)의 상품분류 중 식품류, 담배, 껌 등과 같이 제품 중에서 대체율이 높고 총이익, 탐색기간, 소비기간, 조정 정도가 낮은 상품을 말한다.

- **中繼貿易** 중계무역
[가운데 중 이을 계 무역할 무 바꿀 역]
수출할 것을 목적으로 상품을 수입하여 가공하지 않고 원형 그대로 제3국에 수출하여 수출입차액을 취득하는 거래형태이다.

법률용어

- **假登記** 가등기
[거짓 가 오를 등 기록할 기]
본등기에 대비하여 미리 등기부상의 순위를 보전하기 위하여 행하는 등기가 가등기이다.

- **假釋放** 가석방
[거짓 가 풀 석 놓을 방]
가석방은 자유형(징역 또는 금고)의 집행을 전부 종료하지 않았으나 행장(行狀)이 양호하고 개전의 정이 현저하여 나머지 형벌의 집행이 필요하지 않다고 인정되는 경우에는 일정한 조건 하에 수형자를 임시로 석방하고, 그 후의 나머지 형기에 상당하는 기간 내에 석방조건을 위반하지 않고 무사히 경과할 때에는 이미 잔여형의 집행은 종료한 것으로 보는 형사정책적인 처분.

실용한자어

- **假押留** 가압류
  [거짓 가 누를 압 머무를 류]
  특별담보 없는 채권자의 채권보전절차.

- **却下** 각하
  [물리칠 각 아래 하]
  국가기관에 대한 행정상 또는 사법상의 신청을 배척하는 처분. 특히 소송상 법원이 당사자 그 밖의 관계인의 소송에 관한 신청을 배척하는 재판에 사용된다.

- **簡易引渡** 간이인도
  [대쪽 간 쉬울 이 끌 인 법도 도]
  양수인이 이미 물건을 점유하고 있을 때에는 따로 인도라는 절차를 밟을 필요가 없으므로 당사자의 의사표시만으로써 인도가 끝난 것으로 하는 제도.

- **間接審理主義** 간접심리주의
  [틈 간 이을 접 살필 심 다스릴 리 주인 주 옳을 의]
  변론의 청취 및 증거조사를 수소법원(受訴法院) 자신이 행하지 않고 다른 재판기관이 변론청취 또는 증거조사의 결과를 소송자료로 하는 주의로서 간접주의라고도 한다.

- **間接正犯** 간접정범
  [틈 간 이을 접 바를 정 범할 범]
  일정한 죄로 될 사실을 형법상 책임능력이 없는 자 또는 자유로운 의사결정에 기인하여 행위 할 조건을 결여한 자 등을 이용하여 범죄를 실현시키는 자이다.

- **間接證據** 간접증거
  [틈 간 이을 접 증거 증 의거할 거]
  소송상 적용하여야 할 법률요건에 해당하는 사실, 즉 주요사실의 존부를 직접적으로 증명하기 위하여 사용되는 증거를 직접증거라 하고, 주요사실을 간접적으로 증명하기 위하여 사용되는 증거 및 증거가치에 영향을 주는 사실(보조사실)의 존부를 증명하기 위하여 사용되는 증거를 간접증거라고 한다.

- **監事** 감사
  [볼 감 일 사]
  법인에서 그 재산이나 업무집행상태가 적정한가 하는 것을 심사·감독하는 기관으로 필요기관은 아니다.

- **監視權** 감시권
  [볼 감 볼 시 권세 권]
  민사소송법상 법관의 지식과 경험을 보충하기 위하여 학식·경험 있는 제3자의 의견을 청취함을 목적으로 하는 증거조사. 이 조사에 응하여 의견을 진술하여야 하는 제3자가 감정인이다.

- **强迫** 강박
  [강할 강 닥칠 박]
  사람을 협박하여 공포심을 일으키게 하는 행위.

- **强要罪** 강요죄
  [강할 강 구할 요 허물 죄]
  폭행 또는 협박으로 사람의 권리행사를 방해하거나 의무 없는 일을 하게 하는 행위.

- **强制保險** 강제보험
  [강할 강 마를 제 지킬 보 험할 험]
  일정한 범위의 자가 법률의 규정에 의하여 당연히 보험관계를 맺거나 또는 보험단체에 가입하는 의무를 부담하는 경우의 보험. 직장의료보험이나 자동차운송업자의 강제보험 등이 있다.

- **强制分家** 강제분가
  [강할 강 마를 제 나눌 분 집 가]
  호주가 가족의 의사를 묻지 않고 그 일방의 의사에 의하여 분가시키는 것.

- **强制執行免脫罪** 강제집행면탈죄
  [강할 강 마를 제 잡을 집 갈 행 면할 면 벗을 탈 허물 죄]
  강제집행을 면할 목적으로 재산을 은닉, 손괴, 허위양도 또는 허위의 채무를 부담하여 채권자를 해하는 죄.

- **强制執行請求權** 강제집행청구권
  [강할 강 마를 제 잡을 집 갈 행 청할 청 구할 구 권세 권]
  사법상 권리자인 채권자가 국가에 대하여 강제집행의 실시를 구하는 공법상의 권리. 단순히 집행청구권이라고도 한다.

- **强制投票** 강제투표
  [강할 강 마를 제 던질 투 표 표]
  정당한 이유 없이 투표하지 않는 선거권자에게 일정한 제재를 과함으로써 심리적 강제의 효과로 투표를 이행케 하는 제도.

- **强制和議** 강제화의
  [강할 강 마를 제 화할 화 의논할 의]
  파산절차에 있어서 배당에 갈음하여 서로 양보하고 화해하여 파산절차를 종결시켜 파산자에게는 재기의 기회를 주고, 파산채권자에게도 종국적으로는 배당보다도 유리한 만족을 주려는 제도.

실용한자어

- **強行法(強行規定)** 강행법(강행규정)
  [강할 강 갈 행 법 법(강할 강 갈 행 법 규 정할 정)]
  강행법이란 당사자의 의사와는 관계없이 강제적으로 적용되는 법(규정). 예컨대 사람을 살해한 자는 사형 등에 처한다는 형법의 규정은 강행법이다.

- **概括的 故意** 개괄적 고의
  [대개 개 묶을 괄 과녁 적 연고 고 뜻 의]
  불확정적 고의의 하나이며, 일정한 범위 내의 어느 객체에 대하여 결과가 발생하는지가 불확실한 경우. 예컨대 군중 가운데의 누구를 살해할 의도로서 군중을 향하여 발포하는 경우 군중 가운데의 누구라는 것이 특정되어 있지 않다는 의미에서는 불확정이지만, 그 가운데의 누구이든 사람을 살해할 의사가 있으므로 살인의 고의가 인정된다.

- **個人訴權主義** 개인소권주의
  [낱 개 사람 인 하소연할 소 권세 권 주인 주 옳을 의]
  기소의 권리를 피해자 또는 일반사인에게 인정하는 주의. 전자의 경우를 채용하는 입법은 현재는 없다. 후자는 영미법계의 여러 나라에서 원칙으로 채용하고 있다.

- **客觀的 處罰條件** 객관적 처벌조건
  [손 객 볼 관 과녁 적 곳 처 벌할 벌 가지 조 조건 건]
  범죄의 요건이 구비되어도 다시 과형이 일정한 객관적 사실의 발생에 의존하는 경우 그 사실을 말한다. 예컨대 파산범죄에 있어서의 파산선고와 같다.

- **檢事** 검사
  [검사할 검 일 사]
  범죄로부터 사회의 질서를 유지하는 국가의 기관. 검사의 권한은 주로 범죄사실을 수사하여 법원에 공소를 제기하고 법령의 정당한 적용을 청구하며 재판의 집행을 지휘·감독하는 것이다. 이 권한을 검찰사무라 한다.

- **檢證** 검증
  [검사할 검 증거 증]
  사람을 신문하여 그 진술을 증거로 하는 것이 아니라 사람의 신체 또는 현장 등을 검사하여 그 결과를 증거로 함과 같이 법관이 다툼이 있는 사실의 판단의 기초로 하기 위하여 그 사실에 관계되는 물체를 자기의 감각으로 스스로 실험하는 증거조사를 말한다.

- **警察** 경찰
  [경계할 경 살필 찰]
  직접으로 사회공공의 질서를 유지하고 그 장해를 제거하기 위하여 일반 통치권에 의하여 국민에게 명령·강제하며, 그 자연적 자유를 제한하는 작용. 이와 같은 경찰의 관념은 자유주의적 법치국가 사상에 바탕을 두는 국가목적의 한정을 배경으로 하여 구성되는 바 우리나라법도 이를 승인하고 있다.

- **競合犯** 경합범
  [겨룰 경 합할 합 범할 범]
  판결이 확정되지 아니한 수 개의 범죄.

- **契約** 계약
  [맺을 계 맺을 약]
  사법상 일정한 법률효과의 발생을 목적으로 하는 쌍방의 의사표시의 합치. 계약은 하나의 법률행위이다.

- **戒嚴** 계엄
  [경계할 계 엄할 엄]
  전시·사변 또는 이에 준하는 국가비상사태에 당면하여 병역으로써 군사상이나 또는 공공의 안녕 질서를 유지할 필요가 있을 때에는 특히 경비에 필요한 지역을 구획하여 입법·사법·행정의 사무의 전부 또는 일부를 군의 기관(계엄사령관 또는 군사법원)에 이양하는 것.

- **故殺** 고살
  [연고 고 죽일 살]
  고의로써 사람을 죽이는 것. 여러 입법례에 따라서는 고살을 모살과 구별하여 특히 가볍게 처벌하였으나 현행법은 이 구별을 없애고 법관의 재량평가에 일임하고 있다.

- **告訴** 고소
  [알릴 고 하소연할 소]
  오늘의 형사소송에서 공소를 제기할 것인가 아니할 것인가를 결정하는 것은 원칙적으로 검사만이 할 수 있으나 범죄의 피의자, 그의 법정대리인 기타 일정한 자가 범죄사실을 수사기관에 신고하여 범인의 소추를 구하는 의사를 표시할 수 있는데, 이를 고소라 한다.

- **遺棄의 罪** 유기의 죄
  [남길 유 버릴 기 허물 죄]
  노유, 질병 기타의 사정으로 인하여 부조를 요하는 자를 보호할 법률상·계약상의 의무 있는 자가 유기하는 것을 내용으로 하는 범죄.

- **落胎罪** 낙태죄
  [떨어질 락 아이 밸 태 허물 죄]
  자연의 분만기에 앞서서 태아를 모체 밖으로 배출하는 것은 범죄이다. 모체 내에서 약물 등에 의하여 태아를 살해하는 경우도 포함한다. 임신 1개월의 태아낙태도 낙태죄가 된다.

실용한자어

● **辯護士** 변호사
[말 잘할 변 보호할 호 선비 사]
당사자 또는 그 밖의 관계인의 의뢰 또는 관공서의 위촉에 의하여 소송사건·비송사건·행정심판·심사의 청구·이의 신청 등 행정기관에 대한 불복신청의 사건에 관한 행위 및 일반법률사무를 행하는 것을 직무로 하는자. 변호사에 관한 변호사법 규정이 있다.

● **一般赦免** 일반사면
[한 일 일반 반 용서할 사 면할 면]
대통령의 사법권에 대한 특권으로서 공소권을 소멸시키거나 형선고의 효력을 소멸시키는 사면의 일종.

● **類推解釋** 유추해석
[무리 류 가릴 추 풀 해 풀 석]
차마의 통행을 금지한다는 법문이 있는 경우에 말의 통행을 금지하는 것과 유사한 이유에서 사슴의 통행도 금지된다고 보는 것이 유추해석이다.

● **抗訴** 항소
[막을 항 하소연할 소]
제1심의 종국 판결에 대하여 불복이 있는 당사자가 사실점 또는 법률점에 관하여 직근 상급법원에 심사를 청구하는 제도. 항소가 제기되면 제2심의 소송절차가 개시되고 제1심 판결에 대한 불복의 당부를 다시 심사하게 된다.

● **官僚主義** 관료주의
[벼슬 관 동료 료 주인 주 옳을 의]
관리층에서 볼 수 있는 일종의 독선적인 경향. 국가권력을 배경으로 삼고 엄격한 계급조직 밑에서 행위하며, 상사에 대하여는 무비판적으로 맹종·아첨하고 수하에 대하여는 무모한 권위를 가지고 대하는 습성이 한 걸음 나아가서는 민의를 무시하고 스스로의 독선적인 자의로 민의의 신장을 저해하기에 이르는 경향이 농후하다는 비판에 자주 직면한다.

● **解除** 해제
[풀 해 제외할 제]
일단 유효하게 성립한 계약을 소급적으로 소멸시키는 일방적인 의사표시이다. 그리고 이러한 일방적 의사표시에 의하여 계약을 해소시키는 권리를 해제권이라 한다. 채무자가 채무를 이행하지 않았을 때와 그밖에 특별한 경우에는 계약을 해제할 수 있다.

● **抑制理論** 억제이론
[누를 억 마를 제 다스릴 리 논할 론]
범죄로부터의 이익이 비행의 원인이라면 범죄에 대한 처벌의 고통은 비행을 제지하는 요인이므로 범죄의 이익이 처벌의 고통보다 크다면 범죄는 발생할 것이고 처벌의 고통이 범죄의 이익보다 크다면 범죄는 발생하지 않을 것이라는 이론으로서 고전주의 이론의 현대적 표현이다.

● **橫領罪** 횡령죄
[가로 횡 옷깃 령 허물 죄]
타인의 재물을 보관하는 자가 그 재물을 횡령하거나 그 반환을 거부함으로써 성립하는 죄. 횡령죄를 범할 수 있는 주체는 타인의 재물을 보관하는 자이며, 타인의 재물에 대해서만 횡령죄의 객체로 할 수 있고 재산상의 이익은 제외된다.

● **環境權** 환경권
[고리 환 지경 경 권세 권]
모든 국민이 깨끗한 환경에서 생활할 권리를 말한다. 환경권이라고 하는 관념은 공해의 급격한 확대에 따른 대규모의 환경파괴에 대하여 발본적 대책이 요구됨에 따라 주장된 새로운 관념이다.

● **軟性憲法** 연성헌법
[연할 연 성품 성 법 헌 법 법]
헌법개정에 있어서 보통의 법률개정절차에 의하여 개정할 수 있으며 특별한 절차를 요하지 않는 헌법. 경성헌법에 대응하는 말이다. 1848년의 이탈리아 헌법·1876년의 스페인 헌법이 그 예이다.

● **法醫學** 법의학
[법 법 의원 의 배울 학]
법의 적용, 특히 재판에 필요한 의학을 연구하는 응용의학의 한 부문. 생체검사·사체검사·물체검사·현장검사에 의하여 형사에 있어서는 사인 등의 증거를 수집 분석하여 수사나 재판의 자료를 제공하고, 민사에 있어서는 혈액형에 의한 친자감정 등에 의하여 분쟁의 해결에 이바지한다.

● **留止請求權** 유지청구권
[머무를 류 그칠 지 청할 청 구할 구 권세 권]
이사나 회사의 위법행위에 의하여 손해가 발생할 염려가 있을 때에 감사 또는 주주가 사전에 이들 행위의 유지를 청구하는 권리. 영미법의 금지명령제도를 모방하여 이것을 실체법상의 권리로서 상법이 채택한 것이다.

● **裁判** 재판
[마를 재 판단할 판]
형식적으로 말하면 사법기관인 법원 또는 법관의 법률행위이고, 실질적으로 말하면 구체적인 쟁송을 해결하기 위하여 행해지는 공권적인 법적 판단의 표시이다. 후자의 뜻에 있어서는 행정기관이 하는 재판이라는 것도 있다.

실용한자어

● **管轄** 관할
[대롱 관 비녀장 할]
관할이란 재판권을 현실적으로 행사함에 있어서 각 법원이 특정사건을 재판할 수 있는 권한이다. 사건의 경중, 심판의 난이, 법원의 부담의 공평 및 피고인의 편의 등을 고려하여 결정하고 있다. 관할에는 사건의 경중에 의한 구별과, 지역적 차이에 의한 구별 및 제1심, 항소심, 상고심과 같은 심급상의 구별이 있는데 특정사건이 어떤 법원에 계속되는가는 이 세 가지 점을 고려하여 결정된다.

● **名譽毁損罪** 명예훼손죄
[이름 명 기릴 예 헐 훼 덜 손 허물 죄]
여러 사람 또는 불특정인이 지득할 수 있게 하여 타인의 명예, 즉 사회적 지위 또는 가치에 대한 평가를 손상케 하는 죄이다.

● **緊急避難** 긴급피난
[긴할 긴 급할 급 피할 피 어려울 란]
급박한 위난을 피하기 위하여 부득이 타인에게 손해를 가하는 것이다. 정당방위의 경우와 마찬가지로 형식적으로는 불법행위이지만 실질적으로는 위법성이 없기 때문에 손해배상 책임이 없다.

● **僞證罪** 위증죄
[거짓 위 증거 증 허물 죄]
법률에 의하여 선서한 증인이 허위의 공술을 하는 죄. 법원으로부터 소환 받은 민·형사사건의 증인증인이 허위의 진술, 즉 자기의 견문 경험 등에 의한 기억에 반하는 사실을 증언하는 범죄이다.

● **保護觀察** 보호관찰
[지킬 보 도울 호 볼 관 살필 찰]
범죄인을 교도소 기타의 시설에 수용하지 않고 자유로이 사회생활을 하게 하면서 일정한 준수사항을 명하고 이를 준수하도록 지도하며, 필요한 때에는 원호를 하여 범죄인을 개선·갱생시키기 위한 처분.

● **單純承認** 단순승인
[홑 단 순수할 순 이을 승 알 인]
상속인이 제한 없이 피상속인의 권리의무를 승계하는 것. 즉, 피상속인의 권리의무를 전면적으로 승계할 것으로 승인하는 상속인의 의사표시를 말한다.

● **物權的 請求權** 물권적 청구권
[만물 물 권세 권 과녁 적 청할 청 구할 구 권세 권]
물권의 내용의 실현이 어떤 사정으로 말미암아 방해당하고 있거나 또는 방해당할 염려가 있는 경우에 물권자가 방해자에 대하여 그 방해의 제거 또는 예방에 필요한 일정한 행위를 청구할 수 있는 권리를 말한다.

● **累犯** 누범
[여러 루 범할 범]
누범이라 함은 보통 상식적으로 누범 또는 재범이라고 부르는 경우를 말하는 것이 아니라, 형법 제35조와 제36조에 규정한 소정의 요건을 구비한 누범만을 의미한다.

정치용어

● **政黨** 정당
[정사 정 무리 당]
국민의 이익을 위하여 책임 있는 정치적 주장이나 정책을 추진하고 공직선거의 후보자를 추천 또는 지지함으로써 국민의 정치적 의사형성에 참여함을 목적으로 하는 자발적 조직.

● **大統領制** 대통령제
[큰 대 거느릴 통 옷깃 령 마를 제]
엄격한 삼권분립원칙에 입각한 정부형태. 행정권의 수반(대통령)이 국민에 의하여 선거되고 의회로부터 완전히 독립한 지위를 가지는 정부형태로서 미합중국이 그 전형이다. 대통령제는 삼권의 상호독립과 견제균형을 특징으로 하므로 입법·행정의 밀접한 관계를 내용으로 하는 의원내각제와 대조된다. 우리나라는 제2공화국시대의 의원내각제를 거쳐 1962년의 헌법개정에 의하여 다시 이 제도로 환원하였으며, 제6공화국에서는 5년 단임제로 중임을 할 수 없게 하였다.

● **比例代表制** 비례대표제
[견줄 비 법식 례 대신할 대 겉 표 마를 제]
정당의 존재를 전제로 하고, 정당의 득표수에 비례하여 의원을 선출하는 선거제도. 다수대표제와 소수대표제의 결점을 보완하기 위한 장치로서 자유주의적 대의제로부터 정당국가적 정치로 발달하면서 비례대표제가 많이 채용되고 있다.

● **聽聞會** 청문회
[들을 청 들을 문 모일 회]
미 의회에서 전형적으로 운영되는 제도로 우리 국회도 1988년 8월 도입하였다. 국정감사 및 국정조사 등의 중요한 안건의 심사에 필요한 경우 증인, 참고인, 감정인으로부터 증언, 진술청취와 증거채택을 위한 것으로 위원회의 의결을 거쳐야 하고 공개가 원칙이다. 우리나라에서는 1988년 11월 일해

실용한자어

재단청문회, 광주민주화운동청문회, 언론통폐합청문회, 고급 옷 로비 청문회, 언론 대책 문건 청문회 등이 열렸다.

● 中選擧區制, 大選擧區制 중선거구제, 대선거구제

[가운데 중 가릴 선 들 거 구분할 구 마를 제 큰 대 가릴 선 들 거 구분할 구 마를 제]

일반적으로 1개 선거구에서 1명의 대표자를 선출하는 것을 소선거구제, 2~5명 뽑는 것을 중선거구제, 그 이상을 대선거구제로 나눈다. 중·대선거구제는 소선거구제에 비해 사표(死票)가 줄며, 새로운 정당의 출현을 쉽게 하고, 지역 유지보다는 전국적인 인물의 당선을 용이하게 한다는 장점이 있다. 단점으로는 군소정당 난립으로 정국이 불안해지며, 선거비용이 증가하고, 유권자가 후보자를 잘 몰라 선거에 냉담해지기 쉽다는 점을 들 수 있다. 우리나라는 지난 제4·5공화국을 제외하고는 줄곧 소선거구제를 채택해 오고 있다.

● 院內交涉團體 원내교섭단체

[집 원 안 내 사귈 교 건널 섭 둥글 단 몸 체]

국회에서 일정한 정당에 소속돼 있는 의원들이 개개인의 주장 혹은 소속 정당의 의견을 통합해 국회가 개회되기 전 반대당과 교섭, 의견 조정을 하기 위해 구성하는 의원단체. 원내교섭단체는 소속의원 20인 이상의 정당을 단위로 구성하는 것이 원칙이나 정당 단위가 아니더라도 다른 교섭단체에 속하지 않은 20인 이상의 의원으로 별도의 교섭단체를 구성할 수 있다.

● 壓力團體 압력단체

[누를 압 힘 력 둥글 단 몸 체]

자기들의 특수이익을 달성하기 위하여 정치에 어떤 압력을 행사하는 사회집단으로 노동조합, 교육자 단체, 의사 단체, 약사 단체, 재향군인 단체, 변호사 단체 등이 있다.

● 選擧公營制 선거공영제

[가릴 선 들 거 공변될 공 경영할 영 마를 제]

무분별한 선거 운동으로 폐단을 방지하고 선거의 공정성을 견지하기 위한 제도. 공영선거제라고도 한다. 선거에 있어서 선거벽보의 작성과 배부, 선거공보의 발행 및 발송, 연설회의 개최 및 연설장의 대여 등에 필요한 경비를 국가 재정에서 부담하는 것. 이 제도는 선거운동을 국가나 지방 자체단체가 관리하여 선거운동에서 기회 균등을 보장하고 선거 비용의 일부 또는 전부를 국가가 부담함으로써 선거의 공정성을 기함과 동시에 자금력이 없거나 빈약하지만 유능한 후보자의 당선을 보장하려는 법적 장치다. 우리나라에서는 제3공화국 때부터 실시하고 있다.

● 不逮捕特權 불체포특권

[아닐 불 미칠 체 사로잡을 포 특별할 특 권세 권]

국회의원은 현행범이 아닌 이상 회기 중 국회 동의 없이 체포 또는 구금되지 아니하며, 회기 전에 체포 또는 구금된 때에도 현행범이 아닌 한 국회의 요구가 있으면 회기 중에는 석방되는 특권이다.

● 免責特權 면책특권

[면할 면 꾸짖을 책 특별할 특 권세 권]

국회의원이 국회 안에서 직무상 행한 발언과 표결에 관하여 국회 밖에서 민사상·형사상의 책임을 지지 않는다는 특권. 그러나 국회 밖에서 행한 발언이나 국회 안에서 행한 발언이 국회 안에서 문제되는 것은 이에 포함되지 않으므로 국회 내에서는 책임을 지게 된다.

● 勞使政委員會 노사정위원회

[일할 로 하여금 사 정사 정 맡길 위 인원 원 모일 회]

IMF 구제금융 체제 하에서 합리적인 고통분담을 목적으로 노동계와 재계 및 정계 대표들이 구성한 협의기구. 노측의 민노총과 한국노총 위원장, 사측의 전경련 회장과 경총회장, 그리고 정부측에서 재경부 장관과 노동부 장관 및 각 정당대표가 참여했다. 정리해고제 도입, 전교조 허용, 노조의 정치활동 허용, 임금채권보장 기금제 도입, 노조전임자 임금지급 금지 등이 합의되었다.

● 國政調查權 국정조사권

[나라 국 정사 정 고를 조 조사할 사 권세 권]

국회차원에서 중요한 현안에 대해 진상규명과 조사를 할 수 있는 권한. 즉 국회가 입법이나 재정, 국정통제에 관한 권한 등을 유효적절하게 행사하기 위해 특정한 국정사안에 관하여 조사할 수 있는 권한을 말한다. 국정조사는 국회 재적의원 3분의 1 이상의 요구가 있을 때 국회가 주체가 되어 행해지며 공개를 원칙으로 한다. 지난 1987년 헌법개정 때 부활됐다. 재적의원 3분의 1 이상의 발의가 있어야 한다. 지금까지 5.18 광주민주화운동과 5공 비리, 삼풍백화점 붕괴사고, 상무대 비리 사건 등에 구조권이 발동됐다.

● 國政監查權 국정감사권

[나라 정 정사 정 볼 감 조사할 사 권세 권]

국회의 행정부에 대한 감사기능. 국회가 국가 행정 전반에 관해 감사할 수 있는 권한. 소관 상임위원회별로 매년 정기국회 다음날부터 20일간 시행하는데 본회의 의결에 의해 그 시기를 연장할 수 있다. 대상기관은 국가기관, 특별시, 광역시·도, 정부투자기관, 한국은행, 농·수·축협중앙회와 감사가 필요하다고 본회의에서 인정된 감사원의 감사대상 기관이다. 제6공화국 헌법에서 유신 이후 16년 만에 부활되었다.

실용한자어

● **空轉** 공전
[빌 공 구를 전]
유회(流會)와 유사한 것으로 공전(空轉)이라는 용어가 있는데 이 개념은 회의를 열도록 예정은 되었으나 의원간의 이견으로 의사일정 회의 운영방법 등을 결정하지 못하고 장기간 회의를 하지 못하는 경우에 사용하고 있다. 이 용어는 의회행정 용어로는 사용하지 않고 있다. 유회 또는 공전은 당일 회의를 위한 의사일정이 작성되었느냐에 따라 결정되는데 일반적으로 의사일정은 작성되었으나 의사정족수 미달로 회의를 못하는 경우는 유회, 의사일정도 정하지 못하고 회의를 하지 못하는 경우를 공전이라 한다.

● **無所屬議員** 무소속의원
[없을 무 바 소 붙을 속 의논할 의 인원 원]
정치학에서의 무소속의원이란 정당에 가입되어 있지 않은 의원을 지칭하나, 우리나라 국회에서의 무소속의원이란 어느 교섭단체에도 속하지 아니하는 의원을 말한다.

● **附議** 부의
[붙을 부 의논할 의]
부의란 안건이 본회의에서 심의할 수 있는 상태에 놓는다는 의미로 사용되는데 이 용어는 본회의에만 사용하고 있다.

● **審議, 審査** 심의와 심사
[살필 심 의논할 의 살필 심 조사할 사]
심의와 심사는 의회에서 안건을 결정하기 위해서, 즉 의결하기 위해서 논의하는 것을 말한다. 심의는 본회의 논의단계를 말하고 심사는 위원회 논의 단계를 말하는 것으로 구별한다.

행정용어

● **加算金** 가산금
[더할 가 셈 산 쇠 금]
지방세를 납부기한까지 납부하지 아니한 때에 지방세법에 의하여 고지세액에 가산하여 징수하는 금액과 납기경과 후 일정기한까지 납부하지 아니한 때에 그 금액에 다시 가산하는 금액.

● **加算稅** 가산세
[더할 가 셈 산 세금 세]
지방세법에 규정되어 있는 의무의 성실한 이행을 확보하기 위하여 의무를 이행하지 아니한 경우 지방세법에 의하여 산출한 세액에 가산하여 본세와 같은 세목으로 징수하는 금액. 가산금은 이에 포함되지 않는다.

● **計算證明** 계산증명
[꾀 계 셈 산 증거 증 밝을 명]
회계 관계공무원이 그의 책임 하에 집행한 회계사무의 실적을 일정 서식에 의거 작성한 후 헌법상의 결산검사기관이며 회계사무의 감독기관인 감사원에 제출하여 정당하게 집행하였음을 입증하는 행위.

● **固定汚染源** 고정오염원
[군을 고 정할 정 더러울 오 물들일 염 근원 원]
공장, 사업장, 발전소, 광산 등 고정된 곳에서 오염이 발생되는 것을 고정(점)오염원이라 하며 자동차, 기차, 기선, 항공기 오염발생원이 고정되지 않는 것은 이동오염원이라 한다.

● **國家非常事態** 국가비상사태
[나라 국 집 가 아닐 비 항상 상 일 사 모양 태]
국가비상사태의 발령체계는 정부와 군으로 이원화되어 있으며 충무사태 발령은 국방부장관이 제안, 국가안전보장회의 의결, 국무회의 심의를 거쳐 대통령이 발령하게 된다.

● **都給經費** 도급경비
[도읍 도 줄 급 지날 경 쓸 비]
체신관서, 재외공관 등 특수한 경비를 필요로 하는 관서에 대하여 그 사무비의 전부 또는 일부를 도급함으로써 그 사용의 전권을 그 수급 관서장에게 위임하여 그의 책임과 계산하에 사용 경리하도록하는 경비.

● **明示移越** 명시이월
[밝을 명 보일 시 옮길 이 넘을 월]
예산 편성 시에 이미 당해 회계연도 내에 지출을 필하지 못할 것이 예측되어 미리 의회의 의결로서 다음 회계년도에 이월 지출할 것을 확정한 경비를 다음 회계연도에 이월하여 지출하는 것.

● **保證履行業體** 보증이행업체
[지킬 보 증거 증 신 이 갈 행 일 업 몸 체]
공사이행보증서 발급기관(보증기관)이 당해 공사의 보증시공을 위하여 지정한 업체.

● **社會間接資本** 사회간접자본
[단체 사 모일 회 틈 간 이을 접 재물 자 근본 본]
일반적으로 도로, 철도, 항만, 통신, 공공서비스 등의 시설을 지칭하는 것으로 즉, 사회전반의 경제활동을 위한 기반을 뜻한다. 사회간접자본 부족은 고물류비로 인해 경제활동비용 증가, 교통, 환경 등 국민생활에 불편을 가중해 국가경쟁력 상실을 초래한다.

실용한자어

● 先制行政 선제행정
[먼저 선 마를 제 갈 행 정사 정]
국민이 요구하기 전에 국민이 필요로 하는 것을 파악하여 충족하여주고 문제발생 여지를 미리 발견하여 대처하는 등 사전 예방적 행정을 의미한다.

● 輸入線多變化 수입선다변화
[보낼 수 들 입 줄 선 많을 다 변할 변 될 화]
심각한 무역적자를 내고 있는 수입초과국과 수출입 균형을 이루기 위해 해당 국가로부터의 수입품 가운데 다른 나라에서도 수입이 가능한 품목을 지정, 이 품목에 대해 해당 국가로부터의 수입을 규제하는 제도.

● 用度變更 承認 용도변경 승인
[쓸 용 법도 도 변할 변 고칠 경 이을 승 알 인]
농지전용허가 또는 협의를 받거나 농지전용신고를 하고 농지전용 목적사업에 사용되고 있거나 사용된 토지를 8년 이내에 다른 목적으로 사용하고자 하는 경우에는 시장 군수의 승인을 얻어야 한다.

● 日沒制 일몰제
[해 일 빠질 몰 마를 제]
시간이 지나면 해가 지듯이 법률이나 각종 규제도 일정 기간이 지나면 저절로 효력이 없어지도록 하는 제도. 입법이나 제정당시와 여건이 달라져 법률이나 규제가 필요 없게 된 이후에도 한번 만들어신 법률이나 규제가 좀처럼 없어지지 않는 폐단을 없애기 위해 도입하였다.

● 制限稅率 제한세율
[마를 제 한계 한 세금 세 비율 율]
제한세율은 지방자치단체가 조세를 과세하는 경우에 이를 초과해서 과세할 수 없도록 법정되어 있는 세율을 말한다. 주민세, 취득세, 등록세, 재산세, 지역 개발세 등이 있다.

● 標準稅率 표준세율
[표할 표 법도 준 세금 세 비율 율]
지방세법에서 표준세율의 정의를 지방자치단체가 지방세를 부과할 경우에 통상 적용하여야 할 세율로서 재정상 기타 특별한 사유가 있다고 인정할 때에는 이에 따르지 아니할 수 있는 세율을 말한다.

● 行政情報公開制度 행정정보공개제도
[갈 행 정사 정 뜻 정 갚을 보 공변될 공 열 개 마를 제 법도 도]
1998년 1월부터 시행하고 있으며 행정정보공개를 청구할 수 있는 권리를 가진 자는 모든 시민과 법인단체, 국내에 일정한 주소를 두고 거주하거나 학술연구를 하는 외국인, 외국법인단체이다. 공공기관은 청구를 받은 날부터 15일 이내에 공개여부를 결정하고 청구인에게 지체 없이 지면으로 알려야 한다.

● 還付制度 환부제도
[돌아올 환 줄 부 마를 제 법도 도]
납세의무자 또는 특별징수의무자가 납부 또는 납입하였거나 납세의무가 없는 자가 납부 또는 납입을 한 지방자치단체의 징수금이 감액의 결정 또는 부과의 취소 등으로 초과납부 또는 납입된 경우 이러한 초과납부 또는 납입된 징수금을 납부 또는 납입한 자에게 반환해야 되므로 이를 과오납의 환부제도라 한다.

● 特別徵收 특별징수
[특별할 특 나눌 별 부를 징 거둘 수]
지방세의 징수에 있어서 그 징수의 편의가 있는 자(사업주 등)로 하여금 징수시키고 그 징수한 세금을 납입하게 하는 징수방법을 말한다.

군사용어

● 間接戰略 간접전략
[틈 간 이을 접 싸울 전 간략할 략]
정치적 심리적 경제적 수단 및 군사적 협상태세와 병행하여 분쟁상황에 대처하려는 전략적 접근방법.

● 國家戰略 국가전략
[나라 국 집 가 싸울 전 간략할 략]
국가목표의 달성, 특히 국가의 안전을 보장하기 위해 평전시를 통하여 국가의 정치적, 군사적, 경제적, 심리적 제역량을 종합적으로 발전시키고 또한 이를 효과적으로 운용 하기위한 방책.

● 國防 국방
[나라 국 막을 방]
외부로부터의 위협이나 침략에 대해, 이를 억지 또는 배제함으로써 국가의 평화와 독립을 수호하고 국가의 생존을 유지하는 것. 국가안전보장보다 좁고, 방위의 개념보다는 넓다.

실용한자어

- **軍費競爭** 군비경쟁
  [군사 군 쓸 비 겨룰 경 다툴 쟁]
  둘 혹은 그 이상의 적대국 중 일방이 그들의 국가안보 내지 우위를 보장할 수 있는 방법이 군사력이라고 확신하고 군대를 증강하거나 무기의 파괴력을 향상시키고, 무기의 양을 경쟁적으로 증가시키는 일련의 행위를 말한다.

- **軍事敎理** 군사교리
  [군사 군 일 사 가르칠 교 다스릴 리]
  군사교리란 실질적으로 그 나라의 군의 군사행동을 지배하는 철학이며, 지침이며 원리로써 군사이론의 진수이다.

- **軍需** 군수
  [군사 군 구할 수]
  전쟁을 수행하기 위하여 필요한 인적 전투력과 물적 전투력을 조성, 유지, 발전시킴으로써 전쟁수단을 제공하는 군사 활동을 말한다.

- **多變軍** 다변군
  [많을 다 변할 변 군사 군]
  초국가적 통제체제와 통합지휘체계를 갖는 구조 하에 상이한 국가간의 군대 및 무기체계를 결합하는 군사적 조치.

- **民防衛** 민방위
  [백성 민 막을 방 지킬 위]
  적의 공격에 대해 국가 및 지방자치기관들의 지도 하에서 주로 민간인 자신으로 생명과 재산의 손해를 방호하며 공공복지 및 사회질서를 유지하고 회복하는 비군사적 활동을 말하지만 현대에서는 적의 공격에 대한 피해의 극소화를 위한 활동뿐만 아니라, 전쟁 이외의 제반 재해에 대한 제 활동도 포함한 의미로 사용되고 있다.

- **文化 遺産의 保護** 문화유산의 보호
  [글월 문 될 화 남길 유 낳을 산 지킬 보 보호할 호]
  국가적 분쟁이나 국내적 무력분쟁의 경우에 군사적 조치에 의한 예술, 문학 과학 작품의 파괴 및 붕괴 또는 보복의 목적물로 사용되는 것을 방지하고자 하는 국제법상의 조치.

- **心理戰爭** 심리전쟁
  [마음 심 다스릴 리 싸울 전 다툴 쟁]
  대상목표(국가, 집단, 개인 등)의 의견, 감정, 태도 및 행동에 영향을 주기 위하여 선전 및 기타의 행위를 계획적으로 행사함으로써, 광의적으로는 국가목적이나 국가정책, 종의적으로는 군사상의 임무달성에 기여케 하는 것을 말한다.

- **相互抑制** 상호억제
  [서로 상 서로 호 누를 억 마를 제]
  핵 보유국 중 1개국이 타의 공격(제1가격)을 억제했을 때 형성되는 핵보유국간의 상황, 이때 일방이 최초피해자의 보복(제2가격)으로부터 초래되리라고 판단되는 손실이 감수할 수 없을 정도로 치명적이라고 믿기 때문에 상호 억제된다.

- **人道主義的 國際法** 인도주의적 국제법
  [사람 인 길 도 주인 주 옳을 의 과녁 적 나라 국 사이 제 법 법]
  비전투원, 부상병, 병약자, 의무병, 점령지인구 및 무력 분쟁 시 민간보호군(경찰)의 보호를 규정한 국제법의 일종.

- **電子戰** 전자전
  [번개 전 아들 자 싸울 전]
  적의 전자파 사용의 효과를 방해나 감살 또는 역용하며, 또 아측의 전자파 사용의 효과를 확보할 것을 목적으로 하여 주로 전자적 수단에 의해 행하는 싸움을 말한다.

사회용어

- **家父長制** 가부장제
  [집 가 아비 부 길 장 마를 제]
  가장(家長)이 가족성원에 대하여 강력한 권한을 가지고 가족을 지배·통솔하는 가족형태를 말한다.

- **黑白論理** 흑백논리
  [검을 흑 흰 백 논할 론 다스릴 리]
  문제를 양극화시켜서 모든 문제를 흑이 아니면 백, 선이 아니면 악이라는 방식의 두 가지로만 구분하려는 논리이다. 즉, 두 가지 극단 이외의 중간 입장을 허용하지 않는 편협한 사고 논리를 말한다.

- **人民** 인민
  [사람 인 백성 민]
  인민의 사전적 정의는 한 정부에 딸린 피치자인 자연인을 말한다. 인민(人民)이란 '사람들'을 나타내는 한자어로써 국가나 사회의 일반대중을 의미하는 용어이다.

- **公民** 공민
  [공변될 공 백성 민]
  국가 또는 지방자치단체의 정치에 참여할 자격(공민권)을 가진 국민을 의미한다.

실용한자어

- **大衆** 대중
  [큰 대 무리 중]
  대중의 사전적 의미는 '수많은 여러 사람 또는 사회 구성원의 절대 다수인 근로 계급'을 의미한다. 대중이란 지위·계급·직업·학력·재산 등의 사회적 속성을 초월한 불특정 다수의 사람들로 이루어진 집합체이다. 일반적으로 군중·공중(公衆)과 구별되며, 이질성을 특질로 한다.

- **民衆** 민중
  [백성 민 무리 중]
  국가나 사회를 구성하고 있는 많은 사람들, 흔히 피지배 계급으로서의 일반대중을 가리킨다. 즉 민초(民草)와 같은 의미로 사용되기도 한다.

- **國民年金法** 국민연금법
  [나라 국 백성 민 해 년 쇠 금 법 법]
  국민의 노령, 폐질 또는 사망에 대하여 연금급여를 실시함으로써 국민의 생활 안정과 복지 증진에 기여함을 목적으로 하는 법률이다(1986. 12. 31. 법률 제3902호).

- **多元的 無知** 다원적 무지
  [많을 다 으뜸 원 과녁 적 없을 무 알 지]
  일반적인 여론형성 과정에서 사회적인 쟁점에 대해 소수의 의견을 다수의 의견으로, 또는 다수의 의견을 소수의 의견으로 잘못 인지하는 현상.

- **社會指標** 사회지표
  [모일 사 모일 회 손가락 지 표할 표]
  한 사회의 사회적 상태를 총체적이고도 집약적으로 나타내어 생활의 양적인 측면은 물론 질적인 측면까지도 측정함으로써 인간생활의 전반적인 복지 정도를 파악할 수 있게 해주는 척도.

시사용어

- **家計信用** 가계신용
  [집 가 꾀 계 믿을 신 쓸 용]
  가계에 대한 모든 대출과 신용을 포함한다. 은행·신용카드사 등 금융기관이나 일반 판매회사가 가계를 대상으로 물품 및 용역 혹은 주택 구입과 관련한 자금의 일부 혹은 전부를 융자해주거나 분할지급하게 하는 방식으로 공급하는 신용이다.

- **可變車路制** 가변차로제
  [옳을 가 변할 변 수레 차 길 로 마를 제]
  교통소통의 원활화, 도로이용자의 편의 등 도로의 효율적 이용을 위한 제도. 시간이나 상황에 따라 교통량에 큰 차이를 보이는 좌우의 차로수를 교통량에 맞게 늘리거나 줄여준다.

- **金融實名制** 금융실명제
  [쇠 금 화할 융 열매 실 이름 명 마를 제]
  금융거래의 정상화와 합리적 과세기반을 마련하기 위해 도입된 제도. 은행예금이나 증권투자 등 금융거래시 실제 명의로 하여야 하며 가명이나 무기명 거래는 안 된다는 것이다.

- **金融專業家** 금융전업가
  [쇠 금 화할 융 오로지 전 일 업 집 가]
  주식 소유를 매개로 같은 금융그룹에 속한 금융기관을 통해 은행, 증권, 보험, 기타 금융서비스업 등에 종사하는 집단. 주로 금융지주회사를 통해 각 업종에 걸친 금융기관을 자회사로 거느리는 형태를 취한다.

- **企待壽命** 기대수명
  [꾀할 기 기다릴 대 목숨 수 목숨 명]
  특정연령의 생존자가 앞으로 더 살수 있을 것으로 기대되는 평균 생존연수를 말한다. 국민소득의 증가와 과학기술의 발달로 기대수명은 해마다 늘어나고 있다.

- **企業支配構造** 기업지배구조
  [꾀할 기 업 업 가를 지 짝 배 얽을 구 지을 조]
  기업지배구조는 기업 경영의 통제에 관한 시스템으로 기업 경영에 직·간접적으로 참여하는 주주, 경영진, 근로자 등 이해 집단 간의 이해관계를 조정하고 규율하는 제도적 장치와 운영메커니즘을 말한다.

- **氣候經濟學** 기후경제학
  [기운 기 물을 후 지날 경 건널 제 배울 학]
  기후와 경제의 관계를 분석하는 학문을 말한다. 최근 들어 지구기후는 엘니뇨현상 등의 영향으로 예측하기 어려운 양상을 자주 보여주고 있다. 이 같은 불가측적 기후변화에 따른 영향을 계량화함은 물론 도로 항만 제방 등 사회 간접시설 수요에 대한 예측, 오염방지대책수립 등을 연구대상으로 삼는다.

- **代表訴訟制** 대표소송제
  [대신할 대 겉 표 하소연할 소 송사할 송 마를 제]
  이사가 불법행위로 회사나 주주에 손해를 입혔을 때 소액주주가 회사를 대신해 이사를 상대로 소송을 제기하는 것. 미국 등 선진국에서는 이미 실시하고 있다.

실용한자어

- **道德指數** 도덕 지수(MQ)
[길 도 큰 덕 가리킬 지 셀 수]
로버트 콜스 교수의 저서 〈아이들의 도덕지능(The Moral Intelligence of Children)〉에서 나온 말. 즉 아이들이 도덕적으로 성장하는데 밑거름이 되는 MQ는 규칙적인 암기나 추상적인 토론 가정에서의 순응교육으로는 길러지지 않는다. 어린이들 스스로 다른 사람들과 어떻게 하면 잘 지낼 수 있는가를 보고 듣고 겪으면서 MQ는 변한다는 것. 초등학교 시기가 도덕심 형성에 가장 중요하다.

- **民營住宅** 민영주택
[백성 민 경영할 영 살 주 집 택]
민영주택은 국민주택기금의 지원을 받지 않고 민간건설업자가 건설하는 주택이다. 또 국가 지방 자치단체 대한주택공사 등이 국민주택기금의 지원 없이 공급하는 전용면적 25.7평을 초과하는 주택도 포함된다.

- **國民住宅** 국민주택
[나라 국 백성 민 살 주 집 택]
국민주택은 국민주택기금의 지원을 받아 국가 지방자치단체 대한주택공사 등에서 공급하는 전용면적 25.7평 이하의 주택을 뜻한다.

- **白騎士** 백기사
[흰 백 말탈 기 선비 사]
기업사냥꾼으로 적대적 공격을 받고 있는 기업을 대신 인수해주는 우호적인 제3의 세력. 적대적 M&A를 당하는 쪽에서 더 이상 방어 능력이 없을 때 자기 회사에 우호적인 다른 회사에 도움을 요청해 대신 경영권을 인수하도록 하는 것이다.

- **黑騎士** 흑기사
[검을 흑 말탈 기 선비 사]
적대적 M&A가 진행 중일 때 공격측도 방어측도 아닌 제3의 세력이 독자적인 경영권 획득을 꾀하는 것을 말한다.

- **不實與信** 부실여신
[아니 부 열매 실 줄 여 믿을 신]
은행이 빌려준 돈 중 이자는 물론, 원금도 제때 못 받는 돈을 말한다.

- **上場企業** 상장기업
[위 상 마당 장 꾀할 기 일 업]
상장기업이란 증권거래소가 주식, 채권 등 특정 유가증권에 대해 증권거래소시장에서 거래될 수 있는 자격을 부여한 기업을 말한다.

- **上場株式** 상장주식
[위 상 마당 장 그루 주 법 식]
증권거래소에서 매매되고 있는 주식, 즉 증권거래소에 상장되어 있는 주식을 말한다.

- **新 部族主義** 신 부족주의
[새 신 거느릴 부 겨레 족 주인 주 옳을 의]
원시시대에 같은 부족끼리 모여 살았듯이 같은 문화와 가치관을 가진 사람들끼리 하나의 공동체를 형성하는 현상을 말한다. 미래학자들은 개인의 개성과 정체성이 중시되는 미래 사회에서 이러한 부족주의가 확산될 것으로 예상하고 있다.

건축용어

- **工程率** 공정율
[장인 공 단위 정 비율 율]
공사의 진행순서와 작업일정을 종합한 공사의 진도과정에 따라 투입된 공사비의 총 공사비에 대한 비율을 말한다.

- **工程表** 공정표
[장인 공 단위 정 겉 표]
공사의 진행순서와 작업방법 및 작업일정을 종합, 도표화해 공사의 진도를 나타내는 표로 공사공정 예정표라고도 하며 이 공정표에 의하여 재료의 주문과 반입, 노무량의 수배, 공사의 실시·검토·조정을 하여야 한다.

- **鑑定評價** 감정평가
[거울 감 정할 정 평할 평 값 가]
감정평가업자가 부동산의 경제적 가치를 판정하여 그 결과를 감정평가액으로 표시하는 것을 말한다.

- **開發負擔金** 개발부담금
[열 개 필 발 질 부 멜 담 쇠 금]
일반적으로 개발사업을 담당하는 자가 납부하게 되는 금전을 말한다.

- **開發制限區域** 개발제한구역
[열 개 필 발 마를 제 한계 한 구분할 구 지경 역]
건설부장관은 도시의 무질서한 확산을 방지하고 도시 주변의 자연환경을 보전하여 건전한 생활환경을 확보하기 위하여 또는 국방부장관의 요청이 있어 보안상 도시의 개발을 제한할 필요가 있다고 인정되는 때에는 그 도시의 주변지역에 대하여 도시개발을 제한할 구역의 지정을 도시계획으로 결

실용한자어

정할 수 있다. 이 구역 안에서는 주택지조성사업, 공업용지조성사업과 기타 그 구역의 지정 목적에 위배되는 도시계획사업을 시행할 수 없다.

● 競爭過熱地域 경쟁과열지역
[겨룰 경 다툴 쟁 지날 과 더울 열 땅 지 지경 역]
민영주택 입주자 선정 시 경쟁과열이 예상되는 지역에 대하여 시장 군수가 경쟁과열지역으로 지정하고 이 구역 내에서 입주자 선정은 공급하는 세대수의 20배를 초과하지 아니하는 범위 내에서 청약예금 가입자 중장기 예치자 순에 따라 우선 청약할 수 있도록 한다.

● 共同住宅 공동주택
[함께 공 한가지 동 살 주 집 택]
대지 및 건물의 벽, 복도, 계단, 기타 설비 등의 전부 또는 일부를 공동으로 사용하는 각 세대가 하나의 건축물 안에서 각각 독립된 주거생활을 영위할 수 있는 구조로 된 주택. 아파트, 연립주택, 다세대주택 등이 여기에 해당한다.

● 公示地價 공시지가
[공변될 공 보일 시 땅 지 값 가]
'지가공시 및 토지 등의 평가에 관한 법률'에 의한 절차에 따라 조사·평가하여 건설교통부장관의 명의로 공시한 표준지의 단위면적당 가격을 말한다.

● 多世帶住宅 다세대주택
[많을 다 세상 세 띠 대 살 주 집 택]
연면적 660㎡ 이하, 4층 이하로 2세대 이상 건축할 수 있으며 각 세대별로 방, 부엌, 화장실, 현관을 갖추어 각각 독립된 주거생활을 영위할 수 있고 각 세대별 구분소유와 분양이 가능한 공동주택을 말한다.

● 改築 개축
[고칠 개 쌓을 축]
기존 건축물의 전부 또는 일부를 철거를 하고 그 대지 안에 종전과 동일한 규모의 범위에서 건축물을 축조하는 것을 말한다.

● 聯立住宅 연립주택
[잇달 연 설 립 살 주 집 택]
연면적 660㎡ 초과, 4층 이하로 한 건물 내에 여러 세대가 독립적으로 주거 생활을 영위할 수 있도록 한 공동주택의 일종이다.

● 延面積 연면적
[끌 연 낯 면 쌓을 적]
건축물 각층의 바닥 면적의 합계면적을 말하며, 연건평이라고 한다. 건물의 1층의 바닥면적은 건평이라고 한다.

● 一般住居地域 일반주거지역
[한 일 일반 반 살 주 있을 거 땅 지 지경 역]
일상의 주거기능을 보호하기 위하여 도시계획법의 규정에 의하여 지정한 지역으로 건축법 등에 의한 제한을 받는다.

● 一般商業地域 일반상업지역
[한 일 일반 반 장사 상 일 업 땅 지 지경 역]
일반적인 상업 및 업무기능을 담당하기 위하여 도시계획법의 규정에 의하여 지정한 지역으로 건축법 등의 제한을 받는다.

● 一般工業地域 일반공업지역
[한 일 일반 반 장인 공 일 업 땅 지 지경 역]
환경을 저해하지 아니하는 공업의 배치를 위하여 도시계획법의 규정에 의하여 지정한 지역으로 건축법 등의 제한을 받는다.

● 日照權 일조권
[해 일 비출 조 권세 권]
우리나라에서는 심각하게 일조권을 논하는 사람은 없으나 차츰 일조권 시비가 일고 있는 중이다. 건축법에서는 북측사선제한 등으로 남쪽 건물의 높이를 제한하고 있다. 이 제한의 권리를 일조권이라고 한다.

● 傳貰權 전세권
[전할 전 세낼 세 권세 권]
전세권을 지급하고 타인의 부동산을 점유하여 그 부동산의 용도에 따라 사용 수익하는 것을 내용으로 하는 물권. 제3자에게 대항력이 있고 전세권 설정자의 동의 없이 양도, 임대, 전세를 할 수 없으며 전세금의 반환이 지체된 때에는 전세권자에게 경매를 청구할 권리가 있다.

● 準工業地域 준공업지역
[법도 준 장인 공 일 업 땅 지 지경 역]
경공업 및 기타공업을 수용하되 주거기능이 필요할 경우 도시계획 규정에 의하여 지정된 지역으로 건축법 등에 의한 제한을 받는다.

● 準住居地域 준주거지역
[법도 준 살 주 살 거 땅 지 지경 역]
주거기능을 주로 하되 상업적 기능의 보완이 필요할 경우 도시계획법 규정에 의하여 지정한 지역으로 건축법 등에 의한 제한을 받는다.

실용한자어

- **地域權** 지역권

[땅 지 지경 역 권세 권]
일정한 목적을 위하여 타인의 토지를 자기 토지의 편익에 이용하는 물권이다. 자기 토지의 편익을 위하여 타인의 토지를 통행하고 타인 토지의 물을 인수하고 타인의 토지에 조망을 해칠 만한 건물을 세우지 못하게 하는 것 등과 같은 것이 지역권이다. 이 경우 편익을 받는 토지를 요역지, 편익을 제공하는 토지를 승역이라 한다.

- **推定價格** 추정가격

[가릴 추 정할 정 값 가 격식 격]
국제입찰대상, PQ심사대상, 최저가격 입찰대상, 적격심사 대상을 판단하기 위한 가격으로 예산서에 계상된 금액 등을 참조하여 추산하여 산정된 부가세 미포함 가격을 말하며 일반적으로 설계서 유무와 관계없이 추정한다.

과학용어

- **加工硬化** 가공경화

[더할 가 장인 공 굳을 경 화할 화]
물체에 힘을 가해서 변형시킨 후 힘을 제거한 뒤에도 영구변형이 남는다. 가공경화란 소성변형을 물체에 주면 변형의 정도가 더해감에 따라서 변형에 대한 저항도 커져 변형을 받기 전보다도 단단하고 부서지기 쉽게 되는 현상이다.

- **可鍛性** 가단성

[옳을 가 쇠불릴 단 성품 성]
해머로 두드리거나, 롤러로 압연하거나, 프레스 기계로 눌러도 균열이 생기지 않는 성질. 실용 금속 재료가 가지고 있는 특질의 하나인데, 강철(鋼) 등은 적열상태의 고온에서 가단성이 높아진다.

- **可鍛鑄鐵** 가단주철

[옳을 가 쇠불릴 단 쇠부어만들 주 쇠 철]
주조성이 좋은 백선조직의 주철을 용해·주조하여 적당한 열처리를 가함으로써 견인성을 부여한 주철. 보통의 주철은 이른바 주물이어서 강도가 적고 가단성(可鍛性)이 부족하다. 가단주철은 주강에 가까운 성질을 가지며 주조성과 절삭성이 좋다. 주강을 사용하기에는 너무 작거나 구조가 복잡하여 제조가 곤란하고 또한 보통 주철보다 큰 강도와 연성을 필요로 하는 부품에 널리 사용한다.

- **可變速度電動機** 가변속도전동기

[옳을 가 변할 변 빠를 속 법도 도 번개 전 움직일 동 틀 기]
회전속도를 자유로이 바꿀 수 있는 전동기. 직류 전동기와 교류전동기 중 2차 회로에 저항을 넣은 권선형 삼상유도전동기, 삼상정류자전동기 등이 이에 속한다.

- **加算混合** 가산혼합

[더할 가 셀 산 섞을 혼 합할 합]
빛을 가해 색을 혼합할 때 혼합한 색이 원래 색보다 밝아지는(명도가 높아지는) 혼합. 가법혼색 또는 가색혼합이라고도 하며, 감산혼합에 대립하는 말이다.

- **假想記憶裝置** 가상기억장치

[거짓 가 생각할 상 기록할 기 생각할 억 꾸밀 장 둘 치]
전자계산기의 주기억 장치는 코어 또는 반도체로 구성되어 있어 중앙처리기에 의해 직접 호출될 수 있으나, 그 기억용량에 한계가 있으므로 별도로 디스크 또는 드럼을 보조용 기억장치로 쓰는데, 이것을 가상기억장치라고 한다.

- **假想年** 가상년

[거짓 가 생각할 상 해 년]
평균태양의 적경이 18h 40m에 도달한 순간을 연초로 하여 계산하는 연수(年數). 1년은 1태양년과 같다.

- **假像變位의 原理** 가상변위의 원리

[거짓 가 형상 상 변할 변 자리 위 근원 원 다스릴 리]
역학에서 일정한 구속조건을 어기지 않고 또한 실제로 가능한 질점의 미소변위를 가상변위라고 한다. 실제로 가능한 변위의 뜻은 역학계에 작용하고 있는 힘은 불변이라 가정하고, 별도로 작은 임의의 힘을 가할 때 일어나는 변위를 말한다.

- **假說演繹法** 가설연역법

[거짓 가 말씀 설 펼 연 풀어낼 역 법 법]
과학적 연구 방법의 하나. 먼저 가설을 세우고 다음에 현실과 조회(照會)할 수 있는 사항을 연역(演繹)한 후에 그것을 현실과 조회함으로써 그 가설을 확인하는 방법.

- **假性貧血** 가성빈혈

[거짓 가 성품 성 가난할 빈 피 혈]
혈색이 좋지 않아 마치 빈혈 같지만, 실제로는 혈액 중의 혈색소가 줄지 않은 상태. 피부나 점막을 통해 보이는 말단 혈관이 이상하게 가늘어지거나, 순환 혈액량이 줄어들기 때문에 생기는 증상으로 어떤 병의 결과로 인해 증후적으로 일어나며 체질적인 원인도 있을 수 있다. 증후적 가성빈혈은 그

실용한자어

원인이 되는 병의 회복에 따라 좋아진다.

● **可塑物** 가소물
[옳을 가 토우 소 만물 물]
가소성을 가진 물질, 즉 열과 압력으로 성형이 되는 재료를 의미한다.

● **加水分解** 가수분해
[더할 가 물 수 나눌 분 풀 해]
화합물이 물과 반응해서 일으키는 분해. 대개의 경우 물분자 H2O가 H와 OH로 분해되어 반응에서 생기는 화합물과 결합하여 생긴다.

● **加壓水形原子爐** 가압수형원자로
[더할 가 누를 압 물 수 모양 형 근원 원 아들 자 화로 로]
경수로의 한 형식. 노심을 냉각하는 물을 끓지 않도록 가압기에 의하여 약 150기압으로 유지하면서 300℃로 가열하는 원자로이다.

● **可逆變化** 가역변화
[옳을 가 거스를 역 변할 변 화할 화]
어떤 물질을 A라는 상태에서 B라는 상태로 변화시켰을 때, B에서 A로 되돌릴 수가 있는 경우를 가역변화라 한다. 반면 이에 대하여 B에서 A로 되돌릴 수가 없는 경우를 불가역변화라 한다.

● **可逆電池** 가역전지
[옳을 가 거스를 역 번개 전 못 지]
전지로부터 전류를 끌어낼 때만 전지 속에서 화학변화가 일어나도록 만든 전지. 외부의 직류전원에서 앞의 방전시와는 반대방향으로 전류를 보내면 방전시와는 반대 방향의 화학 변화가 일어난다. 납축전지(2차 전지)나 다니엘전지(1차 전지)는 가역전지이다. 볼타전지는 전류를 끌어내지 않을 때에도 전지 안에서 화학변화가 일어나며, 그 반응이 비가역반응이므로 비가역전지라고 한다.

● **可融合金** 가융합금
[옳을 가 화할 융 합할 합 쇠 금]
녹는 점 200℃ 이하의 녹는 점(빙점)이 낮은 합금. 주성분은 비스무트, 납, 주석, 카드뮴, 인듐 중에서 3~4종류를 조합한 것. 합금의 조합에 의해 낮은 온도 범위에서 녹는 점을 바꿀 수 있다.

● **假電子** 가전자
[거짓 가 번개 전 아들 자]
원자의 가장 바깥 껍질에 있는 전자. 분자결합, 고체의 응집 등에 기여하고 원자가 등 화학적 성질을 결정한다.

● **可聽範圍** 가청범위
[옳을 가 들을 청 법 범 둘레 위]
셈여림과 높이의 관계로 표시한 인간이 들을 수 있는 음의 표준범위. 청각영역이라고도 한다.

● **假現運動** 가현운동
[거짓 가 나타날 현 운반할 운 움직일 동]
객관적으로는 움직이지 않는데도 움직이는 것처럼 느껴지는 심리적 현상.

● **覺醒反應** 각성반응
[깨달을 각 깰 성 돌이킬 반 응할 응]
뇌의 중심축에 50사이클 이상의 고빈도로 전기자극을 주면 잠들어 있던 동물이 잠을 깨고 대뇌피질뇌파는 저진폭속파가 되는데, 그 뇌파의 저진폭속파화를 각성반응이라 한다.

● **肝腦** 간뇌
[간 간 뇌 뇌]
척추동물의 뇌중, 대뇌반구와 중뇌 사이의 부분. 뇌간의 가장 앞에 있다. 개체 발생적으로는 전뇌 그 자체라 할 수도 있는데, 그 앞쪽에 좌우 1쌍의 대뇌반구가 부풀어서 발달한다. 간뇌는 주로 시상과 시상하부로 이루어지는데, 그 때문에 시상뇌라 부르기도 한다. 청각이나 시각 등, 감각정보의 중요한 중계로이고, 자율신경계의 중추로 체온조절이나 식욕 등 생명유지에 불가결한 기능을 한다.

● **干涉屈折計** 간섭굴절계
[방패 간 건널 섭 굽을 굴 꺾을 절 꾀 계]
빛의 간섭을 이용하여 광학거리의 차 또는 변동을 간섭무늬의 위치의 변동에 따라 정밀하게 측정하여 기체의 굴절률 등을 측정하는 장치.

● **褐色火藥** 갈색화약
[털옷 갈 빛 색 불 화 약 약]
질산칼륨(초석).황 및 갈색목탄을 혼합하여 만든 갈색의 화약. 코코아 화약이라고도 한다. 일반 흑색화약에 비해 발화는 더디지만 압력이 점차 강해지므로 탄환이 포구를 빠져나갈 때 속도를 가해 준다. 군용으로 많이 쓰인다.

실용한자어

● **感覺毛** 감각모
[느낄 감 깨달을 각 털 모]
기부에 있는 감각세포가 외부의 자극을 수용하는 털. 감촉모라고도 한다. 포유류의 구각과 눈 위에 난 긴 털은 보통의 털보다 빨리 자라고 수명도 길다. 이 털이 촉각, 후각 또는 청각의 작용을 하며 포유류뿐 아니라 곤충에도 감각모가 있고 식물에도 감각모와 비슷한 기능을 가진 것이 있다.

● **感覺神經** 감각신경
[느낄 감 깨달을 각 귀신 신 지날 경]
시각이나 청각 등 감각기로부터의 신경 임펄스를 대뇌 등의 중추에 전달하는 신경. 지각신경이라고도 한다.

● **減衰機** 감쇠기
[덜 감 쇠할 쇠 틀 기]
전압 또는 전류를 측정자가 정확히 알 수 있는 비율로 축소하는 측정기. 대개 신호발생기와 함께 쓴다.

● **減數分裂** 감수분열
[덜 감 셀 수 나눌 분 찢을 열]
유사분열의 결과 모세포의 핵이 가지고 있던 염색체수의 반이 되는 수를 가진 딸핵이 생기는 세포분열. 분열 개시 전에 DNA의 합성이 일어나서 2배가 되고, 그 다음 상동염색체끼리가 대합하고 나서 양극으로 갈라지므로, 이때 1개의 핵의 염색체수가 반감한다. 환원분열이라고도 한다.

● **鑑識學** 감식학
[거울 감 알 식 배울 학]
생물의 분류군을 정하고 그 원리를 정하는 학문. 감식학에 의해 생물의 각 종족 등의 속성이 정해지므로 생물을 동정할 수 있다. 또 그렇게 하여 세워진 분류군을 유연관계에 따라 배열하면 자연분류학의 체계를 얻을 수 있다.

● **感熱紙** 감열지
[느낄 감 더울 열 종이 지]
표면을 가열하면 녹아서 서로 섞여 발색하는 무색 염료와 유기산을 바른 기록용지. 감열 기록지라고도 한다. 인쇄속도를 빨리하기 위해서 고안된 서멀 프린터의 용지로 쓰인다. 팩시밀리, 워드프로세서 등에서 이용된다.

● **感炎熱** 감염열
[느낄 감 불탈 염 더울 열]
감염에 수반하여 발생하는 열. 생체의 방어기구를 자극하여 방어반응의 하나로 발열현상이 일어나며 결핵 같이 두드러진 발열을 가져오지 않는 냉성 감염도 있다.

● **降交點** 강교점
[내릴 강 사귈 교 점 점]
한 중심 천체의 주위를 회전하는 천체의 궤도가 어떤 기준면(황도면)과 교차하는 두 개의 점 중 그 천체가 북쪽에서 남쪽으로 통과할 때의 교차점. 이와는 반대로 남쪽에서 북쪽으로 통과할 때의 교차점은 승교점이라 한다. 태양의 천구상의 궤도인 황도면이 천구의 적도면과 교차하는 강교점은 추분점이고, 승교점은 춘분점이다.

● **降雨遮斷** 강우차단
[내릴 강 비 우 막을 차 끊을 단]
강우량 중 일부가 식물군락의 잎이나 줄기에 부착되어 지표에 도달하지 않고 강우 중 또는 강우 후에 증발되는 현상. 강수차단이라고도 한다. 특히 삼림의 수관, 줄기 및 가지에 의한 강우차단을 가리키는 경우가 많다.

● **强誘電體** 강유전체
[굳셀 강 꾈 유 번개 전 몸 체]
자발적인 전기편극을 가지고 그 자발적 편극이 전기장에 의해 방향을 반전할 수 있는 결정. 이때의 유전성을 강유전성이라고 한다.

● **腔腸動物** 강장동물
[속빌 강 창자 장 움직일 동 만물 물]
히드라나 해파리, 말미잘, 산호 등의 종류. 자포를 가진 데서 자포동물이라고도 불린다. 몸의 기본구조는, 동물의 발생 도상의 원장 단계가 그대로 성체가 된 것으로 원장에 상당한 빈 곳은 강장이라 불리는데, 원구에 상당하는 곳으로 먹이를 섭취하고 배출도 한다(항문은 없다).

● **强振計** 강진계
[강할 강 떨칠 진 꾀 계]
지진동의 진폭이 커도 충분히 기록할 수 있도록 설계된 지진측정계. 진자의 길이를 충분히 길게 하고 최대 편각이 어느 한계를 넘지 않도록 되어 있다.

● **交流電壓計** 교류전압계
[사귈 교 흐를 류 번개 전 누를 압 꾀 계]
교류 전압을 측정하는 계기. 교류전류계에 저항을 직렬로 넣은 것을 사용하는 경우가 많다. 고주파전압의 측정에는 주파수 특성이 좋은 다이오드를 사용한 파고치형이 주로 사용된다.

● **南極氣團** 남극기단
[남녘 남 다할 극 기운 기 둥글 단]
남극대륙의 고기압 영역에 나타나는 기단. 남극을 관측한 결

실용한자어

과 남극대륙은 북극지방과 달리 거의 1년 중 고기압으로 덮여 있다는 것이 밝혀졌는데, 이 고기압 영역에 나타나는 기단을 말한다. 기온이 대단히 낮고 강한 역전층이 존재한다.

● **富營養化** 부영양화
[부자 부 경영할 영 기를 양 될 화]
호수나 연근해 등에 질소, 인 등의 영양분이 증가하는 것. 원래 빈영양호(貧營養湖)였던 호수에 영양물이 유입됨에 따라 수초, 조류(藻類) 등이 증가하여 물이 탁해지고 호수바닥에 퇴적물이 쌓임에 따라 부영양호로 바뀌는 것.

정보통신

● **假想共同體** 가상공동체
[거짓 가 생각할 상 함께 공 한가지 동 몸 체]
가상공동체는 기본적으로 정보를 제공하는 화원자신에 의해 궁극적인 가치가 창출되는 사업모델로서 고객서비스의 형성, 고객의 충성과 피드백을 확보하는 것이 주된 성공요인으로 작용한다. 가상공동체 모델은 전자상점 및 쇼핑몰, 정보검색 서비스 등 다른 전자상거래 사업모델에 부가적인 기능으로 활용될 뿐 아니라 성공적으로 평가받고 있는 대부분의 국내 전자상거래 사이트들은 대개의 경우 가상공동체 모델을 수용하고 있다.

● **諒解覺書** 양해각서
[믿을 양 풀 해 깨달을 각 글 서]
일명 MOU. 국가간 문서로 된 합의로 법적 구속력을 갖는 조약과 같은 효력을 갖는다. 일반적으로 기존 협정에서 합의된 내용의 뜻을 명확히 제정하기 위해 또는 모 협정의 후속조치를 위해 체결한다. 대개의 경우 독자적인 내용을 갖는 양해각서는 내용 자체가 그다지 중요하지 않은 경우에 작성되는 것이 통례이다.

● **全社的 資源管理** 전사적 자원관리
[온전할 전 단체 사 과녁 적 재물 자 근원 원 대롱 관 다스릴 리]
일명 ERP. 기업의 기간업무 즉 회계, 인사, 재무를 포함한 구매, 생산, 물류 등을 통합 관리해주는 SW시스템. ERP는 기업들의 기간업무 전산화시 컴퓨터 사용자들이 이미 시장에 나와있는 워드프로세서 제품을 구매하듯 전문 SW업체의 경영 애플리케이션 패키지 제품을 구매해 자사 전산환경을 구축할 수 있도록 해주는 시스템이다.

산업공학

● **價値工學** 가치공학
[값 가 값 치 장인 공 배울 학]
원가절감과 제품가치를 동시에 추구하기위해 제품개발에서부터 설계, 생산, 유통, 서비스 등 모든 경영활동의 혁신을 추구하는 기법이다.

● **事務生産性 向上** 사무생산성 향상
[일 사 힘쓸 무 날 생 낮을 산 성품 성 향할 향 위 상]
업무표준화, 회의 효율화, 문서 체계화, 보고결재 간소화, 사무환경 개선 등 사무관리 업무의 혁신을 통해 경비를 절감하고 업무의 효율을 높이기 위한 혁신기법이다.

● **原價節減** 원가절감
[근원 원 값 가 마디 절 덜 감]
원가절감이란 생산성 향상, 공정기술 개발 및 작업시간 단축 등을 통해 재료비, 노무비, 경비 등의 비용절감으로 가격경쟁력을 강화하는 경영 기법. 최근에는 생산단계 뿐만 아니라 그 이전의 제품기획 및 설계 단계에서부터 원가의 비교우위를 추구하는 경영기법으로 발전하고 있다.

● **意識改革** 의식개혁
[뜻 의 알 식 고칠 개 가죽 혁]
의식개혁은 주로 생산현장이나 공장에서 기초 질서 확립 및 근로윤리 정립을 통해서 생산성을 향상시키고, 작업능률을 개선시키기 위해 추진하는 혁신 기법이다.

● **綜合生産性革新** 종합생산성혁신
[모을 종 합할 합 날 생 낮을 산 성품 성 가죽 혁 새 신]
종합생산성혁신은 고객만족과 경영목표를 달성하기 위해 경영전반을 전사적으로 재조명하고 제품경쟁력 향상을 위해 필요한 전략 및 활동을 결정한 후, 결정된 목표달성을 위해 각 부문이 전략적으로 목표달성을 추진하는 경영관리 기술이다. 목표는 톱다운(Top-Down) 방식에 의해 결정되며 각 부문은 이를 위해 일관성 있는 활동을 전개하는 데 활동의 초점을 맞춘다.

● **經營科學** 경영과학
[지날 경 경영할 영 과정 과 배울 학]
시스템의 운영, 관리, 계획 및 설계에 관한 문제를 계량적으로 그리고 체계적 접근방법으로 분석, 해결해 보고자 하는 학문.

실용한자어

● **相互背反性** 상호배반성
[서로 상 서로 호 등 배 돌이킬 반 성품 성]
잘 정의된 매개 변수를 사용해서 중복이 없이 같은 것은 한데 모으고, 다른 것은 분리할 수 있어야 한다는 성질.

의학용어

● **肝硬化** 간경화
[간 간 굳을 경 될 화]
간세포가 기능을 소실하고 섬유조직 등의 반흔 조직으로 대치되는 병적인 상태를 말한다.

● **境界性 人格障碍** 경계성 인격장애
[지경 경 지경 계 성품 성 사람 인 격식 격 가로막을 장 막을 애]
인격 장애의 한 종류로 대인관계, 행동, 기분, 자기에 대한 평가나 느낌 등 여러 방면에서 일률적인 양상 없이 자주 변화되는 이상성격이다.

● **骨多孔症** 골다공증
[뼈 골 많을 다 구멍 공 증세 증]
골조직의 양적 감소로 주로 칼슘염(Calcium salt)의 감소로 인하여 뼈가 얇아지고 약해진다. 따라서 뼈의 골절이 잘 발생하게 된다.

● **壞死** 괴사
[무너질 괴 죽을 사]
세포가 외부 요인에 의하여 죽는 것을 말한다. 원인은 외상, 허혈 (동맥이 좁아져서 피가 통하지 않는 것) 등이 있다.

● **白內障** 백내장
[흰 백 안 내 가로막을 장]
눈의 수정체가 흐려져서 시력장애를 일으키는 병. 눈동자의 속이 희게 보이므로 이런 이름이 붙었다. 백내장은 수정체 혼탁의 위치와 정도에 따라서 시력의 장애가 다양하다.

4 실전대비 예상·기출문제

▶ 한자자격시험 예상문제 ▶ 한자자격시험 기출문제
▶ 정답 및 답안지

한자자격시험 예상문제 [1회]

객관식 (1~30번)

● 다음 [ ] 안의 한자와 음이 같은 한자는?

1. [雁] ① 俸 ② 碩 ③ 沼 ④ 晏
2. [耶] ① 惹 ② 屈 ③ 版 ④ 茸
3. [佑] ① 異 ② 頓 ③ 寓 ④ 熙
4. [淫] ① 今 ② 吟 ③ 含 ④ 琴
5. [寵] ① 總 ② 允 ③ 許 ④ 棋

● 다음 [ ] 안의 한자와 뜻이 상대되는 한자는?

6. [旦] ① 弦 ② 夕 ③ 修 ④ 助
7. [冥] ① 暗 ② 役 ③ 持 ④ 明
8. [緩] ① 苑 ② 急 ③ 筍 ④ 移

● 다음 [ ] 안의 한자와 뜻이 비슷한 한자는?

9. [彫] ① 乘 ② 尺 ③ 刻 ④ 悼
10. [紊] ① 虛 ② 亂 ③ 愼 ④ 芽

● 다음 〈보기〉의 한자와 가장 관련이 깊은 한자는?

11. 보기 | 간 심장 지라 폐 신장
    ① 脂 ② 臟 ③ 幻 ④ 恐

12. 보기 | 색깔 하늘 제자
    ① 梁 ② 稱 ③ 症 ④ 藍

● 다음 한자어의 뜻풀이가 맞는 것은?

13. ① 野蠻 : 세력이나 권리 따위가 늘어남
    ② 滿醉 : 심사하고 토의함
    ③ 晏眠 : 아침 늦게까지 잠
    ④ 凝固 : 급하고 재촉하여 요구함

14. ① 奴婢 : 절약하여 모아둠
    ② 趣向 : 하고 싶은 마음이 생기는 방향
    ③ 煩惱 : 올바른 길에서 벗어나 잘못된 길로 빠지는 일
    ④ 琢磨 : 상대가 되는 이쪽과 저쪽 모두

● 다음 설명과 같은 뜻을 지닌 한자어는?

15. 교수자와 학습자 간의 교육적 통신이 지리적 거리에 의해서 분리됨
    ① 學校敎育   ② 人性敎育
    ③ 遠隔敎育   ④ 診斷評價

16. 기업내부 조직 간, 기업 간 그리고 기업과 소비자 사이에서 일어나는 일련의 상품과 서비스 활동을 컴퓨터나 통신망 등의 전자화된 기술을 이용하여 교환하는 시스템
    ① 電子資金移替制度
    ② 調整計定
    ③ 旅行者手票
    ④ 電子商去來

17. 일정한 작용을 가함으로써 상대편이 지나치게 세력을 펴거나 자유롭게 행동하지 못하게 억누름
    ① 牽引 ② 堅提 ③ 牽制 ④ 遣製

18. 스스로 부끄러워함
    ① 自愧 ② 自塊 ③ 自怪 ④ 自壞

19. 아주 짧은 시간
    ① 硬角 ② 經閣 ③ 警覺 ④ 頃刻

20. 층계, 다리, 마루 따위의 가장자리에 일정한 높이로 막아 세우는 구조물
    ① 欄干 ② 難艱 ③ 亂間 ④ 卵懇

21. 제1심의 종국 판결에 대하여 불복이 있는 당사자가 사실 또는 법률점에 관하여 직권 상급법원에 심사를 청구하는 제도
    ① 故殺   ② 抗訴
    ③ 類推解釋   ④ 辯護士

예상문제 [1회]

22. 88년 8월 도입한 제도로 국정감사 및 국정조사 등의 중요한 안건의 심사에 필요한 경우 증인, 참고인, 감정인으로부터 증언, 진술청취와 증거채택을 하기 위한 것. 위원회의 의결을 거쳐야 하고 공개가 원칙임
    ① 壓力團體　　② 聽聞會
    ③ 院內交涉團體　④ 先制行政

● 다음 한자어의 독음이 바르지 않은 것은?

23. ① 意識改革 : 의식개혁
    ② 原價節減 : 원가삭감
    ③ 骨多孔症 : 골다공증
    ④ 諒解覺書 : 양해각서

24. ① 關聯 : 관련　　② 解止 : 해지
    ③ 謁見 : 알현　　④ 覺書 : 각서

25. ① 逐出 : 대출　　② 能力 : 능력
    ③ 到着 : 도착　　④ 瑕疵 : 하자

● 다음 문장 중 ( ) 안에 들어갈 한자어로 알맞은 것은?

26. 그 소녀는 말과 행동에서 ( )함이 배어나온다.
    ① 謙遜　② 學界　③ 見聞　④ 嘉尙

27. 불법으로 주차했었던 차들이 줄지어 ( )되고 있다.
    ① 哲學　② 忍苦　③ 牽引　④ 訃告

28. 건물의 안전점검 결과 ( )조짐이 있다고 한다.
    ① 岡陵　② 祝禱　③ 崩壞　④ 風蘭

29. 건너 마을에서 ( )으로 인해 많은 백성들이 목숨을 잃고 있다.
    ① 域病　② 譯病　③ 歷病　④ 疫病

30. 폭풍우를 만난 배가 망망대해에서 ( )하고 말았다.
    ① 枕沒　② 沈沒　③ 寢沒　④ 針沒

● 다음 한자어의 훈음을 쓰시오.

31. 俳 (　　　) 32. 峴 (　　　)
33. 垈 (　　　) 34. 凍 (　　　)
35. 忌 (　　　) 36. 尿 (　　　)
37. 展 (　　　) 38. 巫 (　　　)
39. 禍 (　　　) 40. 靈 (　　　)

● 다음 훈음에 맞는 한자를 쓰시오.

41. 더할 첨 (　　　) 42. 속　리 (　　　)
43. 재　회 (　　　) 44. 보낼 견 (　　　)
45. 버들 양 (　　　) 46. 고울 려 (　　　)
47. 암컷 자 (　　　) 48. 쇳돌 광 (　　　)
49. 손님 빈 (　　　) 50. 희롱 롱 (　　　)

● 다음 한자어의 독음을 쓰시오.

51. 巧妙 (　　　) 52. 岐路 (　　　)
53. 僅少 (　　　) 54. 贈與 (　　　)
55. 肝膽 (　　　) 56. 名札 (　　　)
57. 統率 (　　　) 58. 矜持 (　　　)
59. 分裂 (　　　) 60. 飼料 (　　　)
61. 偏狹 (　　　) 62. 振動 (　　　)
63. 削減 (　　　) 64. 鞭撻 (　　　)
65. 水彩畵 (　　　)

● 다음 □ 안에 공통으로 들어갈 한자를 〈보기〉에서 찾아 쓰시오.

| 보기 | 擁　媒　緊　揭　遞　鑛　歐　幹 |

66. 根□, □部 (　　　)
67. □山, 炭□ (　　　)
68. □急, 要□ (　　　)
69. □示, □載 (　　　)

예상문제 [1회]

● 다음 〈보기〉의 주어진 뜻으로 보아 □ 안에 공통으로 들어갈 한자를 쓰시오.

70. ① □間 ② 白□ (   )

| 보기 | ① 눈썹 사이
② 여럿 가운데에서 가장 뛰어난 사람이나 훌륭한 물건을 이르는 말 |

71. ① 捕□ ② □得 (   )

| 보기 | ① 적병을 사로잡음, 짐승이나 물고기를 잡음
② 얻어 가짐 |

72. ① 一□ ② □球 (   )

| 보기 | ① 제안, 부탁 따위를 단번에 거절하거나 물리침
② 주로 발로 공을 차서 상대편의 골에 공을 많이 넣는 것으로 승부를 겨루는 경기 |

73. ① 栽□ ② □養 (   )

| 보기 | ① 식물을 심어 가꿈
② 식물, 인격, 미생물 등을 가꾸어 기름 |

● 다음 문장 중 (   ) 안의 단어를 한자로 쓰시오.

74. 운동을 열심히 한 그는 (근육)이 잘 발달되었다. (   )

75. (습도)가 높아 불쾌지수가 높다. (   )

76. 거리에 대학생들이 만들어놓은 (조각)품들이 전시되어 있다. (   )

77. 그의 말이 나를 (희롱)하는 듯 들려 기분이 좋지 않았다. (   )

78. (목욕)을 하고 나면 기분이 아주 상쾌하다. (   )

79. 마감기한이 (촉박)해 마음이 많이 급하다. (   )

80. 책 (편집)을 위한 회의가 길어지고 있다. (   )

81. 임금이 (삭감)돼 앞으로 살 일이 막막하다. (   )

82. 몇 년전 발생한 건물 (붕괴) 사고는 우리의 안전 불감증을 경고한 사건이었다. (   )

● 다음 문장 중 한자어의 독음을 쓰시오.

83. 결혼 承諾을 받은 우리는 뛸 듯이 기분이 좋았다. (   )

84. 우리 누나는 약속이 있는지 丹粧을 하는데 벌써 한 시간째 거울 앞에 앉아 있다. (   )

85. 剖檢 결과 사인은 심장마비로 밝혀졌다. (   )

86. 냉동실에 넣어 두었던 떡을 解凍시켜 먹었다. (   )

87. 이번 사고는 차체의 缺陷때문으로 판명되었다. (   )

88. 그는 상관의 일을 적극적으로 補佐해줄 줄 아는 유능한 비서이다. (   )

89. 도시의 微細먼지 문제가 심각하다. (   )

90. 그는 유명한 飜譯가로 활동 중이다. (   )

예상문제 [1회]

● 다음 문장 중 한자어의 잘못 쓰인 부분을 바르게 고쳐 쓰시오.

91. **演極** 공연을 관람하기 위해 우리는 줄을 서서 기다렸다. (→   )

92. 이번 여행에서도 그 지역을 잘 아는 사람의 **通率**로 여행이 더욱 즐거웠다.
(→   )

93. 그는 언제나 임금에게 **簡言**을 하는 충직한 신하였다. (→   )

● 다음 보기의 한자성어에 대한 설명을 읽고 □ 안에 들어갈 한자를 쓰시오.

94. 羊□□肉 (,   )

| 보기 | '양의 머리를 내걸고 개고기를 판다'는 뜻으로, 겉모양은 훌륭하지만 속은 형편없음을 이름 |

95. □本□源 (,   )

| 보기 | '(폐단의)근본을 뿌리 뽑고 그 근원을 막는다'는 뜻으로, 악의 근원을 송두리째 없앰을 뜻함 |

96. □卵之□ (,   )

| 보기 | '알을 쌓아 놓은 듯이 위태로움'이란 뜻으로, 조금만 건드려도 쓰러질 것 같은 매우 위급한 상황 |

97. 群□一□ (,   )

| 보기 | '닭 무리 속에 끼어 있는 한 마리의 학'이란 뜻으로, 평범한 여러 사람들 가운데 뛰어난 사람을 이르는 말 |

98. □刀亂□ (,   )

| 보기 | '경쾌한 칼놀림으로 어지러운 삼대를 잘라낸다'는 뜻으로, 일을 시원스럽게 척척 해냄을 의미함 |

99. 森□萬□ (,   )

| 보기 | '빽빽하게 펼쳐있는 모든 존재들'이란 뜻으로, 세상의 모든 것을 의미 |

100. □□玉手 (,   )

| 보기 | '가늘고 옥같은 손'이라는 뜻으로, 미인의 고운 손을 뜻함 |

한자자격시험 예상문제 [2회]

객관식 (1~30번)

● 다음 [ ] 안의 한자와 음이 같은 한자는?
1. [紳] ①腎 ②述 ③陷 ④傾
2. [亭] ①整 ②症 ③唆 ④毒
3. [燈] ①憎 ②膽 ③勝 ④佑
4. [桃] ①叫 ②悼 ③楨 ④旗
5. [娠] ①晟 ②旬 ③距 ④迅

● 다음 [ ] 안의 한자와 뜻이 상대되는 한자는?
6. [經] ①違 ②緯 ③擊 ④敦
7. [劣] ①他 ②易 ③優 ④矜
8. [寡] ①多 ②圍 ③特 ④獄

● 다음 [ ] 안의 한자와 뜻이 비슷한 한자는?
9. [哀] ①乘 ②尺 ③梁 ④悼
10. [鳳] ①凰 ②浩 ③皆 ④閣

● 다음 보기의 한자와 가장 관련이 깊은 한자는?

11. 보기 | 전쟁 이순신 을지문덕
①職 ②智 ③帥 ④泉

12. 보기 | 꽃 꿀 침
①信 ②郵 ③院 ④蜂

● 다음 한자어의 뜻풀이가 맞는 것은?
13. ①謀陷 : 꾀를 써 남을 어려운 처지에 빠뜨림
②壞滅 : 격이 낮고 속됨
③拘束 : 근로자가 노동의 대가로 사용자에게 받는 보수
④閨房 : 건강 상태와 질병의 유무를 알아보기 위하여 증상이나 상태를 살피는 일

14. ①蒼天 : 끌어서 당김
②諮問 : 남녀 사이의 달콤하고 정다운 이야기
③佐郎 : 둘레를 빙글빙글 돎
④拜謁 : 지위가 높거나 존경하는 사람을 찾아가 뵘

● 다음 설명과 같은 뜻을 지닌 한자어는?
15. 석탄을 캐내는 광산
①書翰 ②炭鑛 ③酷毒 ④狀況

16. 마음을 조이고 정신을 바짝 차림
①緊急 ②緊密 ③緊縮 ④緊張

17. 몸을 위로 솟구쳐 뛰는 일, 더 높은 단계로 발전하는 것
①塗炭 ②跳躍 ③擴大 ④侯爵

18. 적의 공격에 대해 국가 및 지방자치기관들의 지도 하에서 주로 민간인 자산으로 생명과 재산의 손해를 방호하며 공공복지 및 사회질서를 유지하고 회복하는 비군사적 활동
①多變軍 ②國防 ③軍費競爭 ④民防衛

19. 상품의 가격의 변화에 따라 수요와 공급이 변화하는 것, 가격이 1% 변화했을 때 수요와 공급의 변화비율을 뜻함
①假需要 ②價格彈力性 ③經濟財 ④顧客指向

예상문제 [2회]

20. 자기들의 특수이익을 달성하기 위하여 정치에 어떤 압력을 행사하는 사회집단
    ① 免責特權   ② 壓力團體
    ③ 院內交涉團體   ④ 勞社政委員會

21. 한 나라의 경제활동이 기초가 되는 재화를 생산하며 산업구조상 상당한 비중을 차지하고 있는 것
    ① 期待接近   ② 代替産業
    ③ 基幹産業   ④ 國除物流

22. 956년(광종 7년)에 노비의 신분을 정밀 조사하여 본래 양민이었던 자들을 노비신분에서 해방시키고자 시행한 법
    ① 奴婢按檢法   ② 强行法
    ③ 競合犯   ④ 國際法

● 다음 한자어의 독음이 바르지 않은 것은?

23. ① 燻製 : 훈제   ② 製靴 : 제화
    ③ 慘狀 : 참상   ④ 嫌疑 : 초의

24. ① 專賣 : 전패   ② 腐蝕 : 부식
    ③ 振幅 : 진폭   ④ 默認 : 묵인

25. ① 割賦 : 해부   ② 避姙 : 피임
    ③ 賃金 : 임금   ④ 丹粧 : 단장

● 다음 문장 중 ( ) 안에 들어갈 한자어로 알맞은 것은?

26. ( )이 안 좋으신 어머님은 자주 병원 신세를 지신다.
    ① 順序   ② 新古   ③ 腎臟   ④ 矢石

27. 약국에서 약을 ( )하기 위해 기다리고 있다.
    ① 調劑   ② 要塞   ③ 攝取   ④ 紹介

28. 계곡에 사람들이 남기고 간 갖가지 ( )들이 늘어져 있다.
    ① 修飾   ② 汚物   ③ 梧桐   ④ 閉鎖

29. 그와 ( )이 되지 않자 점점 불안한 마음이 들었다.
    ① 宴樂   ② 連絡   ③ 連落   ④ 延落

30. 그 집의 형제들은 ( )한 정을 나눈다.
    ① 敦獨   ② 敦篤   ③ 敦督   ④ 敦讀

● 다음 한자어의 훈음을 쓰시오.

31. 乞 (   )   32. 綏 (   )
33. 矢 (   )   34. 閃 (   )
35. 桂 (   )   36. 翁 (   )
37. 寬 (   )   38. 搖 (   )
39. 卦 (   )   40. 沼 (   )

● 다음 훈음에 맞는 한자를 쓰시오.

41. 부를 소 (   )   42. 주검 시 (   )
43. 물이름 수 (   )   44. 누를 억 (   )
45. 불사를 소 (   )   46. 취할 취 (   )
47. 채색 채 (   )   48. 연할 연 (   )
49. 맛볼 상 (   )   50. 옥돌 구 (   )

● 다음 한자어의 독음을 쓰시오.

51. 陶器 (   )   52. 拾得 (   )
53. 華麗 (   )   54. 酷寒 (   )
55. 螢雪 (   )   56. 防禦 (   )
57. 擴散 (   )   58. 傾斜 (   )
59. 暴惡 (   )   60. 騷亂 (   )
61. 循環 (   )   62. 徹夜 (   )
63. 墮落 (   )   64. 濃縮 (   )
65. 懊悔 (   )

예상문제 [2회]

● 다음 □ 안에 공통으로 들어갈 한자를 〈보기〉에서 찾아 쓰시오.

| 보기 | 慮 墨 診 揭 補 秘 券 尙 |

66. □香, 水□ (　　)
67. □充, □藥 (　　)
68. □密, 極□ (　　)
69. 檢□, □療 (　　)

● 다음 〈보기〉의 주어진 뜻으로 보아 □ 안에 공통으로 들어갈 한자를 쓰시오.

70. ① 勇□ ② □獸 (　　)

| 보기 | ① 용감하고 사나움
② 주로 육식을 하는 사자나 범 따위 사나운 짐승 |

71. ① 信□ ② □送 (　　)

| 보기 | ① 일정한 목적에 따라 재산의 관리와 처분을 남에게 맡기는 일
② 남에게 부탁하여 물건을 보냄 |

72. ① 偏□ ② □多 (　　)

| 보기 | ① 공정하지 못하고 어느 한쪽으로 치우쳐 있음
② 널리 퍼져 있음 |

73. ① 昏□ ② □信 (　　)

| 보기 | ① 의식이 흐림, 어리석고 미련하며 사리에 어두움
② 아무런 과학적, 합리적인 근거도 없는 것을 맹목적으로 믿음 |

● 다음 문장 중 (　) 안의 단어를 한자로 쓰시오.

74. 바깥이 너무 (소란)스러워 일을 할 수가 없다. (　　)

75. 명사를 (수식)하는 것을 형용사라고 한다. (　　)
76. 형사 사건에 대하여 법원에 심판을 신청하여 이를 수행하는 일을 (소추)라고 한다. (　　)
77. 건강 (검진)을 정기적으로 받아 자신의 건강은 자신이 관리해야 한다. (　　)
78. 그는 이 일을 성공적으로 이끌어 나가는 데 (공헌)이 크다. (　　)
79. 꿈보다 (해몽)이 더 좋다. (　　)
80. 산모는 (분만)실에 들어간 지 다섯 시간 만에 건강한 아이를 순산하였다. (　　)
81. 그녀는 신문에 자신의 여행담을 (연재)하고 있다. (　　)
82. 이번 (홍수)로 인해 이재민이 많이 발생하였다. (　　)

● 다음 문장 중 한자어의 독음을 쓰시오.

83. 우리 삼촌은 외국으로 **派遣**근무 중이시다. (　　)
84. 사고 현장에는 무고하게 희생된 사람들을 **哀悼**하는 물결이 끊이지 않고 있다. (　　)
85. 그 소설가는 말년이 되면서 **純粹** 문학으로 기울었다. (　　)
86. 왕의 **寵愛**를 한 몸에 받았던 후궁은 중전의 미움을 받았다. (　　)
87. 시험 실패로 상심해 있는 그를 위해 어떤 **慰勞**의 말을 해야 할지 몰랐다. (　　)
88. 거리에는 성탄절을 축하하는 메시지와 함께 곳곳에 여러 가지 **裝飾**들이 즐비해 있었다. (　　)

예상문제 [2회]

89. 낙석으로 인해 길이 **閉鎖**되었다. (　　　)

90. 용암의 **噴出**로 인하여 주변의 생태계가 변화되었다. (　　　)

● 다음 문장 중 한자어의 잘못 쓰인 부분을 바르게 고쳐 쓰시오.

91. 잘못된 곳은 바로 **削制**해주시기 바랍니다. (　　→　　)

92. 또 부탁을 하기에는 **染恥**가 너무 없었다. (　　→　　)

93. 그는 뜻하지 않은 **災仰**을 만났다. (　　→　　)

● 다음 보기의 한자성어에 대한 설명을 읽고 □안에 들어갈 한자를 쓰시오.

94. **適材**□□(　,　)

> 보기: '적당한 인재를 적당한 자리에 둔다'는 뜻으로, 알맞은 재주꾼을 적당한 자리에 씀

95. □**齒**□**心**(　,　)

> 보기: '몹시 분하여 이를 갈고 속을 썩인다'는 뜻으로, 원통하고 분한 정도가 심함을 비유

96. **孤軍**□□(　,　)

> 보기: '외로운 군대가 애써 싸운다'는 뜻으로, 수가 적고 뒤에서 돕는 군사도 없는 고립된 군대가 용감하게 힘에 겨운 적과 싸움

97. **好**□**多**□(　,　)

> 보기: '좋은 일에는 마가 끼기 쉽다'는 뜻으로, 좋은 일이 있을 때에는 방해가 되는 일도 많이 생긴다는 의미

98. □**虎之**□(　,　)

> 보기: '호랑이를 타고 달리는 형세'라는 뜻으로, 호랑이를 타고 가다가 도중에서 내리게 되면 범에게 잡혀 버리는 것처럼 일을 계획하고 시작한 다음에는 중도에서 그만둘 수 없음을 비유함

99. **生者**□□(　,　)

> 보기: 생겨난 것은 반드시 죽어 없어지기 마련이라는 뜻

100. □**公**□**山**(　,　)

> 보기: '우공이 산을 옮긴다'는 뜻으로, 어떤 어렵고 큰일이라도 끊임없이 노력하면 반드시 이루어짐을 의미

한자자격시험 예상문제 [3회]

객관식 (1~30번)

● 다음 [ ] 안의 한자와 음이 같은 한자는?
1. [亮] ① 諒 ② 掠 ③ 景 ④ 京
2. [種] ① 重 ② 鍾 ③ 動 ④ 衝
3. [塊] ① 醉 ② 醜 ③ 鬼 ④ 愧
4. [緖] ① 消 ② 誓 ③ 昊 ④ 眈
5. [琴] ① 裂 ② 錦 ③ 憐 ④ 賓

● 다음 [ ] 안의 한자와 뜻이 상대되는 한자는?
6. [僞] ① 雷 ② 眞 ③ 屢 ④ 詞
7. [美] ① 膳 ② 琬 ③ 夢 ④ 醜
8. [伸] ① 縮 ② 瑩 ③ 窟 ④ 裏

● 다음 [ ] 안의 한자와 뜻이 비슷한 한자는?
9. [梧] ① 携 ② 憶 ③ 桐 ④ 抛
10. [牽] ① 叛 ② 引 ③ 圈 ④ 瑾

● 다음 〈보기〉의 한자와 가장 관련이 깊은 한자는?

11. 보기 | 塔 針 忠告
    ① 訂 ② 諜 ③ 尖 ④ 哲

12. 보기 | 우물 약수 사막
    ① 拓 ② 賊 ③ 泉 ④ 積

● 다음 한자어의 뜻풀이가 맞는 것은?
13. ① 荒唐 : 현실성이 없고 거짓됨
    ② 垈地 : 가까운 이웃
    ③ 宮闕 : 공기 중에 수증기가 포함되어 있는 정도
    ④ 風蘭 : 당분이 많이 섞여 나오는 오줌

14. ① 彫刻 : 미친 듯이 어지럽게 날뜀
    ② 奏請 : 나음과 못함
    ③ 促求 : 크게 소리를 내어 글을 읽거나 욈
    ④ 彩色 : 여러 가지의 고운 빛깔

● 다음 설명과 같은 뜻을 지닌 한자어는?
15. 자료를 수집, 보존, 진열하고 전시하여 학술 연구와 사회교육에 기여할 목적으로 만든 시설
    ① 拍勿冠 ② 泊物觀
    ③ 舶勿關 ④ 博物館

16. 변경이나 군사 요지에 주둔한 군대의 군량을 마련하기 위하여 설치한 토지
    ① 屯田 ② 屯傳 ③ 鈍田 ④ 鈍前

17. 절연이 불완전하여 전류의 일부가 전선 밖으로 새어 나가는 일
    ① 漏電 ② 漏田 ③ 累戰 ④ 累殿

18. 바닷가나 섬 같은 곳에 탑 모양으로 높이 세워 불을 밝힘으로써 밤에 다니는 배에 목표, 뱃길, 위험한 곳 따위를 알려 주는 시설
    ① 騰臺 ② 燈臺 ③ 謄臺 ④ 藤臺

19. 수출할 것을 목적으로 상품을 수입하여 가공하지 않고 원형 그대로 제3국에 수출하여 수출입차액을 취득하는 거래형태
    ① 輸出免狀 ② 産地都買
    ③ 中繼貿易 ④ 報復關稅

20. 학교운영과 관련된 중요한 의사결정에 학부모, 교원, 지역인사가 참여함으로써 학교 정책결정의 민주성·합리성·효과성을 확보하여 학교 교육목표 달성에 기여하기 위한 집단의사 결정기구

예상문제 [3회]

① 敎育自治制　② 敎育委員會
③ 敎授設計　　④ 學校運營委員會

21. 사설 한문 교육기관으로 사족(士族)과 일반 사람들이 주체가 되어 향촌 사회에 생활근거를 두고 설립한 초·중등 교육기관
① 成均館　　② 義禁府
③ 司諫院　　④ 書堂

22. 개인이나 개인사업자가 자기신용으로 발행하는 수표, 기업들이 신용으로 발행하는 당좌수표와 비슷한 것
① 家計收支　　② 家計手票
③ 家計調査　　④ 家計所得

● 다음 한자어의 독음이 바르지 않은 것은?

23. ① 簿記 : 암기　② 泥土 : 이토
　　③ 跳舞 : 도무　④ 謄寫 : 등사

24. ① 濃縮 : 농축　② 特殊 : 특수
　　③ 稀釋 : 희석　④ 懇求 : 갈구

25. ① 附屬 : 부속　② 義捐 : 의손
　　③ 奮發 : 분발　④ 崩壞 : 붕괴

● 다음 문장 중 ( ) 안에 들어갈 한자어로 알맞은 것은?

26. 범인이 ( )한 방법으로 빠져나갔다.
① 蔑視　② 塗褙　③ 汚物　④ 巧妙

27. 나는 어떤 생각에 ( )하면 행복하다.
① 檀君　② 微細　③ 割引　④ 沒頭

28. 이 지역은 난공불락의 ( )다.
① 風蘭　② 健康　③ 要塞　④ 參與

29. 자유형의 집행을 전부 종료하지 않았으나 행장이 양호하고 개선의사가 현저하여 나머지 형벌의 집행이 필요하지 않다고 인정되는 경우에는 일정한 조건 하에 수형자를 임시로 석방하고, 그 후의 나머지 형기에 상당하는 기간 내에 석방조건을 위반하지 않고 무사히 경과할 때에는 이미 잔여형의 집행은 종료한 것으로 보는 형사 정책적인 처분을 ( )이라고 한다.
① 假釋放　　② 加釋放
③ 加席放　　④ 假席放

30. 시가보다 싼 비용으로 상품견본의 대가를 청구하는 것이 견본( )이다.
① 購買　② 消費　③ 割引　④ 承認

● 다음 한자어의 훈음을 쓰시오.

31. 葛( )　32. 肩( )
33. 袋( )　34. 灸( )
35. 狡( )　36. 霧( )
37. 沐( )　38. 碑( )
39. 憤( )　40. 葡( )

● 다음 훈음에 맞는 한자를 쓰시오.

41. 준마　기( )　42. 거칠 황( )
43. 기러기 홍( )　44. 빠질 함( )
45. 지혜 혜( )　46. 재상 재( )
47. 표범 표( )　48. 맺을 체( )
49. 잡을 파( )　50. 찔 증( )

● 다음 한자어의 독음을 쓰시오.

51. 燕尾( )　52. 偵探( )
53. 簿記( )　54. 地震( )
55. 郊外( )　56. 靈魂( )
57. 浪漫( )　58. 奚若( )
59. 絶叫( )　60. 顧問( )
61. 高踏( )　62. 怪奇( )
63. 戈矛( )　64. 姸粧( )
65. 堯舜( )

예상문제 [3회]

● 다음 □ 안에 공통으로 들어갈 한자를 〈보기〉에서 찾아 쓰시오.

| 보기 | 肝 諫 擊 体 牽 垂 隨 衷 |

66. □退, 攻□ (   )
67. □言, □爭 (   )
68. □給, 祿□ (   )
69. □弱, 老□ (   )

● 다음 〈보기〉의 주어진 뜻으로 보아 □ 안에 공통으로 들어갈 한자를 쓰시오.

70. ① □惑 ② 勸□ (   )

| 보기 | ① 꾀어서 정신을 혼미하게 하거나 좋지 아니한 길로 이끎
② 어떤 일 따위를 하도록 권함 |

71. ① 把□ ② □手 (   )

| 보기 | ① 어떤 대상의 내용이나 본질을 확실하게 이해하여 앎
② 두 사람이 각자 한 손을 마주 내어 잡는 일 |

72. ① 包□ ② □取 (   )

| 보기 | ① 상대편을 자기편으로 감싸 끌어들임
② 양분을 빨아들임 |

73. ① 諸□ ② □爵 (   )

| 보기 | ① 봉건 시대에 일정한 영토를 가지고 그 영내의 백성을 지배하는 권력을 가지던 사람
② 다섯 등급으로 나눈 귀족의 작위 가운데 둘째 작위 |

● 다음 문장 중 ( ) 안의 단어를 한자로 쓰시오.

74. 1930년대는 일제에 (예속)됐던 암울한 시기였다. (   )
75. 웃어른에게 (공손)하게 인사해야 한다. (   )
76. 그의 말에 모두들 (박장)대소하였다. (   )
77. (성탄)절이 되자 어려운 사람을 돕고자 하는 따뜻한 손길이 이어지고 있다. (   )
78. 요즘은 건강에 대한 온 국민의 관심이 높아지는 (추세)다. (   )
79. 그는 (허위) 사실을 유포한 죄로 처벌을 받고 있다. (   )
80. 누나는 (중매)로 결혼을 하였다. (   )
81. 그를 만나 지난 일이 생각났는지 그녀는 (감회)에 젖은 듯한 표정이었다. (   )
82. (무속)은 종합 예술적 성격을 갖고 있다. (   )

● 다음 문장 중 한자어의 독음을 쓰시오.

83. 1년간 계획했던 프로젝트가 霧散되어 실망감이 너무 크다. (   )
84. 나의 잦은 잘못에도 그는 언제나 寬大하다. (   )
85. 거리는 머리를 노랗게 染色한 젊은이들로 활기를 찾고 있었다. (   )
86. 그는 바쁜 와중에도 나를 위해 시간을 割愛해주었다. (   )
87. 약속시간을 錯覺해서 그를 1시간이나 기다리게 했다. (   )
88. 공공장소에서 騷亂을 피우는 것은 다른 사람을 배려하지 않는 행동이다. (   )
89. 금메달 획득으로 그의 마을에는 慶事가 났다. (   )

예상문제 [3회]

90. 그의 獵奇적인 행동과 말이 주변사람들을 즐겁게 했다. (   )

● 다음 문장 중 한자어의 잘못 쓰인 부분을 바르게 고쳐 쓰시오.

91. 검찰이 그가 불법으로 얻은 재산을 壓留했다. (→   )

92. 懸象금이 걸린 범인을 찾느라 사람들이 혈안이 되어 있다. (→   )

93. 展亡이 좋은 정자에서 쉬었다.
(→)

● 다음 보기의 한자성어에 대한 설명을 읽고 □ 안에 들어갈 한자를 쓰시오.

94. 口□□劍 (,   )

보기 | '입에는 꿀이 있지만 뱃속에는 칼이 있다'는 뜻으로, 겉으로는 친한 척하나 속으로는 해칠 생각을 가지고 있음

95. 氷□玉□ (,   )

보기 | '얼음 같이 맑고 고운 모습과 옥 같은 자질'이라는 뜻으로, 매화를 상징하는 말

96. 萬□□波 (,   )

보기 | '만 이랑이나 되는 바다의 파도'라는 뜻으로, 한없이 넓은 바다를 뜻함

97. 好□多□ (,   )

보기 | '좋은 일에는 마가 끼기 쉽다'는 뜻으로, 좋은 일이 있을 때에는 방해가 되는 일도 많이 생긴다는 의미

98. □□絶倒 (,   )

보기 | '배를 안고 기절하여 넘어진다'는 뜻으로, 배를 움켜쥐고 엎어질 정도로 우스움을 뜻함

99. 숨□□怨 (,   )

보기 | '분을 머금으며 원한을 쌓는다'는 뜻으로, 원통하고 분한 일이 많음을 뜻함

100. 進退□□ (,   )

보기 | '나아갈 수도 물러날 수도 없는 깊은 골짜기'라는 뜻으로, 헤어나기 어려운 한계 상황을 뜻함

한자자격시험 기출문제 [1회]

객관식 (1~30번)

● 다음 [ ] 안의 한자와 음이 같은 한자는?
1. [厭] ① 押 ② 渭 ③ 鹽 ④ 淵
2. [騰] ① 勝 ② 謄 ③ 遷 ④ 圈
3. [臭] ① 炊 ② 采 ③ 稚 ④ 飾
4. [津] ① 措 ② 栗 ③ 律 ④ 震
5. [摘] ① 址 ② 寂 ③ 嘗 ④ 后

● 다음 [ ] 안의 한자와 뜻이 비슷한 한자는?
6. [陷] ① 沒 ② 室 ③ 御 ④ 融
7. [牽] ① 越 ② 捐 ③ 引 ④ 遮

● 다음 [ ] 안의 한자와 뜻이 반대(상대)인 한자는?
8. [卑] ① 遲 ② 尊 ③ 遵 ④ 恣
9. [勤] ① 歎 ② 添 ③ 怡 ④ 怠

● 다음 〈보기〉의 내용과 가장 관련이 깊은 한자는?

10. | 보기 | 경계 울타리 벽돌 |
    ① 墻 ② 樟 ③ 葬 ④ 藏

11. | 보기 | 고치 인견 뽕잎 |
    ① 螢 ② 蠶 ③ 蝶 ④ 蜂

12. | 보기 | 결혼 선서 서약 |
    ① 搖 ② 拍 ③ 秒 ④ 誓

● 다음 설명과 같은 뜻을 지닌 한자어는?
13. 마음이 번거롭고 답답하여 괴로워함
    ① 啓蒙 ② 沈潛 ③ 煩悶 ④ 罔測
14. 남의 물건이나 범죄인을 감춤
    ① 崩壞 ② 淫亂 ③ 虜獲 ④ 隱匿
15. 건물 각 층의 바닥 면적을 합한 전체 면적, 총면적
    ① 聯面積 ② 延面積
    ③ 連面積 ④ 演面積
16. 어떤 나라가 자기 나라의 수출품에 대하여 부당하게 높은 관세를 부과한 것에 복수하려고 그 나라의 수입품에 높게 부과하는 관세
    ① 報復關稅 ② 報複關稅
    ③ 報服官稅 ④ 報腹官稅
17. 경기 변동을 민감하게 반영하는 자료를 바탕으로 작성한 지수
    ① 景技動向旨數 ② 景企動向持數
    ③ 景氣動向指數 ④ 景期動向知數
18. 사용자로 하여금 주기억 장치의 용량보다 훨씬 큰 가상공간을 쓸 수 있게 하는 보조 기억장치
    ① 假像記憶粧置 ② 假想記憶裝置
    ③ 假尙記憶裝置 ④ 假狀記憶粧置

● 다음 한자어의 독음이 바르지 않은 것은?
19. ① 巢窟 : 소굴 ② 魯鈍 : 노둔
    ③ 閃影 : 선영 ④ 撒布 : 살포
20. ① 薛聰 : 설총 ② 禦寒 : 어한
    ③ 倭敵 : 왜적 ④ 熏香 : 묵향
21. ① 推戴 : 추대 ② 染織 : 양직
    ③ 安寧 : 안녕 ④ 敎鞭 : 교편
22. ① 紀綱 : 기망 ② 抑留 : 억류
    ③ 循環 : 순환 ④ 紫朱 : 자주

기출문제 [1회]

● 다음 문장 중 ( ) 안에 들어갈 한자어로 알맞은 것은?

23. 잘못에 대해 ( )만 하지 말고 책임을 져야한다.
   ① 奇襲 ② 辨明 ③ 雇傭 ④ 燒却

24. 보고서 제출 마감기한이 ( )해 마음이 급해졌다.
   ① 驅逐 ② 踏步 ③ 抛棄 ④ 促迫

25. 검사가 특정한 사건에 관하여 공소를 제기하고 그것을 유지하기 위한 소송절차를 ( )라 한다.
   ① 辯論 ② 訴追 ③ 被告 ④ 告訴

26. 피아노학원 · 노래방도 ( )규제 대상에 포함되었다.
   ① 酸化 ② 裁縫 ③ 鑑定 ④ 騷音

27. 나는 그에게 ( )을 구하는 일이 많다.
   ① 諮問 ② 誇張 ③ 挑發 ④ 跳躍

28. 근심이나 걱정이 있어시 명랑하지 못한 증세를 ( )이라고 한다.
   ① 愚鬱症 ② 優蔚症
   ③ 憂鬱症 ④ 寓蔚症

● 다음 한자어의 뜻풀이가 맞는 것은?

29. ① 奮發 : 분하여 화를 냄
   ② 詳述 : 간략하게 진술함
   ③ 賃貸 : 돈을 주고 물건을 구입함
   ④ 冥福 : 저승에서 받는 복

30. ① 顚覆 : 덮개 또는 뚜껑
   ② 恐怖 : 남에게 어떤 일을 하도록 위협함
   ③ 糖尿 : 당분이 많이 섞여 나오는 오줌
   ④ 稻作 : 곡식을 찧거나 쓿음

● 다음 한자의 훈음을 쓰시오.

31. 締(   ) 32. 屍(   )
33. 辭(   ) 34. 憩(   )
35. 耶(   ) 36. 瑞(   )
37. 塊(   ) 38. 奏(   )
39. 賂(   ) 40. 騎(   )

● 다음 훈음에 맞는 한자를 쓰시오.

41. 낟알 립(   ) 42. 목맬 교(   )
43. 북돋을 배(   ) 44. 용서할 사(   )
45. 그 궐(   ) 46. 즐거워할 오(   )
47. 기후 후(   ) 48. 잡을 병(   )
49. 침노할 침(   ) 50. 위로할 위(   )

● 다음 한자어의 독음을 쓰시오.

51. 誘致(   ) 52. 懇求(   )
53. 微瑕(   ) 54. 鎔接(   )
55. 抄略(   ) 56. 府尹(   )
57. 與奪(   ) 58. 奈何(   )
59. 盤錯(   ) 60. 偏頗(   )
61. 侮辱(   ) 62. 浪漫(   )
63. 豹變(   ) 64. 汚吏(   )
65. 綏徐(   )

● 다음 □ 안에 공통으로 들어갈 한자를 〈보기〉에서 찾아 쓰시오.

| 보기 | 脚 | 趨 | 劇 | 塵 | 抽 | 巧 |

66. □勢, 歸□(   )
67. □妙, 精□(   )
68. □土, 粉□(   )
69. □韻, □光(   )

기출문제 [1회]

● 다음 〈보기〉의 주어진 뜻으로 보아 □ 안에 공통으로 들어갈 한자를 쓰시오.

70. ① 虛□ ② □善 (   )

보기	① 진실이 아닌 것을 진실인 것처럼 꾸밈 ② 겉으로만 착한 체함

71. ① □拂 ② 交□ (   )

보기	① 돈이나 물건을 바꾸어 지불함 ② 서로 바꿈

72. ① 役□ ② □愛 (   )

보기	① 자기가 마땅히 해야 할 직책이나 임무 ② 소중한 시간, 돈, 공간 등을 선뜻 내어줌

73. ① □華 ② 上□ (   )

보기	① 고체가 액체 상태를 거치지 않고 기체로 변하는 일 ② 위로 올라감

● 다음 문장 중 ( ) 안의 단어를 한자로 쓰시오.

74. (우산) 셋이 나란히 걸어갑니다. (   )

75. (민폐)를 끼치지 않도록 조심하여야 한다. (   )

76. 이런 (경우)에 대체로 사람들은 놀라게 마련이다. (   )

77. 편지에 사진을 (동봉)하여 보냅니다. (   )

78. 이번 선거는 벌써부터 (혼탁) 양상을 보이기 시작하였다. (   )

79. 언니는 다양한 방면에 (해박)한 지식을 가졌다. (   )

80. 오늘 날씨가 좋지 않아 비행기가 활주로 위를 (선회)하고 있다. (   )

81. 그녀는 감정의 (기복)이 심하다. (   )

● 다음 문장 중 한자어의 독음을 쓰시오.

82. 그는 남을 **欺瞞**할 사람이 아니다. (   )

83. 이 고장사람들의 **淳厚**한 인심은 어디서도 찾아보기 어렵다. (   )

84. 무더운 여름에 달리기연습을 했더니 **燥渴**이 났다. (   )

85. 이용만 당하는 것이 아닌가 하는 **疑懼**가 좀처럼 사라지지 않았다. (   )

86. 시험 문제에 **誤謬**가 발생해 사회적인 문제가 되었다. (   )

87. 주먹밥 한 덩이로 **療飢**를 하고 정처 없이 길을 떠났다. (   )

88. 외국 소설을 우리 정서에 맞게 **翻案**하였다. (   )

89. 산골짜기의 햇살이 닿지 않는 그늘 밑은 **陰濕**하고 추웠다. (   )

90. 한계 비용은 생산량 증가에 따라 **遞增**한다. (   )

● 다음 문장 중 한자어의 잘못 쓰인 부분을 바르게 고쳐 쓰시오.

91. 정기적인 건강 **檢振**은 반드시 필요하다. (→   )

92. 미안하다면 **靜重**하게 사과해야 한다. (→   )

93. 코르크는 **伸築**성이 뛰어나 와인의 병마개로 사용이 된다. (→   )

기출문제 [1회]

● 다음 〈보기〉의 한자성어에 대한 설명을 읽고 □안에 들어갈 한자를 쓰시오.

94. □□桃源 (,   )

보기 | 도연명의 〈도화원기〉에 나오는 별천지로 사람들이 화목하고 행복하게 살 수 있는 이상향을 말함

95. 羊頭□□ (,   )

보기 | '양의 머리를 걸어 놓고 개고기를 판다'는 뜻으로, 겉보기는 그럴듯하게 보이지만 속은 변변하지 아니함을 이르는 말

96. □□孤節 (,   )

보기 | '서릿발이 심한 속에서도 굴하지 아니하고 외로이 지키는 절개'라는 뜻으로, 국화를 이르는 말

97. □□之苦 (,   )

보기 | '진흙이나 숯불에 떨어진 것과 같은 고통'이라는 뜻으로, 가혹한 정치로 인해 백성이 심한 고통을 겪는 것을 말함

98. 遠□□福 (,   )

보기 | 화를 물리치고 복을 불러들임

99. 優□不□ (,   )

보기 | 어물어물 망설이기만 하고 결단성이 없음

100. 毛遂□□ (,   )

보기 | '중국 전국 시대의 모수(毛遂)가 자기를 스스로 천거했다'는 뜻에서 유래하여 자기가 자신을 추천함을 이르는 말

한자자격시험 기출문제 [2회]

객관식 (1~30번)

● 다음 [ ] 안의 한자와 음이 같은 한자는?
1. [俱] ① 閨 ② 霸 ③ 綜 ④ 懼
2. [匠] ① 樟 ② 逝 ③ 旌 ④ 瑾
3. [鳳] ① 旺 ② 荒 ③ 巷 ④ 俸
4. [森] ① 桑 ② 臨 ③ 蔘 ④ 慘
5. [醉] ① 稚 ② 就 ③ 醜 ④ 週

● 다음 [ ] 안의 한자와 뜻이 비슷한 한자는?
6. [朝] ① 旦 ② 但 ③ 朗 ④ 冥
7. [丘] ① 弁 ② 陵 ③ 釜 ④ 隆

● 다음 [ ] 안의 한자와 뜻이 반대(상대)인 한자는?
8. [謙] ① 慢 ② 謨 ③ 瞞 ④ 訐
9. [沈] ① 透 ② 負 ③ 滋 ④ 浮

● 다음 〈보기〉의 내용과 가장 관련이 깊은 한자는?

10. 보기 참새 독수리 까치
    ① 雄 ② 雌 ③ 禽 ④ 螢

11. 보기 무게 값 체중
    ① 衍 ② 衡 ③ 衝 ④ 徵

12. 보기 등산 컴퓨터게임 독서
    ① 趙 ② 越 ③ 趨 ④ 趣

● 다음 설명과 같은 뜻을 지닌 한자어는?

13. 혼인 때 신랑 쪽에서 채단과 혼서지를 넣어서 신부 쪽에 보내는 나무 상자
    ① 函 ② 含 ③ 陷 ④ 咸

14. 신문이나 잡지 따위에 긴 글이나 만화 따위를 여러 차례로 나누어서 계속하여 싣는 일
    ① 積載 ② 揭載 ③ 連載 ④ 取才

15. 솜씨나 기술 따위가 정밀하고 교묘함
    ① 微細 ② 精巧 ③ 奸巧 ④ 精潔

16. 상거래 성립 후 고객이 지정한 사람에게 화물을 운반하는 것
    ① 配送 ② 昇級 ③ 通關 ④ 瓊團

17. 세율을 정함에 있어서 초과할 수 없는 최고의 세율만을 규정하는 것
    ① 製限稅率   ② 除限稅律
    ③ 際限稅律   ④ 制限稅率

18. 주식의 매수나 재산통합, 공동출자 등을 통하여 두 개 이상의 기업이 하나로 통합되는 것
    ① 基業引受合兵   ② 企業引受合併
    ③ 企業引收合併   ④ 基業引收合兵

● 다음 한자어의 독음이 바르지 않은 것은?

19. ① 拍掌 : 박장   ② 帳簿 : 장부
    ③ 添削 : 첨소   ④ 割愛 : 할애

20. ① 診療 : 진료   ② 輕蔑 : 경멸
    ③ 綿密 : 면밀   ④ 隣接 : 연접

21. ① 參酌 : 참조   ② 鶴舞 : 학무
    ③ 搜索 : 수색   ④ 釣魚 : 조어

22. ① 塗炭 : 도탄   ② 該博 : 해부
    ③ 昭詳 : 소상   ④ 軌跡 : 궤적

기출문제 [2회]

● 다음 문장 중 ( ) 안에 들어갈 한자어로 알맞은 것은?

23. 옆집은 분양받은 아파트로 ( ) 갈 예정이다.
    ① 動搖　② 開催　③ 庵子　④ 移徙

24. 명절에는 가족들이 모여 음식을 먹으며 ( )를 푼다.
    ① 奇拔　② 惹起　③ 懷抱　④ 派遣

25. 전염병이 발생되는 것을 미리 막기 위해 ( )활동을 강화하였다.
    ① 防疫　② 潛伏　③ 繁殖　④ 輔弼

26. 국립공원에서는 자연보호를 위해 ( )를 금하고 있다.
    ① 碧眼　② 斥邪　③ 擁護　④ 炊事

27. 조합원들은 근로 조건 개선을 요구하며 ( )하였다.
    ① 毁損　② 厄運　③ 籠城　④ 露呈

28. 소선( )는 한민속에 대한 성지적 탄압과 경제적 착취를 자행하였다.
    ① 總督府　　② 總督部
    ③ 總獨部　　④ 總獨府

● 다음 한자어의 뜻풀이가 맞는 것은?

29. ① 忌避 : 깔보아 업신여김
    ② 豪奢 : 호기가 많고 걸걸함
    ③ 秀麗 : 빼어나게 아름다움
    ④ 耽溺 : 야심을 가지고 잔뜩 노리는 모양

30. ① 誤謬 : 명예를 더럽히는 일
    ② 憤慨 : 몹시 분하게 여김
    ③ 賦課 : 사인 따위를 밝히기 위해 사후 검진을 함
    ④ 寬容 : 죽은 사람의 넋

● 한자의 훈음을 쓰시오.

31. 縮 (　　)　32. 繫 (　　)
33. 鎖 (　　)　34. 墻 (　　)
35. 彦 (　　)　36. 軟 (　　)
37. 竊 (　　)　38. 艦 (　　)
39. 尼 (　　)　40. 彰 (　　)

● 다음 훈음에 맞는 한자를 쓰시오.

41. 엿　　당 (　　)　42. 같을 사 (　　)
43. 난간 란 (　　)　44. 못　　담 (　　)
45. 사막 막 (　　)　46. 점괘 괘 (　　)
47. 다를 수 (　　)　48. 다스릴 윤 (　　)
49. 허깨비 환 (　　)　50. 모양 모 (　　)

● 다음 한자어의 독음을 쓰시오.

51. 哺乳 (　　)　52. 龜裂 (　　)
53. 懇談 (　　)　54. 警笛 (　　)
55. 閏朔 (　　)　56. 粉塵 (　　)
57. 卿宰 (　　)　58. 折衷 (　　)
59. 徹底 (　　)　60. 逮捕 (　　)
61. 紊亂 (　　)　62. 崩御 (　　)
63. 掠奪 (　　)　64. 堯舜 (　　)
65. 晏眠 (　　)

● 다음 □ 안에 공통으로 들어갈 한자를 〈보기〉에서 찾아 쓰시오.

| 보기 | 遷　緊　簡　攝　薦　涉 |

66. 公□, 推□ (　　)
67. □急, □張 (　　)
68. □取, 包□ (　　)
69. □單, □素 (　　)

기출문제 [2회]

● 다음 〈보기〉의 주어진 뜻으로 보아 □ 안에 공통으로 들어갈 한자를 쓰시오.

70. ① 汚□ ② □色 (　　　)

| 보기 | ① 더럽게 물듦
② 염료를 사용하여 실이나 천 등에 물들임 |

71. ① □渴 ② □木 (　　　)

| 보기 | ① 물이 말라서 없어짐
② 말라서 죽어버린 나무 |

72. ① □介 ② 觸□ (　　　)

| 보기 | ① 둘 사이에서 양편의 관계를 맺어 줌
② 화학반응 때 그 자체는 화학 변화를 안 받으나, 반응 속도를 촉진 또는 지체시키는 물질 |

73. ① □業 ② □免 (　　　)

| 보기 | ① 하던 일을 중지함
② 잘못을 저지른 사람에게 직무나 직업을 그만두게 함 |

● 다음 문장 중 (　) 안의 단어를 한자로 쓰시오.

74. (공포)영화는 한여름 더위를 잊게 한다. (　　　)

75. (화창)한 봄날이다. (　　　)

76. 백 미터 달리기에서 (경이)적인 신기록이 나왔다. (　　　)

77. 우리 집에는 대대로 내려온 (족보)가 있다. (　　　)

78. 그는 갑골문자를 (전공)하였다. (　　　)

79. 유머 (감각)이 뛰어난 그는 인기가 많다. (　　　)

80. 꿈에 돼지가 나오는 것은 (길몽)이라고 합니다. (　　　)

● 다음 문장 중 한자어의 독음을 쓰시오.

81. **踏步**상태에 빠져 있던 사건의 실마리가 보이기 시작했다. (　　　)

82. 냉장고에 넣을 **脫臭**제를 구입했다. (　　　)

83. 이 시에서는 **隱喻**의 기법이 주로 사용되었다. (　　　)

84. 빨리 **措置**를 취하여 큰 문제가 발생하지 않았다. (　　　)

85. 물건을 배달할 때 **遲滯**하지 말아야 한다. (　　　)

86. 두 형사는 마약범들의 **巢窟**로 들어갔다. (　　　)

87. 요즘 젊은이들의 옷차림이 **罔測**하다. (　　　)

88. 편지를 뜯어본 그의 심정은 **錯雜**하기 이를 데 없었다. (　　　)

89. 국제화 시대를 맞이하여 외국어를 유창하게 **驅使**할 수 있는 능력이 요구되고 있다. (　　　)

90. 그의 위험한 행동에 **肝膽**이 서늘해졌다. (　　　)

● 다음 문장 중 한자어의 잘못 쓰인 부분을 바르게 고쳐 쓰시오.

91. 청소년들의 **吸燃**은 건강에 매우 해롭다. (　　　→　　　)

92. 연휴기간에는 각 방송사에서 **特集**프로그램을 방영한다. (　　　→　　　)

기출문제 [2회]

93. **檢刹**은 불법적인 청탁이 없는지를 확인하기 위해 참고인을 소환했다.
(→)

● 다음 〈보기〉의 한자성어에 대한 설명을 읽고 □안에 들어갈 한자를 쓰시오.

94. □□齊眉 (,)

| 보기 | '밥상을 들어 눈썹과 나란히 한다'는 뜻으로 아내가 남편을 극진히 공경함을 이르는 말 |

95. □□腹劍 (,)

| 보기 | '입에는 꿀이 있지만 뱃속에는 칼이 있다'는 뜻으로, 겉으로는 친한 척하나 속으로는 해칠 생각을 가지고 있음 |

96. 切齒□□ (,)

| 보기 | '몹시 분하여 이를 갈고 속을 썩인다.'는 뜻으로, 원통하고 분한 정도가 심함을 비유 |

97. □□鬼沒 (,)

| 보기 | 귀신이 나타났다 사라지듯 홀연히 드나듦을 이름 |

98. □壤之□ (,)

| 보기 | '하늘과 땅의 엄청난 차이'라는 뜻으로, 차이가 많이 난다는 뜻함 |

99. 手□□卷 (,)

| 보기 | '손에서 책을 놓지 않는다'는 뜻으로, 부지런히 공부한다는 말 |

100. □□之危 (,)

| 보기 | '층층이 쌓아 놓은 알의 위태로움'이라는 뜻으로, 몹시 아슬아슬한 위기를 비유적으로 이르는 말 |

정답

예상문제 1회

| 객관식 |

1. ④	2. ①	3. ③	4. ②	5. ①	6. ②	7. ④
8. ②	9. ③	10. ②	11. ②	12. ④	13. ③	14. ②
15. ③	16. ④	17. ③	18. ①	19. ④	20. ①	21. ②
22. ②	23. ②	24. ③	25. ①	26. ①	27. ③	28. ③
29. ④	30. ②					

| 주관식 |

31. 광대 배	32. 고개 현	33. 터 대	34. 얼 동	35. 꺼릴 기	36. 오줌 뇨	37. 펄 전
38. 무당 무	39. 재앙 화	40. 신령 령	41. 添	42. 裏	43. 灰	44. 遣
45. 楊	46. 麗	47. 雌	48. 鑛	49. 賓	50. 弄	51. 교묘
52. 기로	53. 근소	54. 증여	55. 간담	56. 명찰	57. 통솔	58. 긍지
59. 분열	60. 사료	61. 편협	62. 진동	63. 삭감	64. 편달	65. 수채화
66. 幹	67. 鑛	68. 緊	69. 揭	70. 眉	71. 獲	72. 蹴
73. 培	74. 筋肉	75. 濕度	76. 彫刻	77. 戲弄	78. 沐浴	79. 促迫
80. 編輯	81. 削減	82. 崩壞	83. 승낙	84. 단장	85. 부검	86. 해동
87. 결함	88. 보좌	89. 미세	90. 번역	91. 極, 劇	92. 通, 統	93. 簡, 諫
94. 頭, 狗	95. 拔, 塞	96. 累, 危	97. 鷄, 鶴	98. 快, 麻	99. 羅, 象	100. 纖, 纖

예상문제 2회

| 객관식 |

1. ①	2. ①	3. ②	4. ②	5. ④	6. ②	7. ③
8. ①	9. ④	10. ①	11. ③	12. ④	13. ①	14. ④
15. ②	16. ④	17. ②	18. ④	19. ②	20. ②	21. ③
22. ②	23. ④	24. ①	25. ①	26. ③	27. ①	28. ②
29. ②	30. ②					

| 주관식 |

31. 빌 걸	32. 느릴 완	33. 화살 시	34. 번쩍일 섬	35. 계수나무 계	36. 늙은이 옹	37. 너그러울 관
38. 흔들 요	39. 점괘 괘	40. 늪 소	41. 召	42. 屍	43. 洙	44. 抑
45. 燒	46. 醉	47. 彩	48. 軟	49. 嘗	50. 玖	51. 도기
52. 습득	53. 화려	54. 혹한	55. 형설	56. 방어	57. 확산	58. 경사
59. 포악	60. 소란	61. 순환	62. 철야	63. 타락	64. 농축	65. 참회
66. 墨	67. 補	68. 秘	69. 診	70. 猛	71. 託	72. 頗
73. 迷	74. 騷亂	75. 修飾	76. 訴追	77. 檢診	78. 貢獻	79. 解夢
80. 分娩	81. 連載	82. 洪水	83. 파견	84. 애도	85. 순수	86. 총애
87. 위로	88. 장식	89. 폐쇄	90. 분출	91. 制, 除	92. 染, 廉	93. 仰, 殃
94. 適, 所	95. 切, 腐	96. 奮, 鬪	97. 事, 魔	98. 騎, 勢	99. 必, 滅	100. 愚, 移

정답

예상문제 3회

| 객관식 |

1. ①   2. ②   3. ④   4. ②   5. ②   6. ②   7. ④
8. ①   9. ③   10. ②   11. ③   12. ③   13. ①   14. ④
15. ④   16. ①   17. ①   18. ②   19. ③   20. ④   21. ④
22. ②   23. ①   24. ④   25. ②   26. ④   27. ④   28. ③
29. ①   30. ①

| 주관식 |

31. 칡 갈   32. 어깨 견   33. 자루 대   34. 뜸 구   35. 사나울 교   36. 안개 무   37. 목욕 목
38. 비석 비   39. 분할 분   40. 포도 포   41. 驥   42. 荒   43. 鴻   44. 陷
45. 慧   46. 宰   47. 豹   48. 締   49. 把   50. 蒸   51. 연미
52. 정탐   53. 부기   54. 지진   55. 교외   56. 영혼   57. 낭만   58. 해약
59. 절규   60. 고문   61. 고답   62. 괴기   63. 과모   64. 연장   65. 요순
66. 擊   67. 諫   68. 俸   69. 哀   70. 誘   71. 握   72. 攝
73. 侯   74. 隸屬   75. 恭遜   76. 拍掌   77. 聖誕   78. 趨勢   79. 虛僞
80. 仲媒   81. 感懷   82. 巫俗   83. 무산   84. 관대   85. 염색   86. 할애
87. 착각   88. 소란   89. 경사   90. 엽기   91. 壓, 押   92. 象, 賞   93. 亡, 望
94. 蜜, 腹   95. 姿, 質   96. 頃, 蒼   97. 事, 魔   98. 抱, 腹   99. 慎, 蓄   100. 維, 谷

기출문제 1회

| 객관식 |

1. ③   2. ②   3. ①   4. ④   5. ②   6. ①   7. ③
8. ②   9. ④   10. ①   11. ②   12. ④   13. ③   14. ④
15. ②   16. ①   17. ③   18. ②   19. ③   20. ④   21. ②
22. ①   23. ②   24. ④   25. ②   26. ④   27. ①   28. ③
29. ④   30. ③

| 주관식 |

31. 맺을 체   32. 주검 시   33. 말씀 사   34. 쉴 게   35. 어조사 야   36. 상서로울 서   37. 흙이, 덩어리 괴
38. 아뢸 주   39. 뇌물(줄) 뢰   40. 말탈 기   41. 粒   42. 絞   43. 培   44. 赦
45. 厥   46. 娛   47. 候   48. 秉   49. 侵   50. 慰   51. 유치
52. 간구   53. 미하   54. 용접   55. 초략   56. 부윤   57. 여탈   58. 내하
59. 반착   60. 편파   61. 모욕   62. 낭만   63. 표변   64. 오리   65. 완서
66. 趨   67. 巧   68. 塵   69. 脚   70. 僞   71. 換   72. 割
73. 昇   74. 雨傘   75. 民弊   76. 境遇   77. 同封   78. 混濁   79. 該博
80. 旋回   81. 起伏   82. 기만   83. 순후   84. 조갈   85. 의구   86. 오류
87. 요기   88. 번안   89. 음습   90. 체증   91. 振, 診   92. 靜, 鄭   93. 築, 縮
94. 武, 陵   95. 狗, 肉   96. 傲, 霜   97. 塗, 炭   98. 禍, 召   99. 柔, 斷   100. 自, 薦

정답

기출문제 2회

|객관식|

1. ④ 2. ① 3. ② 4. ③ 5. ② 6. ① 7. ②
8. ① 9. ④ 10. ③ 11. ② 12. ④ 13. ① 14. ③
15. ② 16. ① 17. ④ 18. ② 19. ③ 20. ④ 21. ①
22. ② 23. ④ 24. ③ 25. ① 26. ④ 27. ③ 28. ①
29. ③ 30. ②

|주관식|

31. 줄일 축 32. 얽어맬 계 33. 쇠사슬 쇄 34. 담 장 35. 선비 언 36. 부드러울 연 37. 훔칠 절
38. 싸움배 함 39. 여승 니 40. 밝을 창 41. 糖 42. 似 43. 欄 44. 潭
45. 漠 46. 卦 47. 殊 48. 尹 49. 幻 50. 貌 51. 포유
52. 균열 53. 간담 54. 경적 55. 윤삭 56. 분진 57. 경재 58. 절충
59. 철저 60. 체포 61. 문란 62. 붕어 63. 약탈 64. 요순 65. 안면
66. 薦 67. 緊 68. 攝 69. 簡 70. 染 71. 枯 72. 媒
73. 罷 74. 恐怖 75. 和暢 76. 驚異 77. 族譜 78. 專攻 79. 感覺
80. 吉夢 81. 답보 82. 탈취 83. 은유 84. 조치 85. 지체 86. 소굴
87. 망측 88. 착잡 89. 구사 90. 간담 91. 燃, 煙 92. 集, 輯 93. 刹, 察
94. 擧, 案 95. 口, 蜜 96. 腐, 心 97. 神, 出 98. 天, 差 99. 不, 釋 100. 累, 卵

한자자격시험 OMR 답안지

(사)한자교육진흥회
한국한자실력평가원

2급 ~ 6급 응시자용

제 회	응시급수
	2급 ○
※감독관확인 (서명)	3급 ○
	4급 ○
	준4급 ○
	5급 ○
	준5급 ○
	6급 ○

성 명

수 험 번 호

주 민 등 록 번 호

객관식 답안란

1	①②③④	16	①②③④
2	①②③④	17	①②③④
3	①②③④	18	①②③④
4	①②③④	19	①②③④
5	①②③④	20	①②③④
6	①②③④	21	①②③④
7	①②③④	22	①②③④
8	①②③④	23	①②③④
9	①②③④	24	①②③④
10	①②③④	25	①②③④
11	①②③④	26	①②③④
12	①②③④	27	①②③④
13	①②③④	28	①②③④
14	①②③④	29	①②③④
15	①②③④	30	①②③④

※ 객관식 답안지 작성요령

1. 반드시 컴퓨터용 수성싸인펜을 사용하여 바르게 표기 하십시오.
   *바르게 표기한 예 : ●
2. 수정하고자 할 때에는 수정테이프만을 사용합니다.

주관식 답안란

문항	주관식 답안란	초검	재검	문항	주관식 답안란	초검	재검
31		○	○	41		○	○
32		○	○	42		○	○
33		○	○	43		○	○
34		○	○	44		○	○
35		○	○	45		○	○
36		○	○	46		○	○
37		○	○	47		○	○
38		○	○	48		○	○
39		○	○	49		○	○
40		○	○	50		○	○

※ 주관식 답안 작성은 블랙으로 합니다. 51~100번은 뒷면에 있습니다.

※ 초검 · 재검란의 ○에는 표기하지 마십시오.

◎ 한자 자격시험 주관식 답안지 ◎

문항	주관식 답안란	초재 채점	문항	주관식 답안란	초재 채점	문항	주관식 답안란	초재 채점	문항	주관식 답안란	초재 채점	문항	주관식 답안란	초재 채점
51		○○	61		○○	71		○○	81		○○	91		○○
52		○○	62		○○	72		○○	82		○○	92		○○
53		○○	63		○○	73		○○	83		○○	93		○○
54		○○	64		○○	74		○○	84		○○	94		○○
55		○○	65		○○	75		○○	85		○○	95		○○
56		○○	66		○○	76		○○	86		○○	96		○○
57		○○	67		○○	77		○○	87		○○	97		○○
58		○○	68		○○	78		○○	88		○○	98		○○
59		○○	69		○○	79		○○	89		○○	99		○○
60		○○	70		○○	80		○○	90		○○	100		○○

※ 주관식 채점위원 확인란   초검 채점위원   재검 채점위원

※ 합격자 발표 – 한자자격시험(www.hanja114.org) / ARS 060-700-2055

한자자격시험 OMR 답안지

(사)한자교육진흥회
한국한자실력평가원

◎ 한자자격시험 주관식 답안지 ◎

문항	주관식 답안란	초 채점	재채점	문항	주관식 답안란	초 채점	재채점	문항	주관식 답안란	초 채점	재채점	문항	주관식 답안란	초 채점	재채점	문항	주관식 답안란	초 채점	재채점
51		○	○	61		○	○	71		○	○	81		○	○	91		○	○
52		○	○	62		○	○	72		○	○	82		○	○	92		○	○
53		○	○	63		○	○	73		○	○	83		○	○	93		○	○
54		○	○	64		○	○	74		○	○	84		○	○	94		○	○
55		○	○	65		○	○	75		○	○	85		○	○	95		○	○
56		○	○	66		○	○	76		○	○	86		○	○	96		○	○
57		○	○	67		○	○	77		○	○	87		○	○	97		○	○
58		○	○	68		○	○	78		○	○	88		○	○	98		○	○
59		○	○	69		○	○	79		○	○	89		○	○	99		○	○
60		○	○	70		○	○	80		○	○	90		○	○	100		○	○

※ 주관식 채점위원 확인란   초검 채점위원   재검 채점위원

※ 합격자 발표 - 한자자격시험(www.hanja114.org) / ARS 060-700-2055

(사)한자교육진흥회 한국한자실력평가원

한자자격시험 OMR 답안지

◎ 한자자격시험 주관식 답안지 ◎

문항	초재점검	주관식 답안란	문항	초재점검	주관식 답안란	문항	초재점검	주관식 답안란	문항	초재점검	주관식 답안란
51	○○		71	○○		81	○○		91	○○	
52	○○		72	○○		82	○○		92	○○	
53	○○		73	○○		83	○○		93	○○	
54	○○		74	○○		84	○○		94	○○	
55	○○		75	○○		85	○○		95	○○	
56	○○		76	○○		86	○○		96	○○	
57	○○		77	○○		87	○○		97	○○	
58	○○		78	○○		88	○○		98	○○	
59	○○		79	○○		89	○○		99	○○	
60	○○		80	○○		90	○○		100	○○	

※ 주관식 채점위원 확인란   초검 채점위원   재검 채점위원

※ 합격자 발표 - 한자자격시험(www.hanja114.org) / ARS 060-700-2055

한자자격시험 OMR 답안지

(사)한자교육진흥회
한국한자실력평가원

2급~6급 응시자용

감독관 확인	(서명)

시 급 수: 2급 3급 4급 준3급 준4급 준5급 5급 6급

성명

수험번호

※ 객관식 답안지 작성요령
1. 반드시 컴퓨터용 수성사인펜을 사용하여 바르게 표기 하십시오.
   * 바르게 표기한 예 : ●
2. 수정하고자 할 때에는 수정테이프를 사용합니다.

객관식 답안란

1	①②③④	16	①②③④
2	①②③④	17	①②③④
3	①②③④	18	①②③④
4	①②③④	19	①②③④
5	①②③④	20	①②③④
6	①②③④	21	①②③④
7	①②③④	22	①②③④
8	①②③④	23	①②③④
9	①②③④	24	①②③④
10	①②③④	25	①②③④
11	①②③④	26	①②③④
12	①②③④	27	①②③④
13	①②③④	28	①②③④
14	①②③④	29	①②③④
15	①②③④	30	①②③④

주관식 답안란

문항	주관식 답안란	초검	재검	문항	주관식 답안란	초검	재검
31		○	○	41		○	○
32		○	○	42		○	○
33		○	○	43		○	○
34		○	○	44		○	○
35		○	○	45		○	○
36		○	○	46		○	○
37		○	○	47		○	○
38		○	○	48		○	○
39		○	○	49		○	○
40		○	○	50		○	○

※ 주관식 답안 작성은 볼펜으로 합니다. 51~100번은 뒷면에 있습니다.

※ 초검 · 재검란의 ○에는 표기하지 마십시오.

절 취 선

◎ 한자자격시험 주관식 답안지 ◎

문항	주관식 답안란	초재점검	문항	주관식 답안란	초재점검	문항	주관식 답안란	초재점검	문항	주관식 답안란	초재점검
51		○○	61		○○	71		○○	81		○○
52		○○	62		○○	72		○○	82		○○
53		○○	63		○○	73		○○	83		○○
54		○○	64		○○	74		○○	84		○○
55		○○	65		○○	75		○○	85		○○
56		○○	66		○○	76		○○	86		○○
57		○○	67		○○	77		○○	87		○○
58		○○	68		○○	78		○○	88		○○
59		○○	69		○○	79		○○	89		○○
60		○○	70		○○	80		○○	90		○○

문항	주관식 답안란	초재점검
91		○○
92		○○
93		○○
94		○○
95		○○
96		○○
97		○○
98		○○
99		○○
100		○○

※ 주관식 채점위원 확인란 | 초검 채점위원 | 재검 채점위원

※ 합격자 발표 - 한자자격시험(www.hanja114.org) / ARS 060-700-2055

◎ 한자자격시험 주관식 답안지 ◎

문항	초재채점	주관식 답안란	문항	초재채점	주관식 답안란	문항	초재채점	주관식 답안란	문항	초재채점	주관식 답안란
51	○○		71	○○		81	○○		91	○○	
52	○○		72	○○		82	○○		92	○○	
53	○○		73	○○		83	○○		93	○○	
54	○○		74	○○		84	○○		94	○○	
55	○○		75	○○		85	○○		95	○○	
56	○○		76	○○		86	○○		96	○○	
57	○○		77	○○		87	○○		97	○○	
58	○○		78	○○		88	○○		98	○○	
59	○○		79	○○		89	○○		99	○○	
60	○○		80	○○		90	○○		100	○○	

※ 주관식 채점위원 확인란   초검 채점위원   재검 채점위원

※ 합격자 발표 - 한자자격시험(www.hanja114.org) / ARS 060-700-2055

한 번에 합격하는
한자자격시험 2급

1판 1쇄 | 2008년 12월 10일
1판 18쇄 | 2018년 9월 1일
저　　자 | 김시현
발 행 인 | 김인태
발 행 처 | 삼호미디어
등　　록 | 1993년 10월 12일 제21-494호
주　　소 | 서울특별시 서초구 강남대로 545-21 거림빌딩 4층
　　　　　www.samhomedia.com
전　　화 | (02)544-9456
팩　　스 | (02)512-3593

ISBN 978-89-7849-377-2　13710

Copyright ⓒ 2008, 김시현

출판사의 허락 없이 무단 복제와 무단 전재를 금합니다.
잘못된 책은 바꿔 드립니다.